中国 PPP 模式系列丛书

中国 PPP 模式的案例解析

吉富星 著

中国财经出版传媒集团
中国财政经济出版社

图书在版编目（CIP）数据

中国PPP模式的案例解析/吉富星著.—北京：中国财政经济出版社，2017.6
（中国PPP模式系列丛书）
ISBN 978-7-5095-7600-7

Ⅰ.①中… Ⅱ.①吉… Ⅲ.①政府投资-合作-社会资本-案例-中国 Ⅳ.①F832.48②F124.7

中国版本图书馆CIP数据核字（2017）第171530号

责任编辑：杨　骁　　　　　　　责任校对：徐艳丽
封面设计：陈宇琰　　　　　　　版式设计：齐　杰

中国财政经济出版社 出版

URL：http://ckfz.cfeph.cn
E-mail：cfeph@cfeph.cn

（版权所有　翻印必究）

社址：北京市海淀区阜成路甲28号　邮政编码：100142
营销中心电话：88190406
天猫网店：中国财政经济出版社旗舰店
网址：https://zgczjjcbs.tmall.com
北京财经印刷厂印刷　各地新华书店经销
710×1000毫米　16开　21.25印张　401 000字
2017年6月第1版　2017年6月北京第1次印刷
定价：68.00元
ISBN 978-7-5095-7600-7
（图书出现印装问题，本社负责调换）
本社质量投诉电话：010-88190744
打击盗版举报热线：010-88190414　QQ：447268889

推荐序

随着我国经济社会转型升级，公共服务（公共设施）的需求不断扩大，处于相对短缺状态。但是，财政约束日益收紧，单纯依赖政府已难以满足不断增长的公共服务需求。政府与社会资本合作（简称为PPP）作为向公众提供公共服务的一种新方式，受到世界各国青睐，方兴未艾。从我国实际出发，正式推广PPP起于2014年，目前已经成为全球最大的PPP市场，发展成绩斐然，但也存在"野蛮生长"问题。PPP规模的快速扩展，同时也表明我国PPP的发展已经到了一个新阶段，合作中的各种风险也将日益显现，相关深层次的改革也须提上议事日程。

PPP是公共服务提供的一种新模式，涉及不同性质主体之间的合作，形成了以前不曾有的民事关系、行政关系以及相关法律问题。同时，PPP也是公共治理的一个新路径，事关政府自身改革以及政府与市场、社会之间关系的重构问题，多元共治、共建、共享，由此形成一种新规则，引发权利、权力及责任的新界定。这预示着公共治理中政府、市场、社会之间的关系在发生实质性变化。PPP不仅可以平滑财政支出压力，更好地实现风险的合理分担、公共服务的"提质增效"，而且可渐渐扭转长期来形成的政府与市场、社会之间的界域关系，以及楚河汉界、泾渭分明的平面思维，继而从制度主义转向行为主义—行为合作。

PPP是基于长期性、平等性的合作伙伴关系，也是一种全程参与、收益共享、风险共担的共治关系。这种共治关系分为两个层面：一是宏观层面公共风险的多元共治关系，二是微观层面以项目"风险—收益"的分担与共享为核心的缔约关系。上述两层含义分别构成PPP宏观体制和微观机制的学理基础。PPP是财政实现自身在国家治理中基础性、支柱性作用的一种有效制度安排，其改革意义不亚于市场化改革，有利于推进国家治理体系和治理能力现代化。值得注意的是，PPP不是政府"甩包袱"，也不是免费午餐，潜在的各种风险不可忽视。若合作不当，只会加重财政、公众负担，并导致财政风险隐匿、道德风险蔓延。对政府来说，不应将其异化为融资工具，当前更重要的是一种理念、思路、行为的转变，以及相应体制机制的变革。

《PPP模式的理论与政策》、《中国PPP模式的运作实务》、《中国PPP模式的案例解析》这三本书着重研究了政府与社会资本合作的理论、政策，并从项目全生命周期的运作、案例等层面进行解析。该套书体系完整、逻辑严谨、案例丰富、内容翔实，对PPP理论与实践所作的研究有一定的创新性。其中，在制度建设等方面的建议具有较强的针对性、可行性，项目运作过程中的实务与案例具有一定的启发性、示范性。

该套书的作者吉富星副教授是我指导毕业的经济学博士，在这个领域及金融投资方面拥有丰富的实操经验，再通过理论学习，研究能力提升很快，在政府与社会资本合作研究方面是复合型的专家。他先后在大型企业从事投融资管理工作十余年，在大学从事投资、金融等方面教学、研究三年。近年来，他多次参加了财政部及其他机构的PPP课题研究、政策研讨，发表多篇核心期刊论文。此外，他作为专家参与了财政部/国家PPP示范项目评审工作，同时，兼任财政部PPP中心专家、中国财政学会理事、投融资专委会副秘书长以及多个地方政府的政府与社会资本合作或金融顾问等。该套书在PPP理论与实践层面具有独到、深刻的理解，具有启发性，值得鼓励与肯定。当然，该套书中也存在一些需要进一步细化与完善之处。

基于我国国情的PPP理论与实践的研究还面临着很多挑战，亟待深入拓展。PPP在全世界没有一个统一、权威定义，并不存在静态的最佳实践。毋庸置疑的是，PPP将带来一场持续性、系统性、综合性的改革，意义重大、影响深远！PPP的健康持续发展应加强相关体制机制（财政、行政等）改革、强化制度（立法、政策、指南、合同等）安排、协同推进配套改革，切实消除财政机会主义、社会资本短期倾向，回归到公共服务效率与公平这一本义。PPP发展任重道远，不会是一片坦途，需要积极审慎、稳中求进、规范创新推进。

刘尚希
中国财政学会副会长、中国财政科学研究院院长

前言

政府与社会资本合作（PPP）是当前基础设施、公共服务领域引入社会资本提供公共产品的重要战略举措。但是，我国区域经济和社会发展差异较大，各个行业千差万别，具体项目自身又各有特色，难以穷尽所有PPP项目具体实操、形成一个统一的模板或模式。但是，排开行业特性（技术、经济等）差别，各领域PPP项目背后的商业模式、运作逻辑基本上是一致的。本书主要从案例解析层面，对各个行业的PPP项目进行分析、总结，全景式呈现了目前PPP实操的大致概貌。

本书内容分为上下两篇，上篇为PPP项目的商业模式与运作结构的案例分析，下篇为PPP项目"两评一案"与合同案例。

上篇分为七章，主要分析了相关领域PPP项目案例的运作模式及要点，并总结、分析了背后的逻辑。重点对交通运输、市政工程、城镇综合开发、农业水利等基础设施应用领域，以及科技、教育、文化、医疗、旅游、养老等主要公共服务领域的49个PPP项目案例进行了解析。目前PPP模式在广度上基本覆盖，但同质化比较严重、深度有待提高，尤其是在运营、回报、绩效等方面的创新性有待增强、突破。PPP商业模式实质上是政府、社会资本、社会公众等各种利益相关者之间合作的交易结构，核心是在保障公共服务质量的基础上形成合规、合理的盈利模式，平衡好公众负担和社会资本回报诉求。

下篇分为三章（含附件），主要就PPP项目落地的几个核心文本：项目实施方案、物有所值评价报告、财政承受能力论证报告以及PPP项目合同进行案例分析，主要选取了几个有代表性的PPP项目案例，较为全面地呈现了"两评一案"、PPP项目合同的具体文本内容和核心操作要点。

  本书在编写过程中，相关部委司局、地方财政部门、金融机构和科研单位的很多专家、学者对本书给予了指导、提出了很多有益的建议，在此由衷地表示感谢。尤其是要感谢我的博士生导师中国财政科学研究院院长刘尚希研究员的指导与鼓励，也非常感谢财政部专项支持的《政府与社会资本合作立法研究》课题组其他成员提供的帮助。此外，感谢PPP领域的专家学者和实务工作者，本书是在学习和借鉴他们已有研究成果的基础上做出的一点探索和思考。最后，要衷心感谢中国财政经济出版社的杨骁同志，他为本书的顺利出版做了大量的策划、编辑工作。

  PPP模式的实践必须与理论紧密结合，加强问题导向研究。本书的研究只是一个初步的框架，仍有许多不完善甚至错误之处，敬请各位读者批评指正。

吉富星

2017年6月

目录

上 篇
PPP 项目的商业模式与运作结构的案例分析

第一章 交通运输领域 PPP 项目运作案例 ········· 3

第一节 高速公路及桥梁 PPP 项目运作案例 / 3
　一、西部某省三条高速公路 PPP 项目（BOT）/ 3
　二、北方某市 X 高速公路 PPP 项目（BOT）/ 7
　三、某省 T 高速公路整体打包 PPP 项目（BOT）/ 11
　四、重庆曾家岩大桥项目（DBFO/影子收费）/ 13

第二节 轨道交通、铁路 PPP 项目运作案例 / 15
　一、北京地铁四号线（BOT）/ 15
　二、南方 S 市地铁 2 号线一期工程（"地铁＋物业"，BOT）/ 18
　三、Z 市地铁 2 号线（BLMT）/ 21
　四、某县铁路 PPP 项目（BOT）/ 24

第二章 市政工程（含公用事业）领域 PPP 项目运作案例 ········· 27

第一节 供排水、供热等公用事业 PPP 项目运作案例 / 27
　一、B 市城市供水 PPP 项目（BOT）/ 27
　二、ZC 污水处理厂及管网配套 PPP 项目
　　（BOT＋TOT/ROT）/ 29
　三、揭阳市 9 座污水处理厂项目（DBFOT/BOT）/ 31
　四、H 县燃气管道建设 PPP 项目（BOT＋BLMT）/ 33
　五、ST 市城乡垃圾处理一体化 PPP 项目（O&M＋BOT）/ 34
　六、LK 集中供热 PPP 项目（ROT＋TOT＋BOT）/ 38
　七、公用事业 PPP 项目案例小结 / 39

第二节 综合管廊 PPP 项目运作案例 / 40

一、S 市地下综合管廊 PPP 项目（BOT + TOT）/ 40
　　二、M 市新机场地下综合管廊 PPP 项目（BOT）/ 43
　　三、综合管廊 PPP 项目案例小结 / 45
　第三节　海绵城市 PPP 项目运作案例 / 46
　　一、J 市海绵城市建设 PPP 项目（BOT + O&M）/ 46
　　二、A 市海绵城市 PPP 项目（ROT + BOT + O&M）/ 48
　　三、海绵城市 PPP 项目案例小结 / 49
　第四节　市政道路、站点、停车场等 PPP 项目运作案例 / 50
　　一、安庆市外环北路工程 PPP 项目（BOT/BLMT/DBFO）/ 50
　　二、某市停车场片区 PPP 项目（BOT + 资源开发权）/ 53
　　三、某市火车站片区 PPP 项目（O&M + BOT）/ 56
　　四、T 区垃圾资源化处理 PPP 项目（BOO）/ 57

第三章　农业、水利开发领域 PPP 项目运作案例 ……………… 60
　第一节　农业领域 PPP 项目 / 60
　　一、某农业灌溉 PPP 项目（BOT + 资源补偿或配置）/ 60
　　二、某农牧区土地平整 PPP 项目（BOT + 资源配置）/ 62
　　三、农业领域 PPP 项目案例小结 / 63
　第二节　水利领域 PPP 项目 / 64
　　一、WY 综合水利工程 PPP 项目（TOT + BOT）/ 64
　　二、HW 生态综合治理打包 PPP 项目（BOT + BLMT）/ 67
　　三、水利领域 PPP 项目案例小结 / 69

第四章　科教文卫体等公共服务领域 PPP 项目运作案例 ……………… 71
　第一节　科技领域 PPP 项目 / 71
　　一、LP 智慧城市 PPP 项目（BOT + BOO）/ 71
　　二、阳光食品 PPP 项目（BOT）/ 77
　　三、科技领域 PPP 项目案例小结 / 78
　第二节　教育领域 PPP 项目 / 78
　　一、某学院新校区 PPP 项目（BOT）/ 78
　　二、某城乡教育综合发展 PPP 项目（ROT）/ 82
　　三、教育领域 PPP 项目案例小结 / 83
　第三节　文化领域 PPP 项目 / 84
　　一、某市文化中心 PPP 项目（BOT）/ 84
　　二、ST 大剧院项目（O&M）/ 87

三、文化领域PPP项目案例小结 / 88

第四节　医疗领域PPP项目 / 88

一、C县人民医院整体搬迁项目（BOT） / 88

二、如东县中医院医养融合PPP项目（TOT + BOT/ DBOT） / 90

三、医疗领域PPP项目案例小结 / 93

第五节　体育领域PPP项目 / 94

一、深圳大运中心PPP项目（ROT） / 94

二、T市文体场馆PPP项目（BOT） / 96

三、体育领域PPP项目案例小结 / 97

第五章　其他领域PPP项目运作案例 …………………………… 98

第一节　旅游PPP项目 / 98

一、J县民俗文化村旅游PPP项目（ROT + BOO） / 98

二、B县休闲旅游度假区PPP项目（BOT） / 99

三、旅游PPP项目案例小结 / 101

第二节　养老PPP项目 / 102

一、养老院PPP项目（BOT） / 102

二、R县医护型养老公寓PPP项目（BOO） / 105

三、G区居家养老PPP项目（BOT） / 106

四、养老PPP项目案例小结 / 107

第三节　棚改PPP项目 / 108

一、R县棚户区改造PPP项目（BOT） / 108

二、J区棚户区改造建设项目PPP项目（BOT） / 109

三、棚改PPP项目案例小结 / 111

第四节　充电设施PPP项目 / 111

一、M区新能源汽车充电设施PPP项目（BOT） / 111

二、Q市新能源电动汽车充电基础设施项目（BOT） / 114

三、充电设施PPP项目案例小结 / 115

第六章　城镇综合开发（片区开发）领域PPP项目运作案例及思考 …………………………………………………………………… 116

第一节　城镇综合开发PPP案例和典型企业盈利模式 / 116

一、某物流片区基础设施及公共服务建设PPP项目（BOT） / 116

二、某沿海新区建设 PPP 项目 / 118

三、某文化创意产业园 PPP 项目实施方案要点 / 119

四、华夏幸福及固安工业园区 PPP 项目 / 122

第二节 片区开发/城镇综合开发的投资模式变迁和争议 / 124

一、土地补偿或一二级联动——目前不合法 / 124

二、BT 或代建模式——目前政策不允许 / 124

三、土地利润分成或增值收益分享模式——模糊地带，亦不合规 / 125

四、PPP 模式是否适用于城市综合开发领域
——争论不一 / 126

第三节 城镇综合开发类项目难点、特性与 PPP 兼容问题 / 126

一、面临更多的政策、法律法规制约或监管 / 126

二、城镇综合开发具有高度复杂性、复合性，与 PPP 兼容难 / 128

三、城镇综合开发类项目模式创新展望 / 129

第七章 PPP 项目商业模式初步总结与展望 ········· 132

第一节 PPP 项目案例初步总结 / 132

第二节 PPP 项目商业模式展望 / 134

下 篇
PPP 项目"两评一案"与合同案例

第八章 公益性、准经营性 PPP 项目实施方案 ········· 139

第一节 H 县综合治理 PPP 项目实施方案（公益性项目）/ 139

一、项目概况 / 139

二、风险分配 / 141

三、运作方式 / 143

四、交易结构 / 145

五、合同体系 / 151

六、监管架构 / 159

七、采购选择 / 161

八、下一步工作建议 / 164

第二节 W 市集中供热 PPP 项目实施方案要点（准经营性

项目）/ 164
　　一、项目概况 / 164
　　二、风险分配 / 165
　　三、运作方式 / 166
　　四、交易结构 / 167

第九章　垃圾焚烧发电 PPP 项目"两评一案" …………………… 170

第一节　垃圾焚烧发电 PPP 项目实施方案 / 170
　　一、项目概况 / 170
　　二、风险分配 / 173
　　三、运作方式 / 176
　　四、交易结构 / 178
　　五、合同体系 / 182
　　六、监管架构 / 185
　　七、采购选择 / 185
第二节　垃圾焚烧发电 PPP 项目物有所值评价报告 / 186
　　一、项目基本情况 / 186
　　二、物有所值评价方法与定性、定量分析 / 186
　　三、评价结论 / 197
第三节　垃圾焚烧发电 PPP 项目财政承受能力论证报告 / 197
　　一、财政承受能力论证编制的目的、依据及概述 / 197
　　二、责任识别 / 198
　　三、支出测算 / 199
　　四、能力评估 / 201
　　五、结论 / 204

附　件
PPP 项目特许经营协议与合同

附件一　《某市生活垃圾焚烧发电 PPP 项目特许经营协议》 ……… 207
附件二　《某市轨道交通 N 号线一期 PPP 项目特许经营合同》 …… 251

上篇 PPP项目的商业模式与运作结构的案例分析

我国PPP经过短短数年发展，已跃居全球最大的PPP市场。截至2016年年底，入库项目超过13万亿元，落地投资额超过2万亿元，已覆盖了大多数的基础设施、公共服务领域，主要集中在交通、市政、城镇综合开发等领域。我国区域经济和社会发展差异较大，各个行业千差万别，单体项目又各有特色，无法穷尽其交易结构、商业模式。排开行业特性（技术、经济等）差别，各类PPP项目背后的商业模式、运作逻辑基本是一致的。但是，很多PPP项目运作模式是无法完全复制的，只能借鉴吸收、因地制宜去开展工作。

PPP商业模式与一般竞争性领域的商业模式和逻辑有相通之处，但也有较大差异。PPP商业模式实质上是政府、社会资本、社会公众等各种利益相关者之间长期合作的交易结构。核心是在保障公共服务质量基础上形成合规、合理的盈利模式，平衡好政府支出责任、公众负担和社会资本回报诉求，实现公共服务的提质增效、物有所值。上篇主要剖析了部分PPP项目案例的运作模式及要点，并总结了背后的逻辑与借鉴之处。

第一章

交通运输领域 PPP 项目运作案例

第一节 高速公路及桥梁 PPP 项目运作案例

一、西部某省三条高速公路 PPP 项目（BOT）

（一）项目概况

项目由三条高速公路打包构成，总里程 293.57 公里，工程可行性研究报告批复的总投资为 310.8 亿元（此为估算，最终投资额以实际竣工结算为准），预计最终投资总额约 324.4 亿元。

项目公开招标前，三条高速公路的立项、工可、环评、用地预审、压覆地矿、水土保持、文物保护等合法合规性批文均已取得，项目除国土资源部用地批复外，其他合法合规性较为齐全。项目于 2013 年启动项目公开招标工作，2014 年全面开工。

（二）运作模式及要点

1. 运作方式与回报机制

项目由省交通运输厅指定的出资人和社会资本组建项目公司，以 BOT 特许经营的方式实施三条高速公路的投资建设、运营与移交。鉴于三条高速公路整体造价较高，项目初期车流量较低，预期整体项目经济效益较差。故按"整体打包"原则,采取"BOT+EPC+股权合作+政府补贴"运作方式。项目回报机制为可行性缺口补助,项目公司收益主要来源于：使用者付费（高速公路通行费、其他经营收入）、国高网补贴作为股权投入（来源中央车购税,入股不分红）、地方财政补贴（建设期补贴、保底车流量的差额补贴）三大部分。运作要素如下：

（1）BOT：建设－运营－移交。省交通运输厅指定的出资人和社会资本组建的项目公司,以BOT（特许经营）的方式实施三条高速公路的投资建设、运营与到期移交,合作经营期为30年。

（2）EPC（Engineering Procurement Construction,设计－采购－施工）,即工程总承包,社会资本如有相应资质,不再进行工程的二次招标。按照合同约定对工程建设项目的设计、采购、施工、试运行等实行全过程或若干阶段的承包,在总价合同条件下,对其所承包工程的质量、安全、费用和进度进行负责。

（3）股权合作：各方以货币方式出资,社会资本入股83%,政府授权其国有企业作为出资人代表,将国高网补贴（源于中央车购税专项资金）55.33亿元作为项目公司股权,入股比例为17%。政府入股这部分作为特殊股份,仅参与项目公司管理,但不参与分红。

（4）政府补贴：除了国高网补贴（作为政府特别股权）外,为保障项目财务可行性,对项目公司进行财政补贴,采取"地方政府补贴+运营期前12年保底交通量补贴"组合方式,即"建设期补贴+运营期保底量缺口补贴"。建设期内,省财政补贴15亿元,在建设期前两年到位；运营期前12年采用保底交通量补贴方案（可研报告交通量为基准作为保底量）。以上报国家发改委并经批复的《工可报告》前12年（2017年~2028年）预测交通量为标准,在运营期前12年,实际交通量低于该工可标准时,交通量差额部分按《工可报告》车型比例及车型折算系数计算补贴额。

2. 产出说明和绩效考核标准

（1）项目建设工程质量目标。

项目交工验收质量目标：合格（质量综合评定得分≥92分）；竣工验收质量目标：优良；竣工验收前须完成各类专项验收工作,须完成项目决算及审计工作。

（2）运营养护绩效标准。

形象目标：路面整洁、平整密实、横坡适度、行车舒适畅通；路肩整洁、边坡稳定、排水通畅；构造物完好；沿线设施规范、齐全；绿化协调美观；环保功能完善。

运营养护目标：公路技术状况指数MQI大于等于80。

养护工程质量目标：合格率达到100%,优良率达到90%。

（3）服务质量标准。

服务水平目标：《公路工程技术标准》（JTG B01-2003）规定的二级服务水平。项目公司必须承诺如下：

保证项目上的各种工程及设施等均处于良好的技术和安全状态，达到投资人承诺的服务水平，从而保证项目具有快速、畅通、安全、舒适、经济的使用功能。

无条件接受省交通运输主管部门或其授权机构的监督管理，接受其组织的公路大检查或养护大检查及质量评定，养护检评质量指数应达到80分以上。

每季度进行一次公路养护质量评定工作，并于每季度的首月10日前按有关规定向政府报送公路养护质量评定材料。

建立完善的巡视检查和技术检测系统，建立完整的信息网络，及时、准确地掌握路面、桥涵状况及相关信息。利用计算机系统，对所检测的数据进行分析处理，根据评定结果提出养护对策，有依据、有计划、有针对性地安排养护项目，确保项目的养护质量和服务水平。

树立高度的交通服务意识和安全意识，在路面养护作业中，应满足正常行车的需要，安全布控应按照相应的行业标准和规范进行。

严格按照有关技术规范和标准进行养护作业，不断探索和应用新材料、新设备、新技术、新工艺。提高养护作业的时效性、机动性、安全性和可靠性。迅速、优质、高效地处理各类路面算还和障碍，确保运营质量。

建立健全路面、桥梁等养护系统，搞好环境的美化与绿化工作，使项目的运营管理有序融入自然生态环境之中。

3. 主要合同条款约定

（1）征地拆迁：政府负责征地拆迁工作，采取费用包干形式、计入项目公司成本。交通厅应负责协调和督促项目沿线地方政府完成项目工程建设用地的征用及拆迁工作，并负责协调督促项目沿线地方政府与项目公司签订征地拆迁责任合同，征地拆迁的有关费用按国家发展与改革委员会工可批复中的征地拆迁费由政府包干使用。项目公司应在项目建设期内，将上述费用及时足额支付给项目沿线地方政府。项目公司应在特许权协议规定的期限内向政府提出施工临时用地申请（包括临时用地的位置、数量和使用期限等）。设计图纸未能预见的项目用地范围内的通信、广播电视、供水、供电等管线（缆）和其他物品，如果需要迁移，政府负责督促完成其迁移工作，但项目公司应向项目沿线地方政府及时足额支付与此有关的费用。

（2）土地使用权：土地管理部门按照高速公路供地政策以划拨等方式提供项目建设用地的土地使用权。政府将协助项目公司办理相关手续，项目公司承担一切费用。在特许经营期内，项目公司不得转让土地使用权。

（3）勘察设计：设计应按《工程可行性研究报告》、《初步设计》及其审查意见执行。①《工程可行性研究报告》确定的工程规模控制在规定的范围内，主要路线控制点不能改变，互通立交数量不能减少，技术标准不得降低。②《初步设计》及其批复意见推荐的设计速度、路基宽度等主要技术标准不能降低。平曲线半径、纵坡等关键指标不得低于《初步设计》所推荐的各项技术指标值，但经省交通运输主管部门批准的除外。③在施工图设计阶段如有桥梁、隧道数量及长度的重大变化，必须经过充分论证，并经省交通运输主管部门审查批准。④应当按照法律、法规和工程建设强制性标准进行施工图勘察和设计，重视地质环境对安全的影响，提交的施工图勘察设计文件应满足公路工程安全生产的需要，防止因设计不合理导致安全生产隐患或者生产安全事故的发生，对有可能引发公路工程安全隐患的地质灾害提出防治建议。⑤采用新结构、新材料、新工艺和特殊结构的工程，应当在设计文件中提出保障施工作业人员安全和预防生产安全事故的措施建议。⑥在协议签订前，项目公司已经审阅、并且同意接受由政府提供的《工程可行性研究报告》、《初步设计》，接受作为项目设计和施工的基准依据，并对其承担责任，但因存在缺陷所导致的情形除外。

（4）竞争性道路：项目车流量未饱和前，项目50公里内不得有新的竞争性道路规划。除本次合作建设项目前国家、省已规划的公路项目外，政府将严格控制审批建造50公里范围内与三条高速公路之一平行、方向相同且构成车辆实质性分流的一级公路标准或其以上的竞争性公路。但本项目已达到设计通行能力或出现严重堵塞除外。

（5）收费标准的确定和调整：收费标准的确定和调整按照省人民政府有关规定执行。根据省高速公路现行收费标准定价机制，按照初步设计文件测算，省人民政府据此进行预批准，并确保实际批复不低于预批标准。若遇公路收费政策调整影响项目公司收益时，政府将根据政策调整的影响对项目公司给予相应的补偿。通车后项目公司可根据物价上涨等非经营性因素影响提出收费标准调整意见，报省政府审批，未经省政府批准，项目公司不得擅自调整车辆通行费标准，不得未经省政府允许在车辆通行费收费标准之外加收或者代收任何费用。

（6）项目公司股权的转让：①在项目竣工验收合格之前，社会资本不得转让本项目的特许权，否则将被视为不再具有执行本协议的能力，社会资本无条件放弃执行本协议的权利。②在收费期内，如要转让本协议或本协议项下任何权利或义务，或者转让股权应向政府报批；但对社会资本方股东之间及其关联单位之间的股权转让，政府无正当理由不得拒绝批准，应按照国家和省交通主管部门的有关规定办理相关转让手续。社会资本方不得转让公路及其附属设施产权（含土地使用权），只能按约定程序质押、转让、租赁经营权。③项目公路权益的转让条件、转让程序、转让收入使用管理、权益转让后续管理及收回等必须遵守国家和交通运输部的相关规定。转让项目公路收费权,不得延长收费期限,且不得以此为由提高车辆通行费标准。

(7) 融资:特许经营期内,项目公司依据法律及法规的规定,并在向政府办理收益权质押登记手续后,有权质押项目收费权,有权质押、转让、租赁本项目的其他经营项目的收益权,但时限不得超过特许经营期限。质押、转让、租赁本协议项下的权益获得的银行贷款必须全部用于项目,不得挤占、挪用、截留或抽逃;非因本项目建设和经营需要,项目公司不得以本协议项下的权益设立质押。社会资本方通过银行贷款、发行股票、债券等途径筹集项目建设和运营资金,对贷款资金和募集款项,政府有权通过过程审计以及引入金融机构参与资金管理等手段和方式加强监管,保证资金专款专用。

(三) 案例小结

该项目模式具有一定创新性,主要是将三条预期收益差别比较大的高速公路统一进行捆绑打包、肥瘦搭配,增强了项目吸引力。与此同时,整体打包方式也降低了交易成本、避免竞争性分流,有利于整体设计优化、统一融资、统筹实施、规模经营。运作上采取"BOT + EPC + 股权合作 + 政府补贴"的多方式组合,交易结构更合理,责权利安排更为均衡。同时,针对车流量不确定性因素大,为增强项目的财务可行性、可融资性,政府在股权、补贴方面做了适当安排。政府一方面入股不分红,另一方面进行了两阶段财政补贴,一是建设期补贴,二是运营期按可研报告预测的车流量进行一定年限内的保底差额补贴。回报机制结构化安排合理,既保障了项目的经济性,又没有进行绝对性政府兜底,较好地体现了激励相容原则。此外,风险分担、责任分配、绩效考核相对合理。

二、北方某市 X 高速公路 PPP 项目 (BOT)

(一) 项目概况

某市 X 高速公路道路全长约 42.4 公里,项目投资估算约 140 亿元(征地拆迁 40 亿元)。其中:静态投资约 131 亿元,建设期贷款利息约 9 亿元。最终项目投资以初步设计概算批复为准。

（二）运作模式及要点

1. 运作方式与回报机制

项目采取 BOT 运作方式，项目结构见图 1-1：

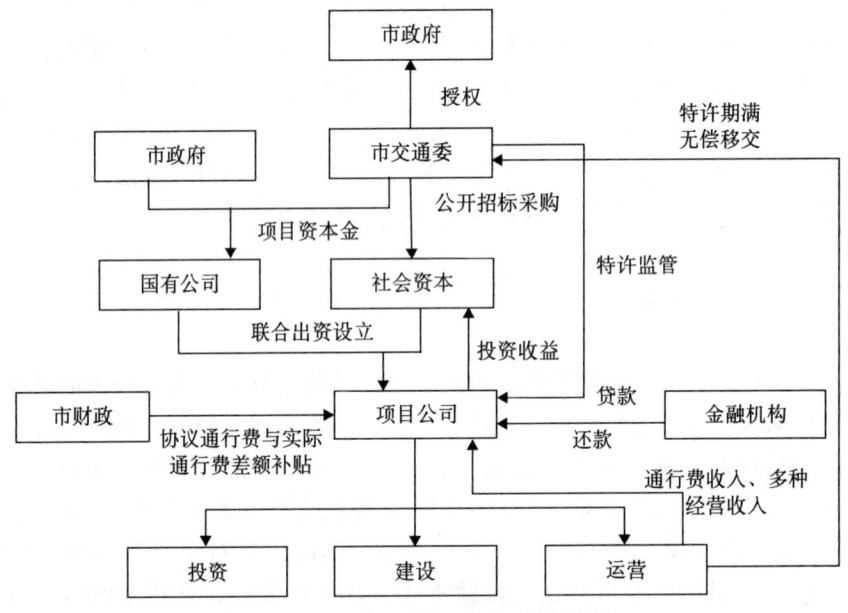

图 1-1　X 高速公路 PPP 项目结构

（1）股权结构：政府融资平台将政府专项资金以资本金方式入股项目公司，出资约 35 亿元（占股 49%），社会投资人出资约 36.4 亿元（占股 51%），共同成立项目公司。

（2）合作期限：本项目特许期 29 年，分为建设期和特许经营期，建设期从《特许协议》正式签订后至全线正式通车运营前一日，共计 42 个月（2015 年~2018 年），特许经营期 25 年（2019 年~2043 年）。

（3）预测通行费收入：预测通行费收入 = 预测车流 × 高速公路里程 × 约定通行费标准。其中，预测车流和高速公路里程按照市发改委批复后的可研报告中的相关数据计算；约定通行费标准是在基准年约定通行费标准基础上，根据约定的调整公式调整后得到的每运营年的平均车次通行票价。

（4）差额补贴：根据投资收益水平、运营成本、可研文件预测客流等各项数据，以 2015 年价格水平，初步测算运营初始年约定通行费标准 1.35~1.7 元/公里。按照现行通行费标准 0.5 元/公里测算，运营初始年（2019 年）补贴 3.6~4.9 亿元。

2. 保底车流和超额分成

（1）保底车流：为保证项目公司可以在特许经营期结束后收回成本的原则，确定保底车流为可研文件预测车流的70%。实际车流低于预测车流的70%时，补贴额按照预测车流的70%计算；实际车流高于预测车流的70%且低于预测车流时，补贴额按照实际车流计算。

（2）超额分成：当实际车流大于可研文件预测车流时，政府与项目公司按照相关比例对超出预测车流部分的通行费收入进行分配，政府分成部分用于抵减当年运营补贴款。不同的超额车流水平下，政府方与社会方对超额收入的分配比例如表1-1：

表1-1　　　　　　　　　超额收入分配比例机制

序号	条件	政府方：社会方
1	0% < 超额车流 ≤ 20%	2:8
2	20% < 超额车流 ≤ 40%	4:6
3	40% < 超额车流 ≤ 80%	7:3
4	80% < 超额车流	10:0

3. 调价机制

测算的基准年约定通行费标准仅作为采购的参考，最终的基准年约定通行费标准通过公开竞争予以确定。

约定通行费标准调整应根据政府方认可的投资变化幅度、B市在岗职工平均工资变化幅度、B市居民消费价格指数（CPI）等因素，以及各因素对项目收益水平影响的敏感程度综合确定。

基准年约定通行费标准调整：政府方认可的限于以下两项项目投资额的变动，可以对基准年约定通行费标准进行调整。

一是初步设计概算批复与招标文件中项目总投资之间的变动；

二是建设期间政府方认可的设计变更引起的投资变动。

调整公式为：$P_1 = P_0 \times (1 + 0.823 \times \Delta I)$

P_0：中标的基准年约定通行费标准。

P_1：基准年约定通行费标准调整值。

ΔI：政府方认可的投资额变动与招标文件总投资的变化率，ΔI = 政府方认可的投资额变动 ÷ 招标文件总投资，当 ΔI 大于15%时，按15%计算；当 ΔI 小于 -15% 时，按 -15%计算。

运营期每3年一次调整约定通行费标准。根据上一调价周期3年内的本市城市居民消费指数CPI变化和本市城镇居民人均工资性收入变化情况，以上一调价周期的约定通行费标准为基数按调价公式进行调整。

触发条件1：上一调价周期3年内，城市居民消费指数CPI平均增长率超过7%；或者本市城镇居民人均工资性收入平均增长率超过7%。

触发条件2：上一调价周期3年内，城市居民消费指数CPI平均增长率小于-2%；或者本市城镇居民人均工资性收入平均增长率小于-2%。

触发条件3：当发生持续影响项目公司收益的税收等政策改变，风险由政府和社会投资人共同分担，由社会方承担的损益变化部分按下一调价周期平均预测车流量折算为票价变化。

调价公式为：

$P_n = P_{n-1} \times (1 + K_1)$

$K_1 = 0.098 \times \Delta AS \times 1(\Delta AS) + 0.077 \times \Delta ACPI \times 1(\Delta ACPI) - 0.012$

其中：

n：第n次调价

ΔAS：上一调价周期3年内城镇居民人均工资性收入平均增长率（数据以本市统计局公布为准），当ΔAS大于0.15时，按0.15计算。

$\Delta ACPI$：为本市城市居民消费指数CPI变动幅度，上一调价周期3年内本市城市居民消费指数CPI平均增长率（数据以本市统计局公布为准），当$\Delta ACPI$大于0.15时，按0.15计算。

$1(x) = \begin{cases} 1, & \text{若 } x \geq 7\% \\ 0, & \text{若 } 7\% > x > 0\% \end{cases}$

以上价格调整机制最终根据《可研报告》的批复结果进行调整，并在招标文件中予以明确。

（三）案例小结

本项目构建了合理的收益分配及风险分担机制，充分体现"利益共享、风险共担、盈利不暴利"原则。其中，项目有几个创新如下：其一，合理设计保底车流量和超额利益分成机制。高速项目较大的风险之一就是车流量变化风险。一方面通过财务测算从而合理地确定保底车流量进行补贴，以避免社会投资人承担过大风险。另一方面通过设置超额利益分成，避免投资人获得暴利，减轻财政压力。其二，创新采用边际效率型的调价机制。不同于以往项目成本推动型调价机制，采用边际效率型的调价机制，项目始终处于合理的回报预期水平，不致发生重大偏离。此外，对征地拆迁风险分担、设计变更补偿等机制的设计，为社会投资人带来合理预期收益，增强了项目吸引力。

但是，该项目地处发达区域，车流量预期增长较快、地方财力强，能实现"盈利不暴利，且具有一定的正向激励"，投资风险相对较小。这种模式对于中西部欠发达地区的收费公路项目而言，在车流量极其低且增长缓慢的情形下，事实上形成政府或有支出责任大，可能会造成地方财力不堪重负。在缺乏较好市场预期的情况下，则会过度依赖财政补贴，形成"事实上的兜底"，缺乏激励与风险机制安排，故其模式可借鉴性、可复制性不强。

三、某省 T 高速公路整体打包 PPP 项目（BOT）

（一）项目概况

T 高速公路 PPP 项目共包含 5 条高速公路（分为 A+B 两大部分），A 部分高速项目包括 3 段高速公路，B 部分高速项目包括 2 段高速公路。5 条公路的建设总里程约为 346 公里。项目采用"政府与社会资本合作 + 采购施工总承包（PPP+EPC）"模式建设，总投资约为 470 亿元。每条高速公路建设期 2~3 年，收费期为 25 年，自收费起始日起计算。

（二）运作模式及要点

1. 运作方式

项目采取 BOT 运作方式，通过公开招标方式选择社会资本，社会资本与政府出资人代表（交投集团）共同成立项目公司，项目公司对高速项目进行投资、建设、运营。项目公司在特许经营期内获得回报的来源为：使用者付费与政府补贴相结合，即车辆通行费收入、政府补贴收入和其他（项目沿线广告牌、服务区及附属设施的经营权）业务收入三部分构成。

2. 投融资

项目总投资约为 470 亿元，项目公司资本金为 110.7 亿元（超过投资额 20%），其中，政府出资 54.2 亿元，占项目公司 49% 股权；社会资本出资 56.5 亿元人民币，占项目公司 51% 股权。其中，A 部分高速项目资本金为估算总投资的 30%，由交投集团按 49% 出资约 24.5 亿元，社会资本按 51% 出资约 25.6 亿元；B 部分高速项目资本金为估算总投资的 20%，由交投集团按 49% 出资约 29.7 亿元，社会投资人按 51% 出资约 30.9 亿元。如项目概算总投资超过估算总投资，项目资本金不满足 20% 时，不足部分由交投集团和社会资本按 49∶51 股比增资。

项目政府性资金主要包含国家专项建设基金和中央财政补贴（车购税）两个部分，以此作为项目资本金出资。交投集团不参与 A 部分高速的利润分配，参与 B 部分高速的利润分配。

其余资金由社会资本和项目公司通过自有资金和融资解决。如果项目公司无法在规定的期限内全额获得本项目其他建设资金，社会资本（项目公司控股股东）应当作为连带责任人对建设资金提供担保，确保建设资金全额、及时到位。

3. 财政补贴收入

（1）在收费期内的各收费年度，当 A 部分高速年度实际通行费收入低于年度保底通行费收入时，差额由政府予以补贴。当实际通行费收入高于保底通行费收入时，政府不补贴。

自本项目开始收费起，政府年补贴控制在××亿元以内，如收费期前 10 年财政年补贴超过××亿元，超出部分先由社会资本代政府承担，补贴给项目公司。政府在收费期第 11 年至 20 年通过调整年补贴额度和超额分成，以此来补贴项目公司用于偿还社会投资人代政府承担的补贴，并按社会资本出资当期基准贷款利率承担相应的财务成本。

（2）本项目仅对 A 部分高速计费交通量进行保底，对 B 部分高速计费交通量不进行保底。A 部分高速和 B 部分高速的约定分成计费交通量比率都按社会资本自有资金内部收益率（IRR）8% 进行推导设定，当社会资本自有资金收益率超过 8% 时启动分成机制。其中，在上述基准收益率下，A 部分高速约定分成计费交通量比率为 117%，B 部分高速约定分成计费交通量比率为 110%。

（3）A 部分高速项目协议保底通行费收入：协议保底通行费收入 = 可研通行费收入 × 协议保底计费交通量比率，协议保底计费交通量比率以社会投资人中标值为准。

（4）如项目在收费期内的某收费年的实际通行费收入高于当年约定分成通行费收入时，政府和社会资本按照表 1-2 规定的比例对超出部分的通行费收入进行分配：

表 1-2　　　　　　　　超额收益分配（A/B 两部分项目）

序号	条件	政府方:社会资本
1	100% < 实际通行费收入/约定分成通行费收入 ≤ 120%	5:5
2	120% < 实际通行费收入/约定分成通行费收入 ≤ 140%	7:3
3	140% < 实际通行费收入/约定分成通行费收入	10:0

（5）对 B 部分高速公路项目，收益按照双方的实缴出资比例进行收益分配；对于 A 部分高速公路项目，社会资本全部分享收益，政府仅参与超额收益分配。

（6）运营期内，政府对 A 部分高速项目保底计费交通量与实际计费交通量之间的差额进行补偿；实际计费交通量高于各年度约定分成计费交通量时，政府和社会资本按照规定的比例对超出部分的通行费收入进行分配，政府分成部分用于抵减当年财政补贴。

(三) 案例小结

项目模式具有较大创新性,交易结构设计较为复杂,但比较合理。项目投资规模大,整体打包后,对社会资本吸引力非常强。结合项目经济特性,采取"肥瘦搭配"方式,对高速的收益条件评估后分为两大部分,采取差别化的资本金比例、交通量保底、利润分配、分成计费交通量安排,较为合理地在双方之间进行风险分配,具有较强的激励约束作用。此外,在进行项目可行性缺口补助时,针对未来车流量的增长预期设定了分段式、结构化超额收益分享机制,较好实现"盈利不暴利"原则。同时,政府锁定前期政府补贴上限,即为平滑财政支出压力或防范财政难以承受的风险,对超出政府承担补贴额度之外的补贴额先由社会资本代政府承担,政府将预期的远期收益或政府付费作为对价,延期给予对等的收益。总体上看,该项目整体打包后,又结合项目经济技术特性分为两部分,在统分结合体系下针对性、差别化、结构化的模式设计值得借鉴。项目整体设计有扶有控,有助于降低政府风险、财政风险。

四、重庆曾家岩大桥项目 (DBFO/影子收费)[①]

(一) 项目概况

曾家岩嘉陵江大桥工程起于渝北区兴盛大道,跨越嘉陵江后,再向南出洞接长滨路,线路全长 5.51 公里,为城市主干路,设计车速 50 公里/小时。项目主桥为 6 车道,两端接线为 4 车道,预计分流重庆现有两条南北大通道 25% 的交通量。

项目总投资 32.78 亿元,其中工程费用 24.20 万元。资金来源于项目资本金和债务资金,其中项目资本金 40%,约 13.11 亿元;债务资金 60%,约 19.67 亿元。

(二) 运作模式及要点

重庆市首次尝试一种全新的道路收费模式——"影子收费",可以有效解决

[①] 宋杰:"PPP 示范项目巡礼:重庆首创道路'影子收费'模式",《中国经济周刊》,2016 年第 39 期。

非经营性项目缺乏现金流的问题。项目采取 BOT 运作方式,建设期为 3 年,运营期 20 年。由市城乡建委作为实施机构,通过公开招投标方式,与社会资本合资成立项目公司,项目公司负责投融资、建设、运营及维护,保证该项目正常通行运营。特许运营期结束后,项目收益权将由项目公司无偿移交给重庆市城乡建设委员会指定国有公司。

回报机制:采用政府付费方式,道路使用者在经过道路或路口时不直接付费,项目公司通过向政府收取"影子通行费"的形式获取项目收益。本项目"影子收费"模式,就是在桥梁两端设置测量设备,测算出车流量,然后按照事先确定的"影子票价"标准计算出一定时期内项目公司"应收费"总额,由政府按约支付给项目公司。为合理分担风险,还设定了影子价格调节机制:当交通量超过 11.7 万辆/日,超出部分下调影子价格;当交通量超过 14 万辆/日,超出部分不再计取影子通行费;当交通量不足 10.1 万辆/日,对影子通行费给予部分补贴。

融资安排:资金来源于项目资本金和债务资金,其中项目资本金 40%,约 13.11 亿元;债务资金 60%,约 19.67 亿元。项目公司中,政府方占股 10%,社会资本方占股 90%。市级城建资金出资总额为 1.3 亿元,在 2015~2018 年按 2:2:4:2 比例注入;社会资本出资 11.8 亿元,同进度同比例注入。其他建设资金(约 19.67 亿元)由项目公司通过特许经营权质押等方式融资解决。

股权与治理结构:政府与社会资本按 1:9 股权比例出资。重庆市城投公司代表市政府出资,与中标的社会资本方共同组建项目公司。社会资本方出任项目公司董事长和总经理;市财政局派驻 1 名董事、1 名监事;市城投公司派驻 1 名董事、1 名副总经理。

(三) 案例小结

该模式对于公益性、无经营现金流的项目是一种创新,可将部分使用量风险合理配置给社会资本。政府设置一定的流量阈值,明确付费标准,内化为社会资本的主营业务,促使企业自发进行服务质量管理,可有效地降低项目全寿命周期成本。此外,影子收费方式与绩效考核挂钩,鼓励私人部门提高道路的周边安全设施和提高道路可通行度。

这种模式与可用性付费(availability payment)具有一定的相同之处,实质都是政府付费形式,只是付费结构与方式有较大差异。其中,主要是需求量风险分配有差别,核算时较为复杂,绩效导向更为清晰。但是,影子收费可能会使得项目损失一笔本来应该来自用户付费的额外收入,使得政府的财政支出额外增加。政府在决定采纳影子收费模式时,一般先考虑用户付费的意愿、该路段的交通流量、私人部门融资成本、该路段所具有的政治经济和社会价值以及投标者方案的优劣等。

对于使用者付费或收费公路而言,事实上也可以参照影子收费给予特别情形下的补偿。如政府考虑环保或者为缓解堵车等社会问题,可以选择通过影子收费模式提供额外的补偿以弥补私人部门的损失。

第二节 轨道交通、铁路 PPP 项目运作案例

一、北京地铁四号线(BOT)[①]

(一) 项目概况

北京地铁 4 号线是北京市轨道交通路网中的主干线之一,南起丰台区南四环公益西桥,途经西城区,北至海淀区安河桥北,线路全长 28.2 公里,车站总数 24 座。4 号线工程概算总投资 153 亿元,于 2004 年 8 月正式开工,2009 年 9 月 28 日通车试运营。北京地铁 4 号线是我国城市轨道交通领域的首个 PPP 项目,项目实施效果良好。

(二) 运作模式及要点

1. 运作方式与回报机制

项目分为 A+B 两个资产部分,分别由政府直投、以 PPP 模式引入社会资本投资。项目结构见图 1-2。

4 号线工程投资建设分为 A、B 两个相对独立的部分:A 部分为洞体、车站等土建工程,投资额约为 107 亿元,约占项目总投资的 70%,由北京市政府国有独资企业京投公司成立的全资子公司四号线公司负责;B 部分为车辆、信号等设备部分,投资额约为 46 亿元,约占项目总投资的 30%,由 PPP 项目公司北京京港地铁有限公司(简称"京港地铁")负责。京港地铁由京投公司、香港地铁公司和首创集团按 2∶49∶49 的出资比例组建。

政府投资方单独投资建设的 A 部分,建设完成移交政府后,政府与特许经营

---

① 国家发改委 PPP 典型案例。

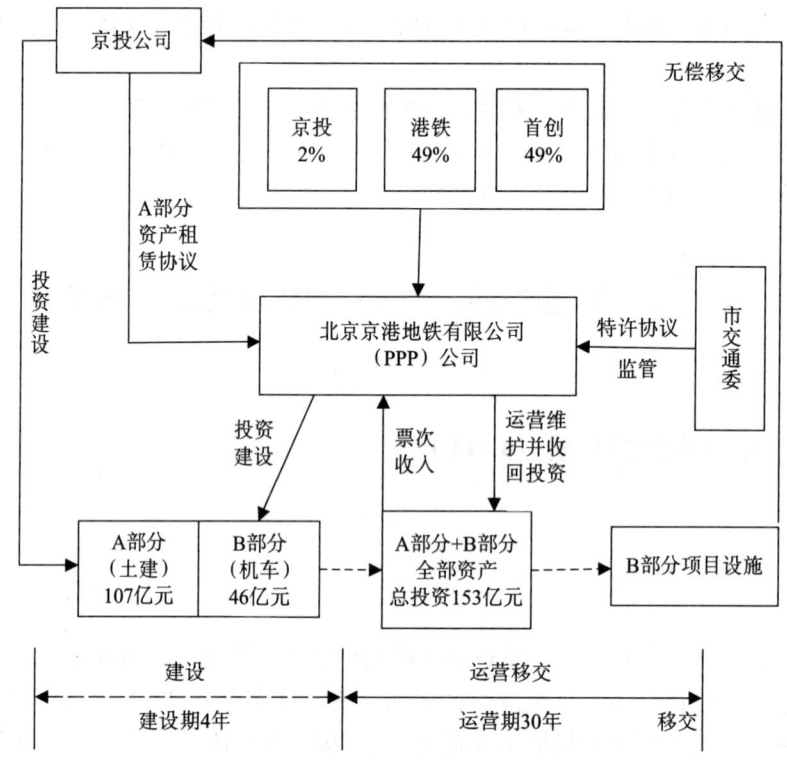

图 1-2　北京地铁 4 号线项目结构

公司签订《资产租赁协议》，将 A 部分资产租赁给特许经营公司使用，政府监管单位与特许经营公司签订《特许经营协议》。4 号线项目竣工验收后，京港地铁通过租赁取得 4 号线公司的 A 部分资产的使用权。京港地铁负责 4 号线的运营管理、全部设施（包括 A 和 B 两部分）的维护和除洞体外的资产更新，以及站内的商业经营，通过地铁票款收入及站内商业经营收入回收投资并获得合理投资收益。在遵守相关法律，特别是运营安全规定的前提下，京港地铁公司可以利用项目设施从事广告、通信等商业经营并取得相关收益。

30 年特许经营期结束后，京港地铁将 B 部分项目设施完好、无偿地移交给市政府指定部门，将 A 部分项目设施归还给 4 号线公司。

2. 构建合理的收益分配及风险分担机制

该项目通过票价机制和客流机制的设计，在社会投资人的经济利益和政府方的公共利益之间找到有效平衡点，在为社会投资人带来合理预期收益的同时，提高北京市轨道交通领域的管理和服务效率。

（1）票价机制。4 号线运营票价实行政府定价管理，实际平均人次票价不能完全反映地铁线路本身的运行成本和合理收益等财务特征。因此，项目采用"测算票价"作为确定投资方运营收入的依据,同时建立了测算票价的调整机制。以测算票价为基础,特许经营协议中约定了相应的票价差额补偿和收益分享机制,构建了票价风险的分担机制。如果实际票价收入水平低于测算票价收入水平,市政府需就其差额给予特许经营公司补偿。如果实际票价收入水平高于测算票价收入水平,特许经营公司应将其差额的70%返还给市政府。4号线PPP项目票价补偿和返还机制见图1-3:

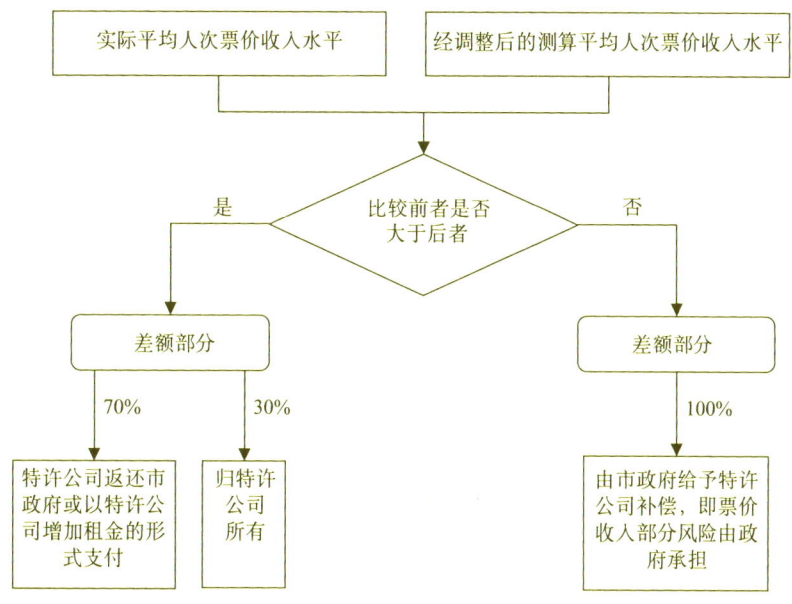

图1-3 票价补偿和返回机制

(2) 客流机制。客流量既受特许公司服务质量的影响,也受市政府城市规划等因素的影响,因此,需要建立一种风险共担、收益共享的客流机制。当客流量连续三年低于预测客流的80%,特许经营公司可申请补偿,或者放弃项目;当客流量超过预测客流时,政府分享超出预测客流量10%以内票款收入的50%、超出客流量10%以上的票款收入的60%。客流机制充分考虑了市场因素和政策因素,其共担客流风险、共享客流收益的机制符合轨道交通行业特点和PPP模式要求。

(三) 案例小结

北京地铁4号线运作模式、定价、调价机制具有创新性,是早期一个相对较成功的PPP案例。初步估计,4号线公益性部分和经营性部分的比例为7∶3。如整体采用单一PPP模式,投资回收期长,企业都无法承受,分拆则合理缩短企业投资回收期,且资产租赁模式保证了项目运营管理效率。即约定由项目公司通过租赁政府方资产的形式,获得整体线路运营管理的权利。在项目初期,政府只向项目公司免收或者收取少量象征意义的租金,促进项目尽快成熟;在项目成熟期,当实际客流超出预测客流一定比例,政府投资方将适当提高租金,避免特许经营公司利用公共财产产生超额利润;反之,若客流低于预测客流一定比例或者政府定价低于测算的平均人次票价,政府投资方会适当减免租金,增强项目抵御风险的能力。该项目在投资上采取"A+B"有机组合,在收益的敏感性参数的设定及调整机制上设计合理,主要针对车流量、票价这两个对收益影响最大的参数,进行了分段式、结构化分享设置,项目风险分配与收益调节科学、合理。整个项目设计严谨,并预留调整空间,具有激励性、灵活性、科学性特点。

二、南方 S 市地铁 2 号线一期工程("地铁+物业",BOT)

(一)项目概况

S 市轨道交通 2 号线一期工程路线长 32.3 公里,设车站 17 座(地下 12 座,高架 5 座),其中换乘站 7 座。平均站间距 1.99 公里,最大站间距 3.85 公里。投资总额合计 198.35 亿元(后调整为 211 亿元),建设期 5 年,运营期为 25 年。

项目合同内容主要包括"轨道交通 2 号线建设运营"+"轨道站场周边 800 米范围 TOD 土地开发"+"特定地块的二级开发竞争"三部分。项目预计总投资 532 亿元。

(二)运作模式及要点

1. 运作方式

项目是"地铁+物业"方式的变形,探索在现有国家土地储备政策条件下,利用土地增值收益反哺轨道交通,创造轨道、物业、产业协调发展条件。实施内容包括:"轨道交通 2 号线建设运营 BOT+EPC"+"轨道站场周边 800 米范围 TOD 土地开发"+"特定地块的二级开发竞争"三部分。项目结构见图 1-4。

(1)TOD:"轨道+物业"理念的新拓展,以公共交通为导向的土地综合开发模式。政府依法授权项目公司负责轨道项目各站场周边 800 米范围指定区域内的土地进行一级开发(包括土地平整及基础设施建设等);政府鼓励项目公司依法参与 TOD 范围特定范围土地二级开发竞争,对依法取得的特定土地进行二级开发。

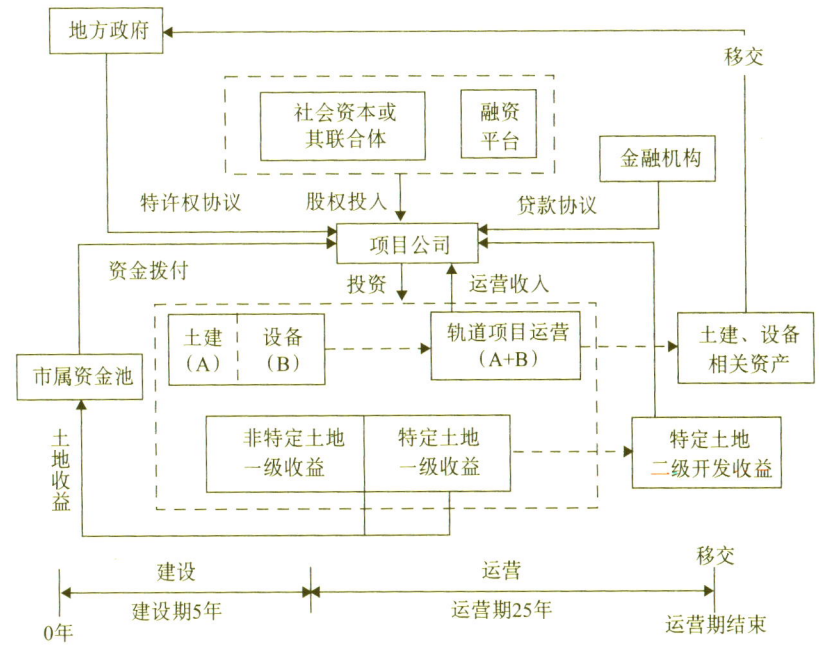

图 1-4 地铁 PPP 项目结构

（2）EPC：设计－采购－施工的项目工程总承包方式。

（3）轨道站场 800 米范围 TOD 土地开发：S 市政府依法授权项目公司负责城轨交通工程各站场周边 800 米范围指定区域内（以下称"TOD 范围"）的土地进行一级开发（包括土地平整及基础设施建设等）。

（4）特定土地二级开发竞争：政府鼓励参与 TOD 范围特定土地二级开发竞争，可以自主开发、开发商开发、联合开发。

（5）收益平衡：TOD 范围土地一级开发收益应平衡轨道项目建设成本（含项目投资收益）和特定土地二级开发收益应平衡轨道项目运营亏损（含项目投资收益）。若有超额收益，双方利益共享；若收益不足，则可通过调整土地开发面积或调整建设条件的办法予以弥补。

（6）项目公司的股权：社会资本联合体占比 66%，通过董事会按三分之二以上多数表决的方式，保证政府方在重大事项决策上的一票否决权。

2. 回报机制

回报机制是可行性缺口补助，社会资本收益来自轨道项目收益、土地一级开发利润、特定土地二级开发（投资人依法取得开发收益）等几部分。

投入产出平衡基本公式：$A+B+C=D+E+F$，其中，A 为轨道交通工程的建设成本；B 为轨道交通工程的运营成本；C 为项目的投资收益；D 为 TOD 项目综合开发收益；E 为轨道交通工程经营收入；F 为政策支持及补偿性收益。

(三) 案例小结

客观讲，本项目是"地铁+物业"方式的变形，是现有法规框架下的"变通"或创新，但也存在一定法规上障碍和项目市场不确定性风险。"轨道+物业"模式面临很多法律法规上的障碍，此项目在后期实施过程中，事实上也与当初的方案、合同发生了较大变化。香港地铁模式即地铁（Railway）加物业（Property），这种模式可实现地铁投资盈利，受到各方青睐。地铁开发可以带动沿线物业价值提升，地铁与土地开发两者有机组合，可以实现经济学意义上的"外部性内部化"。世界范围内，地铁具有明显的公益性特点，单纯靠收取票价基本上是难以实现盈利的。按香港地铁模式，通过持有和运营物业、地产等方式来实现盈利，以此获取额外投资回报，方能实现资金平衡。该模式的重点是推动地铁线路和上盖物业的整体规划、同步开发，实现同步增值，并可将增值收益部分用以弥补地铁开发运营。

国内很多城轨建设都有向其学习的成分，围绕一些站点进行了综合开发尝试，取得了良好效果。但实践过程中，依然存在建设时序难以协调匹配等问题，并且还受土地、财政等法律法规限制。根据国家《土地管理法》、《关于规范国有土地使用权出让收支管理的通知》等法规政策，明确要求"经营性用地采用招拍挂出让制度"、"土地出让收支纳入地方政府基金预算管理"等。故此，严格意义上讲，现阶段还很难实现真正意义上"地铁+物业"联动、一体开发模式，本项目在不违背大的法规框架的基础上，将土地增值收益通过土地一级开发等方式，定向补贴到项目中。总体上，这种创新还是值得鼓励、探索的。但从本质上说，项目不是真正意义上的 TOD 项目，沿线土地综合开发仅仅是轨道交通的还款或补贴资金来源。此外，土地一级开发及土地收益存在不确定性。地块的性质、用途、现状、拆迁等，以及规划指标、配套设施投入等因素将直接影响土地一、二级开发的收益及资金回收时间。进而，导致很难实现同步收储和出让，其收益难以准确测算、运营部分边界不太清晰等问题，这些都会导致项目难如设想顺利实施。

扩展开来，"轨道+物业"模式除了受到法规制约外，也与所在区域房地产市场紧密相关。土地出让收入是一次性发生的，与当时房地产市场景气情况有很大关系，这种波动性不利于保证溢价回收的稳定性。故而，难以评判地铁和房地产捆绑联动模式下，两者开发成本分担和利益共享机制是否合理，国有资源价值、公共利益是否过度让渡或受到损害。"轨道+物业"联动开发模式并不见得比分离开发好，联动方式下可能会造成收益分配或价值获取的不公平，或很难定量评价合理性，故而不可一味强调资源对价、联动开发。这种大规模捆绑土地进行联动开发模式也并不见得是最佳模式，需要因地制宜设计交易结构。

三、Z 市地铁 2 号线（BLMT）

（一）项目概况

Z 市轨道交通 2 号线一期工程线路长约 23.9 公里，设站 19 座，全部为地下站，其中换乘站 5 座；工程总投资 169.79 亿元采用建设、运营分段合作运作理念，建设养护和运营维护两个模块分别引入社会资本，实施 PPP 合作。

（二）运作模式及要点

1. 理念与运作方式

拟以"网运分离"理念，采取轨道交通基础设施建设及养护、客运服务运营及设备维护分段运作模式，分别组建项目建设公司和项目运营公司。2 号线一期工程的建设养护阶段，按照"合作投资＋建设养护绩效传导"的 PPP 合作模式，采用"BLMT"（Build - Lease - Maintenance - Transfer，建设 - 租赁 - 养护 - 移交）运作方式。项目公司负责：投资、建设 2 号线工程；提供 2 号线项目设施养护等线路服务；将 2 号线项目相关设施租赁给实施机构指定相关机构使用；在合作期末将项目移交给指定机构。

项目公司资本金比例为不超过总投资的 40%，剩余资金由社会资本方（含项目公司）筹集。合作期限包含建设期和养护期。除非依据本协议延长或提前终止，PPP 合作期为从本协议生效日开始 25 个周年；其中，建设期为 2 号线开工日起至 2 号线开始全线试运营日前一日；养护期为 2 号线开始全线试运营日起至 PPP 合作期满为止。

2. 回报机制

回报机制为可行性缺口补助方式，其中：

（1）票务分配收入与风险调整机制。实施机构将授权相关机构组建 Z 市轨道交通清分中心，承担 Z 市轨道交通售票、检票、计费、收费、统计、清分、清算及票务收入分配等职能，并将 2 号线获得的票务收入按照年度分配计划拨付给项目公司。

在合作期内，经向实施机构上报批准后，清分中心根据本协议于每季度最后一个月 10 日内，将当年度计划表的票务收入分配额等额分次向项目公司支付到位。合作期内，若当年实际票务分配收入与计划表约定票务收入分配额存在差额，则由实施机构纳入可行性缺口补助范围进行统筹调整核算。

（2）可行性缺口补助。项目公司收入来源为租金（暂不计）、票务分配收入、出售设备收入等，以及基于绩效的可行性缺口补助，使项目公司社会资本出资方在合作期内获得合理的投资回报。项目公司分年可获得的可行性缺口补助公式为：

可行性缺口补助＝合作期考核额｛建设期预期投资回报＋根据工程总承包施工协议核算的考核奖罚金额；养护期预期投资回报＋基础设施养护考核的奖罚金额｝＋考核后的综合成本水平＋（资本金出资－预留资本金）/（PPP合作期－建设期）＋贷款还本＋税费－租金－票务分配收入－其他收入（如有）

公式说明如下：

预期投资回报是指通过采购招标确认的项目公司社会资本出资方预期投资回报的基础指标，该预期投资回报率仅作为项目公司社会资本出资人获得合理投资回报的基础。在PPP合作期内，将根据PPP合作协议所确定的绩效考核机制调整，使社会资本出资人投资获得合理的回报，避免社会资本出资人取得固定回报或暴利。

根据工程总承包施工协议核算的考核奖罚金额，是指项目公司依照工程总承包协议约定的奖惩办法，对工程总承包方采取奖罚措施所产生的奖罚款金额。在建设期，实施机构或其指定机构将对工程总承包方在工程质量、工期、安全生产、突发事件管理、应急处置、文明施工及环境保护等方面进行监管，项目公司作为项目业主应对工程建设负责，实施机构对工程总承包方的奖罚款将在政府对项目公司的可行性缺口补助中进行增减核算，实现PPP绩效考核的传导，满足社会资本出资人股权投资与工程质量风险相关联的要求。

基础设施养护期考核的奖罚金额，是指实施机构依照PPP合作协议约定的基础设施维保养护考核指标，对项目建设公司的维保养护工作进行考核得出的评价结果。在养护期，实施机构将对项目公司在基础设施维保养护方面的表现进行绩效考核，实行奖罚款制度，并根据绩效考核结果对政府可行性缺口补助进行增减核算。基础设施维护绩效考核指标包括使用者（运营项目公司）满意度、质检部门的后续跟踪检测结果、维保养护服务质量等。

考核后的综合成本水平包括项目融资成本及运营成本，实施机构根据项目融资成本水平和运营成本水平的指标进行考核。其中：融资成本水平是指项目公司经实施机构指定机构认定的融资贷款利率水平，实际融资成本如存在差异，差异部分按分段的比率进行奖罚考核。运营成本水平是指项目公司维持正常运转所支付的职工薪酬、管理费用以及基础设施维保养护业务日常支出等各项成本费用水平，根据实际发生成本的差异情况进行奖罚考核。

（资本金出资－预留资本金）/（PPP合作期－建设期），是指本项目按照"永续经营、融资延续"理念设计，预留资本金即为社会资本出资额，在此方式下，分年的可行性缺口补助不包括社会资本出资的股本回收金额［即"(资本金出资－预留资本金)/(PPP合作期－建设期)"项］，社会资本在合作期末按约定退出。此外，在合作期内实施机构有权根据Z市政府财力情况，将项目公司社会资本出资人股本回收方式调整为如下两种方式：方式一：调整为项目公司社会资本出资人每年等额收回股本投资额加预期回报；方式二：按年度调整项目公司社会资本出资人回收的股本投资额。

贷款还本是指项目公司应保留一定比例的资产负债率；项目公司可以通过向项目运营公司出售机车、设备等动产筹集资金偿还相应比例的贷款本金。该部分资金用于偿还贷款本金时"贷款还本"部分不纳入可行性缺口补助范围；当该部分资金不足以偿还贷款本金时，差额部分的"贷款还本"部分纳入可行性缺口补助范围。

税费、租金、票务分配收入及其他收入（如有）：税费是指项目公司依法缴纳的税收和规费；租金是指项目公司获得的经营性空间租赁收入；票务分配收入是指项目公司根据规定获得的由票务清分中心根据票务收入分配规则向项目公司分配的票务收入；其他收入（如有）是指项目公司在PPP合作期内可能获得的除租金、票务分配收入以外的其他收入；若项目公司在PPP合作期内获得其他收入，则相应扣减当年度政府可行性缺口补助金额。

3. 绩效考核

（1）建设期绩效考核。建设期绩效考核主要针对项目公司在建设期内工程建设施工及管理等方面的表现，其中工程建设施工考核分为工程总承包范围内的考核和工程总承包范围外的考核，管理考核主要对项目公司建设管理进行考核。

①工程总承包范围内的考核：

a. 工程质量方面，实施机构对项目公司考核奖罚金额在规定标准基础上上浮10%；

b. 工期方面，实施机构对项目公司考核奖罚金额在规定标准基础上上浮8%；

c. 安全生产方面，实施机构对项目公司考核奖罚金额在规定标准基础上上浮5%；

d. 突发事件管理方面，实施机构对项目公司考核奖罚金额在规定标准基础上上浮3%；

e. 应急处置方面，实施机构对项目公司考核奖罚金额在规定标准基础上上浮3%；

f. 文明施工及环境保护方面，实施机构对项目公司考核奖罚金额在规定标准基础上上浮3%。

②工程总承包范围外的考核是指实施机构对属于项目公司投资范围但不在项目公司与工程总承包方签署的总承包协议范围内的投资部分进行的考核,主要包括车辆采购、部分设备安装等内容。

(2) 养护期绩效考核。主要针对本项目养护过程中项目设施养护和维修等内容,主要包括项目公司养护维修服务质量、成本控制等方面的表现,以及使用者(运营项目公司)满意度等。

(三) 案例小结

正如前述案例,"地铁+物业"方式,并不一定是最佳、最适宜的选择。地铁与房地产分开也是值得提倡的,可以厘清界面、避免交叉补贴的不确定性。虽然,轨道周边、区域范围内资源的联动、协同开发可以更好地提升区域价值,在技术层面、经济层面都是必要的。但这并不意味着所有职能都赋予一个社会资本、由其一家完成,核心是如何整合资源,形成互补、协同的合作开发体系。关键是匹配好地产规划、基础设施配套、土地出让或开发,设计适宜的开发方式,发挥各自优势、形成互补、获得各自合理的回报。

同理,地铁建设、运营一体化是最常见运作方式,通常采取 BOT 方式。本项目采取地铁的网运分离模式,不可避免地存在很大争议。一般性观点都倾向于建设、运营一体化,这种模式的确可保障建设质量、运营服务效果融合,显然是值得鼓励的。然而,建设、运营一体化效率并不必然比网运分离模式下的效率高。BOT 一体化模式下,对社会资本设计、工程、融资、运营等各方面要求都很高。此外,如存在保底需求量设置、调价机制等,可能会造成反向激励。故此,不可一味否定网运分离模式。目前,具备投资建设、运营管理能力的投资人并不多,如采取联合体模式也可能导致界面不清、权责不明。网运分离模式引入不同专业投资人,如采取两阶段 PPP 模式,若能有机衔接、融合,依然可以发挥各自优势,实现项目两阶段总体上的较高效率。故是采取 BOT 一体化方式,还是两阶段 PPP 模式(或其他网运分离模式),应对比权衡选择。总体上应基于项目全生命周期统分、联动考虑,综合权衡风险与效率,因地制宜、选择适合的模式。

四、某县铁路 PPP 项目(BOT)

(一) 项目概况

铁路线路长 74.95 正线公里,其中既有部分现状电化线路长 31.52 正线公里，建铁路线长 43.43 正线公里。工程估算总额 132767.91 万元，其中：新建工程预估算总额 112108.93 万元，电化改造工程预估算总额 20658.98 万元。

（二）运作模式及要点

1. 运作方式

县政府授权县发改委为本项目的实施机构，实施机构通过公开招标的采购方式遴选社会资本。

中选社会资本与县政府授权的政府方出资代表（国资公司）组建 PPP 项目公司。为保证政府方权益，项目公司股权比例为——社会资本∶国资公司 = 99%∶1%。国资公司不参与项目公司分红，通过 1% 的股权对项目公司进行监管，行使决策权，对涉及社会稳定、国家安全、公共利益等事项拥有一票否决权。县政府授权实施机构与项目公司签署《特许经营合同》。本项目特许经营期限 30 年，其中建设期 1.5 年，运营期 28.5 年，最终以特许经营合同为准。特许经营期届满，PPP 项目公司按照移交委员会制定的移交标准，将本项目资产整体完好无偿地移交政府指定机构。

项目公司通过银行贷款等方式筹集项目债务资金，如需担保，由社会资本提供。项目公司按照政府方《初步设计》等相关文件要求，负责本项目建设。

项目建成以后，项目公司委托某铁路局负责项目整体的运营维护、运营管理、客运收入、货运收入及其他收入归项目公司所有，项目公司按《委托运营协议》向铁路局支付委托运营费。县、市两级财政以可行性缺口补助模式对 PPP 项目公司进行补贴。

2. 回报机制与收益安排

付费机制为可行性缺口补助方式，项目以不高于项目投资内部收益率 6.50% 作为招标控制指标，全投资内部收益率初步设定为 6.0%～6.5% 情境下，政府年均补贴 6500 万元～7500 万元。

（1）项目公司享有权益的收入组成包括货运业务收入（客运业务收入与货运业务收入之和）、其他服务收入（按运输收入的 10% 计算）以及政府提供的补贴。

（2）政府提供可行性缺口补贴如下：年度政府补贴额 = 约定年度补贴额 + 客货运业务收入不足政府补贴（如有） - 超额客货运业务收入政府分成（如有）+ 投资差额补偿。其中：

①客货运业务收入：在特许经营合同中约定 PPP 项目公司应实现的预测客运业务收入（基准客运业务收入）和预测货运业务收入（基准货运业务收入）之和；PPP 项目公司就客货运业务收入在一定范围（-20%～0%）内自负盈亏，

当项目实际客货运业务收入超过约定的高限水平时，PPP项目公司和政府就超过高限水平的超额收入部分享有分成权益，当项目实际客运收入低于约定的低限水平时，政府就不足低限的差额收入部分予以补偿。

②其他服务收入：项目范围内所有其他服务业务经营所获得的收入总和（按运输收入的10%计算），由于本部分收入对PPP项目公司收益敏感性较弱。本部分风险由PPP项目公司自行负责（PPP项目公司享有或承担本部分超额收入或不足风险）。

③投资差额补偿：工程竣工后由县政府按审计程序确定项目实际投资，根据实际投资和特许合同约定的投资控制责任对应的投资额确定项目的"投资差额补偿"。

（三）案例小结

铁路具有公益性、网络性、共享性以及自然垄断性等技术经济特征。地方铁路存在体量小、需求少、运营难、盈利难等问题，很难吸引运营商投资。该项目采取类似网运分离模式，由具有投资建设能力的社会资本负责投资建设工作，政府不承担保底需求量，但采取弹性补偿机制。此外，将运营委托给专业运营商，进而实现全生命周期职能全链条闭合。此方式可以有效降低社会资本的经营性风险，在项目经营性收益较差、运营商普遍缺乏投资动力的环境下，不失为一种可行的、恰当的模式。这种模式下，如果交易结构合理、建设投资方与运营方形成了一个相对松散的"联合体"，效率发挥的关键在于各个职能的协作、责权利合理安排，形成紧密的长期性的良好合作。该模式运作得当可以较好整合各方优势，加快项目落地、提升运营效果，也是一种可行的、弹性的模式设计。

第二章

市政工程（含公用事业）领域 PPP 项目运作案例

第一节 供排水、供热等公用事业 PPP 项目运作案例

一、B 市城市供水 PPP 项目（BOT）

（一）项目概况

水厂规划厂址占地约 5.3 公顷，调节池占地约 4 公顷。项目建设内容包括调节池、净配水厂、配水管网及附属设施。按照规划，调节池设计总容积为 12 万立方米/日。水厂工程远期设计规模 12 万立方米/日，项目分两期建设，一期工程建设规模为 6 万立方米/日，工程内容包括调节池工程、输水管线工程、提升泵房工程、净配水厂工程、工器具购置费等，投资约 3.84 亿元，其中工程费用约 3.11 亿元，工程建设其他费 0.44 亿元，预备费用 0.23 亿元，铺底流动资金 0.06 亿元；二期完成 6 万立方米/日净水厂设备购买和安装，投资约 1.13 亿元。

项目投资估算主要包括水厂红线范围内的全部投资，不包括配水管线和厂外市政工程的投资，约为 4.97 亿元。

（二）运作模式及要点

1. 运作方式

项目拟采用特许经营 BOT 模式，在特许期内，由水务局授权特许经营者设

计、投资、建设、运营、维护水厂，期限届满无偿移交政府。本项目收费限期26年，自水厂试运营之日起计算。项目结构见图2-1：

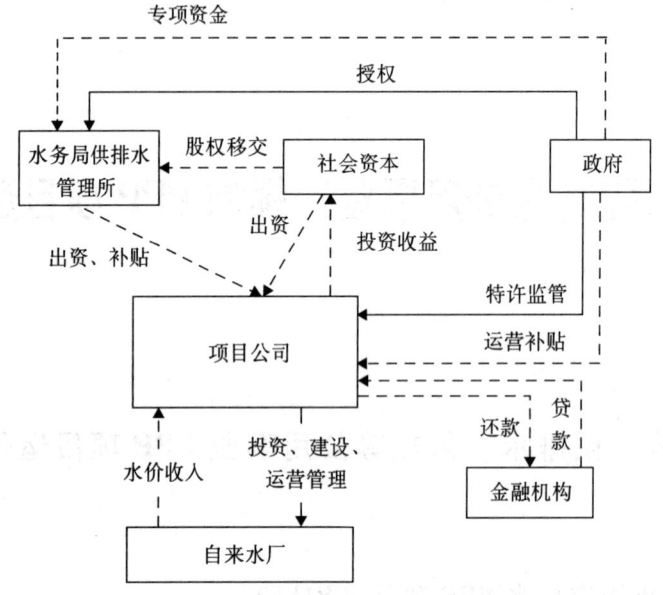

图 2-1　水厂 PPP 项目结构图

项目投资概算 4.97 亿元，其中，市发改委的专项资金出资 50%，分别以注册资本金、补贴形式注入项目公司。项目公司注册资本金为 3000 万元，政府与社会资本的股权比例为 1∶2，即融资平台利用政府资本金出资约 1000 万元（其余政府资金 2.385 亿元以投资补助形式投入项目），社会投资人出资约 2000 万元，共同成立项目公司。剩余 2.285 亿元由项目公司通过银行贷款解决，政府股本和政府投资补助原则上不参与项目公司分红。

政府入股项目公司主要出于以下几方面考虑：一是有利于项目融资增信；二是有利于对 PPP 项目的监督管理，政府作为股东之一，依法对项目公司的运营情况享有知情权，并在关系国计民生的事件上具有一票否决权；三是有利于促进政府与社会资本共担风险、共享收益，加强双方的合作。

经营服务标准：符合国家现行的《城市供水行业 2010 年技术进步发展规划及 2020 年远景目标》及《生活饮用水卫生标准》（GB5749-2006）；其中出水浊度 <0.5NTU，保证率 >95%。

项目设计、建设和运营的全过程期间，由水务局负责项目具体实施和监督管理；规划、土地、建设、价格、环保、财政、审计、监察等相关行政部门在各自职责范围内依法履行监督管理职责。

2. 供水服务费收入测算

$$\text{预测供水服务费收入} = \text{预测供水量} \times \text{供水服务费单价}$$

（1）预测供水量：一期工程基本水量按照投产后第一年4万立方米/日测算，第5年供水量达到6万立方米/日运营。第6年安装二期设备，按测算，第11年达到100%设计处理能力。

（2）供水服务费单价：在初始供水服务费单价基础上，根据约定的调整公式调整后得到的每运营年的平均水价。

需要明确的是，测算的初始供水服务费单价仅作为招标的参考价，最终的初始供水服务费单价通过招标以确定（预计下浮）。

（3）供水服务费单价调整机制：供水服务费单价调整应根据中标人投资报价、初设概算批复、电价变动幅度、市在岗职工平均工资变化幅度、原材料价格变化等因素，以及各因素对项目收益水平影响的敏感程度综合确定。

（4）协议供水量的取值：当实际供水量为保底水量至100%时（运营期第1年至第10年保底水量为预测水量的75%，运营期第11年至26年保底水量为预测水量的80%），协议供水量取实际供水量，即此时用水量风险由项目公司承担；当实际供水量低于保底水量时，协议供水量按保底水量取值，即此时用水量风险由政府承担；当实际供水量超过预测水量时，超过部分即为超额水量，单位超额水量服务费等于供水服务费单价的一半。

（5）超额收益分成：当实际供水量大于预测供水量时，政府与项目公司按照相关比例对超出预测水量部分的水费收入进行分配，政府分成部分用于抵减当年运营补贴款。超额收益部分按照政府与社会资本6∶4比例进行分成。

（6）水价调价公式：供水服务费单价调整应根据政府方认可的市在岗职工平均工资变化，原材料、燃料、动力购进价格指数变化，市南水北调工程调江原水计量水费变化等因素以及各因素对项目收益水平影响的敏感程度综合确定。

特许经营期内，自首个运营年度起，每三个运营年为一个调整周期，即在运营期的第4、7、10、13、16、19、22、25年调整供水服务费单价。供水服务费单价调整需满足任意一个触发条件，调整触发后根据上一调价周期3年内的城镇居民人均工资性收入变化，原材料、燃料、动力购进价格指数变化及市南水北调工程调江原水计量水费变化情况，以上一调价周期的供水服务费单价为基数按调价公式进行调整。

二、ZC污水处理厂及管网配套PPP项目（BOT+TOT/ROT）

（一）项目概况

该项目将分两期实施，一期项目采用"厂网一体"运营模式，将污水处理厂和排水管网项目整合。

项目总资产规模 20.54 亿元。其中，存量资产 7.12 亿元，包括 2 座污水处理厂、750 公里排水管网、7 座污水泵站；新建投资 13.42 亿元，包括 3 座污水处理厂、554 公里排水管网及配套设施，以及其他在服务期内需建设的污水处理及市政排水项目。

（二）运作模式及要点

按照厂网一体、存量增量一体的原则，采取"TOT（移交–运营–移交）+ BOT（建设–运营–移交）"运作方式，授予项目公司投资、建设新建项目以及运营维护污水处理及排水设施的特许经营权，特许经营期 26 年，期满终止时，项目公司将设施的所有权、使用权无偿交还政府。政府每年支付污水处理服务费和排水设施服务费。项目运作的结构见图 2–2：

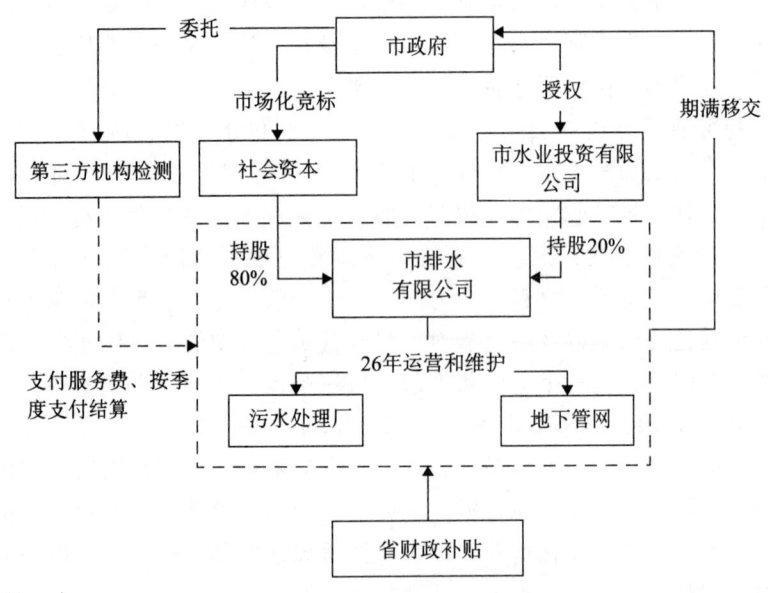

图 2–2　污水处理厂 PPP 项目结构

政府或授权主体与选定的投资人合资组建项目公司。投资人和市政府指定主体按照 80%∶20% 比例组建项目公司，签署合资合同和章程。政府持有股权，参与项目公司的重大决策，但不参与日常的经营和管理。资本金比例为项目总资产的 30%，剩余 70% 资金由项目公司融资取得。

政府授权市住房城乡建委与项目公司签署《特许经营协议》，授予项目公司特许经营权。项目公司购买已建污水处理厂及排水设施；在特许期内投资建设规划中的污水处理厂及排水设施等;负责运营、维护和更新排水设施及污水处理厂;项目公司在特许经营期结束后将正常运行情况下的上述设施无偿移交给政府或其指定机构。

委托资产评估公司对本项目实施资产评估,经重置成本法评估,评估价值71226.67万元,并报市国资委核准和备案;由产权所有人与项目公司签署《资产转让协议》,将主城区已建的污水处理厂、排水设施等转让给项目公司。

市财政局根据项目公司提供服务情况经住建委提出审核意见后向项目公司支付购买服务费。同时,省财政提供财政资金支持、补贴。

三、揭阳市 9 座污水处理厂项目 (DBFOT/BOT)[①]

(一) 项目概况

揭阳市 9 座污水处理厂是粤东西北地区市一级确定和实施城乡垃圾收集和无害化处理设施、污水处理厂和配套管网等重点项目之一。9 座污水处理厂项目包括揭阳市揭东经济开发区新区,揭东区玉窖镇、新亨镇、锡场镇,揭阳市区西区、空港经济区及普宁市洪阳镇、占陇镇、里湖镇 9 座污水处理厂及其配套管网(揭东经济开发区新区实施内容仅包括污水处理厂),拟建总规模13.5万吨/日,拟建管网总长度141.92公里,总投资约11.27亿元。

项目包中各污水处理厂厂区红线范围内部分,包括污水处理设施、生活设施、生产管理设施、厂区内给排水、厂区绿化和围墙等;以及上述各厂区红线范围外的进厂污水管线接驳部分、经处理后的出水排放管线部分,厂外道路、给水、供电、雨排水及通信等厂区配套设施等。

(二) 运作模式及要点

1. 实施机构与采购主体分离,打包统一采购

揭阳市人民政府牵头负责揭阳市 9 座污水处理厂PPP项目捆绑招商,并授权揭阳市住房和城乡建设局统筹采购事宜,作为采购人打包统一采购社会资本。包括聘请咨询机构、编制资格预审文件及磋商文件等,组织各区政府(市政府或区管委会)讨论确认上述方案与文件,聘请招标代理机构组织实施项目采购,协调各主体签署和履行PPP项目的协议等。

---

① 国家发改委第二批 PPP 项目典型案例。

揭阳市住建局与中标社会资本签署《揭阳市9座污水处理厂PPP项目投资合作框架协议》，明确整体合作原则。普宁市人民政府、揭东区人民政府、蓝城区及空港经济区管委会或其指定机构作为项目实施机构。确定社会资本方后，由各区（市）政府（管委会）或其指定机构与项目公司签署PPP协议，并负责后期项目执行的监督管理工作。

整体项目通过竞争性磋商方式选择社会资本作为该项目投资人，按照实施方案，由其设立四家项目公司，注册地分别位于普宁市、揭东区、空港经济区及蓝城区。

整体的采购路径、合同体系安排见图2-3：

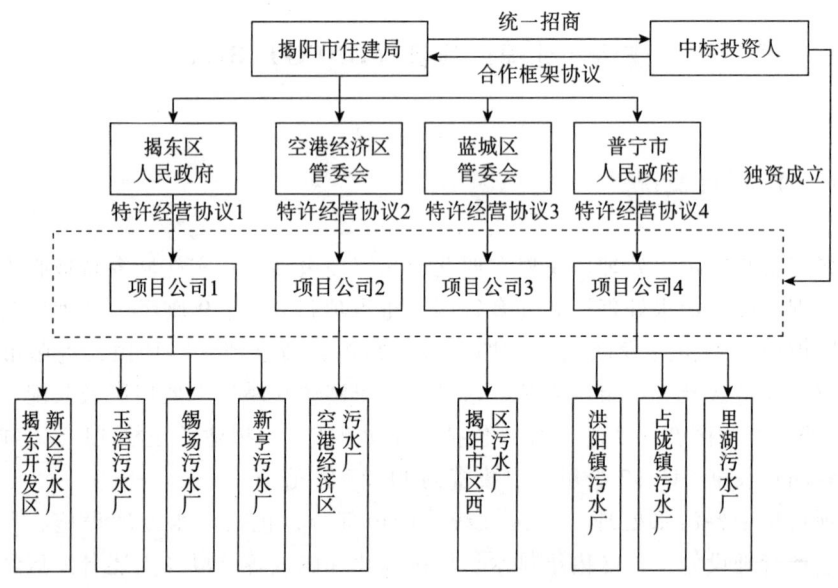

图2-3 项目采购路径与合同体系

采用多阶段竞争性磋商程序采购的PPP污水处理项目。第一阶段邀请所有通过资格预审的供应商进行设计方案磋商，获取优质技术方案，明确项目的技术要求；第二阶段通过商务方案的磋商，明确项目的商务条件和服务要求；第三阶段通过综合评审的方式平衡技术方案和商务报价，选择合适的社会资本。

此外，对落选投标人进行经济补偿，保障技术方案质量。对于通过设计方案及商务方案磋商，并参与第三阶段最终报价的供应商，采购人将对其设计方案费用给予补偿，以此提高投资人对项目的积极性，鼓励投资人投入更多人力物力进行技术方案的编制，确保项目获得优质的技术方案。

2. 运作方式

9座污水处理厂采用设计-建设-融资-经营-移交（DBFOT）运作方式。由社会资本完成项目的立项等前期工作、勘察设计、施工建设、运营及移交等工作。其中，配套管网与污水处理厂同步设计、同步建设、同步投运。

项目特许经营期限为 30 年（含建设期 1 年）。社会资本 100% 出资成立四家项目公司。各项目公司的注册资本金不低于各子项目总投资的 30%。

各污水处理厂建设用地保留在政府或其机构名下，以零租金租赁形式提供项目公司使用，项目公司自行承担与项目土地使用、房产等有关的各项税费。

3. 回报机制（不设保底水量、按环境绩效付费）

项目公司主要收入来源于项目的污水处理服务费、管网运营维护费。各区政府根据签订的特许经营协议履行付费义务。最终定价必须以各项目经政府相关部门审核后确定的投资金额进行调整。

采用环境效益付费机制，不设保底水量，根据污水处理厂月平均进水 COD 浓度确定进水浓度系数，对各厂进水浓度进行考核，并以此作为污水处理服务费计算依据。污水处理服务费采用"一厂一价、按日计量、按月支付、按月考核"的方式。污水处理服务费的支付以当月出水流量作为处理水量，根据月平均进水浓度确定进水浓度系数进行换算计费。政府只对污水处理设施所发挥的减排效果进行付费，更有利于发挥投标人技术优势，促使投标人积极进行污水配套收集管网优化设计和运营管理维护。

管网运营维护费按月支付，计费以起始日期为准。各子项目污水处理厂的污水处理服务费和管网运营维护费均按特许经营协议约定条款，由各市、区财政部门或项目实施单位按协议支付给相应的项目公司。

市住建局协调各政府（市政府或区管委会）相关部门，建立综合服务评价体系，聘请第三方机构，对项目进行绩效评价，作为污水处理服务费计算依据。

四、H 县燃气管道建设 PPP 项目（BOT + BLMT）

（一）项目概况

项目包括场站新建及改造、燃气管道建设与入户安装等，总投资额估算为 10936.41 万元，预计气化户数 X 户。其中，项目静态投资估算为 10911.51 万元，其中工程费用 9998 万元。

（二）运作模式及要点

1. 运作方式

项目采用 PPP 模式下的 BOT + BLMT 运作方式。特许经营期 30 年，其中：建设期 2 年，运维期 28 年。相关项目结构如下：

(1) 本项目形成的资产分为 A + B 两部分，其中：

A 部分：县人民政府授权政府融资平台投资建设本项目中的低压管网，投资额为本项目总投资额的 25%。政府融资平台委托项目公司代建，上述资产建成后无偿租赁给项目公司。政府方承诺以分次出资方式投入，每次实际出资额以项目公司入户安装完成且通气的比例向社会资本方支付。每次出资额 = 项目总投资金额的 25%/总户数 × 入户安装验收合格且通气户数。

B 部分：以 PPP 模式引入社会资本方自筹资金投资建设本项目余下建设内容。社会资本自筹 8310.95 万元，其中，社会资本方出资人民币 2077.74 万元，占自筹资金的 25%；剩余部分 6233.21 万元（占自筹资金的 75%）为项目债务性融资，由项目公司负责完成。

(2) 县人民政府授权县住建局作为项目实施机构，拟通过公开招标采购程序选定社会资本；中选社会资本针对 B 部分资产出资，政府方不出资也不参与 PPP 项目公司分红，但分享超额利润。

(3) PPP 项目公司与本项目实施机构签署特许经营合同或 PPP 项目合同。政府对 PPP 项目公司进行监管，对涉及社会稳定、国家安全、公共利益等事项拥有一票否决权。

(4) 项目建成以后，项目公司负责项目整体的运营、维护和到期移交。

2. 回报机制

项目采用"使用者付费"回报机制。主要收益来源为天然气的销售，由社会资本方自负盈亏。政府方承诺在天然气入户通气率达到 50% 以上，并且正常运营的情况下，特许经营期内社会资本方提出新建加气站的要求，政府方在同等条件下优先授予。

利润分享部分为超额利润部分，见表 2 - 1：

表 2 - 1　　　　　　　　　　超额收益分享

利润率比例（ROA 资产回报率）	政府分享比例	项目公司分享比例
6% 之内（包含 6%）（不设保底量）	0	100%
6% ~ 9% 之间的部分	30%	70%
9% 以上部分	70%	30%

五、ST 市城乡垃圾处理一体化 PPP 项目（O&M + BOT）

（一）项目概况

城乡垃圾处理一体化工程 PPP 项目总投资约 M 亿元，分为三期建设。其中，一期项目总投资约 N 万元，主要是城区垃圾处理清运升级改造工程（包括定位手机、GPS、后台电子监控设施等）。包括市城区垃圾处理升级改造工程：利用数字化、信息化环境卫生管理平台，实现对人员、车辆、垃圾清运状况的实时监控、实时调度，通过 GPS 管理终端，将互联网技术运用于垃圾清运系统；新建填埋场磅房、洗车消毒设施，新增压实机，洒水车等。二期项目、三期项目为远期建设项目，主要是乡村生活垃圾处理工程。

（二）运作模式及要点

1. 运作方式

项目一期对于存量资产采用 O&M（委托运营）、对于新增投资采用 BOT（建设－运营－移交）运作方式。政府委托城投公司作为 PPP 项目中的政府方出资代表，与社会资本共同组建项目公司。其中，市城投公司占 10%，社会资本占 90%。特许经营期限为 30 年，从合同生效之日起算。项目公司成立后，市政府相关部门协助项目公司办理成立保洁公司的相关手续，切实解决项目公司由于机械化程度提高后，富余员工就业和安置问题。

2. 回报与调整机制

项目采取"使用者付费＋政府可行性缺口补助"。一是使用者付费，按不同的使用对象收取相应的垃圾处理费收入；二是可行性缺口补贴，项目实施机构依据项目垃圾系统使用量以及服务质量，支付可行性缺口补助。

垃圾处理保底量按年平均 J 吨/日计算；垃圾处理单价最终中标报价 L 元/吨。项目一期工程运营期内第一年，市政府项目一期工程补贴约定如下：

第一年度每月拨付的补贴额 ＝［项目公司每月的垃圾处理量（以磅单量为准）×垃圾处理费中标单价 L］；项目公司须向市人民政府提前 3 至 5 个工作日提交当月垃圾处理量磅单，市人民政府在收到磅单后于每月的 25 日前，向项目公司拨付当月垃圾处理费。每届满 3 个自然月，市环卫局与项目公司于届满之日起 15 日内共同对三个月内的垃圾处理总量进行统计，如果三个月平均垃圾日处理量达不到 J 吨/日的，则市政府按照三个月平均垃圾日处理量 J 吨/日与实际处理量之间的差额向项目公司进行补偿，即垃圾量差额补偿 ＝（J 吨/日 － 3 个月实际平均日磅单量）×垃圾处理费中标单价 L×3 个自然月的实际天数。

垃圾处理费单价实行动态调价机制，第一年度按照 L 元/吨计算垃圾处理费单价；第二年度开始之日起 3 个月内完成以下工作：市环卫局与项目公司共同委托第三方审计机构对项目公司第一年度实际运营成本（以审计报告为准）进行审计（审计费用由项目公司承担），市政府根据审计结论，以项目公司财务内部收益率 6% 为基准，调整垃圾处理费单价。自第三年度起每两个年度依据上款约定的程序和方法，根据审计结论调整一次垃圾处理费单价。

项目公司在符合条件的情况下，可以优先承接城市节庆美化（横幅、彩带、过节灯具安装）工作。在符合《中华人民共和国广告法》及相关规定的情况下，可以在合同项下经营用城乡垃圾桶及其他环卫设施的表面从事广告经营活动。

3. 绩效考核与付费

（1）试运营期考评。

考核得分在90分以上为优秀，每月全额给予拨付服务费；

考核得分在89~80分，每降低1分，在财政部门拨付给项目公司的服务费中扣除100元，每月最多扣除1000元；

考核得分在79~70分，每降低1分，在财政部门拨付给项目公司的服务费中扣除150元，每月最多扣除2500元。

考核得分在69~60分，每降低1分，在财政部门拨付给项目公司的服务费中扣除200元，每月最多扣除4500元。

考核得分在60分以下，在财政部门拨付给项目公司的服务费中每月一次性扣除5000元。

（2）正式运营期考核。

试运营期届满按照如下约定的绩效考核办法执行，见表2-2：

表2-2　　　　　　清扫保洁作业质量考核标准

序号	考核内容	评分标准	分值	扣分	得分	备注
1	清扫保洁人员必须按规定穿工作服，着装要整齐	未穿工作服发现一次扣10分，着装不整齐发现一次扣2分				
2	配备4件工具：大扫把、小扫把、簸箕、铁钎子、工具存放整齐	差一样工具扣0.5分，工具存放不整齐扣0.2分，保洁车辆不干净、不完好扣0.5分				
3	按规定时间完成清扫保洁任务，工作期间不迟到、早退、不脱岗、不坐岗、文明作业	未按时完成清扫保洁任务一次扣0.2分，迟到、早退、坐岗、聊天一次扣10分，串岗一次扣1.5分				
4	道路、人行道、绿化带、广场、商业门前整洁，无暴露垃圾、卫生死角、零星白色垃圾、粪便等杂物	暴露垃圾发现一处扣0.5分，其他发现一处扣0.2分				

续表

序号	考核内容	评分标准	分值	扣分	得分	备注
5	道路路面无泥迹（水泥污垢）、无污水横流、无油渍污染；公交站牌等附属设施干净、整洁。边沟、树圈边无泥沙	发现一处扣0.2分				
6	果皮箱体干净、整洁、无污点、无满溢，箱内无沉积垃圾。垃圾箱干净、整洁，周边无散落垃圾和沉积垃圾	发现一处扣0.2分，焚烧垃圾一处扣1分				
7	道路附属设施干净，无积尘，水篦无堵塞	发现一处扣0.2分				
8	被市民举报、上级领导检查发现问题或媒体曝光	发现一处扣0.2分				
9	管理人员认真履职。管理人员考勤记录完整、真实，日巡查记录清楚、真实，每月定期召开会议听取一线人员的意见和建议，解决一线人员在工作中的具体困难和问题	管理人员考勤记录不完整一起扣0.5分，不真实一起扣2分，日巡查记录不清楚一起扣0.5分，不真实一起扣2分。每月没有定期召开会议听取一线人员的意见和建议扣2分，对一线人员反映的问题能解决不解决的扣2分，解决不了没及时上报的扣2分				

财政补贴额计算公式如下：

$$P_n = PE_n + (S_n - SE_n) \times A \times Y\%$$

其中：

P_n 为第 n 年实际应付的运营服务费（政府补贴额）；

PE_n 为第 n 年计划或预计需付运营服务费；

S_n 为第 n 年运营绩效年度考核及临时考核评分的算数平均值；

SE_n 为运营绩效考核基准分100分；

$A \times Y\%$ 为项目实际运维绩效考核评分超过或偏离考核基准分时，单位分值的奖罚金额（万元）；其中 A 为项目的总投资额，$Y\%$ 为签约前政府与社会资本方商定的奖惩基数比重。

六、LK 集中供热 PPP 项目（ROT + TOT + BOT）

（一）项目概况

项目分为 DH 镇、ST 乡集中供热建设和县城县热平衡改造，整个项目静态投资额为 12025 万元。

主要建设内容如下：

新建项目：DH 镇新建 3 × 14MW 燃煤热水锅炉房，一座封闭型煤场渣场，在锅炉房内预留 2 台 14MW 锅炉房用地。新建 DN100 ~ DN450 配套管网 26.1 公里；

改扩建项目：县集中供热热网平衡项目，县城老管网改造 5 公里，换热站加装热平衡无人值守系统，加装流量平衡阀，用热户加装热平衡装置；

存量项目：ST 乡 2 × 10.5MW 燃煤热水锅炉房，配套管网 3.5 公里。

（二）运作模式及要点

1. 运作方式

本项目采取"BOT + ROT + TOT"的组合运作方式，主体是"BOT + TOT"：

（1）DH 镇是新建资产，采用"BOT（建设 – 运营 – 移交）"PPP 运作方式；

（2）热网平衡项目是在原有存量资产基础上进行改扩建，采用"ROT（改造 – 运营 – 移交）"PPP 运作方式；

（3）ST 乡是前期建设的存量资产，采用"TOT（转让 – 运营 – 移交）"PPP 运作方式。

本项目自有资本金占投资额的 30%，项目公司融资金额占投资额的 70%。自有资金为 3037.50 万元，该部分资金主要用于：

（1）新建项目的债务融资所需的自有资金比例；

（2）社会资本以获得存量资产，分期支付转让价款（暂定 3 年等额支付），剩余价款可待融资到位、经营现金流充足后再付；

（3）融资到位前的资金投入、建设期及流动资金补充等。

由项目公司承担新建项目中供热锅炉的购买、管网的铺设以及热力站的建设，并通过对存量资产的扩建，在特许经营期内负责整体项目运营、维护和用户服务职责，待特许经营期满后将项目资产及相关权利等移交给政府。

合作期限为 21 年，其中：建设期 1 年，运营期分两期、每 10 年为一期，具有弹性选择权。项目的供热需求具有很大的不确定性，价格调整也存在较大的难度。为了保障项目的可行性，每一期为 10 年，结合考核和市场前景，对第二阶段 10 年运营期弹性设定。结合县城发展的规模，对二期项目予以再评估和财务测算，当前中标社会资本方具有第二阶段运营的优先选择权。如社会资本按评估结果继续负责运营，则进入第二阶段 10 年的运营期，如中标社会资本不认可评估和原有回报率，则视同放弃，则按期将项目资产无偿移交给政府指定机构。

2. 回报机制

项目采用可行性缺口补助，也即"使用者付费 + 政府付费"。其中：

（1）DH 镇和 ST 乡的供热项目，政府补贴其运维成本，剩余由项目公司采取使用者付费模式获得回报；

（2）县热平衡改造"可用性付费 + 运维绩效付费"组合的政府付费机制，由项目公司负责本项目的投资、建设以及建成后的运营、维护。由政府向项目公司购买热平衡改造项目可用性（符合验收标准的公共产品）以及为维持本项目可用性所需的运营维护服务（符合绩效要求的公共服务），即政府根据绩效考核情况向社会资本支付政府购买服务费。

七、公用事业 PPP 项目案例小结

随着市场经济向纵深发展，公共事业民营化政策障碍也逐渐取消，2002 年 12 月建设部以正式文件的形式确定了允许外资和民资同时进入，公平竞争供水、供气、供热、公共交通、污水处理、垃圾处理等市政公用设施项目。

一般而言，公用事业项目收费机制比较透明，具有稳定的现金流，对社会资本吸引力较大，同时，这类项目资产证券化前景广阔，可以增强资产流动性、畅通社会资本退出渠道。但是，目前很多欠发达地区的供热、供水、污水等领域需求量不足、增长前景不明朗、市场不确定性较大，导致项目财务可行性较差或风险难以预测，往往需要较大程度的财政补贴或一定程度的兜底。通常情况下，政府为保障项目可融资性，需要给予项目公司最低的市场需求保证（保底量）。此外，为实现项目"盈利不暴利"，面对需求不确定性较大的项目，通常结合市场预测及需求量的波动性，将需求量作为收益分配调节的参照系，进行分段式、阶梯式补偿或收益分享。也即在定价上注意"托底限高"、激励相容，在保障项目可融资性、财务可行性基础上，采用结构化定价方式较为普遍。故此，公用事业项目开展 PPP 模式需要结合市场需求、财务可行性，选择恰当的合作范围、交易结构与合理收益及风险分配结构。

第二节 综合管廊 PPP 项目运作案例

地下综合管廊,又称"共同沟",即在城市地下建设一个隧道空间,将水、电、气、热、通信等各类市政管线有机综合集约化地铺设在同一条隧道内,并进行集中管理的大型综合性市政基础设施。长期以来,城市"蜘蛛网"、马路"拉链"等现象在城市发展进程中屡见不鲜,这些饱受诟病的"城市病"将因地下综合管廊的建设而得到"治愈"。地下综合管廊建成后,可以避免传统直埋方式下因管线扩容、维修等反复开挖道路的额外施工浪费,减少环境污染;同时,延长了管线使用的寿命,降低了综合成本。此外,还可以提升基础设施应急防灾减灾能力,总体上具有长期性的经济与社会意义。

一、S 市地下综合管廊 PPP 项目(BOT + TOT)

(一)项目概况

项目建设管廊里程合计约为 42.69 公里,估算工程总投资约 399508 万元。其中,17.38 公里由政府投资建设,该部分工程总投资约为 170411 万元;其余管廊工程(预计建设里程约 25.31 公里)由 PPP 项目公司进行投资建设,建设内容为管廊工程及附属设施,含土石方工程、主体工程、综合管廊控制中心、供电系统、照明系统、消防系统、通风系统、排水系统、标识系统、监控报警系统及其他附属配套设施,估算总投资 229097 万元。入廊管线及运营服务标准:按照"应进皆进"的原则,入廊管线包括排水、燃气、供水、热力、电力、广播电视、通信等七大类 15 种管线。

(二)运作模式及要点

1. 运作方式与回报机制

项目采取"BOT + TOT"模式,分为两部分:

高铁新城区域内管廊(预计该部分建设里程约 17.38 公里,投资约为 170411 万元)采用 TOT 方式,由政府投资建设,竣工验收合格后,将形成的管廊资产无偿划转到平台公司名下;平台公司通过有偿转让方式将该部分管廊交由 PPP 项目公司负责特许经营期内的运营和维护工作。

其余管廊工程（预计建设里程约 25.31 公里）及相应的配套设施建设，投资估算为 229097 万元，采用 BOT 方式，由 PPP 项目公司进行投资建设（含施工图设计）、运营及维护工作。

市人民政府授权市住房和城乡建设委员会作为项目发起方与实施机构，通过公开招标方式选择社会资本，政府方股东（包括部分相应的管线权属单位）与社会资本共同出资组建 PPP 项目公司。在合作期内，项目公司自行承担费用、责任和风险，负责相应综合管廊及相关设施的投融资、建设、运营、维护及更新。特许经营期届满后，项目公司按照特许经营协议的约定，将所述相应设施的产权和所有权益、土地使用权（若有），无偿、完好、无债务、不设定担保地移交给市人民政府指定机构。本项目合作期为 28 年，其中建设期 3 年，运营维护期 25 年。

项目回报机制为可行性缺口补助方式。项目公司取得投资回报的收入来源为管廊可用性服务费，其组成包含各入廊单位支付的管廊租赁费（包括入廊费、管廊运维费）和政府可行性缺口补贴，以补偿经营成本、还本付息（若有）、回收投资、应缴税金并获取合理回报。项目结构见图 2-4：

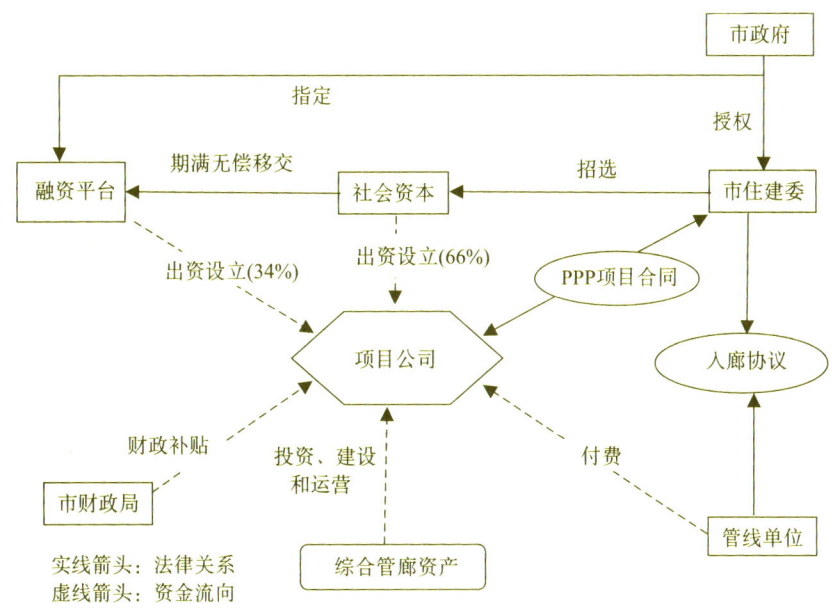

图 2-4 地下综合管廊 PPP 项目结构

项目公司中政府与社会资本股权比例为 34∶66，分别按各自的股权比例享有项目公司的收益分红。项目资本金不得低于项目总投资的 30%，资本金只能用于管廊项目建设。在建设期和项目竣工验收合格后五年内，社会资本不得向第三方转让其持有的项目公司全部或部分股权（经本项目实施机构事先书面同意，为本项目融资目的需要作出的股权变更除外）。竣工验收合格五年以后，经本项目实施机构事先书面同意，社会资本可以转让其持有的项目公司全部或部分股权。但受让方须具备有效承接本项目运营管理的能力，且须承继转让方的全部义务。项目公司其他股东在同等条件下具有优先受让权。

2. 入廊政策

（1）强制入廊政策。对综合管廊专项规划中明确要求建设综合管廊的，必须配套建设综合管廊，同时实现管线的同步入廊。对已建成综合管廊路段，除技术上不适宜入廊管线外，均不再批准管线单位另行挖掘道路敷设管线。

（2）入廊费费用政策。物价管理部门将严格根据有关规定进行政府定价，并按照有关程序，做到定价公正、公开、科学。借鉴国内外的成熟经验，入廊费标准参照各类管线直埋成本计算，即某管线入廊费＝入廊管线的每公里直埋成本×实际铺设长度。

（3）运维费分摊政策。运维费分摊采用"占用空间比例分摊法"，即某管廊运营养护费的分摊比例（K）＝某管线空间体积÷该管线所在管廊所有管线的体积之和。

3. 回报与定价

为了保证本项目股东投资内部收益率达到8%，本项目运营期间收入来自管线用户支付的入廊费和管廊运维费，缺口部分由市政府补足。

（1）使用者付费。尚未出台综合管廊租赁收费标准，因此租金部分采取各入廊管线的直埋成本进行测算。

（2）政府补贴。在使用者付费额不足时，政府需向项目公司支付差额部分。

政府补贴包括中央财政对地下综合管廊试点城市给予的专项资金补助，以及本级政府为本PPP项目专项支付的政府补贴。

4. 调价机制

（1）入廊费部分：

①在政府价格主管部门未制定出综合入廊费标准之前，当实际收取的入廊费小于测算入廊费时由市政府给予补足，计算公式为：入廊费差额补偿金额＝测算入廊费－实际收取的入廊费。

②政府价格主管部门制定出综合入廊费标准以后，按如下原则执行：

在运营期内的各运营年度，如果当年实际收取的入廊费小于测算入廊费（即项目公司向入廊管线单位收取的入廊费＜入廊管线每公里直埋成本×所有入廊管线的设计铺设长度），其差额部分的95%由政府给予项目公司补偿，计算公式为：入廊费差额补偿金额＝（测算入廊费－实际收取的入廊费）×95%。

在项目合作期内的各运营年度，如果当年实际入廊费大于测算入廊费（即项目公司向入廊管线单位收取的入廊费＞入廊管线每公里直埋成本×所有入廊管线的设计铺设长度），其差额部分的70%由项目公司返还给政府，计算公式为：入

廊费差额返还 =（实际收取的入廊费 - 测算入廊费）×70%。

（2）管廊运维费部分：

①在政府价格主管部门未制定出综合管廊运维费收费标准及分摊政策之前，当实际收取的管廊运维费小于等于测算管廊运维费时，由政府给予补足，计算公式为：管廊运维费差额补偿金额 = 测算管廊运维费 - 实际收取的管廊运维费。

②在政府价格主管部门制定出综合管廊运维费分摊政策之后，按如下原则执行：

在项目合作期内的各运营年度，如果当年实际收取的管廊运维费小于测算管廊运维费（即项目公司向入廊管线单位收取的管廊运维费＜每公里管廊运维成本×管廊总里程），其差额部分的95%由政府给予项目公司补偿，计算公式为：管廊运维费差额补偿金额 =（测算管廊运维费 - 实际收取的管廊运维费）×95%。

在项目合作期内的各运营年度，如果当年实际管廊运维费大于测算管廊运维费（即项目公司向入廊管线单位收取的管廊运维费＞每公里管廊运维成本×管廊总里程），其差额部分的70%由项目公司返还给政府，计算公式为：管廊运维费差额返还 =（实际收取的管廊运维费 - 测算管廊运维费）×70%。

5. 风险分配机制

由项目公司主要承担项目的融资、建设、经营和维护的风险，以及建设成本超支、工期延期、运营成本超支等一般风险。政府方通过设置最低入廊费收入保障的财政补贴机制，减少社会投资方的风险；同时，当经营收益高于预期时，设置利益分享机制。对于不可抗力风险，由双方共同承担。对于政策和法律风险，分为两类：一是政府方可控的法律变更引起的损失和成本增加，应由政府方承担；二是超出政府方可控范围的法律变更及政策变化风险，由社会资本和政府方合理承担。

二、M 市新机场地下综合管廊 PPP 项目（BOT）

（一）项目概况

项目综合管廊建设总长度19.9公里，项目建安投资为17.79亿元。纳入管线包括：110kV 和 220kV 高压电力、10kV 电力、通信电缆（含有线、交通）、给水管、中水管，部分道路纳入雨水、污水、燃气管道。

（二）运作模式及要点

1. 运作方式

项目采用 BOT 方式，项目合同期为 20 年（含建设期 4 年，全线运营期 16

年)。中选社会资本将与融资平台合资设立项目公司,专门负责片区地下综合管廊项目的投融资、建设、运营、维护及移交,即运作安排如下:

(1)负责按照本项目初步设计等相关规划文件要求,进行本项目的设计、投资、融资、建设及运营维护;

(2)接受项目范围内符合入廊标准的管线入廊,按照维护标准进行相应维护,并向入廊管线单位按照市相关收费标准收取入廊费及日常维护费;

(3)按照本协议约定,获得相应政府可行性缺口补助。

为本项目之目的而设立的项目公司,未经政府书面同意,不得擅自拓展业务范围,不得从事本项目营运无关的其他业务;本项目综合管廊管理用房仅可用于综合管廊监控管理、运营维护等用途,不能用作其他办公或商业用途。项目结构见图2-5:

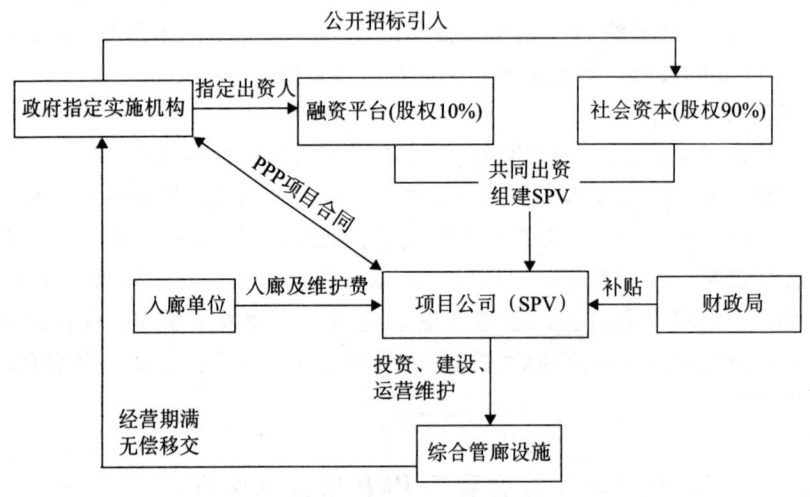

图2-5　机场地下综合管廊PPP项目结构

在协议生效后30日内在本地注册成立项目公司,项目公司的注册资本为人民币3亿元。其中社会资本认缴的出资额为人民币2.7亿元整,持股比例为90%,融资平台公司认缴的出资额为人民币0.3亿元整,持股比例为10%。出资方式皆为货币,双方应根据适用法律及当地有关部门的规定依法缴纳注册资本金。

项目投资总额和注册资本的差额由项目公司通过银行贷款等方式予以解决,如项目公司不能顺利完成项目融资的,则由社会资本方(指项目公司的社会资本方股东)自行通过股东借款、补充提供担保等方式解决,以确保项目公司的融资足额及时到位。政府方不承担相应的股东借款或补充提供担保等补救或增信担保责任。

2. 入廊费及日常运维费

在整个运营期（含分段运营期）内，入廊费及日常运维费按照届时有效的市综合管廊使用费标准的规定执行；对于上述试行标准暂未作出规定的部分管廊，其入廊费及运维服务费由项目公司与入廊管线单位依据市场化原则共同协商确定，但不得低于同期收费标准中类似管线的收费水平，并应报市物价部门备案。

3. 可行性缺口补助

对入廊费及日常维护费收入不足以支撑社会资本方获得合理的投资收益水平，导致本项目在财务上不可行时，政府按约定规定收益率弥补本项目的可行性缺口。

三、综合管廊 PPP 项目案例小结

地下综合管廊是百年工程，意义重大。2015 年以来，国务院及各部委多次出台政策推进地下综合管廊建设，并强调在综合管廊建设中，应优先考虑引入社会资本采取 PPP 模式。

虽然地下综合管廊可向各入廊管线单位收取相关费用，但现实是政策不明朗、使用者积极性不高、收益显现过于漫长。地下综合管廊采取 PPP 模式依然面临一些难点：一是管廊的经济社会效益体现是一个漫长的过程，后期的经营性收益不确定性大、折现后的现值低，导致市场化经营收入无法准确预测、财务可行性普遍较差。二是管线单位同样面临前期投入、后期付费问题，投资回收期也很长，入廊积极性不高。三是管廊铺设各种市政管线分属不同的使用单位和所有人，入廊及后期运维协调难度很大。

目前，项目的回报机制基本都是可行性缺口补助方式。使用者付费主要包括管廊租赁费用及服务费用两部分。但是，管廊的市场需求与收益难以预测，也不乐观，尤其是欠发达地区或非核心地区综合效益（节约土地、维护成本等）不太明显，导致其积极性不高。此外，政策尚未明确，目前多数项目主要收入基本都是靠政府补贴为主。使用者付费基本都是预估，缺口部分由政府通过年度财政补贴补足。现有的社会资本主要以施工单位为主，侧重于工程利润，更看重可用性付费。项目在很长一段时期内，政府仍需承担较重的支出责任或补贴责任。今后，除了入廊收费依据和保障措施要明确（强制入廊政策等）外，还应在金融工具上创新，降低融资成本。总体上看，管廊项目经营收益、综合收益体现需要重新认识，做好规划，严格论证技术、经济可行性以及采取 PPP 模式的必要性、可行性。

第三节 海绵城市 PPP 项目运作案例

海绵城市是指通过加强城市规划建设管理，充分发挥建筑、道路和绿地、水系等生态系统对雨水的吸纳、蓄渗和缓释作用，有效控制雨水径流，实现自然积存、自然渗透、自然净化的城市发展方式。国家高度重视，先后出台多个政策，如《国务院关于加强城市基础设施建设的意见》（国发〔2013〕36 号）和《国务院办公厅关于做好城市排水防涝设施建设工作的通知》（国办发〔2013〕23 号）等。

海绵城市建设，综合采取"渗、滞、蓄、净、用、排"等措施，最大程度地减少城市开发建设对生态环境的影响，将70%的降雨就地消纳和利用。进而，逐步实现"小雨不积水、大雨不内涝、水体不黑臭、热岛有缓解"。到2020年，城市建成区20%以上的面积达到目标要求；到2030年，城市建成区80%以上的面积达到目标要求。

一、J 市海绵城市建设 PPP 项目（BOT + O&M）

（一）项目概况

项目总投资25.85亿元，其中，中央财政专项资金12亿元用于专项治理工程的投资建设（部分工程交由 PPP 项目公司进行代建），PPP 项目公司投资13.85亿元用于综合达标工程的建设。项目范围是以主城区22平方公里示范区为主，建设内容包括海绵工程建设中的源头、中端和末端的建设项目，源头项目包括道路的 LID 整治、老小区 LID 整治、公园建设等；中端项目包括雨污水管网建设、调蓄池建设等；末端项目包括雨污水泵站建设、污水处理厂建设等。项目建设涵盖了海绵工程建设的灰色和绿色项目。

（二）运作模式及要点

1. 运作方式

新建项目拟采用 BOT（建设 - 运营 - 移交）的运作方式，存量项目在具备一定条件下，可采用委托运营（O&M）的运作方式。社会资本与市融资平台合资成立项目公司，项目公司注册资本不低于 PPP 项目公司总投资13.85亿元的

30%。其中社会资本拟占股70%，政府融资平台拟占股30%。项目的特许经营期为23年，含3年建设期。项目具体交易结构见图2-6：

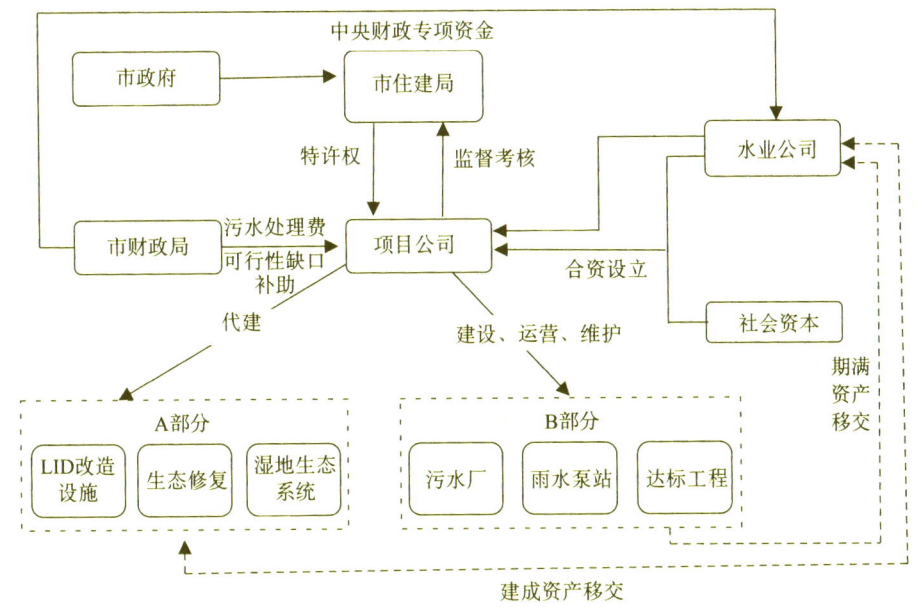

图2-6 海绵城市项目结构

根据项目建设资金来源的不同，将项目拆分为A、B两部分：

A部分为专项治理工程，包括道路及小区LID改造、生态修复和引水活水工程、管网工程、易涝积水区达标工程等项目。A部分由政府使用中央补贴海绵城市投资的专项资金12亿元建设。融资平台视项目与综合达标工程的关联度部分委托PPP项目公司代建（代建工程量为5~8亿元）。

B部分为综合达标工程，包括污水处理厂改扩建、雨水泵站、排口排涝、径流、面源污染治理等综合达标工程项目的建设，总投资约为13.85亿元。B部分以BOT（建设-运营-移交）操作方式运作，由PPP项目公司负责融资、建设和运营管理。

2. 项目回报机制

项目公司通过政府购买服务费来收回成本并实现投资回报。本项目将建立绩效考核标准，由市财政局依据住建局等监督机构的绩效考核情况，向项目公司支付相关费用。项目公司的收入来源于财政可行性缺口补贴和部分污水处理服务费。项目由投资人分别对资本金折现率、融资资金利率、污水处理付现单价、雨水泵站运营服务费用、达标工程运营服务费用成本利润率、代建费费率进行报价，并对上述前5项报价折算成政府购买服务费总额。评审小组对政府购买服务

费和代建费费率进行评分,具体报价要求如下:

(1) 资本金折现率（X1）,不超过8%。

(2) 项目融资资金利率（X2）,不超过同期人民币中长期贷款基准利率的1倍。

(3) 一级B处理污水付现单价（X3）,深度处理污水付现单价（X4）。报价时付现单价需考虑所有经营成本（含管理费、大修、重置等因素）。X3的范围不超过0.38元/立方米,X4的范围不超过0.12元/立方米,超出此范围视为无效报价。

(4) 雨水泵站付费（X5）,单位为万元/年,报价范围不超过500万元/年。报价时需考虑所有经营成本（含管理费、大修、重置等因素）。

(5) 达标工程运营服务费用成本利润率（X6）,达标工程运营成本暂定为2500万元。项目建成后,由市财政局和建设主管部门进行成本核定及确定相应调整方式,若PPP项目公司不接受核定的价格而放弃该部分的营运,政府可采用招标的方式交由第三方营运,或委托政府职能部门运营。

(6) 代建费费率,不超过0.5%。

(7) 政府购买服务费总额具体公式如下:

政府购买服务费 = [项目资本金 × (A/P, X1, 20) + 融资资金 × (A/P, X2, 20) + (X3 × 7.5 + X4 × 15) × 365 + X5 + 2500 × (1 + X6)] × (1 + 流转税率)

其中:流转税率及附加暂按5.5%计算,如实际税率发生变化,相应调增（减）；(A/P, X_1, 20)、(A/P, X_2, 20)为年金现值系数。

二、A市海绵城市PPP项目（ROT + BOT + O&M）

(一) 项目概况

项目试点区域位于市主城区,面积为21.5平方公里,工程内容包括:建筑与小区、绿地与广场、道路与管网、建设区外工程、能力建设工程5大类共214个项目,总投资38.42亿元。

目前,采用PPP模式运作的投资项目有生活污水厂提标改造工程、高新技术产业开发区污水厂新建工程、第三水厂和水源地新建工程、道路及管网海绵化改造工程、建筑与小区海绵化改造工程、郊野公园新建工程、生态走廊新建工程、下游整治工程、市海绵城市一体化信息平台建设工程等九类,总投资共计19.32亿元。

(二) 运作模式及要点

项目采取"ROT+BOT+O&M"的运作方式。

生活污水厂提标改造项目采用"ROT"特许经营模式；高新技术产业开发区污水厂项目采用"BOT"特许经营模式，第三水厂和水源地项目采用"BOT"特许经营模式；道路管网及绿化改造、建筑与小区、郊野公园、生态走廊、下游整治和市海绵城市一体化信息平台项目采用建养一体化运作方式；政府投资项目（建筑小区与管网、广场与绿地）采用委托运营（O&M）的模式。

其中，生活污水厂提标改造项目、高新技术产业开发区污水厂项目和第三水厂、水源地项目，合作期为25年（含建设期）；道路管网及绿化改造、建筑与小区、三里河郊野公园、生态走廊、下游整治和市海绵城市一体化信息平台项目，合作期为17年（含建设期）；政府投资项目（建筑小区与管网、广场与绿地），运营期为8年。

成交社会资本应与政府指定机构合资组建项目公司。项目公司注册资本金为项目总投资的30%，其中政府指定机构出资20%，成交社会资本出资80%。

项目回报机制为可行性缺口补助。预计合作期内可用性服务费和运营服务费总额为2418600170元（其中：项目总投资111958.83万元）。

三、海绵城市PPP项目案例小结

推进海绵城市建设具有重大意义，国家鼓励在海绵城市建设中引入PPP模式，以加强竞争、实现投资主体多元化。但是，目前海绵城市PPP项目普遍没有形成清晰、充足的盈利模式，主要依靠政府购买服务或付费。虽然在实施过程中，政府通常将经营性项目与公益性项目打捆招商，如捆绑供水厂、污水处理厂等，或开展土地整理、景区、商业设施开发等，使项目获得如生态公园门票收入、地产开发收入、停车收费、污水收费等经营性收入，但政府付费仍是大部分海绵城市建设项目的主要收益来源。

目前海绵城市建设依然面临较大挑战。规划与工程技术研究基础不足、不充分，导致很多项目边界和产出不明确。目前很多PPP项目还是工程导向，盈利模式缺失，绩效考核不易执行、难落地，实施效果不如预期。故采取PPP模式需要严格论证，在模式（业态）设计、规划、工程技术、绩效与监管等方面应进一步加强和完善。

第四节 市政道路、站点、停车场等 PPP 项目运作案例

一、安庆市外环北路工程 PPP 项目 (BOT/BLMT/DBFO)

(一) 项目概况

项目投资额 19.78 亿元,是安庆市中心城区主干路系统的重要组成部分,起点位于机场大道西侧 500 米,终点位于皖江大道交口,道路设计全长约 14.93 公里(桥隧比为 28.68%),道路等级为城市主干路,设计速度每小时 60 公里,荷载等级为城市 A 级。在合作期限内,项目公司负责本项目的投资、融资、建设及运营维护(含道路工程、桥涵工程、立交工程、管线工程、交通工程、照明工程、绿化工程及其他附属工程)。

(二) 运作模式及要点

1. 运作方式与回报机制

该项目运作方式为:DBFO(设计-建设-融资-运营),由城投公司与社会资本合资成立项目公司,项目公司负责投融资、建设、运营维护工作。项目结构见图 2-7:

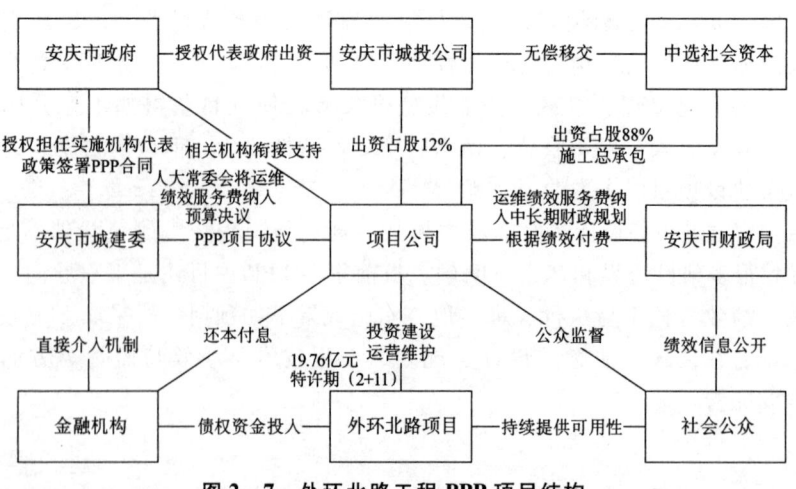

图 2-7 外环北路工程 PPP 项目结构

运营维护：范围包括道路（排水）的管养与维护；公共绿地、路灯等公共设施的管养与维护；环卫保洁工作以及其他与本项目有关的、住建委或市政府指定的部门要求项目公司承担的维养工作。

合作期限：分为建设期和运营期。其中，建设期不超过 2 年，自监理工程师发出开工令之日起至项目工程竣工验收备案日或者市住建委书面确认的其他日期；运营期为 11 年，从商业运营日起算。

回报机制："政府付费"，政府需向项目公司支付可用性服务费和运维绩效服务费。按照"基于可用性的绩效合同"模式，由政府向项目公司购买项目可用性（符合验收标准的公共资产）以及为维持项目可用性所需的运营维护服务（符合绩效要求的公共服务）

2. 绩效考核体系

建设期绩效考核指标、运营维护期绩效考核指标，以及移交绩效考核指标。其中，运营维护期考核指标分为四个层级：

前三级为基本考核指标，全部达标方能获得 100% 基准运维绩效付费，不达标的按照考核办法减付基准运维绩效付费（至多减付至 70%）；第四级为奖励考核指标，达标的按考核办法增付奖励运营绩效付费（至多增付 10%）。

第一级（80%）：考核车道、人行道、路基、排水和其他设施（如桥梁、隧道）的维护，须符合 CJJ36-2006《城镇道路养护技术规范》。

第二级（10%）：考核安全管理和突发事件管理，须符合 JTJ076-95《公路工程安全施工技术规程》、JTGH30-2004《公路养护安全作业规程》和 SZ-51-2006《城市道路养护维修作业安全技术规程》。注：市政道路没有安全相关规程，故参考公路规程。

第三级（10%）：考核环境保护，须符合 JTGB03-2006《公路建设项目环境影响评价规范》和 JTGB04-2010《公路环境保护设计规范》。注：市政道路没有环境影响评价规范，故参考公路规范。

第四级（10%）：考核利益相关者满意度，市住建委聘请第三方机构对道路使用者及道路周边居民、企业进行公共调查，满意度须在 80% 以上。

3. 终止补偿

项目各种情境下的终止补偿见表 2-3：

A1 为社会资本方尚未收回的投资（以经审计的为准）；

A2 为审计价×社会资本方尚未收回的可用性付费比例；

A3 为社会资本方尚未收回的可用性服务费的现值（按 8% 的折现率）；

A4 为经审计的社会资本方账面资产净值；

B 取值为人民币 5000 万元；如属社会资本方违约，政府方发出的终止情形的，则政府方有权自本项目提前终止日起算三年内（如剩余合作期短于三年的，

表2-3　　　　　　　　　　　项目终止补偿

项次	本协议提前终止之情形	终止补偿金
一	社会资本方违约事件导致的终止	建设期终止时，为 A1 − B + E
		运营期终止时，为 A2 − B + E
二	政府方（政府）违约事件导致的终止	建设期终止时，为 A1 + B + E
		运营期终止时，为 A3 + B + E
三	不可抗力事件导致的终止	(A4 − C − D)/2
四	法律变更或政府行为导致的终止	建设期终止时，为 A1 + 35% B + E
		运营期终止时，为 A3 + 35% B + E

则本处指余下的合作期）分期分批次向乙方支付补偿金，具体分批次的支付比例及时间进度安排由政府方确定。

C 为发生不可抗力情形时，根据本协议及相关保险合同约定，社会资本方（含贷款方）实际获得的保险赔款；

D 为发生不可抗力情形时，因社会资本方投保不足，导致所获保险赔款无法使项目设施恢复到出险前的正常状态和价值的恢复性建设费用缺额部分（如有）；

E 为终止后根据本协议的约定，社会资本方应向政府方移交运营维护所需的零部件、备品备件和化学品的合理评估值。

若属政府方发出的终止情形之一的，按照对应公式计算终止补偿金即"A1 − B + E"或者"A2 − B + E"的值为负数；或者不可抗力情形下补偿金计算为负值的，则社会资本方应向政府方支付本条所述负数的绝对值。

（三）案例小结

安庆市外环北路工程 PPP 项目是早期纯公益性项目采取 PPP 模式的典范。"对于缺乏使用者付费"基础、主要依靠"政府付费"回收投资成本的公益类项目而言，通常缺乏"运营"或"经营"内容，容易变成"拉长版 BT"模式。故此，项目运作模式上应更注重全生命周期成本，应确保项目有较长的运营维护期，以及设定运营绩效考核与政府付费联动的激励约束机制。只有将运行维护风险转移给社会资本，才可倒逼社会资本在建设环节提高工程质量。该项目在 PPP 项目协议中设置明确的奖惩机制，可更有效激励社会资本从项目全生命周期成本统筹考虑本项目的建设及运营维护等。此外，该案例对终止补偿等约定具有较强的指引性和操作性，更明晰约定了违约补偿。

该模式的"可用性服务费 + 运维绩效服务费"的政府付费结构为各地普遍复制，可用性服务费作为付费主体，成为社会资本最关注的点。但是，可用性服务费基本只与竣工验收挂钩的考核机制，会形成"类固定回报"方式，仍导致工程利润导向，缺乏激励约束机制，应引起高度重视。值得注意的是，大规模上马公益性 PPP 项目，未来政府财政负担会很重，容易诱发债务或支付风险，故应适当控制规模、严格论证、创新模式。

二、某市停车场片区 PPP 项目（BOT + 资源开发权）

（一）项目概况

项目总投资约 55976.81 万元。计划建设停车场 13 处，配套开发商业用房、农贸市场及地下停车场，共计停车泊位 2728 个，充电桩 235 个。

（二）运作模式及要点

1. 运作方式

在 BOT 模式下，由社会资本与政府方出资代表合资组建的项目公司负责项目的设计、投融资、建设、运营、维护及管理工作，合作期满后将项目无偿移交给实施机构或其指定机构，并保证所移交资产（软、硬件及附属设施）通过性能验收，处于安全稳定、正常运营的状态。相关要素如下：

（1）项目实施机构通过公开招标的方式引入社会资本，与政府方出资代表共同组建 PPP 项目公司，项目公司注册资本金比例为项目总投资的 20%，约 11195.36 万元，资金来源为政府方出资约 2239.07 万元，占股 20%，社会资本方出资约 8956.29 万元，占股 80%。

（2）实施机构与项目公司签署 PPP 项目合同，约定由项目公司负责本项目的投融资、设计、建设等工作，项目建成后，由项目公司负责项目全部设施和设备的运营管理与维护。项目合作期满后，项目公司将项目设施无偿移交给政府或其指定机构。

（3）项目合作期限为 30 年，建设期 2 年，运营期 28 年。

2. 回报机制

项目公司运营收入主要包括停车场收益、充电桩收益、农贸市场租赁收益及商业用房租赁收益。经过测算，运营收入不足以满足项目公司成本回收和合理回报，项目为准经营性项目，回报机制采用可行性缺口补助方式。

项目以资本金内部收益率（IRR）为控制指标测算合作期内可行性缺口补助金额，资本金内部收益率取 8%。此外，项目建立可行性缺口补助动态调节机制,即当项目公司通过经营管理本项目获得的净利润超出约定标准时,项目实施机构有权利用可行性缺口补助金额调节项目公司整体收益水平。

项目公司进入运营期后,运营期各年的投资回报率(ROI = 净利润/项目总投资)最高不超过 6.5%,超过 6.5% 以上的利润(下称"超额利润")由项目实施机构通过动态调减可行性缺口补助金额方式分享超额利润,低于 6.5% 部分的利润不进行可行性缺口补助金额的动态调节。

年度动态可行性缺口补助金额公式如下:

$T_n = A_n \times 50\%$

其中:n 为运营期年序,取值为 1~28 之间的自然整数;A_n 第 n 年超过 6.5% 的利润额;T_n 为第 n 年动态可行性缺口补助金额。

年度可行性缺口补助金额动态调节公式如下:

$L_n = Z_n - T_{n-1}$

其中:n 为运营期年序,取值为 2~28 之间的自然整数(运营期第一年可行性缺口补助金额不进行动态调整);Z_n 为经测算的第 n 年度静态可行性缺口补助金额;L_n 为第 n 年度动态调整后的可行性缺口补助金额。

3. 绩效考核

考核内容包括停车场运营服务、应急处置措施等两个方面,见表 2-4:

表 2-4　　　　　　　　　项目运营期绩效考核

序号	考核项目	考核指标	分值	考核内容	备注
一	运营服务 (30 分)	项目设施和设备的定期检查	10	做好项目设施和设备以每年不少于一次的频率系统的检查,确保项目设施不存在重大安全隐患和重大故障,保持设施设备状态良好	项目公司应做好项目设施的定期检查和维修工作,排查项目安全隐患,积极响应运营机构,防范风险
		项目功能维护	10	对于发现的问题,做好维修工作;对于项目设施存在的安全隐患要求及时排除,对于因项目设施工程质量问题,及时做好修复工作	
		服务响应	10	项目设施、设备等出现故障时,应在运营机构要求的时间内响应运营机构安排,组织相关维护、抢修	

续表

序号	考核项目	考核指标	分值	考核内容	备注
二	运营水平（40分）	营收水平	20	停车位的使用率、收入水平、商业收入达到合理的水平。同时项目公司应当按照市场价格并经项目实施机构同意的价格标准进行收费，不得进行乱收费	运营状况直接关系到停车场的运营成功与否，也关系到社会资本方收益情况，是重点考核的对象
		运营成本	10	停车场在运营期间应进行成本核算、成本控制，建立有效的财务体系，规范经营	
		银行还款	10	项目公司应当按照贷款协议的约定按时还款	
三	应急处置措施（30分）	应急预案	10	制定停车场应急预案，落实应急设备、物资、人员等	项目实施机构协同项目公司每月定期考察，对应急处置情况进行季度考评
		应急演练	10	定期协助运营单位进行应急预案演练	
		应对突发事件	10	停车场发生紧急情况时，须第一时间协助运营单位启动相应的应急预案	

（1）当年度绩效考核分数高于或等于80分时，按约定支付。

（2）当年度绩效考核分数低于80分时，每低1分在政府可行性缺口补助金额中扣减10万元给政府，直至可行性缺口补助金额为0元止。

（3）在项目建设期间，当建设期考核分数低于60分，或项目建设经整改后未达到项目工程的可用性标准，政府方有权直接终止PPP项目合同，并要求社会资本方承担相应的违约责任。在项目运营期间，项目公司连续三个年度考核得分小于60分，政府方有权直接终止PPP项目合同，并要求社会资本方承担相应的违约责任。

（三）案例小结

本项目主体虽然是停车场，但在模式设计上将与之相关的经营性物业、资源全部装入进行统筹经营，这种方式是值得提倡的。该项目业态较为丰富，包括经营停车场、充电桩、农贸市场租赁及商业用出租等，形成了较多的盈利点。目前，各类市政工程项目应充分利用各类有形资产、无形资源等，将项目范围内资产经营权、资源开发权也一并授予项目公司，可以更好地提高项目协同经营效率，也能进一步降低财政支出压力。此外，该项目收益采取动态的内部收益率（IRR）

与当年投资利润率（ROI）相结合的方式调节超额收益，避免出现暴利现象，设计较为合理。项目在业态、盈利、考核、收益分配等方面具有一定的借鉴意义。

三、某市火车站片区 PPP 项目（O&M + BOT）

（一）项目概况

火车站片区停车场和配套楼项目包括两大项：一是已建成的火车站片区配套楼的地下停车场，其中社会车辆停车场地下停车位 638 辆，公交及公铁联运停车场公交停车位 61 辆，站前广场 11283 平方米；出租车停车场出租车车位 192 辆。二是新建服务设施楼两栋（每栋 4 层），商业服务楼两栋（每栋 21 层）。项目总投资为 32189.81 万元，其中：工程费用为 26035.16 万元。

（二）运作模式及要点

1. 运作方式

项目拟采用"存量 + 增量"的打包 PPP 模式，项目地处欠发达地区，存量项目、增量项目均属于准经营性项目，项目收益无法覆盖项目的投入。因此，采用两种运作方式相结合。

其中，市火车站地下停车场存量项目采用委托运营（O&M）运作方式（政府依然保留存量项目所有权）；火车站配套楼（以下统称配套楼）项目采用建设－运营－移交（BOT）运作方式。停车场项目委托运营经营期为 10 年；配套楼项目经营期为 17 年，其中建设期 2 年，运维期 15 年。项目结构见图 2 - 8。

2. 回报机制

项目公司的主要收益来源有：一是市火车站片区地下停车场及配套楼综合项目的运营收益。包括停车收费、写字间租赁、商铺租赁、广告位租赁、商业服务及广告等。二是政府财政补贴。项目采用可行性缺口补贴，政府给予社会资本或项目公司的财政补助，纳入相应年度支出责任。

（三）案例小结

该项目采取复合式、打包型 PPP 模式，经营业态较为丰富，收益来源多元化，有助于提升项目吸引力，提高片区统筹开发效益。此外，考虑到减轻社会资本投入压力，将存量经营性资产以"轻资产"方式（委托运营方式）交付给社

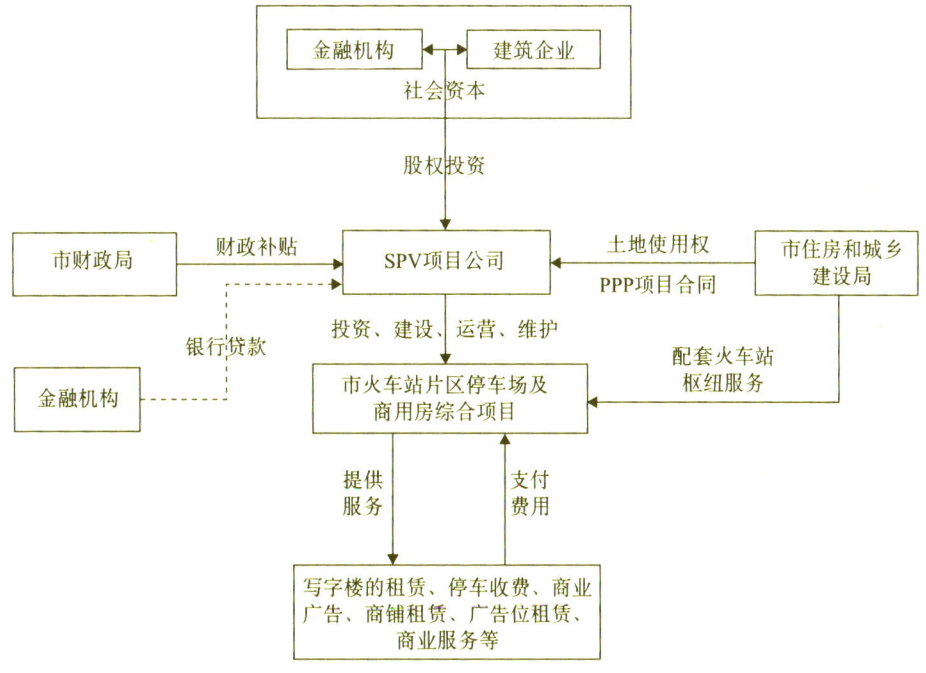

图 2-8 火车站片区 PPP 项目结构

会资本，同时，增量投资部分由社会资本投资建设。该项目将项目范围内的经营性资产、公共资源开发权授予项目公司，挖掘各类潜在收益，进行协同开发，提升项目公司经营业绩，进而进一步降低了财政支出压力。

四、T 区垃圾资源化处理 PPP 项目（BOO）

（一）项目概况

项目设计规模为年处理建筑垃圾 200 万吨，占地面积约 360 亩，分二期进行建设，一期设计规模为年处理建筑垃圾 100 万吨，占地约 243 亩，二期设计规模为年处理建筑垃圾 100 万吨，占地约 117 亩。

选择符合环保、大气标准，能够通过相关部门审批的处置工艺及再生产品。具体建设内容为：（1）堆场建设：含垃圾堆场、骨料堆场、产品堆场；（2）建筑垃圾分选和破碎系统建设：含建筑垃圾预处理（分类和除土），破碎系统、分选和筛分系统；（3）二种以上再生产品生产设施的建设：可包括混凝土制品生产线、无机混合料生产线、混凝土生产线、预拌砂浆生产线或其他的生产设施；

（4）再生产品辅助生产与厂区内配套设施的建设：辅助生产设施包括喷淋系统（除湿法破碎外），水循环利用系统（湿法破碎），混凝土制品太阳能养护窑及各类仓库；（5）配套设施包括试验室、围护设施、磅秤站、进出场车辆车轮冲洗站、厂区道路、室外夜间照明、给排水、燃气、热力、供电、消防、机修、交通、通信设施等；（6）在线监管系统、行政管理及生活福利设施的建设；（7）厂区外道路的建设及厂区外燃气、给排水、热力、供电等市政配套设施的建设。

项目由工程建设投资、征地费、土地有偿协议出让金、项目红线外市政配套投资组成，其中不含征地费和土地有偿协议出让金总投资约为 8.4 亿元。

处理工艺为将建筑垃圾经预处理（包括分类、除土）、筛分和分选（含磁选、风选、人工挑选、水洗）、破碎等工艺，获得再生骨料、废金属、渣土、有机杂物等资源，经生产线加工制成再生产品。

（二）运作模式及要点

1. 运作方式

项目采取 BOO 方式。在特许经营期内，区市政市容委授予特许经营者本项目的特许经营权。在特许经营期内，招标人授予特许经营者本项目的特许经营权。特许经营者在特许经营期内独占性、排他性地享有本项目的使用权和经营权，并负责本项目的投资、建设、拥有、运营维护。特许经营者通过向建筑垃圾产生单位收取垃圾处理费及获得垃圾处理资源化产品销售收入的方式收回投资并获得收益。

项目用地采用有偿协议出让土地方式，由特许经营者办理征地及协议出让手续，并承担征地费及土地有偿协议出让金。本项目资产产权归特许经营者所有。

项目要求项目公司的注册资金为特许经营者投资额的 20%，一期约为人民币 9000 万元，二期增加注册资本约为人民币 7000 万元，至人民币约 16000 万元。

项目公司负责运营，相关内容约定如下：

（1）项目设施投入运营之前，应经政府有关主管部门组织专家评审验收，并取得设置建筑垃圾渣土消纳场的许可，否则不应投入使用。

（2）商业运营应满足适用法律法规、规章、标准、规范，接受政府有关单位及区市政市容委的监督。

（3）应与相关单位签订《资源化处置服务合同》。

（4）建筑垃圾的接收严格按照建设部的《城市建筑垃圾管理规定》执行，不允许接纳掺入工业废弃物、医疗废物、废弃电器电子产品、生活垃圾和有毒有害物质的建筑垃圾。

（5）项目运营维护严格按照设计和环评批复的要求进行，防止运营过程对厂区内部或厂区周边环境产生影响。

（6）资源化再生产品必须符合现行国家标准。

（7）进场建筑垃圾的资源化率应不低于90%，其余的实行无害化处置。

（8）特许经营者应自担费用负责项目设施的更新和重置。

2. 回报机制

该项目回报机制为使用者付费。包括垃圾处理费、资源化再生产品销售收入两部分。

（1）垃圾处理费：①垃圾处理费价格：参照市政府通知"建筑垃圾处理费调整为30元/吨"的规定收取垃圾处理费。如政府部门关于建筑垃圾处理费用标准规定发生变化，执行新规定。②垃圾处理费收取方式：在建筑垃圾处理费收费实行"专用账户管理"前，由特许经营者直接收取垃圾处理费；在建筑垃圾处理费收费实行"专用账户管理"后，依据市政府文件"推行专用账户管理"的规定收取垃圾处理费。

（2）资源化再生产品销售收入：特许经营者根据市场需求生产销售资源化再生产品并取得收入。

（三）案例小结

该项目实现垃圾处理无害化、减量化、资源化，提升了城镇基础设施水平和服务功能，同时，在废弃资源回收利用加工过程中成为循环经济的重要组成部分。项目不但解决了资源短缺、废物再利用问题，而且也减少了垃圾排放。项目收益来源包括垃圾处理费、资源化再生产品销售收入两部分。该项目充分将新技术、新工艺与市场需求、公众诉求、政府政策结合，较好地构建了商业盈利模式，尤其是实现了使用者付费机制，在降低了财政承担的同时实现了多赢。这种紧密结合公共服务需求与市场需求的商业模式创新值得借鉴：政府履行好必要的监管职责，社会资本则通过公共服务充分发挥其技术、市场、管理优势，衍生市场化投资回报。

第三章

农业、水利开发领域 PPP 项目运作案例

第一节 农业领域 PPP 项目

一、某农业灌溉 PPP 项目（BOT+资源补偿或配置）

（一）项目概况

项目具有农业灌溉、农村人畜供水及防洪效益。水库总库容535.3万立方米，工程等别Ⅳ等，工程规模属小（1）型。坝体、溢洪道、导流兼放空洞、灌溉放水洞等主要建筑物级别4级，次要建筑物级别5级，临时性水工建筑物级别5级。正常蓄水位1424.7米，相应库容为445.7万立方米，兴利库容390万立方米，防洪库容36.4万立方米，死库容55.7万立方米。同时，配套下游灌区1.5万亩经济林高效节水骨干工程及高效节水灌溉田间水利工程。水库建成可为下游0.86万亩耕地和2.71万亩饲草料地及0.25万农牧民饮水提供安全水源。

项目建设资金21089万元（实际投资额以项目竣工验收合格，由财政部门进行工程决算金额为准）。其中，财政资金投入4000万元，其余资金由社会资本自筹。

（二）运作模式及要点

1. 运作方式

项目采用BOT+RCP（资源补偿）方式运作。项目公司负责水库的建设、运

营及移交和配置灌区土地资源的开发、运营及移交。特许经营年限为17年（不含建设期2年），财务内部收益率为6%。合同期满后项目资产所有权及土地使用权等移交给政府指定机构。

考虑到水库属社会公益性水利工程，运行收益低，不足以覆盖投资成本及运营成本，政府拟通过授予特许经营权并附加配置灌区土地资源水土一体化开发特色林果业，平衡中标社会投资人投资成本及合理收益。因此本PPP项目采用水库捆绑下游灌区土地资源水土一体化开发特色林果业BOT方式，项目结构见图3-1：

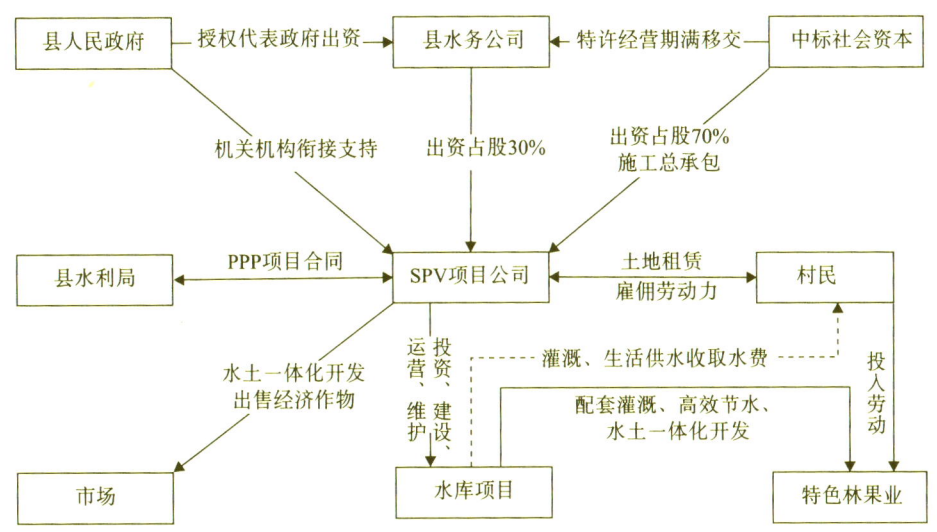

图3-1 农业灌溉PPP项目结构

双方合作内容包括：

（1）水库征地移民的投资及工程建设。

（2）水库建成投用后特许经营期内农业灌溉、农村人畜供水及防洪的运营管理。

（3）附加配置的水库下游灌区2.1万亩土地资源的特色林果业开发。

水库项目建成竣工验收后，由项目公司负责农业灌溉、农村人畜供水等工程的运营管理，承担水库运营管理费用（包括税费）；在整个运营期内，项目公司始终根据国家有关行业的标准运营并维护项目设施，以确保项目各设施始终处于良好运营状态。

水务公司为政府方出资代表，与社会资本共同新设项目公司，与中标社会投资人签订PPP项目合同，合资组建项目公司，负责水库及下游灌区的建设、开发运营及移交。

2. 投融资

项目建设资金 21946.31 万元通过政府财政拨款和社会投资人自筹（即采用 PPP 模式吸纳社会资金进行投资）两部分筹措，其中政府方投资资金暂按 4000 万元计，占项目静态总投资的 18.23%，企业自筹资金 17946.31 万元，占项目静态总投资的 81.77%。政府方投资资金 4000 万元已到位，其中，财政专项补助资金 2000 万元，农发重点建设基金 2000 万元（利率 1.2%，还本付息由政府方承担）。

项目公司注册资本金 1000 万元，政府方出资 300 万元，中标社会投资人出资 700 万元，股权比例分别为政府方 30%、社会资本方为 70%。在建设及特许经营期间，中标社会投资人及项目公司都不具备对本 PPP 项目的资产及运营处置权（包括但不限于抵押、融资、转让），以及项目公司股份的转让。

建设资金来源中，中标社会投资人同时获得附加配置的下游灌区土地使用权。附加配置的下游灌区土地高效节水骨干工程投资 4870.23 万元和田间工程投资 2999.32 万元，均由中标社会投资人出资。

附加配置的下游灌区土地租赁价款依据农牧民订立的土地流转协议由社会投资人支付。

3. 回报机制

项目宜采用"可行性缺口补助"的回报机制。配置的下游灌区土地资源高效节水工程建成后，项目公司按约定期限开发特色林果业，承担特色林果业种植和管理费用，收入为林果产品投放市场的销售收入。财务分析计算结果表明，项目收益可观。当社会资本利润率低于 8%，政府不分红，超过 12% 政府分享超额收益，超额部分按 5∶5 分享。

二、某农牧区土地平整 PPP 项目（BOT + 资源配置）

（一）项目概况

项目是对 4088.69 公顷土地进行开发整理，建设内容包括灌溉与排水工程、田间道路工程以及农田防护与生态环境保持工程。项目估算总投资 13814.56 万元，平均单位面积投资为 2252.48 元/亩。

实施后项目区将建设成林路成行、设施配套、条田整齐的高标准节水灌溉饲草料基地，促进项目区土地的集约化利用，增加有效耕地面积，改善耕地质量，提高水的利用率，改善农业生产条件和生态环境，提高机械化水平，提高农业综合生产能力，增强当地乡镇的经济实力，增加农牧民收入，提高农牧民生活水平。土地质量得到提高，农用地自然质量等别提高1个等别，利用等别和经济等别分别提高1个等别。改善灌溉面积3894.40公顷，年新增粮食产能3894.61吨。

（二）运作模式及要点

项目采用BOT运作方式，同时，政府以参股方式与社会资本合资组建项目公司。即政府授权项目公司投资、建设、运营维护项目，项目公司在合作期满后将项目整体资产移交给政府。

项目建成验收后，一方面形成水利灌溉设施；另一方面，荒地转农耕用地，形成新增农业耕地。这些农业设施建成后，可产生相应的收入。由政府收取田间水费、对外租赁农业土地、收取异地占补平衡指标出售收入等，这些收入由政府获取后纳入财政，由财政支付给项目公司。

灌溉与排水工程管理维护经费的负担原则是"以水养水和受益单位合理负担"，收取的田间水费用于日常的管护费用，不足部分通过村民"一事一议"解决。道路管护经费由乡镇政府争取有关财政资金或通过村民"一事一议"解决。

三、农业领域PPP项目案例小结

农业领域推广PPP大有可为，可创新农业基础设施建设投入体制机制，提升农业投资整体效率与效益，为加快农业现代化提供有力支撑。农业领域PPP项目具有较强的政策性、特殊性，其项目设计及实施必须充分考虑农民权益及长期发展问题，统筹做好项目投资运营模式。农业领域PPP项目核心是围绕增强农业、农村基础设施和公共服务供给能力为目标，将与之关联的各种资源进行有效盘活，提高农业项目自身"造血"功能。农业PPP项目应充分整合各类资金（含专项财政资金），整合相应的关联资金、技术、人才、管理、运营等资源，推进社会资本深度参与农业项目投融资、建设和管护等开发工作。重点引导社会资本在农业绿色发展（如资源再利用）、高标农用、现代农业产业园、田园综合体、农产品物流与交易、互联网+现代农业等农业公共产品领域创新市场化供给机制。但是，农业领域PPP项目一方面要追求合理利润；另一方面要充分考虑符合政策、维护村集体与农民的长期利益，承担一定的社会责任，创新运营、利益分配方式。

第二节 水利领域 PPP 项目

一、WY 综合水利工程 PPP 项目（TOT + BOT）

（一）项目概况

项目地处远郊山区，合作内容包括水库、水厂及供水设施，投资为 52337.19 万元。包括存量资产和新建资产两部分：

1. 新建供水设施部分

新建项目投资额 29196.96 万元。其中建安工程费 27049.9 万元，设备购置费 756.73 万元，基本预备费 1390.33 万元。

2. 存量供水设施部分

经资产评估，金额 23140.23 万元，包含水库和一期水厂两部分内容。后期存量项目运营维护工作由项目公司完成，产生的费用也由项目公司承担。

（二）运作模式及要点

1. 运作方式

本项目选择的运作方式为：TOT（转让－运营－移交）+ BOT（建设－运营－移交），由项目公司承担本项目新建部分的投融资、建设工作，以及存量与新建项目的运营、维护的职责，特许经营期满后项目资产及相关权利等移交给政府。特许经营期定为 15 年，其中建设期 2 年，运维期 13 年。项目结构见图 3－2。

2. 投融资结构

项目投资为 52337.19 万元。其中：

（1）新建部分：投资额 29196.96 万元。其中建安工程费 27049.9 万元，设备购置费 756.73 万元，基本预备费 1390.33 万元；

（2）存量部分：合计金额 23140.23 万元，包含水库和一期水厂两部分内容。其中：水库经有资质专业的评估机构审计、评估后确认约为 20000 万元，社会资本方按 2 年等额分期支付资产转让价款，将存量资产移交至社会资本方经营。一期水厂以评估值 3140.23 万元入股项目公司，占项目公司 30% 股份。后期存量项目运营维护工作由项目公司完成，产生的费用也由项目公司承担。

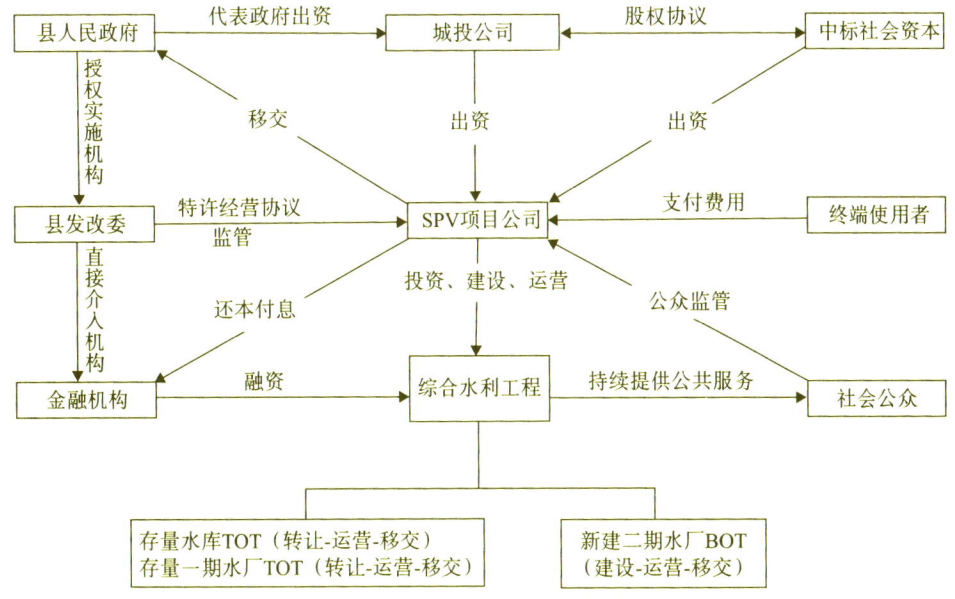

图3-2 水利工程PPP项目结构

项目总投资52337.19万元，SPV项目公司资本金占项目总投资的20%，即10467.44万元；剩余部分41869.75万元（占项目总投资的80%）为项目债务性融资，由社会资本、项目公司负责完成。其中：政府以一期水厂资产对价的形式入股项目公司，对价金额为3140.23万元。

政府以一期水厂资产对价的形式入股项目公司，在基本收益情形下，政府入股不分红，社会资本自担风险，但是，随着需求量上升，政府分享超额收益。

3. 回报机制与定价

项目回报机制为使用者付费，政府不予补贴。项目水价采取政府指导定价。

项目特许经营期限15年，与项目公司运营成本相关的因素将可能在期间发生较大变化，变动幅度在±5%之内的，不在调整的范围内。超出此变动幅度的，可申请供水价格调整，原则上调价周期在2年以上。客观调整因素（一般人工成本、CPI指数等）。根据设置的调价公式进行调整。

任何时间的实际供水水价的计算方法是将当时的供水水价 P_n 乘以按下述公式算出的调价系数。即调价公式为：

$$P_n = P_{n-2} \times K$$

其中：

P_n = 第 n 年调整后的供水水价

P_{n-2} = 第 n-2 年的供水水价

K = 调价系数

$$K = a(E_n/E_{n-2}) + b(L_n/L_{n-2}) + c(I_n/I_{n-2}) + d + eCPI_{n-1} \times CPI_{n-2}$$

其中：

a = 人工成本在价格构成中所占比例

b = 财务费用在价格构成中所占比例

c = 折旧和摊销在价格构成中所占比例

d = 价格构成中人工成本、财务费用、折旧和摊销以外的其他因素在价格构成中所占比例

a、b、c、d 各自取值由授权方每 2 个运营年根据市场行情变化（供水服务费构成的变动）和项目公司调价报告（如前所述）列举的财务分析进行一次修订。

n = 第 n 年，即调整价格的当年

E_n = 第 n 年项目公司的水费指数

E_{n-2} = 第 n-2 年项目公司的水费指数

L_n = 第 n 年县统计部门公布的第 n-1 年"供水行业的供应"行业在岗职工平均工资

L_{n-2} = 第 n-2 年县统计部门公布的第 n-3 年"供水行业的供应"行业在岗职工平均工资

CPI_{n-1} = 第 n-1 年时县统计部门公布的居民消费价格指数

CPI_{n-2} = 第 n-2 年时县统计部门公布的居民消费价格指数

调价方法有：

（1）建议每两年调整价格一次，如果调价系数 K 变动幅度超过 10%，则按 10% 对价格进行调整；

（2）如果非价格调整年度的 K 中的构成因素中有任意一项因素变动幅度超过 20%，则当年价格也可以按当年的调价系数 K 进行调整，但调整幅度不得超过 10%；

（3）如果非价格调整年度的调价系数 K 变动幅度超过 10%，则当年价格可以按 10% 对价格进行调整；

（4）如果非价格调整年度的调价系数 K 变动幅度不超过 10%，则当年价格不得调整。

各调价因素的权重比例在签署日确定，E、L、I、CPI 于商业运营日的值应于协议签订后确认。上述指数可用项目所在地统计局公布的该指数替代。

4. 利益共享与超额利润限制机制

超额利润在政府和社会资本方分享，建议利益共享与限制分享方式见表 3-1：

表 3-1　　　　　　　　　　超额收益分配

实际用水量达到比例（基准供水量3171万立方米）	政府分享比例	项目公司分享比例
50%（含及以下）	0	100%
50%~70%（含70%）之间的部分	70%	30%
70%~90%（含90%）之间的部分	85%	15%
90%以上部分	100%	0

（1）实际用水量在50%（含50%）及以下：政府入股不参与分红，由社会资本全部享有经营性收益；

（2）实际用水量在50%~70%（含70%）之间的部分：政府与社会资本分享超额收益比例为70%:30%；

（3）实际用水量在70%~90%（含90%）之间的部分：政府与社会资本分享超额收益比例为85%:15%；

（4）实际用水量在90%以上部分：政府与社会资本分享超额收益比例为100%:0。

即便在乐观情形下，社会资本的收益率依然在合理范围内（12%左右），不存在暴利情形。

二、HW 生态综合治理打包 PPP 项目（BOT+BLMT）

（一）项目概况

项目属于生态综合治理项目，分为两大功能部分。即第一部分为5座污水处理厂，第二部分为湿地建设、雨水和污水市政管网、湖泊水利工程及绿地市政景观配套工程。项目总投资人民币约51亿元，依据项目规划或初步估算，5座污水处理厂投资额约10.14亿元，雨水和污水市政管网、湖泊水利工程及绿地市政景观配套等工程投资额约40.96亿元。

（二）运作模式及要点

1. 运作方式

项目采用"整体打包、分期实施"的综合 PPP 模式，项目整体合作期限约37年，其中：各期污水处理厂合作期限约27年（含建设期及试运营期），市政工程各期或单项工程的合作期限约为12年（含建设期）。分别采取 BOT "建设－运营－移交"、BLMT（建设－租赁－养护－移交）方式。其中，两大功能部分的运作方式侧重点与付费方式有所区别。项目结构见图3－3：

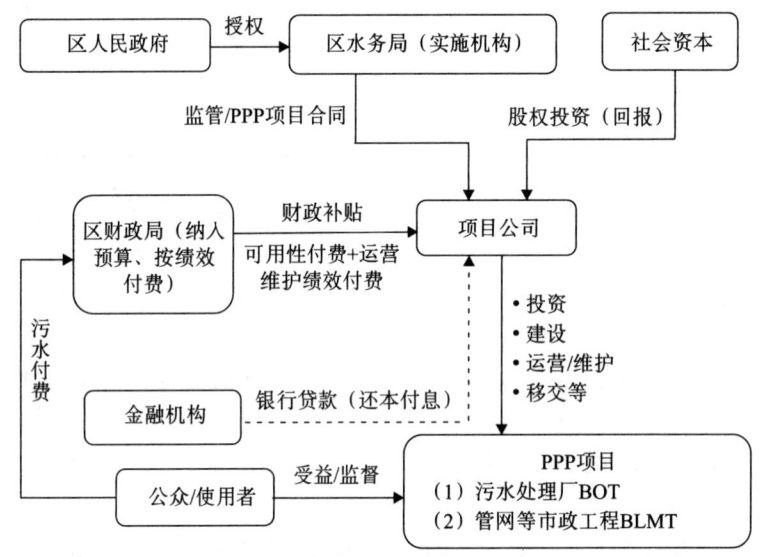

图3－3 综合治理PPP项目结构

（1）污水处理厂部分，采用特许经营BOT运作方式，授权社会资本收取污水处理费，特许经营期限25年。

（2）管网、生态治理等配套市政工程属于公益性项目，采取BLMT（建设－租赁－养护－移交）运作方式，主要由政府付费，各期或单项工程的合作期限约为12年（含2年建设期）。其中，BLMT（建设－租赁－养护－移交）运作方式较适用于收费机制不明晰的项目，包括但不限于市政工程。政府将项目的投资、建设、运营维护等交给社会资本，由政府通过向项目公司支付可用性服务费的方式购买项目可用性（符合验收标准的公共资产），以及支付运维绩效服务费的方式购买项目公司为维持项目可用性所需的运营维护服务（符合绩效要求的公共服务），该可用性服务费和运维绩效服务费将纳入跨年度的财政预算。

项目由于建设内容复杂、项目子项多，预计建设周期长达15年。具体分期实施计划经双方协商后确定、调整。

2. 回报机制

项目的特点是建设投资量大、打包型、分期型、多类型的项目，分为污水处理厂BOT项目和市政工程BLMT项目两大功能部分，回报机制需要分为两大类进行设计。主要付费形式为可行性缺口补助、政府付费。

（1）污水处理厂BOT项目回报机制。污水处理厂BOT项目采用特许经营方式，但是，实际由政府付费（含部分来自于终端用户收费，大多数污水处理厂采用收支两条线、收入纳入财政专户），回报主要是来源于污水处理服务费。回报机制接近与可行性缺口补助，如由政府全额支付，则为政府付费。计算公式如下：

污水处理服务费＝受纳污水计算量×污水处理服务费单价；

其中，水量不足保底水量时按保底水量计算，污水处理服务费单价暂定为1.05元/立方米（不含污泥处置，污水处理服务费单价可根据本项目不同污水处理厂的实际情况，经论证后进行分别定价，并设置相应的调价程序。）

（2）市政工程BLMT项目回报机制。BLMT项目属于不具有向最终用户收费机制的市政工程，社会资本在项目中投入的资本性支出和运营维护成本宜采用"政府付费"的回报机制。项目按照"基于可用性的绩效合同"模式，由政府向项目公司购买项目可用性（符合验收标准的公共资产）以及为维持项目可用性所需的运营维护服务（符合绩效要求的公共服务），相应地，政府需向社会资本支付可用性服务费和运维绩效服务费。区财政局根据PPP项目合同的约定向项目公司支付可用性服务费和运维绩效服务费。

3. 产出与绩效

（1）污水BOT部分。

出水水质标准：本项目污水处理厂项目设计出水水质标准要求达到《城镇污水处理厂污染物排放标准》（GB18918-2002）中一级A标准。出水不符合排放标准的，政府方除有权不向项目公司支付该部分不达标出水的污水处理服务费外，还有权要求社会资本方承担约定的违约金。

环境保护标准：污水处理厂出水水质执行GB18918-2002《城镇污水处理厂污染物排放标准》中的一级A标准；废气执行GB18918-2002二级标准；厂界声学环境执行GB12348-2008《工业企业厂界环境噪声排放标准》3类标准，工程施工期执行GB12523-2011《建筑施工场界环境噪声排放标准》；地表水执行GB3838-2002《地表水环境质量标准》Ⅳ类标准；大气环境执行GB3095-2012《环境空气质量标准》二级标准。

（2）市政工程BLMT部分。

可用性绩效指标：可用性付费的支付前提为项目竣工验收通过，最终确定的可用性付费金额需根据协议中对包干价和审计价的相关机制约定计算。主要指标为质量、工期、安全、环保几个方面。

运营维护绩效指标：运营维修及养护、安全、环保、公众及使用单位满意度等。

三、水利领域PPP项目案例小结

重大水利工程是水利基础设施体系的重点和关键，对保障国家水安全和促进区域经济社会发展具有非常重要的作用。在该类项目模式设计上应保障社会资本合法权益，充分发挥政府投资的引导带动作用，完善项目财政补贴管理、价格形成机制。以外，应进一步发挥政策性金融作用，以支持行业融资，同时应推进水权制度改革等。对承担一定公益性任务的供水，如农业用水等，项目收入不能覆盖成本和收益，但社会效益较好的PPP项目，政府可对工程投资和管护经费等给予适当补贴。此外，水利项目供水价格制定较为复杂，应大力推进分类定价、超额累进加价制度。按照"补偿成本、合理收益、优质优价、公平负担"原则，在农业用水和非农用水价格基础上再细分综合定价，完善水价形成机制、管理体制机制。与公用事业等行业类似，水利领域PPP项目也存在市场需求不确定因素，故此，需要结合市场需求、政府财力等综合设定合作模式，包括盈利模式、定价及补贴方式等。

第四章

科教文卫体等公共服务领域 PPP 项目运作案例

第一节　科技领域 PPP 项目

一、LP 智慧城市 PPP 项目（BOT+BOO）

（一）项目概况

项目拟建设数据中心和公共信息平台，开发智慧政务、智慧党建、智慧旅游、智慧教育、智慧城管等子系统，购置并部署传感器、智能仪表、高清摄像机、电子显示屏、监控指挥大屏等各类应用终端。根据对 LP 市的信息化和产业经济的全面调研结果，项目按照统一规划分步建设的原则，分四期进行建设。本项目投资额约 12.43 亿元。

1. 智慧 LP 一期

建设内容包括：智慧 LP 运行管理中心（含呼叫中心）、政务云计算中心、智慧政务、平安城市（一期，森林防火）、精准扶贫、多规合一、智慧党建、应急指挥系统、智慧城管、智慧交通（一期）、民生服务平台、智慧教育（一期，云平台）、智慧旅游、诚信征用系统、小微企业诚信融资系统、智慧产业（产业经济平台）、人才与科研互联网平台、市民一卡通等子系统。

2. 智慧 LP 二期

建设内容包括智慧交通（二期）、平安城市（二期）、智慧教育（二期）、智慧环保、智慧国土、智慧综治、智慧住建、智慧质监、智慧档案、智慧云亭、智慧林业、智慧社区、智慧安监、智能停车、智慧管网等子系统。

3. 智慧 LP 三期

建设内容包括智慧统计、智慧食安、智慧园区、智慧商务、智慧农业、智慧工业、智慧教育（三期）等子系统。

4. 智慧 LP 四期

全面完善一、二、三期建成项目，深度挖掘智慧政务体系和民生服务体系等应用建设。

（二）运作模式及要点

1. 运作方式

项目采用"BOT + BOO"的运作方式，由政府方出资代表与中选社会资本共同成立项目公司（政府方和社会资本方股权比例为1∶9）。该项目包含公益性项目、准经营性项目、经营性项目三类，共计三十二个系统工程，计划分四期完成，主要内容包括智慧 LP 运行管理中心、政务云计算中心、平安城市等系统，并将在第四期深度挖掘智慧政务体系和民生服务体系等应用建设。公益性项目、准经营性项目采取 BOT 方式，部分经营性项目采取 BOO 方式。合作期限为15年，其中总计建设期3年左右。运营期限一期子系统运营期14年，二期子项目运营期13年，三期子项目运营期12年。

项目公司注册资本金不低于2.5亿元。由中选的社会资本方以货币方式出资占项目公司注册资本总额的90%；政府方出资以货币方式出资占项目公司注册资本总额的10%，同股同权。中选社会资本方负责本项目全部投融资工作，并承担相应的风险。

项目公司（SPV）负责本项目的资产接收、建设、运营、维护和移交工作。合作期满后，将该项目公益性部分全部资产和相关权益全部无偿移交给政府或其指定机构，其他类型项目按照股权比例进行收益分配。

2. 回报机制与收益

本项目采取整体打包形式，该项目包含公益性项目、准经营性项目、经营性项目三类，整体的回报机制包括三类，政府付费、可行性缺口、使用者付费。

（1）公益性子项目。政府购买服务费总额由可用性服务费和运维绩效服务费构成。计算公式为：

$$当年运营补贴支出数额 = \frac{项目全部建设成本 \times (1+合理利润率) \times (1+年度折现率)^n}{财政运营补贴周期（年）} + 年度运营成本 \times (1+合理利润率)$$

注：

项目全部建设成本仅为工程费用，不含工程建设其他费用、不可预见费、建设期利息；全部建设成本数额以审计结果为准；

运维绩效服务费支付金额＝基准运维绩效付费金额〔即：年均运营成本×（1＋合理利润率）〕×年度考核系数；

基准运维绩效付费金额含运维费用（设备维修、软件升级），具体数额以审计结果为准，年度考核系数为当年季度考核系数之和的算术平均值；

合理利润率上限为7%；

年度折现率上限为5%；

财政运营补贴周期最大值为14年。

（2）准经营性子项目。可行性缺口补助模式下，政府前5年每年运营补贴支出责任为使用者付费收入与运营成本的差额。年度运营成本、当年使用者付费数额均以审计结果为准。计算公式为：

$$当年运营补贴支出数额 = 年度运营成本 - 年使用者付费$$

年度运营成本含运维费用、人员工资、燃料动力费、其他费用、市场推广等，不含运营期利息；年度运营成本以审计结果为准；当年使用者付费数额均以审计结果为准。

3. 绩效考核

（1）绩效考核办法——竣工验收。针对公益性项目竣工验收进行绩效考核。本绩效只是在前期提供后期绩效考核的框架，后期根据每个子系统的不同特点需要调整和细化考核标准。设置项目产出、效果、管理三个一级指标，相应设置11个二级和26个三级指标。具体指标体系及权重设置见表4-1：

表4-1　　　　　项目绩效评估指标体系（竣工验收阶段）

一级指标	二级指标	三级指标	指标解释
产出（13分）	建设任务完成情况（8分）	实际完成率（5分）	项目实际产出数与计划产出数的比例，用以反映项目产出目标的实现程度
		完成及时率（3分）	项目实际提前完成时间与计划完成时间的比例，用以反映项目产出时效目标的实现程度
	整改完成情况（5分）	整改内容完成率（5分）	依据项目验收意见的整改完成情况比例，用以反映项目建设的完善程度

续表

一级指标	二级指标	三级指标	指标解释
效果（62分）	系统应用性能（11分）	系统功能可用性（4分）	所建成的系统界面和功能操作设置是否可用
		系统功能易用性（3分）	系统界面和功能模块设计友好、合理、美观，便于使用
		系统稳定性（4分）	系统的性能稳定情况，通过系统出错率来反映
	系统使用情况（7分）	系统用户使用率（7分）	目标用户群体对该系统的使用比例，用以反映用户对系统的使用程度
	业务支撑情况（20分）	业务支撑广度（10分）	系统对业务支撑的广度
		业务支撑深度（10分）	系统对业务办理流程支撑的深度
	共享协同情况（8分）	内部共享协同度（4分）	本系统与部门内部其他系统的共享协同情况，用以反映系统的内部共享协同能力
		外部共享协同度（4分）	本系统与其他外部部门的业务系统的共享协同情况，用以反映系统的跨部门共享协同能力
	系统应用效益（16分）	优化业务流程（4分）	系统对促进内部业务流程优化重组的作用是否明显
		降低办理成本（4分）	系统对促进降低业务办理成本的作用是否明显
		提高行政效率（4分）	系统对促进提高业务行政效果的作用是否明显
		系统的经济社会效益（4分）	系统运行对增加经济社会效益的作用是否明显
管理（25分）	项目立项管理（5分）	立项规范性（2分）	项目申请、设立是否符合相关要求，用以考察项目立项的规范情况
		绩效目标明确性（3分）	项目所设定的绩效目标是否依据充分，是否符合客观实际，项目绩效目标是否清晰、细化、可衡量，用以考察项目建设目标是否明确
	建设过程管理（6分）	项目招标合规性（2分）	是否按照项目招标采购有关规定执行
		项目监理合规性（2分）	是否按照项目监理有关规定执行
		项目验收合规性（2分）	是否按照规定组织验收并出具验收报告
	使用和运行管理（7分）	系统使用管理（2分）	是否有系统使用管理的有关手册和用户培训
		系统运维管理（2分）	运维管理制度、组织机构、人员是否符合要求且有效运作
		系统安全管理（3分）	考察系统的安全保障能力
	项目资金管理（7分）	资金使用合规性（2分）	资金使用是否符合有关资金管理文件要求
		成本节约率（3分）	完成项目的实际成本与项目招标金额相比的节约比例，用以反映项目的成本节约程度
		运维资金稳定性（2分）	运维资金投入是否稳定

绩效得分在 85 分以上为合格。不足 85 分的按照采购人要求进行整改完善，直至合格为止。

(2) 绩效考核办法——运营维护。本项目运维绩效考核主要包括信息系统相关的主机设备、操作系统、数据库和存储设备及其他信息系统的运行维护与安全防范服务，保证用户现有的信息系统的正常运行，降低整体管理成本，提高网络信息系统的整体服务水平。运营维护期考核指标分为五个等级：非常满意（80~100 分）；满意（60~79 分）；一般（30~59 分）；不满意（10~29 分）；非常不满意（0~9 分）。运维考核指标评分见表 4-2：

表 4-2　　　　　运维考核指标评分（运营维护阶段）

序号	类别	指标名称	考核内容	计分说明
1	运维服务管理制度规范（25 分）	服务时间（7 分）	服务响应时间：7×24 小时	非常满意（21~25 分）；满意（16~20 分）；一般（11~15 分）；不满意（6~10 分）；非常不满意（0~5 分）
		行为规范（6 分）	遵守用户的各项规章制度、遵守保密原则，现场技术支持时要精神饱满，穿着得体，出现疑难技术、业务问题和重大紧急情况时，及时向负责人报告	
		现场服务支持规范（6 分）	运维服务人员要做到耐心、细心、热心的服务。工作要做到事事有记录、事事有反馈、重大问题及时汇报。严格遵守工作作息时间，严格按照服务工作流程操作	
		问题记录规范（6 分）	通过服务热线或现场答疑等方式能够当场解决用户提出的问题，具有问题解答直接、快速和实时的特点	
2	网络、安全系统运维服务（25 分）	现场备件安装（5 分）	配合用户进行，按备件到达现场时间工程师到达现场	非常满意（21~25 分）；满意（16~20 分）；一般（11~15 分）；不满意（6~10 分）；非常不满意（0~5 分）
		现场软件升级（5 分）	首先分析软件升级的必要性和风险，配合用户进行软件升级	
		现场故障诊断（5 分）	按服务级别：7×24 小时	
		电话远程技术支持（5 分）	7×24 小时	
		问题管理系统（5 分）	对遇到的问题进行汇总和发布	

续表

序号	类别	指标名称	考核内容	计分说明
3	软硬件设备的维修服务（25分）	系统支撑软硬件的日常维护（5分）	系统支撑软硬件主要包括PC服务器、存储、网络、安全设备及数据库软件、中间件等基础软硬件设施	非常满意（21～25分）；满意（16～20分）；一般（11～15分）；不满意（6～10分）；非常不满意（0～5分）
		服务器维护（4分）	服务器系统主要包括信息处目前在用的各类服务器：数据库服务器、应用服务器、WEB/网管/备份服务器、门户网站、防病毒服务器等	
		存储设备维护（4分）	存储系统平台主要包括：SAN存储系统（接入SAN网络的服务器客户端、SAN交换机）、磁盘阵列、磁带库等的管理和维护工作	
		网络、安全设备维护（4分）	需要提供故障诊断、远程支持、现场支持、软件升级、设备搬迁、网络优化、网络巡检、现场培训、技术交流、网络安全、网络建设建议等服务	
		数据库系统维护（4分）	包括数据库实例状态检查、数据库表空间使用情况、监控查看数据库的连接情况、表空间使用情况和性能检查、数据库告警日志检查分析和数据库的备份检查等	
		中间件维护（4分）	包括数据维护、数据备份、系统日常维护、中间件升级而对应用软件进行适应性更新和调试服务、中间件维护操作手册及应急流程更新等	
4	其他运维服务（25分）	人员的技术培训服务（6分）	维护团队应提供必需的服务技能培训，并对相关技术问题进行充分交流，以提高用户技术水平，使用户能熟练使用现有系统。培训包括不定期或面对面培训，并提供对部分用户简单故障排除方法培训	非常满意（21～25分）；满意（16～20分）；一般（11～15分）；不满意（6～10分）；非常不满意（0～5分）
		质量管理要求（6分）	维护团队应根据本项目要求提出服务质量管理及监控具体措施，并对所提供的服务质量和标准做出明确可量化的承诺	
		项目管理要求（6分）	维护团队应派遣一名具有专业知识的资深管理人员负责本项目的项目管理，统筹相关工作，项目监督与情况汇报，控制工作质量和预算，执行变更和应急情况管理，并根据实际状况调整服务方人员安排，以保证此项目的正常高效运作	
		完整的运维手册（7分）	提供完整的技术、运营及维修方案和操作规范手册等	

注：

（1）运维考核指标包括：运维服务管理制度规范（25分）、网络安全系统运维服务（25分）、软硬件设备的维修服务、其他运维服务四个方面，总分100分。

（2）合计总分非常满意（80～100分）；满意（60～79分）；一般（30～59分）；不满意（10～29分）；非常不满意（0～9分）。

运营维护期内，LP市政府信息中心协同其他职能部门主要通过常规考核和临时考核的方式对项目公司服务绩效水平进行考核，并将考核结果与运维绩效付费支付挂钩。

常规考核在项目建设期满后，每季度进行一次，年底取平均分，考核结果以年底平均分为准。由市政府信息中心主要通过综合打分的方式对项目公司服务绩效水平进行考核，并将考核结果（当年季度考核系数之和的算术平均值）与运维绩效付费支付挂钩。对于考核分非常满意（80～100分），市财政局全额支付该年运维绩效服务费；对于考核分满意（60～79分），市财政局按照80%支付运维绩效服务费；对于考核分一般（30～59分），市财政局将按照50%支付运维绩效服务费；对于考核分不满意（10～29分），市财政局按照20%支付运维绩效服务费；对于考核分非常不满意（0～9分），市财政局不支付运维绩效服务费。

项目建设单位及相关职能部门可以根据自身工作需要自行组织临时考核。临时考核结果一般不与绩效考核挂钩，一般不作为项目公司违约情形处理，除非临时考核发现的缺陷会导致本项目可用性破坏、系统受到严重影响，或存在重大安全隐患，则本年度整体考核分降低档次处理。无论何种情况，项目公司应及时修复缺陷，否则市政府信息中心可根据PPP项目协议相关约定提取项目公司提交的运营维护保函中的相应金额。

二、阳光食品PPP项目（BOT）

（一）项目概况

本项目估算总投资为19548万元，包括硬件设施、云计算、软件系统建设，实施范围包括州全州范围内食品生产加工、流通、餐饮服务等相关单位。项目建设主要内容：

（1）硬件设施的购置和安装：主要为视频监控设备。
（2）云计算系统的建设：包括监控中心建设、云中心建设。
（3）软件系统的建设：包括食品安全视频云系统、食品安全业务云系统、食品溯源云系统。

（二）运作模式及要点

结合项目实际情况，拟采取BOT运作方式，采取"投资、建设和运营维护一体化+使用者付费+可行性缺口补助"组合方式实施项目。项目合作期为15

年（含建设期2年）。

通过政府采购的方式选定社会资本方，州食品药品监督管理局授予中选社会资本方为本项目的经营权，中选社会资本方应与州人民政府指定的部门签订《PPP项目协议》。合作期限内，由中选社会资本负责本项目的整体的设计、投融资、建设安装、运营维护和移交，运营期内根据《PPP项目协议》通过使用者付费和政府可行性缺口补助的方式收回投资并获得合理回报，合作期满，中选社会资本方将项目设施及权益无偿移交给政府或其指定机构。

社会资本方负责项目的建设安装工作，不允许社会资本方将该PPP项目发包给第三方。州食品药品监督管理局及相关政府职能部门负责配合社会资本方进行项目建设工作，并在项目建设进度、安全施工、环境保护、项目建设质量等方面对社会资本方进行监督管理。同时，发改、规划、环保等行业主管部门在自身职责范围内依法监督本项目的实施。

三、科技领域 PPP 项目案例小结

应在科技领域大力推进PPP模式，可以更有效促进新技术在公共服务领域的应用等，探索出新的投入渠道，新的运营方式、治理方式，促进经济社会发展。通过整合政府资源和社会资源，有助于发挥社会主体的专业性，与市场需求实现有效对接融合，可有效加快创新成果转移转化，使政府资源效能最大化。但目前，很多科技领域PPP项目依然主要依靠财政补贴，未来应充分利用新的科学技术，与传统的行业进行深度对接、交融，真正带来价值、创造效益。如在交通、旅游、医疗等领域采用新技术，提高生产率、形成新经济增长点，创新盈利模式、生产经营方式乃至消费方式。如在安防、食药监管等领域，采取新模式、新技术，可有效提高效率、降低成本，也可进一步促进监管方式、公共治理模式的革新。但在科技领域采取PPP模式应注重产权、权益保护，关注运营的稳定性、可持续性。

第二节 教育领域 PPP 项目

一、某学院新校区 PPP 项目（BOT）

（一）项目概况

项目规划总建筑面积731269平方米（地上建筑面积709269平方米、地下建

筑面积22000平米),建设内容包括主体工程、体育运动场地工程、总图以及公用工程、教学、实验、生活等专用设施设备等。项目投资规模约为31亿元。

项目完成后将满足20000名学生的教学、住宿、饮食、运动等基本学习、生活要求,并完成新校区的总体道路管线和主要的景观工程,基本形成较为完整的校区风貌。本项目建设涉及的建筑物、场地、设施等包括:新校区的科技大楼、学术交流中心、培训中心、会堂、校史档案馆、组团部分后勤服务楼、组团主体育运动区和次体育运动区的田径场、部分实验实训中心,以及环路内的图书馆、公共教学楼、美术大楼、音乐大楼、理科大楼、文科大楼和师生活动中心、校园内下穿隧道等。

(二)运作模式及要点

1. 运作方式

采取BOT运作方式,项目资产在合同期内归学院所有,学院授权项目公司在合同期内行使经营权。合作期限拟定15年,其中:运营期12年,建设期拟定3年。

由采购人通过公开招标方式选定社会资本后,由政府指定出资机构与中标社会资本共同出资设立项目公司,采购人将与项目公司签订PPP项目合同,在合作期限内,由项目公司负责本项目的建设,建成后由项目公司对项目中的食堂、宿舍、超市等进行运营、维护,获得相应的运营收益,项目公司还将根据PPP项目合同的约定获得相应的可行性缺口补助,合作期满,项目公司将根据PPP项目合同的约定进行资产移交。项目结构见图4-1:

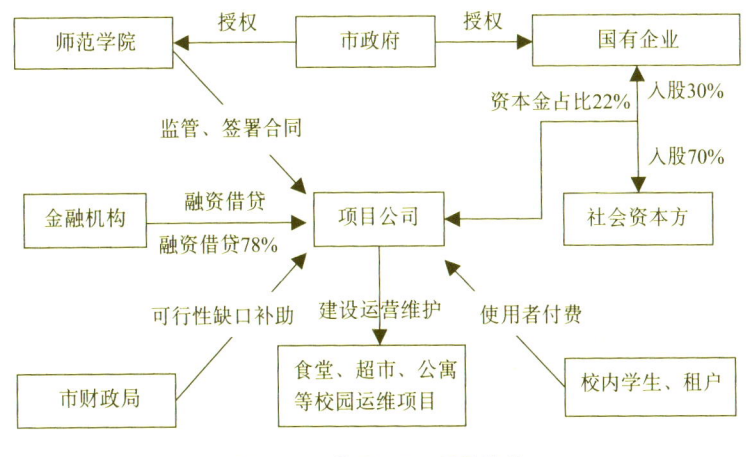

图4-1 校区PPP项目结构

(1)合作范围。项目公司负责对本项目中的工程内容进行设计、投资、融资、建设,并在建设完成后,负责对本项目范围内学生食堂、超市、体育设施、文娱设施、停车场等准经营性项目和其他非经营性项目进行运营维护；项目期限届满，将项目设施无偿移交给政府。

（2）运营维护。教学楼、学生宿舍、食堂、超市、体育馆、教学设备、校园绿化场所、校园道路等的管养与维护；环卫保洁工作以及其他与本项目有关的、政府部门要求项目公司承担的维养工作。项目公司应当严格执行相关设备设施的养护、维修的技术规范，定期对项目资产进行养护、维修，确保养护、维修工程的质量。具体包括：

①物业管理。主要包括教学楼、学生宿舍、体育馆等场所的物业管理。

②设施维护。主要包括教学设备、建筑物、地下综合管网、照明设施、体育设施、文娱设施等的维护。

③运营管理。主要包括食堂、超市、停车场、体育馆等准经营性项目的运营管理。

④绿化养护。主要包括校园内各类花草、树木、绿地的浇水、施肥、整形、修剪、除草、松土、病虫害防治及缺株补填等工作。

⑤道路清扫。主要包括路面、人行道、雨水井、井盖、垃圾桶等，保证路面人行道无垃圾、无积水积泥，垃圾桶无破损满溢等。

⑥应急处理。制定风险应急预案。如遇洪水、台风、暴雨、地震等紧急情况，社会资本方应配合政府部门做好应急处理工作。

（3）融资结构。资本金比例为22%，即6.82亿元。其中：政府方出资30%（以土地征拆费用和前期工程其他费用方式出资）、社会资本方以现金方式出资70%。融资总额约占总投资78%，由项目公司作为融资主体，拟采用有限追索权项目融资方式，在项目建设期如需提供担保，由项目公司社会资本方股东提供。项目进入运营期后无条件解除股东担保，转为无追索项目融资，项目公司可采用项目经营收益权质押、保险受益权质押等进行担保。

2. 项目回报机制

项目回报机制为"可行性缺口补助"，政府出资代表不参与项目可行性缺口补助。股东回报是指项目公司股东（政府指定国有企业与社会资本）在投入资本金后，通过运营期内项目公司的利润分配及运营期结束时的剩余权益分配等方式回收前期资本投入并获取合理收益。

使用者付费：本项目使用者付费来源于合作范围内食堂、超市、停车场、体育馆等准经营性项目的收入及其他可能的经营性收入。

政府可行性缺口补助：政府可行性缺口补助＝可用性付费＋运维绩效服务费－使用者付费。其中：

（1）社会资本投入资金（含项目资本金及融资）在运营期内按等额本金方式支付。

(2) 社会资本投入资金的期初余额（含项目资本金及融资）在运营期内的年合理利润率不高于同期中国人民银行5年期以上贷款基准利率。

(3) 社会资本投入资金（含项目资本金及融资）在建设期给予贴息。

①可用性付费：指政府方根据社会资本方为本项目所提供的服务是否符合本合同约定的标准和要求而向社会资本方支付的费用，该费用在本项目工程通过竣工验收合格或政府方同意交付使用（以较早到达为准）方可支付。

可用性服务费的计算公式为：

第一年可用性服务为 $F1 = A/12$

第二年及后续运营年可用性服务费：

$FX = A/12 + [A - (X-1)A/12] \times i$

其中：

FX 为本项目工程第 X 年可用性付费金额；

$X = (2, 3, \cdots, 12)$；

$A = $ 建设期社会资本方建设投资 $+ Bn$；

i 为运营期年合理利润率，即中标社会资本在本项目采购阶段所报的价格；

Bn 为建设期利息。

②运维绩效服务费：本项目运营维护期内进行运营维护，根据实际发生的运营维护成本及绩效考核结果向项目公司支付运维绩效服务费。

可行性缺口补助计算的利润率通过竞标确定。

3. 付费来源

项目拟从市政府一般公共预算及政府性基金预算两部分对政府支出责任进行偿付。其中：（1）一般公共预算，一般来讲，政府购买PPP项目的财政支出可纳入一般公共财政预算支出。（2）政府性基金预算，政府可使用包括但不限于学院旧校区地块等所取得的土地出让收入用于支付本项目的可行性缺口补贴。

4. 项目运营维护绩效考核标准

项目的绩效考核体系包含三个方面，分别为建设期绩效考核指标、运营维护期绩效考核指标，以及移交绩效考核指标。其中，运营维护期考核指标分为四个层级：前三级为基本考核指标，全部达标方能获得100%基准运维绩效付费，不达标的按照考核办法减付基准运维绩效付费（至多减付至70%）；第四级为奖励考核指标，达标的按考核办法增付奖励运营绩效付费（至多增付10%）。

第一级（80%）：考核主体教学楼、宿舍楼、教学设施的维护，需满足全校师生使用需求。

第二级（10%）：考核安全管理和突发事件管理，需符合学院安全管理条例。

第三级（10%）：考核项目资产和运营的可持续性、资产保值增值程度、资产使用寿命率、固定资产完好率、机构与运行机制完善度、资金保障（运行资金保障率)。

第四级 (10%):考核利益相关者满意度,学院或政府主管部门需对政府满意程度、公众满意度、高校师生满意度、社会资本和运营商、供应商的融洽关系进行调查,满意度需在80%以上。

二、某城乡教育综合发展 PPP 项目 (ROT)

(一) 项目概况

该项目总投资估算约34065.29万元,其中:工程建设其他费用534.23万元,配套工程费约6965.19万元。项目内容包括14所乡镇和城区学校的扩建或新建工程及后期的维护,以及2所幼儿园的经营。

(二) 运作模式及要点

1. 运作方式

项目拟采用改扩建、运营和移交(ROT)模式实施。项目运营期内由社会资本和政府共同成立的项目公司负责上述工程的设计、投资、融资、建设,并向政府提供可用的满足正常教育教学工作的上述学校的校舍场所,以及保洁服务、绿化养护服务、物业维护服务,同时负责2所幼儿园的经营管理。项目协议期满后,上述资产全部无偿移交给市政府。项目合作期16年,其中建设期1年。项目结构见图4-2:

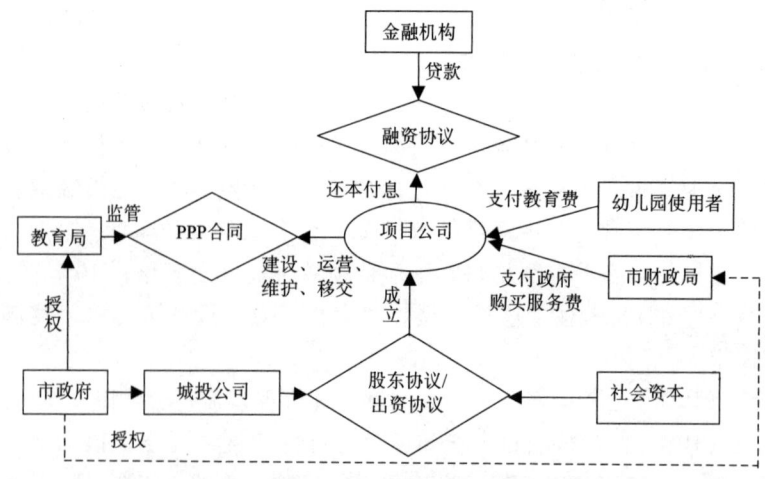

图4-2 城乡教育综合发展 PPP 项目结构

运营内容：在经营期内，项目公司提供项目设施的运营管理和后期服务，具体为：(1) 对教学楼、实验楼、食堂、学生宿舍及相关配套工程提供包括管理、维护在内的相关服务，确保各项设施的正常使用。(2) 对幼儿园的经营管理。(3) 项目公司提供的后勤服务包括：保洁服务、绿化养护服务、设施维护（后勤）服务等。

资金安排：本项目资本金约占总投资30%，其中政府入股35%，社会资本方入股65%。由政府已开工建设部分投资额为6466万元，通过资产转让方式划入项目公司。

2. 回报机制

项目公司通过收取幼儿园经营收入和可行性缺口补助弥补其投资及运营成本，获得合理回报。项目期限内，项目公司负责两所幼儿园的经营管理，向学生收取保育教育费。项目公司通过收取可行性缺口补助和幼儿园经营收入弥补其投资及运营成本，获得合理回报。主要成本包括员工工资福利、维修费、管理人员薪酬、管理费、税金等。

在项目公司获取幼儿园经营收入之外，政府每年需支付服务费（可行性缺口补助）。项目期限内，项目公司负责提供可用的满足正常教育教学工作的校舍场所，以及校园保洁服务、绿化养护服务、物业维护服务。

三、教育领域PPP项目案例小结

教育基础设施投资建设采取PPP模式是目前运用较为广泛、较为成熟的一种模式。目前，教育行业运用PPP模式还是以基础设施建设等硬件投入为主，社会资本也以建筑类企业为主，建设内容、运作方式与市政工程、房建类项目很相似，在某种程度上并不涉及教育质量上的真正提高。事实上，我国教育失衡的局面不仅仅在于教育设施设备、后勤设施等硬件上，教育质量的差距更是远远大于硬件的差距。

教育行业中运用PPP模式的合作内容主要涵盖学校基础设施合作、配套设施设备供给、辅助性专业服务协议供给、教育服务协议供给等。其中，专业性服务协议是从基础设施建设项目向教育核心内容的重大转变，对于提高教育质量有着重要影响作用。未来应逐步关注"软件方面"的运营。

教育领域采取PPP模式，可引入市场竞争机制，合作范围可以从设施建设维护、学生接送、后勤保障与服务等非核心领域向学校教学和教育供给等核心服务扩展。应进一步扩大幼儿教育、义务教育、高等教育、职业教育等各领域PPP推广工作，PPP合作内容可以从传统的非核心领域向教育服务延伸，如教学管理、教学内容、师资培训、学生实训或实习等。在保障公益性基础上，更注重软件服务与运营。因此,应进一步深化、创新教育领域 PPP 模式,引入高水平的社会资本促进教育服务的供给侧升级改革,输出高质量的公共服务从而提升教育质量是当务之急,也是未来的新方向。

第三节 文化领域 PPP 项目

一、某市文化中心 PPP 项目(BOT)

(一)项目概况

项目是集文化培训和展示、文化演艺和交流、文化娱乐和消费的大型市民文化活动综合体。项目总用地面积约 168 亩,规划总建筑面积 14.75 万平方米(地上 9.8 万平方米、地下 4.95 万平方米)。项目建设投资(不含建设期利息)约 156769.1 万元。

(二)运作模式及要点

1. 项目运作方式与交易结构

采用 PPP 模式下的建设–运营–移交(BOT)方式运作,合作期限为 12 年。其中,建设期 2 年、运营期 10 年。

由市国资办作为项目的实施机构,通过法定方式选择社会资本;市政府授权文投公司作为政府出资人,与社会资本组建项目公司。实施机构与项目公司签订 PPP 项目合同,授予项目公司本项目部分物业的特许经营权:在建设期,由项目公司负责项目的投资和建设;在运营期,由项目公司负责项目影院及商业配套设施的经营并获得收益;合作期届满后,项目公司将本项目资产、经营权无偿移交给实施机构或政府指定机构。

政府方负责项目设计及用地红线范围外的配套条件提供,项目公司负责项目用地红线范围内的所有设施(按政府方提供的图纸)建设的融资,并负责后期项目运营、维护管理。图书馆、文化传媒中心、文化馆、城市馆、大剧院在项目竣工后无偿移交给政府指定机构运营,其余商业、影院及公共部分由项目公司运营管理,并负责整个文化中心的物业管理服务(不含移交给政府相关部门使用建筑部分的内部管理)。

项目拥有 6 厅影院及商业 23940 平方米、文化馆可商用面积 3000 平方米、地下车库 26640 平方米，此部分资产由项目公司负责招商、经营。项目公司可开展自营，或者出租经营等（均不可销售）。

项目结构见图 4-3：

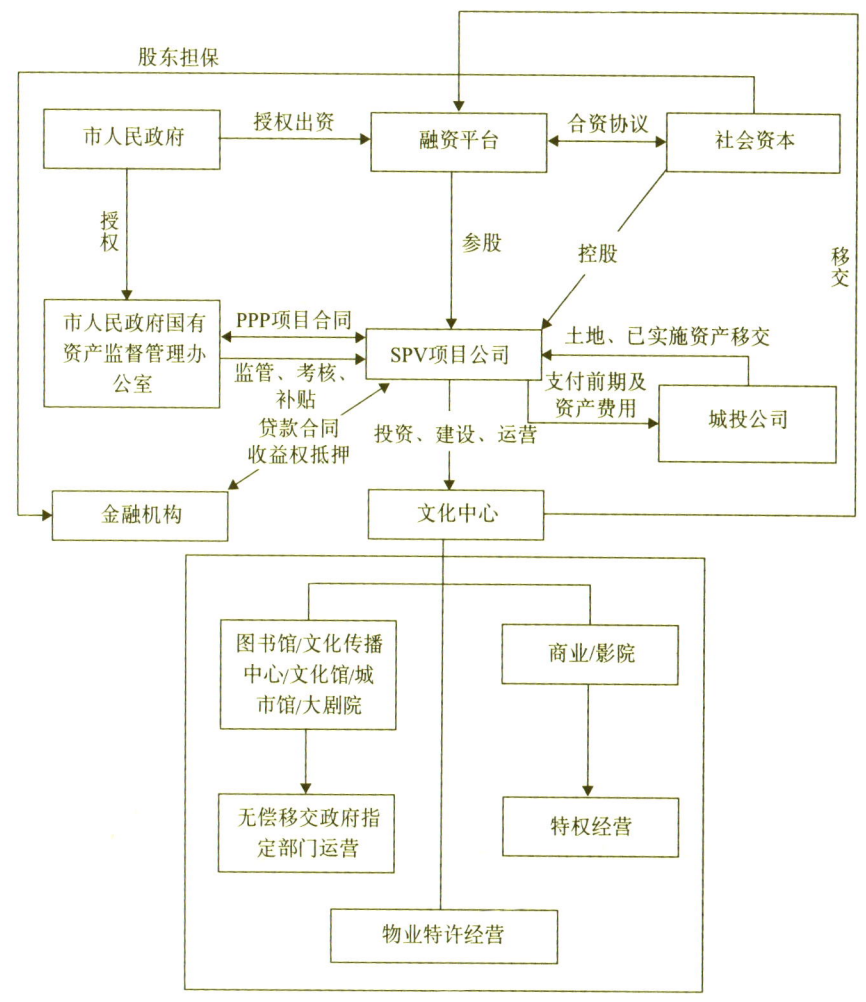

图 4-3 交易结构示意图

2. 项目公司股权及治理结构

政府方与社会资本股权比例为 49%：51%，在整个合作期内，项目公司的股权比例保持不变。政府方出资但不参与项目公司利润分配，亦不承担公司亏损及发生的各项成本、罚款支出，项目合作期限结束后不要求返还。若因各种原因造成项目中止，项目公司需无条件将政府方股权投入按实际投入返还。

项目建设过程中费用及建成后运营过程中发生的费用，此项费用若超过资本金，以股东增资的形式补充，具体依照项目公司股权比例进行。

项目公司董事会由 5 人组成，其中政府方指派代表不低于 2 人。项目公司设董事长 1 名，由中标社会资本委派的董事担任，并经政府方书面同意。

项目建设管理实行总经理负责制，总经理由政府委派，对工程前期协调、工程管理与财务管理总负责。项目公司设监事 2 名，双方各派 1 名。

3. 付费调整机制

回报机制为可行性缺口补助方式。其中，政府付费部分主要指项目资产可用性部分的投资回收；使用者付费指影院与商业、车库、物业管理等由使用者付费的部分；可行性缺口补助是通过整体测算项目投资回报率后，须由政府方进行补助或项目收益分成给政府的部分。政府付费部分的项目可用性服务费按照经审计的项目竣工建设投资额扣除政府方股权投入后的金额计算，不予调整；融资成本按规定调整。市场化运营收费由项目公司与服务单位协商确定，按协议可调整部分为项目融资成本及可行性缺口补助金额。

（1）政府付费是指政府方依据项目设施的整体可用性向项目公司付费，以政府方认可的、经过审计的竣工决算投资（不含建设期利息），扣除政府方股权投入后的金额作为可用性付费的依据。包括：建设过程中产生的建安工程费、工程其他费。建安工程费以符合省市及当地规定，并经过政府方认可的审计机构出具的竣工结算审计为准。工程其他费用，经过招标发生的费用以合同为准，其他政府性收费以收费凭证为准（收费依据需合规合法）。支付期限为运营期内，每年（顺延年）年末支付一次，共计 10 年。

（2）使用者付费是指在运营期内由项目公司通过将非公共服务部分用房、空间（包括商业、电影院等）使用权进行出租或自营，用于政府方认可的商业功能及其他合法用途，并以此向承租方、使用方、终端消费者等依法收取的租金、广告费、场地费、停车费，以及向所有入驻本项目单位（含公共服务部分）收取的物业管理费等。收费标准、支付方式由项目公司与承租方、使用方、终端消费者依法商定。

（3）可行性缺口补助是通过整体测算项目投资回报率后，为保证项目公司在 PPP 合作期限内取得合理的投资收益，由政府方对项目公司进行补助或项目公司将部分项目收益支付给政府方。由项目公司根据社会资本方在项目采购和后期合同谈判时确定的支付金额、支付方式向政府方进行支付。

4. 绩效考核

政府方（或政府方委托的监督方）有权对项目公司在运营期内提供的各项服务进行绩效考核，根据考核等级对付费标准、付费额进行重新调整。本着"奖励优质服务、惩罚劣质服务"的精神，将最终的"运营服务费"的额度与服务质量挂钩。

二、ST 大剧院项目（O&M）

（一）项目概况

大剧院是市政府投资建造的一项大型公共文化基础设施，于 2016 年初投入使用，该项目拟采用政府和社会资本合作（PPP）模式运作，引入专业剧场运营商委托运营管理。

（二）运作模式及要点

1. 运作方式与回报机制

ST 市文化广播电视新闻出版局拟通过委托经营方式，将 ST 大剧院的运营维护职责委托给社会资本或项目公司，同时保留资产所有权。目的在于引入运营管理公共资产的团体，保证公共服务质量。采用"市场运作、业主监管、委托经营、政府补贴"的 O&M（委托运营）的经营管理模式，合作期限 10 年。

采取"使用者付费＋可行性缺口补助"的回报机制，预计 2016 年财政补贴 1500 万元。

2. 项目产出与绩效

社会资本需引进国内外优质演出团体、剧目和项目，改善市核心区域城市形象、提升服务群众水平、提升城市核心竞争力，年演出不少于 110 场，国外演出剧目比例占 35%，国内演出剧目占 65%。自营演出中，A 类演出占演出总场次 40%，B 类演出占演出总场次 30%，C 类演出占演出总场次 30%。自营演出不低于 80 场，租场和合作演出不低于 30 场。自营剧目分 ABC 三类，A 类演出指欧美地区演出团体名称中带有国家、皇家、首都城市名称字样的演出团体主演的剧目，国内演出团体中直属文化部等带有中国、中央字样的艺术团体的演出等；B 类演出指北京及各省艺术团体获省级以上舞台艺术最高奖项的演出剧目；C 类演出指实验话剧及小型艺术表演。为凸显大剧院的公益性，每年都将开展免费参观剧院、免费艺术讲座及开展以公益为主的艺术培训与音乐教育活动，组织公益性演出，让更多市民能够走进大剧院欣赏高雅艺术。公益演出或活动指的是免费专家讲座、艺术交流、表演等，不以盈利为目的。大剧院将结合"市民音乐会""打开艺术之门"等演出组织开办具有大剧院专属特色的公益大师讲座，每年不少于12次（具体时间根据演出日程确定）。

三、文化领域 PPP 项目案例小结

PPP 模式有利于引导和鼓励社会力量、社会资本投入文化领域，拓宽文化领域建设资金来源，把政府的政策导向和民间资本的管理运营优势结合，可以更好地提高文化产品和服务的供给质量，满足人民群众多样化的文化需求。文化领域特别是公共文化建设采取 PPP 模式具有积极的意义。但是，目前各地在推行 PPP 模式时，文化类 PPP 项目广泛存在重建设、轻运营的问题，并且多为一些场馆类建设项目。目前，这类 PPP 项目主要偏房建、硬件设施购建，盈利模式相对单一，普遍与房地产结合，或依赖于财政补贴，投资主体以建筑类企业、房地产开发商为主。如果在项目前期工作中对规划、设计、后期运营效益考虑不足、论证不深入，则会导致项目后期运营困难、闲置、浪费。整体看，目前普遍缺乏有资金实力且运营能力强的社会资本，尤其是欠发达区域推进这类项目，需要更注重运营管理、盈利模式及公共服务交付模式创新。故应推进文化产业与实体经济、相关产业的融合发展，增加文化含量与产业附加值，与市场需求、产业发展紧密结合。

第四节 医疗领域 PPP 项目

一、C 县人民医院整体搬迁项目（BOT）

（一）项目概况

C 县人民医院是集医、教、研于一体的综合性二级甲等医院，承担着全县 52 万人口的医疗、保健、急救任务。县人民医院整体搬迁项目总用地面积 72498.27 平方米，约合 108.75 亩，容积率为 1.52，建筑密度为 22.62%，绿地率为 35.00%，总建筑面积 117615.00 平方米，地上建筑面积 99596.00 平方米，其中：门诊综合楼 17647.00 平方米、医技综合楼 22795.00 平方米、传染性疾病楼 5450.00 平方米、住院部 52322.00 平方米、高压氧舱 398.00 平方米、地埋污水处理 400.00 平方米、门卫及其他 984.00 平方米；地下室建筑面积 18019.00 平方米。投资额 39018.2 万元。

(二) 运作模式及要点

项目采用"建设-运营-移交"(BOT)方式,合作期限为18年,其中建设期3年,特许经营期15年。资本金比例为总投资的20%,即7803.64万元;政府方不出资,不参与SPV公司利益分红。政府方和社会资本签订协议,由社会资本负责融资、建造、运营维护和管理该医院项目,政府购买提供的产品及服务。根据政府的进度要求,建设期满形成项目资产,特许经营期满后移交至政府或政府指定单位。

政府将非临床部分授权给SPV公司进行运营,不改变公立医院性质。项目公司负责医院大楼投资、建设,并在建设完成后将项目设施交付给人民医院使用,并提供包括安全保卫、保洁、绿化养护在内的后勤服务。如社会资本具备相应资质,还可将药品耗材供应链一并授权给项目公司运营维护。项目结构见图4-4:

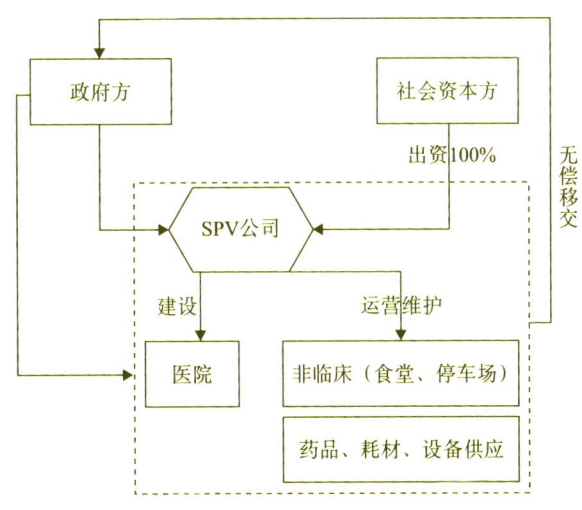

图4-4 人民医院整体搬迁PPP项目结构

项目公司通过收取相应可用性服务费和后勤服务费弥补投资及运营成本,获得合理收益。使用者部分不能满足社会资本的合理利润率,政府给予可行性缺口补助。

二、如东县中医院医养融合 PPP 项目（TOT + BOT/DBOT）[①]

（一）项目概况

如东县中医院医养融合 PPP 项目位于如东县城新区中心位置，计划分两期实施。一期为医疗中心项目，总用地面积为 105326 平方米（157 亩），设计的建筑密度为 16.3%，绿地率 35.05%。新建医疗中心总床位 1000 张，设计年接待门急诊号次 450000 人次。总建筑面积为 114180 平方米。总投资额约为人民币 7.1 亿元。目前土建部分已经完工，全部工程预计到 2016 年 10 月完工。项目建成后，将一定期限内项目设施的运营管理权向项目公司 1（SPV1）转让，核心医疗业务由如东县中医院负责经营，社会资本只负责非核心医疗部分的运营管理。

二期是养老中心项目，拟建成具有中医特色"医养结合"的，集医疗、养老、养生、健教、康复、护理于一体的中高档的综合养老社区。计划总投资暂定 7 亿元，其中二期项目的首期项目，计划于 2017 年开始建设，2018 年 12 月 31 日前投入运营，计划投资 2 亿元（不含土地使用权取得成本）。项目公司 2（SPV2）负责项目的设计、投资、建设和一定期限内的运营管理，期满后将项目设施无偿移交给如东县政府指定机构。

（二）运作模式及要点

1. 运作方式

由如东县政府授权如东县国有公司作为政府出资人并授权其与引入的社会资本共同出资成立一期医疗中心项目公司（SPV1）和二期养老中心项目公司（SPV2）。如东县政府与两个项目公司分别签署 PPP 项目特许经营协议。

（1）本项目一期项目拟采用 TOT（转让 - 运营 - 移交）的运作方式，二期项目拟采用 DBOT（设计 - 建设 - 运营 - 移交）的运作方式。

（2）如东县政府授权如东县国有公司作为政府出资人并授权其与中标社会资本共同出资成立一期医疗中心项目公司 1（SPV1）和二期养老中心项目公司 2（SPV2）。SPV1、SPV2 的注册资本金均为各期项目初始投资的 30%。如东县国有公司、中标社会资本按最终确定的持股比例以现金出资。对于一期项目，SPV1 负责项目非核心医疗业务，包括药品及耗材供给、物业、食堂、超市、停

[①] 根据财政部 PPP 中心网站上的示范项目案例。

车场及物业管理等后勤等方面的所有事务运营管理,并获得相应的运营收益。如东县中医院全权负责核心医疗部分的运营管理。对于二期养老中心项目,该项目由政府提出时间、需求等项目建议和要求,由SPV2负责可研、立项、设计、招标及建设全过程,建设资金由SPV2筹集、支付。在运营阶段,由如东县中医院负责一般医疗、日常护理、定期体检等辅助服务,SPV2负责除中医院承担的辅助服务之外的所有的养老服务的运营管理,并获得运营收益。在特许经营期满后项目公司负责将一期的医疗中心以及二期的养老中心,按既定的标准,完好无偿地移交给如东县政府或其指定的部门。在特许经营期限内,未经政府批准,SPV1、SPV2不得将被授予的特许经营业务委托他人运营。

(3)采购人将与项目公司签订《PPP特许经营协议》,合作期限内,由项目公司受让本项目的特许经营权。在特许经营期内,项目公司自行承担相关费用、责任和风险。项目合作期为20年。

(4)一期项目采取TOT运作方式。项目由政府方负责建设,工程竣工验收后,由SPV1支付项目建设成本,并取得一定期限内特许经营权。合作期限暂定20年。在项目特许经营期内,由如东县中医院负责核心医疗业务的运营及管理,由SPV1负责非核心医疗业务的运营取得相应的收入,并获得政府基于绩效考核支付的购买服务费用。特许经营期结束后,由SPV1按既定的移交标准向政府方指定的部门移交。一期项目结构见图4-5:

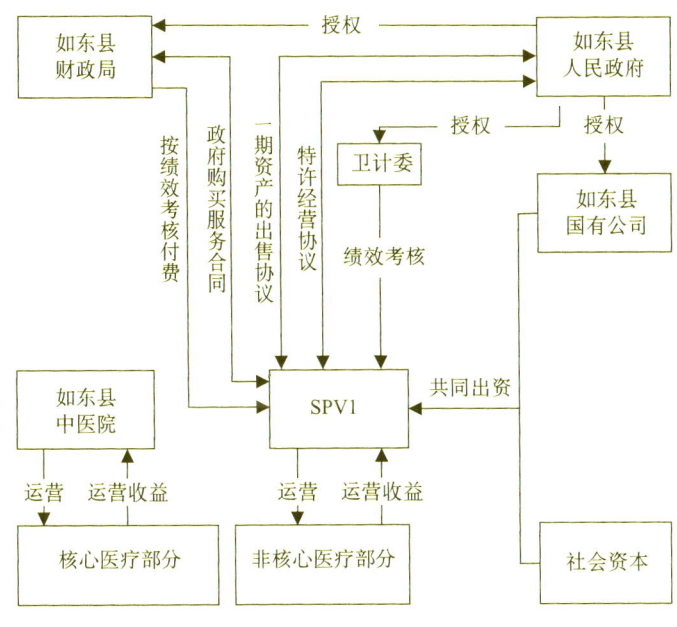

图4-5 一期项目结构

（5）二期养老中心项目采用设计-建设-运营-移交模式（DBOT模式）实施。由政府提出建设规模、时间等要求，由SPV2负责设计、可研、工程招标及建设全过程，建设资金由SPV2负责筹措。合作期限暂定20年。项目的设计、建设、运营均由SPV2负责。项目主要采用使用者付费模式经营，同时，政府基于绩效考核，给予SPV2一定年限内的政府可行性缺口补助。政府指派如东中医院作为该项目的医疗服务支撑单位，为该项目的运营提供相应的医疗服务，SPV2根据双方协议价格向其支付服务费用。特许经营期结束后，由SPV2按既定的移交标准将项目设施全部移交给政府方指定机构。二期项目结构见图4-6：

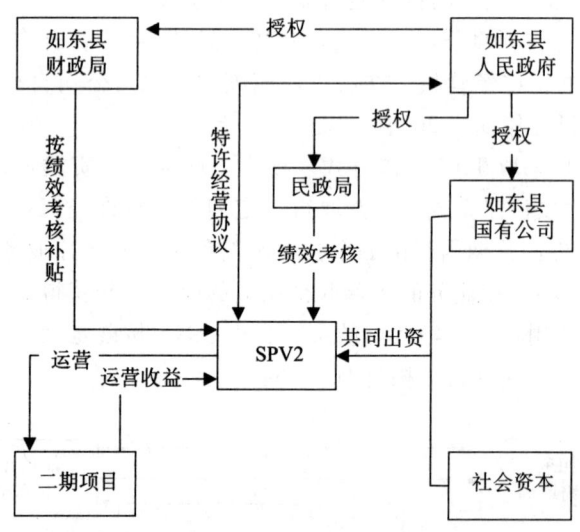

图4-6 二期项目结构

2. 项目收益与回报机制

采用财务内部收益率（IRR）指标衡量PPP项目投资回报水平，行业内投资人所要求的项目财务内部收益率一般在8%~12%范围内。本项目通过充分竞争，自有资金财务内部收益率可望控制在9%左右。项目配套资金的成本力争最低，最高不超过同期人民币贷款基准利率的1倍。SPV1中，项目资本金内部收益率为9%，投资回收期为12.02年，ROI为4.3%，ROE为9.7%；SPV2中，项目资本金内部收益率为9%，投资回收期为9.48年，ROI为3%，ROE为5.43%。项目综合内部收益率为9%。

项目调价机制分两部分内容：

（1）初始调价：本项目在选择社会资本过程中，社会资本根据估算的投资额进行测算，并最终报价。在与社会资本进行确认谈判阶段，确定项目总投资与付费调整的计算公式，并根据最终经审计的投资额重新计算政府购买服务费用及财政补贴。

（2）运营期调价：由于特许经营期较长，项目运营成本也会随着时间发生变化，根据《基础设施和公用事业特许经营管理办法》要求，特许经营项目价格或收费应当依据相关法律、行政法规规定和特许经营协议约定予以确定和调整。

三、医疗领域 PPP 项目案例小结

目前，医院的新建、迁建等已经广泛采用 PPP 模式。项目合作范围包括基建、融资、非临床支持服务、临床支持服务、医院管理等，主要仍是以固定资产（房建）、医疗设备、后勤服务为主，与传统基础设施有一定相似性。

在公立医院领域，由于医疗体制及监管等因素，PPP 项目公司运营职能集中在非核心医疗领域。项目公司一般负责医院的行政后勤管理（物业管理、餐饮、陪护等），以及有条件的药品及医用耗材供应管理、相关商业性开发（停车场、超市等）等。经营期限结束后，项目公司需将全部资产移交给政府或相关部门。多数 PPP 模式不涉及公立医院所有权的转移、医疗体制改变等，盈利主要是通过必要的财政补贴，以及医院供应链管理、后勤管理、配套设施开发和运营等方面的使用者付费获得回报。在民营医院领域，PPP 项目有的是与公立医院合资或合作，有的是独立投资、运营，在运作方式上更多元化，如 BOO（建设－拥有－运营）、OQM（委托运营，公有民营）、ROT（改建－运营－移交）等，运营元素更多一些。

公立类医院 PPP 项目多以融资建设模式为主，偏硬件投入，在运营及盈利模式设计上需要创新。譬如，注重医院配套设施开发与运营，获得相应的非核心医疗服务收入；开发药品供应等医技服务，整合餐饮、金融、保险等上下游服务，以及符合规定的医院"特需服务"以获得部分收入。此外，还可考虑绑定营利性医疗、养老或医养结合的项目，作为资源性补偿。PPP 模式应充分整合公私优势，统筹利用公立、民营医疗资源；配以政府政策、资金及资源支持，服务于广大患者，提供高质、公平、可及、可负担的医疗服务。

第五节 体育领域 PPP 项目

一、深圳大运中心 PPP 项目（ROT）[①]

（一）项目概况

深圳大运中心位于深圳市龙岗区龙翔大道，距离市中心约 15 公里，是深圳举办 2011 年第 26 届世界大学生夏季运动会的主场馆区，也是深圳实施文化立市战略、发展体育产业、推广全民健身的中心区。

大运中心含"一场两馆"，即体育场、体育馆和游泳馆，总投资约 41 亿元，位于深圳龙岗中心城西区。大运中心工程量巨大，南北长约 1050 米，东西宽约 990 米，总用地面积 52.05 万平方米，总建筑面积 29 万平方米，场平面积相当于 132 个标准足球场。其中，体育场总体高度 53 米，地上建筑五层，地下一层，于 2010 年底完工，成为深圳地标性建筑。

世界大学生夏季运动会成功举办之后，深圳大运中心的运营维护遇到了难题，每年高达 6000 万元的维护成本成为深圳市政府的沉重负担。

（二）运作模式及要点

本项目采用 ROT 模式，即龙岗区政府将政府投资建成的大运场馆交给佳兆业集团以总运营商的身份进行运营管理，双方 40 年约定期限届满后，再由佳兆业将全部设施移交给政府部门。

佳兆业接管大运中心并不涉及房地产开发。为破解赛后场馆持续亏损的难题，深圳市政府同意把大运中心周边 1 平方公里的土地资源交给龙岗区开发运营，并与大运中心联动对接，原则上不得在大运中心"红线"内新建建筑物。佳兆业依托于场馆的平台，把体育与文化乃至会展、商业有机串联起来，把体育产业链植入到商业运营模式中，对化解大型体育场馆赛后运营财务可持续性难题进行了有益尝试。深圳大运中心项目结构见图 4-7：

[①] 国家发改委 PPP 典型案例。

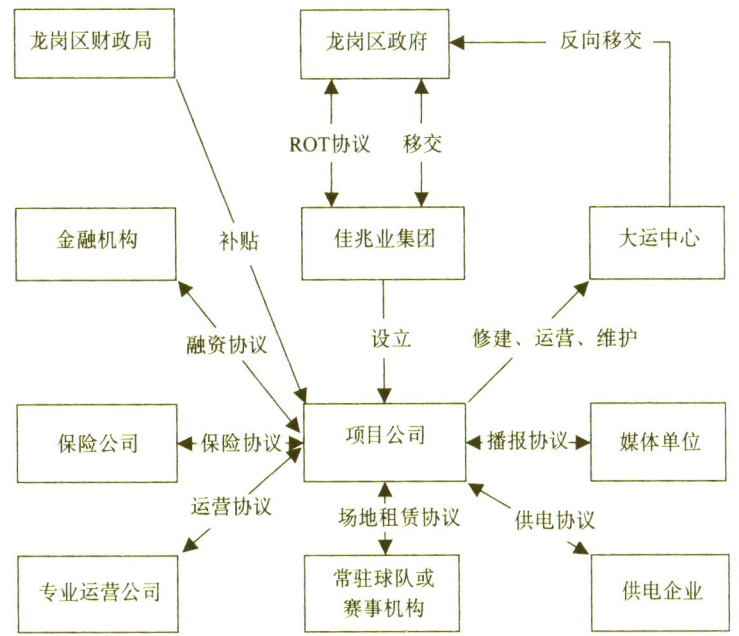

图 4-7 大运中心 PPP 项目结构

佳兆业集团与龙岗区政府签订"一场两馆"ROT 主协议,获得 40 年的修建和运营管理权;佳兆业集团成立项目公司,作为深圳大运中心项目的配套商业建设及全部运营管理的平台,财政对项目公司给予五年补贴;项目公司与专业运营公司签订运营协议,与常驻球队和赛事机构签订场馆租赁协议,与保险公司签订保险协议,与供电企业签订供电协议,与金融机构签订融资协议,与媒体单位签订播报协议。

2013 年 1 月,佳兆业集团深圳有限公司与深圳市龙岗区文体旅游签订修建－运营－移交(ROT)协议,协议规定佳兆业集团拥有项目 40 年的运营管理期,前 5 年政府给予每年不超过 3000 万元的补贴,同时要求佳兆业在 5 年内完成不低于 6 亿元人民币的修建及配套商业修建工程的全部投资。运营期间,项目设立由佳兆业项目公司与龙岗区政府双方共同管理的调蓄基金,调蓄基金从运营利润中提取,基金主要用于场馆的日常维护,增加赛事活动数量,提升赛事活动档次等。

深圳大运中心项目主要有以下几个特点:

第一,深圳大运中心项目是 PPP 模式在文体领域应用的典范,为政府解决大型赛事结束后场馆永续利用和经营难题提供了解决方案。

第二,深圳大运中心项目采取总运营商与专业团队共同运营的模式,由实力雄厚的总运营商引入 AEG、英皇集团、体育之窗等具有国内外赛事、演艺资源和场馆运营经验的专业运营团队共同承担运营职责。

第三,构建了商业－场馆－片区的联动商业模式,创立运营调蓄基金,通过商业运作反哺场馆运营,进而由场馆带来的人流带动大运新城开发建设。

第四,引入财政资金支持,通过前五年运营和赛事财政补贴、演艺专项补贴等方式,扶持总运营商引进更多更好的赛事和演艺活动,尽快提升场馆的人气和档次。

第五,建立运营绩效考核机制,每年由管理部门对总运营商进行绩效评估和公众满意度测评,并邀请有国际化场馆运营经验的机构做出第三方评估。将考核评估与奖励挂钩,成立由文体旅游、发改、财政、公安、交通、城管等相关职能部门组成的运营监管协调服务机构,协助总运营商做好运营。

二、T 市文体场馆 PPP 项目（BOT）

（一）项目概况

项目包括 T 市博物馆,大剧院,工人文化馆以及体育馆,总投资约 5.7 亿元。博物馆总建筑面积 23000 平方米,主要建设内容包括博物馆建筑工程、配套的室外基础设施工程以及公用设施购置及安装工程,项目总投资 15103 万元;体育馆功能设计满足市级综合及省级、国家级单项赛事的各项要求,建筑等级为乙级,场馆建设规模为中型,项目总投资约 15786.73 万元;文化宫建筑面积 55300 平方米,分两期实施,本次项目实施一期工程,项目总投资 10000 万元;大剧院总用地 35934 平方米,总建筑面积 21800 平方米,项目总投资为 16000 万元。

（二）运作模式及要点

1. 运作方式

项目拟采取 BOT 运作方式实施。中选社会资本独资成立 PPP 项目公司,后者将承担新建项目的投融资、建造及运维,合作期满后项目公司将项目运维权无偿移交各政府部门。移交部门安排具体为:博物馆移交至市旅游局;体育馆移交至市体育局;工人文化宫移交至市总工会;大剧院移交至市文广局。项目结构见图 4-8。

上述四个项目总投资约 5.7 亿元,统一按照 PPP 模式进行项目前期准备,并通过公开竞争方式采购有能力的社会资本进行投资、建设、运维及移交。

合作期限 18 年,其中,建设期 3 年,运营维护期 15 年。PPP 项目公司由社会资本独资成立。项目资本金占投资额的 20%。

项目范围内土地及资产均归政府所有。

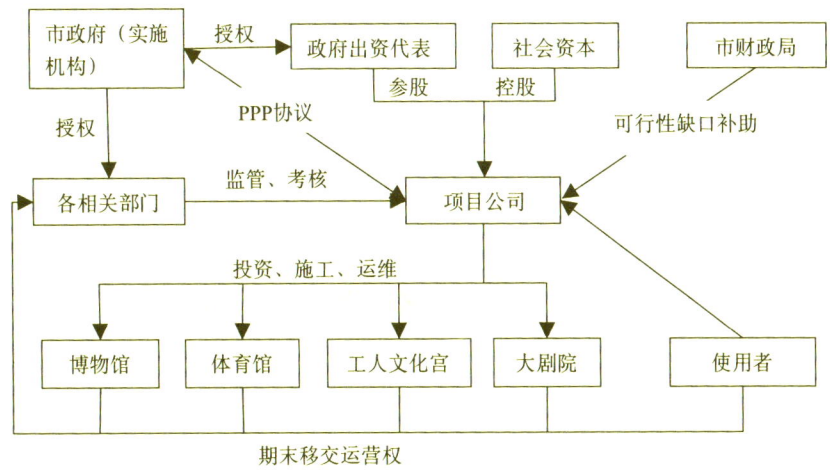

图 4-8 文体场馆 PPP 项目结构

2. 回报机制

项目回报机制为使用者付费加可行性缺口补助，其中使用者付费来源为四个场馆的停车场收入。如使用者付费无法覆盖项目投资成本、运营成本及合理收益时，财政给予可行性缺口补助。测算时以全投资内部收益率 7% 为上限，但收益率并不作为本项目的竞价标的。

三、体育领域 PPP 项目案例小结

目前，国内体育领域 PPP 项目主要以场馆建设为主，收入主要依赖于政府补贴或对价资源的开发。为了解决大型场馆建设资金短缺、经营管理不善等问题，部分地方政府引入专业社会资本和管理团队，形成"体育+地产或商业开发"的商业模式。项目公司在保障其公益性的基础上，可自行安排经审批的商业活动；同时，可对指定的商业用地进行开发，通过绑定商业地产作为项目资金回报的补偿性来源。

中小城市或非核心城区的场馆盈利能力普遍偏弱、资源利用率较低。故而可以考虑让投资人参与项目的前期规划和设计，使项目在投资估算、市场定位、业态组合、商圈分析、经营收益、风险控制等方面更加科学合理，较好解决后续项目融资建设、场馆运营管理、商业开发等问题。政府方主要负责社会资本采购、谈判和监管等工作，在规划、设计、土地、政策等方面予以支持，也可根据实际情况和监管需要，参股项目公司。社会资本应从项目全生命周期角度、未来市场需求及商业开发视角，从规划、设计阶段就开展深入论证，不断优化方案，以匹配未来的运营。在保障公共利益及公共服务基础上，不断深度开发项目资源，降低财政支出压力，满足公众多元化需求。

第五章

其他领域 PPP 项目运作案例

第一节 旅游 PPP 项目

一、J 县民俗文化村旅游 PPP 项目（ROT + BOO）

（一）项目概况

项目规划用地总面积 K 亩，包括旅游接待中心、演艺中心及文化设施建设、宾馆与其他娱乐设施，项目投资额为 A 亿元。其中，宾馆可接待 400 人住宿用餐；演艺中心及文化设施建设主要包括实景剧编排、文化展示等，可举办各类会议及大中型演出活动，同时容纳 500~600 名观众。

（二）运作模式及要点

1. 运作方式

项目分为 A + B 两部分资产，采取不同运作方式、监管方式。

（1）A 部分采取 ROT（改建 – 运营 – 移交）运作方式。

A 部分为项目核心公共服务设施与资产，采取 ROT 运作方式。资产主要包括演艺中心及公共文化设施，政府已投入该部分资产 F 亿元，以上资产均无偿租赁给社会资本方经营，政府保留资产所有权。

A 部分资产的合作期限为 20 年，其中建设期 1 年，运维期 19 年。社会资本在现有资产基础上进一步更新扩建，进行投资、建设、运营和到期移交。

A 部分资产（含扩建资产部分）提供的公共服务纳入 PPP 项目绩效和产出监管范畴，绩效与补贴挂钩。

（2）B 部分采取 BOO（建设 – 拥有 – 运营）运作方式。

B 部分为项目商业化配套设施，主要是作为旅游配套、资源对价，采取 BOO 运作方式。主要包括宾馆、旅游接待中心、娱乐及其他商业设施。

B 部分资产由社会资本自主经营，自负盈亏，不纳入绩效考核范畴，和其他商业开发一样接受一般性行业监管。

2. 回报机制

项目采取可行性缺口补助方式，在统筹考虑 A + B 资产整体经营收益基础上，B 部分资产由社会资本方自负盈亏，且弥补 A 部分扩建投入与收益。综合平衡后，A 部分资产作为核心公共服务设施可享受 10 年经营期补贴，政府主要针对实景剧拍摄演员工资等进行补贴。财政补贴采取限期、定额补贴方式，即前 5 年补贴 X1 万元，后 5 年补贴 X2 万元，并与文化展示成果、演出绩效挂钩。

A 部分资产独立核算，当利润率在 8% 以内时，政府只承担承诺的符合绩效的补贴，不分红不补亏损，当利润率超过 8% 以上部分，政府和社会资本方 5:5 分成。

二、B 县休闲旅游度假区 PPP 项目（BOT）

（一）项目概况

该休闲旅游度假区工程总用地面积 865904.46 ㎡，工程主要包括水景工程、桥梁工程、生态绿化工程、建筑工程、市政工程，主要提供综合性旅游服务。

项目静态投资 73334.48 万元，其中工程费用为 65325.21 万元。

（二）运作模式及要点

1. 运作方式

项目采用"BOT"运作方式，相关要素如下：

（1）县政府授权旅游局作为实施机构，拟通过公开采购程序选定社会资本。

（2）中标社会资本入股 75% 与政府融资平台合资成立项目公司，项目实施机构与项目公司签署 PPP 项目合同，授权项目公司在项目合作期间负责本项目的投融资、优化设计、建设、运营维护工作，合作期满后项目公司将资产及相关权利无偿移交给政府或指定机构。

(3) 项目合作期限为 25 年（包含建设期 2 年，运营期 23 年）。

2. 回报机制与绩效调整

项目采用"可行性缺口补助"的回报机制。其中，项目具有使用者付费基础，包括门票收入、商铺出租、娱乐设施收入、广告收入等。

(1) 可行性缺口补助。

可行性缺口补助与投入、运营绩效挂钩，计算公式如下：

年度可行性缺口补助 = 年可用性服务费（建设投资回报）+ 年运维服务费 -（使用者付费 +/- 绩效考核扣减或奖励额）

其中，使用者付费考虑基准经营收入后，根据经营成果或绩效约定进行奖惩。

(2) 可用性服务费（建设投资回报）。

建设投资回报（A）计算公式为：

$$A = P \times \frac{i \times (1+i)^n}{(1+i)^n - 1}$$

其中：

$P = P1 - c$，为社会资本的总投资（回报计算基数）；

$P1$ 为政府审计确定的总投资额，$P1$ = 建筑安装工程费 + 设备、工具、器具及家具购置费 + 工程建设其他费用 + 建设期利息（以央行基准利率为依据）；

c 为政府出资人代表（融资平台）的出资额；

n 为运营维护年限（n = 合作期限 - 建设期）；

i 为项目综合回报率，本项目综合回报率暂定 6%，最终由中标报价确定。

(3) 运维服务费。

指为保证项目正常运行，所发生的经营成本，包括外购原辅材料费、外购燃料及动力费、工资和福利费、维修费及其他费用等，不包括固定资产折旧或摊销、银行利息等。该部分费用采取包干报价或以实际审计结果为准，运维费不单独计算回报。

(4) 使用者付费。

项目使用者付费的内容丰富，包括招商招租收入、儿童娱乐设施收入、门票收入、广告收入等，预测的基准经营收入如表 5-1 所示：

表 5-1　　　　　　　　项目基准经营收入预测

营业收入来源项目	运营期基准经营收入（万元）
商铺出租收入	第一年 150 万元，第 5 年 750 万元，之后每年按 5% 递增

续表

营业收入来源项目	运营期基准经营收入（万元）
水上娱乐设施收入	1000 万元，每年按照 10% 递增
儿童活动场地娱乐设施项目收入	100 万元，每年按照 10% 递增
其他娱乐设施项目收入	100 万元，每年按照 10% 递增
水幕电影广告收入	156 万元，每年按照 10% 递增
运营期第一年总计收入（起步基准经营收入）	1506 万元

（5）可行性缺口补助计算。

①实际经营收入＜基准经营收入（预测收入）时。

项目公司就经营业务在一定范围（-20%~0）内自负盈亏，即：

年度可行性缺口补助＝年可用性服务费（建设投资回报）＋年运维服务费-年度基准经营收入（即企业自担一定范围内差额损失）

当实际经营运业务收入低于预测基准收入 20% 时，政府就不足低限的差额收入部分予以补偿，即：

年度可行性缺口补助＝年可用性服务费（建设投资回报）＋年运维服务费-年实际运营收入-20%×基准经营收入（即政府承担预测的使用者付费的80%以内的基准需求风险，剩余风险及损失由企业自担）

②实际经营收入＞基准经营收入时。

年度可行性缺口补助＝年可用性服务费（建设投资回报）＋年运维服务费-年度实际经营收入＋（年度实际经营收入-年度基准经营收入）×10%

出现负值是属于超额收益部分，需要进行收益分享，但政府只分享 ROE（净利润率）达到 12% 以上部分。

三、旅游 PPP 项目案例小结

近年来，旅游消费走向大众，旅游投资规模快速增长。2015 年，旅游业直接投资首次突破一万亿元，同比增长 42%。其中，民营资本投资旅游业占全部投资的 56%。旅游从小众市场向大众化转变，形成了国家与地方、政府与企业、社会共同推进的大格局。旅游项目的 PPP 模式进入快速发展期。

旅游 PPP 项目运营、回报机制至关重要。上述两个旅游项目案例，在针对运营、回报机制设计上有一定的创新性。案例一区分核心公共资产与对价资源，采取不同的风险应对机制，防止政府承担过度商业化风险。案例二则针对市场不确定性，建立了激励约束的回报机制，真正体现了风险共担、利益共享，避免形成旱涝保收的回报机制导致社会资本没有运营提升的驱动力。

旅游 PPP 项目要平衡好公益性和商业性的双重属性。客观上讲，目前很多旅游项目是"借旅游之名,做地产之实",导致本末倒置。目前旅游 PPP 项目盈利模式还是相对传统、简单化,未来旅游产业发展要注重市场策划、资源整合与系统运营,创新经营模式和盈利方式,进行产业升级。可以进一步全域发挥"旅游+"功能,将旅游与其他产业融合,形成新的生产力和竞争力,如与养老、文化、体育、交通、教育、市政、医疗、信息等多个领域融合发展,深入挖掘新元素、创新新业态、完善产业链。旅游 PPP 项目应充分发挥社会资本的策划、经营等方面的专业能力,同时,政府应合理合规给予相应的优惠政策,并配置土地、公共资源等,切实建立起激励相容机制,减轻政府财政负担,提升服务品质。

第二节 养老 PPP 项目

一、养老院 PPP 项目(BOT)

(一)项目概况

项目总建筑面积 12350 平方米,其中 B 区 1 至 7 层共计 8942 平方米,C 区 1、5 层 3408 平方米。该项目建成后将为地区提供 300 张养老床位、100 张医疗床位,建筑面积 12350 平方米。提供的服务包括养老床位出租服务、医疗服务(面向服务人群不仅仅是本项目入住老人,还涉及整个社区)、餐饮服务等。服务的老年人类型包括:自理、半自理、失能及全护理等,主要为失能及全护理老人(占总床位数 70%)。

建设内容包括:(1)公寓设施设备配置;(2)后勤设备配置;(3)医疗设备的购置与安装;(4)养老服务信息平台建设;(5)为该区域居民提供居家养老和社区医疗等相关服务设施建设。

项目总投资暂估 1.2 亿元,其中:政府已完成的不可移动资产投资包括:B 区 1 至 7 层大楼,C 区 1、5 层,以及大楼内部改造投资,约计 4800 万元;项目未完成的可移动资产投资包括:养老相关配套设备设施及后勤相关设备设施投资,医疗及相关配套设备投资,约计 7000 万元;铺底流动资金 200 万元。

(二)运作模式及要点

1. 采用 ROT 运作方式

(1)确定社会资本方之后,民政局与社会资本和政府投融资平台公司共同签订 PPP 合同。

（2）项目公司（SPV）由社会资本和政府投融资平台公司联合成立，社会资本方负责完成未完成投资的全部建设资金筹措。政府方不承担项目的运营维护和管理工作，但保留对重大问题的一票否决权（具体由合同约定）。

（3）政府负责项目监管和政策引导，保障公共利益最大化。

（4）该项目全生命周期的运营、维护和管理工作由项目公司负责，政府不参与项目的日常运营、维护和管理。

（5）运营期满后，项目公司将项目资产无偿移交给民政局。

2. 项目回报机制

项目回报来源包括使用者付费、政府专项资金、可行性缺口补助等。政府方以土地使用权及已完成的投资，经第三方评估机构评估后，作价入股，未完成部分投资的资金来源均由社会资本方自筹解决。

本项目回报来源包括：使用者付费（养老床位出租收入及医疗服务收入）、各项政府专项资金补助、可行性缺口补助。具体收入测算如下：

（1）使用者付费。本项目为医养结合模式的老年公寓，项目可提供养老床位出租及特定医疗功能服务，各项服务收入估算如下：

①养老床位出租收入。项目通过将养老床位出租，提供优质的服务获得一定的床位出租收入。床位出租收费内容主要包括床位费、伙食费和服务费，根据不同类型的老年人，项目提供的服务精细化度不一样，收费亦有所差别，本项目养老床位出租收费参考发改委文件中的指导价为基础，并结合市场实际情况进行制定（因养老收费不一致，养老床位出租收费组成较为复杂，且目前收费价格趋于市场化）。考虑 CPI 影响等因素，养老床位出租收入前 10 年每年上涨 3%，第 11~20 年每年上涨 2%，第 21~30 年每年上涨 1%。结合本项目特点，暂估本项目运营期第一年养老床位出租率为 40%，第二年养老床位出租率为 60%，第三年养老床位出租率为 80%，第四年养老床位出租率为 90%，之后每年保持 90% 的养老床位出租率。

②医疗服务收入。本项目医疗服务主要为门诊医疗及老年人康复服务，根据对类似老年公寓项目调查，对行业内专家的访谈，以及搜集、调查的相关研究文献，并结合本项目特点，确定本项目年人均医疗支出 230 元，其中医药费支出为 55%，其他费用支出 45%。考虑 CPI 影响等因素，医疗服务收入前 15 年每年上涨 5.2%，后 15 年每年上涨 2.6%。

（2）政府专项资金补贴。在本项目建设和运营过程中，项目公司应积极申请各级政府及有关部门的相关政府专项资金，申请下来的专项资金全部纳入项目公司的收入项，并用于项目的建设和运营。开办补助标准为 5000 元/张，运营补贴标准为每月 100 元/人。

（3）可行性缺口补助。补助的方式包括：运营期补贴、政策性补贴（各项优惠政策）等。其中包括：

①运营期补贴。拟采用分阶段可行性缺口补助方式进行补贴，具体补贴模式说明如下：

a. 补贴前提条件及调整机制：在特许经营期内（30年），建设期（1年）不补，运营期（1~13年内）补，运营期（14~29年）不补。当项目所涉及年养老床位入住率≥40%时进行补贴；入住率＜40%时，不补贴。

b. 补贴方案：

运营期（1~13年）：在满足上述补贴条件下，根据实际床位入住率进行补贴，每张床位开办补助调增5000元/张，分3年补贴完毕；每张床位运营补贴调增1320元/张·月。

运营期（14~29年）：政府方不再进行可行性缺口补助，且若ROI＞12%，对于项目公司所获取的超额利润，政府方和社会资本方按照确定的股权比例（40%:60%）进行分成。

根据初步估算，在上述补助方案下，补贴总金额为5582.16万元（其中，运营期第1年补贴金额340.08万元，运营期第2年补贴金额435.12万元，运营期第3年补贴金额530.16万元，运营期第4~13年年补贴金额427.68万元）。

②特许经营权类政策支持。

a. 在本项目满足基本绩效评价考核前提下，可优先承担居家、社区养老的试点工作；根据本项目设置的医院标准及辐射的范围，经估算，本项政策运营期年均可为项目公司带来收入332万元；

b. 在符合相关规划要求前提下，可在项目所在楼宇开展广告运营服务，如在楼宇电梯、屋顶设置广告点，如液晶电视广告、大型广告牌等，通过广告运营获得收入。经估算，本项政策运营期年均可为项目公司带来收入30万元；

c. 在符合相关规划要求前提下，可在项目所在楼宇开展配套商业服务：为方便项目入住老年人的日常生活起居、日用品的购买等，在符合相关规划要求前提下，可在项目所在楼宇设置一定的配套用房，用于小型超市、水果店等便民服务。根据项目所在地周边住宅底商租赁情况调查，经估算，本项政策运营期年均可为项目公司带来收入70万元。

③其他相关政策支持。

a. 政府支持本项目设立护理人员培训机构；

b. 在本项目符合相关标准及条件下，设立爱老、敬老道德教育基地；

c. 政府给予项目用于丰富老年人娱乐活动的电影设备、片源的支持；

d. 本项目接纳一定比例的农村五保户、城镇三无人员等的养老服务，相关基本收费，政府代为缴纳；

e. 在本项目满足基本绩效评价前提下，可承担区域内其他无医疗服务功能的养老机构的医疗支出服务；

f. 周边半径 1.5 公里内不再设置类似的医疗和养老机构；

g. 医院相关的医疗保险到位，即保证各类入住老人的医保需求；

h. 争取人民医院或河北援疆医疗专家坐诊医疗服务支持；

i. 优先享受福彩公益金支持。

二、R 县医护型养老公寓 PPP 项目（BOO）

（一）项目概况

建设中药材交易中心综合楼一栋，项目用地面积 30000 平方米，其中建筑面积 20000 平方米；建设中草药示范种植基地，占地面积 50000 平方米，按照中草药 GAP 标准，主要种植白术、秦艽、黄山药、西洋参、天麻、西红花、罗汉果、咖啡豆等中草药材；建设中医药名家文化展示区，主要建设数十座中国历代中医药名家名人雕塑；建设百余种名贵中草药标本及中医药历史陈列馆；建设医药窖藏展示区以及休闲休息区。

项目总投资 20000 万元，其中：工程及工程其他费用 19181 万元。

（二）运作模式及要点

1. 运作方式

项目采取 BOO（建设-拥有-运营）方式，由项目公司承担县医护型养老公寓的投融资、建设、运营和维护的职责。

由中标的社会资本独资成立项目公司，负责项目投融资，政府给予必要的支持。该项目估算总投资额为 20000 万元，其中 16000 万元自筹，4000 万元主要由社会资本负责筹集，政府部门将积极协助项目获得政策支持、优惠贷款事宜。政府保留对于融资利率的监管权，保障本项目有序开展。

项目的收费主要来自于养老及相应医疗等收入，政府只按相关政策给予规定的。其中医护收费按相专项补贴，财政不再额外做预算安排。医护收费项目按相关法规、市场收费标准执行。

2. 回报机制

项目的回报机制为可行性缺口补助——政策性资金补助，基本依赖使用者付费——医养结合收入。

项目除日常床位费、生活照料费、膳食费、医疗护理和康复服务费、个性化服务费等运营收入外,由政府按绩效分两年支付项目公司5000元/床用于弥补项目公司建设成本。另外,医护型养老公寓每收住一位老人,政府给予100元/人/月的补贴。

收费主要包括:床位费、生活照料费、膳食费、医疗护理和康复服务费、个性化服务费等。其中,床位费和生活照料费为基本养老服务收费项目。

三、G区居家养老PPP项目(BOT)

(一)项目概况

根据现有的社区、行政村划分及老年人口分布情况,项目包括72个社区(村)居家养老服务中心(以下简称"养老服务中心"),总建设规模50518.1平方米,主要建设内容包括生活服务用房、保健康复用房、娱乐用房、护理人员培训中心、智慧养老呼叫平台及其他用房等。项目总投资16258.6万元。

72个社区(村)居家养老服务中心网点为章贡区下辖4个街道、5个乡镇、75个社区、57个行政村60岁以上老年人提供社托老所、区日间照料、老年康复文体活动等社区养老服务和助餐、助浴、助洁、助急、助医、护理等社区居家养老服务。

(二)运作模式及要点

1. 运作方式

项目采取BOT运作方式。投资人与项目授权主体共同成立项目公司,区政府授权区老龄办与项目公司签署《PPP项目合同》,授予项目公司在特许经营期内的特许经营权,明确合作双方在建设期及运营期的权力及义务。本项目设计特许经营期为15年(含建设期),特许经营期自本项目《PPP项目合同》正式生效起开始计算。

项目公司负责项目融资和建设。项目建成后,项目公司拥有特许经营期内项目资产的使用权。特许经营期满后,项目公司将项目资产完好、无偿移交给区政府或区政府指定机构。

在运营期内,由项目公司与区国资局签订《资产租赁协议》,租用已建成项目用房及设备进行项目经营。在特许经营期内,项目公司负责项目设施的运营管理,负责项目资产的维护、维修和更新。本项目结构如图5-1所示。

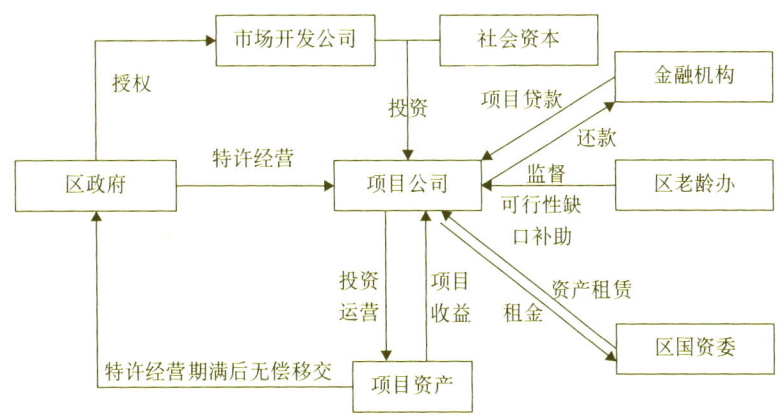

图 5-1 养老项目 PPP 项目结构

项目公司负责运营,负责提供老年供餐、生活照料、家政服务、医疗保健、老年活动中心等形式多样的养老服务项目,上门为居家老年人提供助餐、助浴、助洁、助急、助医、护理等规范化、个性化定制服务。

2. 回报机制

项目回报机制为可行性缺口补助方式。本项目收费项目包括日托和全托老人的床位、护理、餐饮费,面向社区老人的配餐费等收入。

项目公司提交竣工验收文件之后,由区审计局组织本项目投资审计,并以区审计局投资审计的最终结果核定可行性缺口补助标准。社会资本收回期初投资后,年资产租赁费用为年净利润的 50%。项目公司负责全部资产的维护、维修及更新。

投资运营补助主要用于养老服务中心日常运行管理支出,如管理社区养老服务中心场所;为老年人提供文化娱乐服务,组织开展各种有益身心健康的娱乐、健身活动和健康养老知识讲座,提供卫生保健服务、量血压、健康咨询等。

四、养老 PPP 项目案例小结

随着我国步入人口老龄化社会,养老需求巨大。但养老产业公益性、政策性特征明显,其定价收费机制、服务监管等方面更为复杂,导致 PPP 的应用存在一定难度,对社会资本的吸引力不太高。如果没有财政补贴,多数养老产业难以为继,例如养老院可能面临大面积亏损。尤其是欠发达地区,养老产业市场化运作难度更大。

从实际情况看,养老服务项目大多投资成本较大,投资回报率较低,回报周期较长,难以吸引社会资本的广泛参与。在养老服务领域,常常需要采取混合式的收益模式，需要政府在土地、补贴、税费等方面给予支持，也需要社会资本主动创新商业模式，发挥其专业性优势。

养老事业一方面要让市场发挥基础性作用，合理配置资源，推动资本的自我驱动，另一方面，政府要让利于社会资本，逐步改变原有的政府在配置资源方面的主导作用，在土地出让、减免税费等方面提供优惠条件，为降低投资成本、吸引社会投资创造条件。同时，鼓励地方各级财政部门建立并完善财政补贴的支持方式，财政补贴要逐渐从补供方向补需方、补建设向补运营转变，保证社会资本参与的可持续性。可创新设计组合式的养老服务购买内容，比如养老信息化、保险等金融服务、医疗服务、护理服务、社区服务等，但应避免养老产业的过度"地产化"，更注重"软服务"，不断丰富、创新养老服务的业态及内容。

第三节 棚改 PPP 项目

一、R 县棚户区改造 PPP 项目（BOT）

（一）项目概况

项目拟规划总占地面积 387790 平方米，拆迁 1500 户，拆迁总面积为 204675 平方米，同时，修建绿地、景观、广场等基础设施。

项目总投资 97000 万元，其中：建筑工程费 8235.68 万元，占总投资的 8.49%。

（二）运作模式及要点

项目采取 BOT 运作方式，县政府授权县住房和城乡建设局作为项目的实施机构，由社会资本方出资成立项目公司，负责项目的投资、建设及运维。棚户区拆迁后通过土地整理和收储，移交给国土局，国土局通过公开出让的方式出让给开发商，土地出让金由国土局移交给财政局，财政局后期按照项目的绩效付费方式分期支付给项目公司。项目结构见图 5-2：

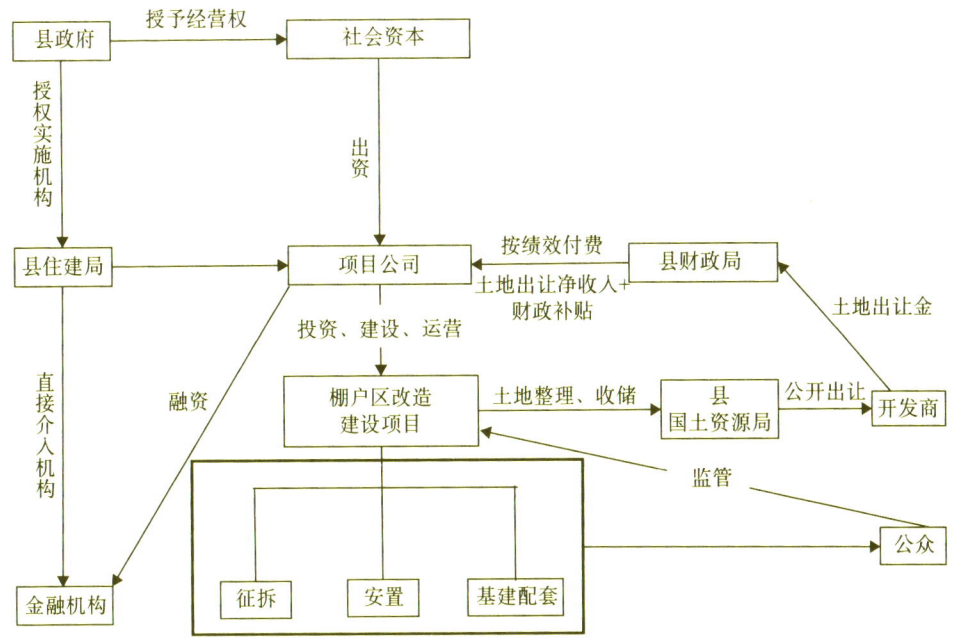

图 5-2 棚改 PPP 项目结构

项目采取政府付费的方式,由项目公司负责本项目的投资、建设以及建成后的运营、维护,项目公司通过政府付费的方式获取合理的投资回报。主要采用"可用性付费"+"运维绩效付费"的政府付费机制。

项目采取政府付费的方式,政府付费的资金主要来自于政府性基金预算(土地出让金)和一般公共预算。

二、J 区棚户区改造建设项目 PPP 项目(BOT)

(一)项目概况

本次棚户区改造安置规划采用就地安置。拆迁 6382 户,拆迁面积 405.2 万平方米,拆迁后改造项目地块净地面积 3070.75 亩,扣除安置房用地后,节约用地 2407.54 亩。节约土地出让收益能够覆盖项目投资,且出让土地已列入区土地收储和出让计划。

主要建设内容:安置房、配套商业、公用建筑、道路、地面硬化、围墙、大门及附属配套设施等。项目总投资 1185997.41 万元。其中:安置房建设约 669493.45 万元,拆迁费用约 319269.31 万元。

（二）运作模式及要点

1. 运作方式

项目采取 BOT 方式进行合作，由项目公司承担项目设计、融资、建设、运营维护和用户服务职责。项目公司在运营中应发挥双方股东的优势，社会资本方作为控股方负责项目公司的建设、运营，政府方负责项目的协调、监管。

项目合作期限为 10 年。根据项目实际运营情况由市政府决定项目公司最终合作运营服务期限，其中，建设期为 3 年。

该项目投资方式分为征迁安置补偿费货币支付与安置房投资建设两种方式，根据实际情况选择投资方式：

（1）征迁安置补偿费货币支付方式：由区人民政府按照经批复的所列费用、购房安置管理办法和国家对安置房的相关规定，负责资金使用计划、安置房分配方案编制工作，社会资本负责具体实施。

（2）安置房及配套工程投资建设方式：由区人民政府负责提供安置房建设用地、制定规划与分配方案等，社会资本负责安置房设计、投资建设及配套工程建设。

棚户区改造项目地块节约用地按照城市总体规划的用地性质，在安置区交付使用后，完成其中经营性用地的出让。

项目建成后，安置房的物业管理费、广告、车位采用使用者付费方式，区人民政府授予项目公司对该项目进行物业管理和收取物业管理费的权利，物业管理费的标准按照相关规定收取。

2. 项目回报机制

项目采用政府付费方式。项目公司提供该项目的融资、建设和运营服务，政府按照合同约定投资额及投资收益率付费购买服务。

政府购买服务资金逐年列入财政预算，同时报请同级人大常委会审议，并出具决议认可。项目公司的投资及收益支付方式按照签订的 PPP 项目合同约定执行。

项目的回报机制采用可用性付费，最终使用者付费两种付费方式。

（1）可用性付费方式。本项目的建设服务费采用可用性付费方式。项目公司负责为拆迁的区域拆迁补偿费用及安置房建设，并达到国家及相关部门规定的验收标准的公共设施后，区人民政府按照合同约定支付相应购买服务费。政府购买服务费主要来源于改造项目地块土地出让返还金，不足部分由公共财政预算补贴。

（2）使用者付费方式。项目范围内，政府授权项目公司负责的广告经营、车位销售等商业性投资建设开发项目采用最终使用者付费方式,不足部分由公共财政预算补贴。

三、棚改 PPP 项目案例小结

棚户区改造属于重大民生工程,主要工作涉及拆迁、安置等工作,多采取政府购买服务或 PPP 模式。这类项目主要以政府付费为主,其中,项目主要收益来自土地出让金(政府性基金预算收入)、财政资金补贴。由于商、住等经营性用地必须以"招拍挂"方式公开出让,并且财政实现收支两条线,故此,通常不能开展土地一二级联动开发。这一类 PPP 项目收益可能包括部分使用者付费,如配套商业设施开发、物业管理、车位、广告销售等,不足部分由公共财政预算补贴。棚改项目采取 PPP 模式要注重合法合规,资源配置及开发应进行充分评估、公示,并与 PPP 项目合并公开采购。

第四节 充电设施 PPP 项目

一、M 区新能源汽车充电设施 PPP 项目(BOT)

(一)项目概况

该新能源汽车充电设施项目首期工程范围为 6 个汽车客运站点,项目建设总投资 2814.60 万元,共设置 20 个无线充电位和 70 个有线充电位,可供 40 辆纯电动公交车和 65 辆插电式混合动力公交车日常营运。

(二)运作模式及要点

1. 运作方式

采取特许经营 BOT 方式运作。项目公司成立后,由区政府与该公司签订《特许经营协议》,授予电动汽车充电服务费收取特许经营权。内容包括新能源汽车充电设施项目首期工程项目的投融资、建设及运营。特许经营权期限为 20 年(其中建设期 1 年)。工程施工由中标人(施工方,具备相应工程资质)负责,竣工验收合格后由项目公司进行运营和管理。特许经营期满后,全部项目设施及资产移交给招标人。

项目资本金比例按占总投资40%考虑，项目总投资为2814.60万元，资本金为1125.84万元（政府投资占40%、项目合作方投资60%），债务性资金占总投资60%，为1688.76万元。资本金由各投资人采用自有资金投入，不得形成项目的债务性资金。

项目后续所需投入资金，包括工程建设及项目经营成本费用，按PPP项目协议约定方式承担及融资。股东双方同股同权，按持有股权比例承担责任，分享收益。

2. 回报机制

采取可行性缺口补助方式。项目为准经营性项目，社会资本在项目中投入的资本性支出和运营维护成本将通过"用户付费"和"可行性缺口补助"的方式回报。

用户付费：（1）新能源公交车使用本项目充电所支付的电费及服务费用；（2）新能源出租车使用本项目充电所支付的电费及服务费用；（3）新能源私家车使用本项目充电所支付的电费及服务费用；（4）其他合法付费等。

可行性缺口补助：项目公司的运营收入（即用户付费总额）不足以平衡项目运营成本（含合理投资回报）的，该差额应由政府补贴；同时，为了保证项目公司提供公共产品的服务质量，该补贴额将与项目公司的运营绩效评价挂钩。

3. 运营绩效付费（可行性缺口补助）

为了鼓励项目公司不断提升服务质量，增加本项目的充电量，运营绩效付费采用"服务费补贴"方式，由投标人测算一个能够平衡项目运营成本及合理收入的"投标服务费价格"，然后用"投标服务费价格"与政府确定"实际服务费价格"相比较，其差额部分由政府补"服务费差"。

本次招标充电服务费单价最高限价为2.5元/KWh，超出最高限价的投标将被拒绝。但收取使用者付费按照目前《市电动汽车充换电设施服务收费标准试行方案》，市当前充电服务费最高限价为0.7元/KWh，政府方按照PPP项目协议中的约定对项目公司予以考核及差额补贴付费。

补贴时间计划按每年补贴一次，结合财务年度及预算考虑，次年6月前支付上年度费用。用户付费不超过政府公布的最高限价执行。按照《市电动汽车充换电设施服务收费标准试行方案》执行，S市当前充电服务费最高限价为0.7元/度，后续允许根据价格相关主管行政部门的发文予以调整。

4. 服务费价格调整机制

（1）价格调整因素：

①批准的初步设计概算与特许经营招标时公布的建设总投资之间的变化（A）；

②因政府要求的设计变更导致的建设总投资重大调整（B）；
③因政府违约或不可抗力导致的建设总投资重大变化（C）；
④双方协商确定的其他因素导致的建设总投资重大变化（D）。

（2）风险范围：

风险范围即为合同双方承担价格风险的一定范围，在风险范围内，价格不予调整；超出风险范围的，超出部分进行价格调整。

综合考虑各类风险及风险分配机制，本项目可用性补贴价格调整风险范围暂定12万元（约0.5%），即：经双方确认的上述价格调整因素累计绝对值在12万元以内的，价格不予调整；超过12万元的，超出部分方可进行可用性补贴价格调整。

（3）价格调整公式：

若 $(A+B+C+D) > 12$ 万元，则 $K = [(A+B+C+D) - 12 \text{万元}] \times Z/T$

若 $(A+B+C+D) < -12$ 万元，则：$K = [(A+B+C+D) + 12 \text{万元}] \times Z/T$

注：K——服务费单价调整额；

A、B、C、D——各调整因素导致的建设总投资增减额；

Z——中标服务费单价金额；

T——特许经营招标时公布的建设总投资金额。

5. 充电量——最低需求

本项目充电量变化风险范围暂定为 $\pm 15\%$。当实际充电量处于设计充电量的 85%~115% 范围内时，则按实际充电量乘以"投标服务费单价"与"实际服务费单价"之间的差额补贴；当实际充电量小于设计充电量的 85% 时，则按设计充电量的 85% 乘以"投标服务费单价"与"实际服务费单价"之间的差额补贴；当实际充电量大于设计充电量的 115% 时，则按设计充电量的 115% 乘以"投标服务费单价"与"实际服务费单价"之间的差额补贴，且超出设计充电量 115% 部分的实际服务费收入的 90% 归政府所有（考虑充电量加大，运营成本会有适当提高，同时也是鼓励项目公司提高服务质量以增大充电量；可从应支付的年度运营补贴中扣减）。

项目投资收益率超过 8% 部分，政府与项目公司各占超出部分收益的 50%。

各年度运营绩效补贴结算公式如下：

（1）若 $(Q1 \times 85\%) \leq Q2 \leq (Q1 \times 115\%)$，则 $X = Q2 \times (Y - S) \times J$

（2）若 $Q2 < (Q1 \times 85\%)$，则 $X = (Q1 \times 85\%) \times (Y - S) \times J$

（3）若 $Q2 > (Q1 \times 115\%)$，则 $X = [(Q1 \times 115\%) \times (Y - S) \times J] - [(Q2 - Q1 \times 115\%) \times S \times 90\%]$

注：Q1：当年设计充电量；Q2：当年实际充电量

X：年度运营补贴额；Y：投标人的服务费单价

S：实际服务费单价；J：绩效考核系数

二、Q 市新能源电动汽车充电基础设施项目（BOT）

（一）项目概况

项目充电基础设施一期工程（以主城区为主）总投资约 8.18 亿元，建设充电桩近万个，计划到 2019 年推广各类新能源汽车 22500 辆；二期工程（以县域和乡镇为主）拟再投资 10.2 亿元，建设充电桩 1.5 万个，在市辖各县（市）计划推广新能源汽车 27000 辆。项目 2016 年建设的 700 个公共充电桩（每县/市 100 个）。

通过引入"互联网+"技术，融入智慧城市建设，打造智能化城市新能源交通管理系统平台，形成新能源公交车、出租车、乘用车、物流车、环卫车、旅游观光车"六位一体"共同发展的大数据、大交通、大城管体系。

（二）运作模式及要点

1. 运作方式

项目采用区域特许经营（BOT）的运作方式，即：政府方出资代表与中选社会资本合资设立项目公司，在特许经营期内由项目公司负责市主城区全域范围的新能源汽车公共充电基础设施及一市六县近期建设的 700 个公共充电桩的规划、设计、投融资、建设和运营维护，期满将项目设施完好、无偿地移交给政府方。项目公司在享有排他性经营权的同时须按规划和政府方指令履行普遍服务义务。

合作期内，项目公司有权向公共充电基础设施用户收取电费、充电服务费，无法收回其投资及合理收益的，由政府方按照绩效考核结果支付可行性缺口补贴。

鼓励项目公司开展充电增值服务，并以市场化方式积极参与居民区及单位内部专用充电设施的投资、建设或运营维护，但政府方对该业务不提供可行性缺口补贴。

鼓励中选社会资本（或其另行独资或合资设立的公司）在开展新能源汽车推广经营业务（销售、租赁、广告、信息服务等），但政府方对该业务不提供可行性缺口补贴。

项目特许经营期自 PPP 项目协议签署生效日起至第十三年同一日期的前一日止。

2. 回报机制与定价

项目公共充电基础设施适用的回报机制为"使用者付费+可行性缺口补贴"。

项目竞价标的为 X，X = R + 80%，其中 R 为社会资本投资回报率较五年期以上人民币贷款基准利率的上浮比率；中标磋商报价 X 为 70%，其中社会资本投资回报率较五年期以上人民币贷款基准利率的上浮比率 R 为 -10%。

三、充电设施 PPP 项目案例小结

建设电动汽车充电基础设施，是发展新能源汽车产业的重要保障。加快城市停车场建设，是完善城市功能、便利群众生活的迫切需要。采用 PPP 模式建设充电桩，应加大财税、金融、用地、价格等政策扶持。例如，通过企业债券、专项基金等方式支持充电设施和停车场建设，制定相关收费办法，放开社会投资新建停车场，允许充电服务企业向用户收费。此外，要完善相关标准规范，支持移动充电、智能停车等推广应用，通过"互联网+"盘活资源、创新盈利模式，为群众提供良好公共服务。在收益结构设计上，注意市场风险分配，采取结构化定价方式实现"盈利不暴利"原则。

第六章

城镇综合开发（片区开发）领域 PPP 项目运作案例及思考

城镇综合开发或片区开发有多种类型，简单划分为两类。"简版"城镇综合开发项目，即将园区道路等市政项目打包在一起，这一类项目实际上是工程导向的政府付费项目，模式、操作上很简单，社会资本参与非常有限，项目的意义也不是很大。以下分析的城镇综合开发重点不是当下很多"简版"城镇综合开发项目，而是社会资本参与度较高、更注重产城融合的城镇综合开发项目。综合开发类的项目更能发挥社会资本的专业性、创新性，值得倡导鼓励和探索创新的。

城镇综合开发或片区开发 PPP 项目投资体量大、内容复合型强、合作期限长、政策法规限制多、风险不确定性大。相比单体 PPP 项目而言，具有很强的复杂性、综合性。此外，当下盛行的特色小镇、田园综合体等新业态在某种程度上也是"微缩版"的片区开发，都是推进城镇化、新农村建设的重大举措。这些城镇综合开发、特色小镇、田园综合体项目的运作逻辑基本是一致的，都要注重产业支撑、运营提升，不能借道大搞房地产开发和简单的园区建设。本章重点就城镇综合开发领域 PPP 这一投融资方式进行分析。

第一节 城镇综合开发 PPP 案例和典型企业盈利模式

一、某物流片区基础设施及公共服务建设 PPP 项目（BOT）

（一）项目概况

项目为商贸物流片区基础设施及公共服务建设项目。包含物流片区路网建设项目、区中医医院新院区建设项目、区体育广场建设项目、区中学建设项目、片区棚户区改造项目 5 个子项目，总投资初步估算约为 310183 万元，其中前期费 50393 万元，建安费 259790 万元。

1. 片区路网建设项目

项目估算总投资约 101816 万元，其中工程费用 91816 万元，工程建设其他费 12991 万元。该 8 条道路总长约 52.3 公里，建设内容为道路的路基、路面、桥梁、涵洞工程及配套的排水、交通、绿化、亮化工程。

2. 区中医医院新院区建设项目

项目估算总投资约 65983 万元，其中工程费用 57745 万元，工程建设其他费 8283 万元。该项目拟建医疗、疗养、康复三个相对独立的区域，共占地 300 亩，拟设病床 2000 张，其中医疗床位 1000 张，养老床位 1000 张，建筑总面积 150000 平方米，分三个功能区域进行建设。

3. 区体育广场建设项目

项目估算总投资约 30278 万元，其中工程费用 23914 万元，工程建设其他费 6364 万元。该项目占地面积 150 亩，总建筑面积 20000 平方米，规划建设三层。主要包括标准田径场和综合体育馆、休闲广场。

4. 区中学建设项目

本项目总投资估算 16589 万元，其中工程费用 9372 万元，工程建设其他费 7217 万元。该项目总占地面积 170 亩，总建筑面积 64340 平方米。

5. 区棚户区改造项目

项目估算总投资约 82526 万元，其中工程费用 66943 万元，含工程建设其他费 15583 万元。该项目占地面积 600 亩，总建筑面积 400000 平方米，其中住宅建筑面积 360000 平方米，公共配套建筑面积 4000 平方米。

（二）运作模式及要点

1. 运作方式

项目采用 BOT 模式，由社会资本和政府方出资代表组建的项目公司在合作期限内负责项目的投融资、建设、运营、维护和移交；采购人与项目公司签订 PPP 合同；合作期满后，项目公司将项目无偿地移交给政府或其指定机构。

各子项目合作期为 12 年，其中建设期不超过 2 年，运营期 10 年。

2. 回报机制

项目采取政府付费为主。对于本项目包中的市政道路、体育广场、中学、棚户区改造 4 个项目，采用政府付费模式；对于医院及养老项目，该项目采用"使用者付费＋可行性缺口补助"。

定价方面采取工程利率，投资收益综合测算。其中，建安费下浮率为10%，年资金回报率不高于7.2%，每期项目分10年付费。

二、某沿海新区建设 PPP 项目

（一）项目概况

新区开发的起步区规划面积33平方公里，其中陆域面积18.5平方公里。该区域是新区未来的CBD中心，需要在区域内进行回填造陆、岸线整治及相关的市政基础设施、公共配套服务建设。其中，一期为3.5平方公里的城市综合开发，一期投资约88亿元。合作范围包括：

（1）土地整理以及拆迁补偿、安置的相关工作；

（2）基础设施与公共服务设施建设及维护：道路、桥梁、市政共同沟、给排水等市政基础设施；外江堤围、水闸、内部水系改造等城市防洪排涝及水系工程设施；公园、绿地、滨水景观系统等绿化景观工程；安置区、垃圾转运站、公交站场以及学校、医院和体育设施等城市公共服务设施；

（3）区域开发策划、招商等。

（二）运作模式及要点

政府土发中心（事业单位）采取公开招投标方式选择投资人。中标后，社会资本成为起步区开发建设的投资人和施工总承包单位，并承诺在本地设立区域总部，作为在该区域及周边地区业务统一协调平台、发展总部经济的管控平台。同时，中标人需要就本PPP项目设立两个公司——与政府城投公司共同出资组建合资公司作为合作平台，同时独资成立专责公司。

项目采用"管委会协调领导小组 + 指挥部 + 合资公司"的组织运作体系。具体为：协调领导小组负责宏观投资建设指导；指挥部全面统筹、监控、服务、协调起步区的开发建设。其中，合资公司作为政府与投资人之间的"纽带"，代行传统政府经济性事务（非行政性事务），有机结合政府与投资人的各自优势，发挥项目的服务、支持、监管职责。

合资公司作为项目的投资实施主体政府与投资人股比为49%：51%。具体承担城市开发与建设项目的土地征收及房屋拆迁补偿安置，项目勘察、设计、咨询、监理、监/检测等所有前期及服务类工作，以及项目的实体工程建设管理工作，并负责区域开发的策划、营销、招商等。

专责公司由投资人100%独资设立，负责项目的投资建设维护工作。具体负责项目全部资金的融通工作，并受合资公司的委托进行项目土地征收房屋拆迁补偿安置及实体工程建设、维护。

项目按政府投资项目的有关规则实施，所有审批程序须按政府投资项目的有关规定执行；本项目的所有工程概、预、结算均须报政府财政部门进行评审；本项目的所有融资计划必须报请合资公司及指挥部批准后予以实施。

在回报方面具有多方面收益。合资公司、专责公司将土地整理、公共设施项目等分期、分批移交给政府，由政府进行土地招拍挂（土地出让）、公共设施使用等。投资人通过政府付费（政府性基金预算、一般公共预算）、必要的使用者付费（公共服务设施、商业设施开发收益）获得回报。项目结构见图6-1：

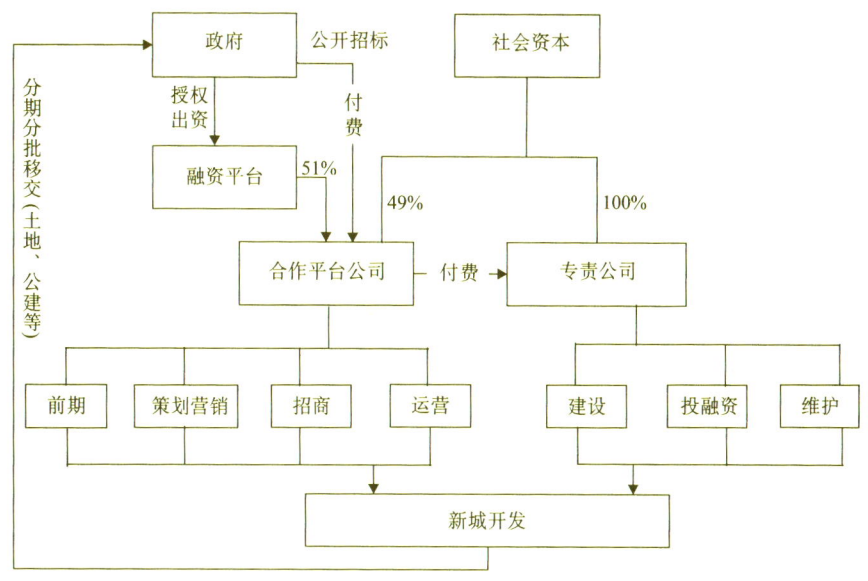

图6-1　新区建设项目结构

其他公用事业、商业设施开发（含房地产）等经营性项目，随着项目前期工作深入、配套完善，仍需采取公开招标或竞争性采购方式引入社会资本，需要二次招标，但现有投资人有优先权。

三、某文化创意产业园PPP项目实施方案要点

（一）项目概况

项目总投资约1740345.75万元，包括建设投资1654433.41万元（包括棚户

区改造和文创园建设两部分）。项目内容包括棚户区改造和土地一级整理、文化创意产业园建设，以及基础设施、公共公益设施维护，配套商业、金融街和文创园运营、维护，产业发展服务等。项目产出见表6-1。

表6-1 项目产出情况一览

序号	工作内容	产出情况	相关指标
1	基础设施建设	（1）土地平整 （2）道路建设 （3）综合管廊建设 （4）与形成建设用地条件有关的其他工作	
2	公共公益设施建设	（1）河道整治 （2）文化、教育、宗教、社区服务中心、公交场站等公共公益事业项目建设 （3）其他无法向第三方收费的公共公益项目建设	
3	土地整理投资	（1）土地整理拆迁（包括但不限于合作范围内土地征收、房屋拆迁等，下同）费用投资 （2）与土地整理拆迁相关的各项补偿费用投资 （3）居民拆迁安置区的购置费用投资 （4）其他与土地整理有关的税费投资	
4	配套商业、金融街和文创园投资、建设	（1）文化特色小镇（中华书法小镇、网络交易小镇、基金小镇）建设 （2）智慧园区建设 （3）公园及凤凰阁景区建设 （4）其他相关建设	（1）总建筑面积共计约为79.387万平方米，其中，地上建筑面积约为46.087万平方米，地下建筑面积约为33.3万平方米 （2）可出售配套办公用房面积6.415万平方米，配套酒店式公寓1.85万平方米 （3）可出售配套商业19.37万平方米，配套办公用房6.415万平方米，配套酒店3万平方米
5	产业发展服务	（1）区域的文化产业定位及发展规划和战略研究 （2）区域内整体开发建设项目宣传推广 （3）区域内的招商引资工作，包括从获取投资项目信息、招商引资等 （4）投资、建设、经营、管理及综合服务等	（1）中华书法小镇：引进1000家企业，其中与书画相关的企业和文化类企业不低于60% （2）网络交易小镇，年交易额不低于1000亿元 （3）基金小镇：基金规模要达到1000亿元
6	服务	（1）区域的有关基础设施、公共设施的设计服务 （2）土地储备、整理、出让方案的咨询服务 （3）区域内的物业管理服务 （4）区域内的公共项目维护（包括但不限于清洁、绿化维护等） （5）其他相关服务	
7	其他	（1）争创省级、国家级文化创意产业园 （2）争创荣誉称号、示范单位	

(二) 运作模式及要点

1. 运作方式与交易结构

项目建设采用"建设-运营-移交（BOT）"运作方式，合作期共计20年，含建设期6年。由区人民政府指定的国有资产出资方市文化产业投资集团有限公司与通过公开招标方式选出的PPP项目社会资本方组建项目公司，在合作期限内，负责本项目的设计、融资、建设、运营、移交。

项目资本金暂按项目总投资额的30%计算，其中，政府方出资占比30%，中标的社会资本方出资占比70%，拟按项目建设进度分批投入。

在项目合作期内，由项目公司负责约定区域内的土地整理、基础设施建设、公共公益设施建设、文化设施建设、配套办公、商业及其他设施建设，文创园招商及园区运营管理等工作，区政府以合作区域内产生的各类收入覆盖项目公司建设成本、运营成本及合理利润，不足部分拟由政府支付补贴，合作期限届满，项目公司应将相关资产产权及经营管理权全部以1元人民币价格移交区政府或其指定机构。

项目结构形式见图6-2：

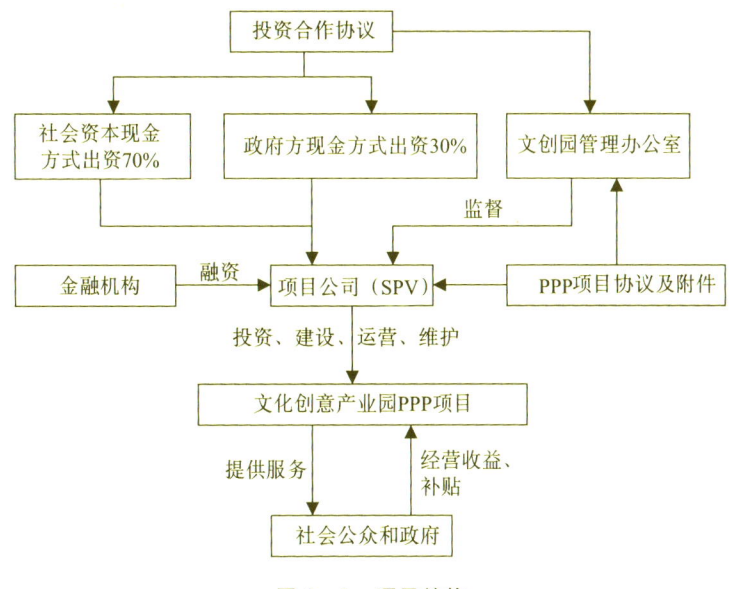

图6-2　项目结构

根据不同的项目建设用途通过出让或划拨的方式交由项目公司使用，在合作期内，项目公司不得转让、出租、抵押土地使用权或改变土地使用性质。

项目公司负责投资建设的基础设施及公共公益设施、科教文化、配套商业、配套办公等设施资产在合作期限内权属归项目公司。合作期满后，除按约定已出售配套酒店式公寓及部分配套办公、其他资产，包括基础设施、公共公益设施、文化设施及其他配套设施，全部以1元人民币价格移交给区人民政府或其指定的机构。

2. 收益及回报

项目收入包括两部分。（1）经营性收入：根据项目情况及分析，项目营业收入主要包括配套办公用房、配套酒店式公寓出售收入，配套商业用房、配套办公用房、配套酒店出租收入，物业管理及停车位等辅助业务收入。（2）财政补贴收入：合作期内，政府拟根据项目运营情况，按绩效考核情况支付园区和财政补贴，包括政府性基金预算（土地出让金）、可行性缺口补贴（一般公共预算）。

政府拟通过补贴方式覆盖投资、运营成本及项目公司合理利润，补贴方式包括基金预算和政府可行性缺口补贴，使项目所得税后内部收益率达到6.50%；同时，设置超额利润调节机制，超额利润与政府共享。项目的资本金净利润以区审计局委托的具有甲级资质的中介机构出具的审计报告为准。超额收益分配见表6-2：

表6-2　　　　　　　　　超额利润分配

序号	资本金净利润率（ROE）	超额利润分配比例（政府：项目公司）
1	≤8%	无超额利润
2	8%~10%	1:9
3	10%~12%	2:8
4	12%~14%	3:7
5	14%~16%	4:6
6	>16%	全部归政府所有

注：（1）资本金净利润率（ROE）界限含上限，且不含下限；（2）达到1~6任一档次，超额利润按该档次分配，累计计算。

四、华夏幸福及固安工业园区PPP项目

（一）背景介绍

2015年《国务院办公厅关于对全国第二次大督查发现的典型经验做法给予表扬的通报》（国办发〔2015〕54号）肯定了河北省固安县积极探索PPP（政府和社会资本合作）模式。当地政府将基础设施和公益性设施建设项目以及产业招商等服务项目整体外包给社会资本。目前，园区已引进签约项目482个，投资额

达 638.19 亿元，发展形成了航空航天、高端装备制造、生物医药、电子信息、现代物流等五大产业集群。

华夏幸福基业股份有限公司是上市公司，主营房地产开发与区域开发业务，具有一级房地产开发资质，业务范围遍及大北京、环渤海等区域。投资运营开发区是华夏幸福基业的核心业务，已建立了从园区建立、招商引资到城市运营的开发运营管理体系。旗下的综合性园区主要集中在大北京和环渤海地区，代表作包括位于天安门正南 50 公里的固安工业园区，位于国贸正东 30 公里的大厂潮白河工业区。

（二）园区商业模式

该公司的园区开发业务远远超过土地一级开发，注重产业新城建设，包括基础设施、公共服务供给，还包括招商等业务，业务类型见图 6-3，相应的盈利模式见表 6-3：

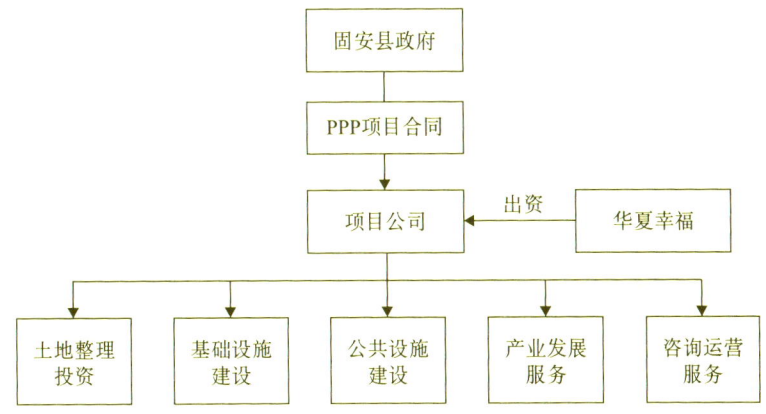

图 6-3 园区开发业务范围和类型

表 6-3　　　　　　　　　　盈利模式

业务范围	内容	结算金额	结算方式
基础设施建设	在委托区域进行道路、供水、供电、供暖、排水设施、公共项目等基础设施建设管理	实际投资×10%	一次性或分期不超过三年
土地整理	对委托区域内进行土地整理	实际投资×10%	一次性或分期不超过五年
产业发展服务	对委托区域内工业园区进行宣传、推广并进行招商引资	新增落地投资额×45%	一次性或分期不超过三年
园区综合服务	对委托区域内进行物业管理、公共项目经营与维护等	实际投资×10%	一次性或分期不超过三年
其他业务	自有工业厂房、仓库、土地的租赁或出售等		

此外,该公司除了以上业务,还在二级土地开发等领域拓展,形成了独特的"园区+地产"模式,即以园区开发先导,地产开发随行的模式。该模式除了能确保低成本获取土地外,还可以依靠其专业性、影响力不断在园区周边获取土地,并参与到城市综合体、酒店和旧改等种多业态物业开发经营中。通过深度参与,已形成了一体化的园区开发招商运营模式,覆盖区域规划、产业定位、区域建设、品牌推广、招商引资、投资服务、区域维护等多种业务形态。随城市配套完善和发展,获得溢价收益。

第二节　片区开发/城镇综合开发的投资模式变迁和争议

一、土地补偿或一二级联动——目前不合法

土地补偿模式指土地一级开发商在完成规定的土地一级开发任务后,土地储备中心并不是给予现金,而是给予开发企业一定面积土地作为补偿(可能需要走形式上的"招拍挂")。在土地补偿模式下,项目竣工后需由第三方审计机构、第三方土地评估机构对开发成本及土地价值进行评估,以便合理结算。

土地补偿模式是开发商曲线拿地,实现一二级联动开发的典型的商业模式。对于开发商而言,该模式有利于获取优质土地,从二级开发市场获取远多于一级开发的资金回报,但要承担初始投入巨大的现金流压力;对于政府而言,该模式无须政府财政兜底,减轻了财政压力,同时拥有该地块的规划权和土地经营权,有利于确保项目的整体发展方向,但土地补偿绕开了"招拍挂",或使"招拍挂"形式化,有悖公开、公平、公正原则,具有一定的灰色性和政策法律风险。

二、BT或代建模式——目前政策不允许

土地一级开发的BT模式又称固定收益模式或工程总包模式,指土地一级开发企业接受土地储备中心的委托,按照土地利用总体规划、城市总体规划等,对确定的存量国有土地、拟征用和农转用土地,统一组织进行征地、农转用、拆迁和市政道路等基础设施的建设,土地储备中心按照总建设成本的一定百分比作为经营加成。

很多地区对利润加成部分进行了相应规定,如北京市规定:通过招标方式选择开发企业实施土地开发的,由开发企业负责筹措资金、办理规划、项目核准、征地拆迁和大市政建设等手续并组织实施。招标底价包括土地储备开发的预计总

成本和利润，利润率不高于预计成本的8%；杭州市规定：开发整理单位的利润和工作经费按照实施方案测算的开发整理成本总额的10%以内予以核定；昆明市规定：市级国有投资公司组织实施的土地一级开发整理项目，统一按照审计所确定的总投资额的16%给予投资回报，并计入土地收储成本。BT模式简洁明了，企业收益稳定，风险较小，是一级开发企业常用的商业模式。

社会资本盈利水平以土地开发总成本为基础，不参与分配土地增值收益。政府掌握了项目的规划权和土地经营权，能够确保项目的发展方向，但其需要对建设成本进行兜底，面临较大的财政及土地经营压力。

三、土地利润分成或增值收益分享模式——模糊地带，亦不合规

利润分成模式指土地一级开发商接受政府的委托进行土地一级开发，将生地做成熟地后移交给政府，政府以"招拍挂"形式进行土地出让，土地出让金扣除土地开发成本、国有土地收益基金、农业土地开发资金、征地农民基本生活保障资金、教育资金、农田水利资金等计提款项后的收益部分在政府和企业之间按照一定的比例进行分成。一般而言，在土地出让金无法弥补土地开发成本的情况下，政府会承诺给予开发商较低的保本收益。

在分成模式下，分成比例因政府和企业博弈的结果而不同，不同的项目之间分成比例差别很大，有政府与企业按6∶4分成的较低的比例，也有政府与企业按1∶9分成的极高的比例。通常情况下，分成比例跟土地一级开发的难度大小有关，一些拆迁难度比较大，或者是地理位置相对较偏的地块，土地一级开发商的分成通常要高些。

利润分成模式有利于充分利用开发商的土地经营能力，调动开发商进行土地深度经营的积极性，获取较高的土地增值收益，是近年来十分流行的土地一级开发商业模式。

社会资本拥有一定的土地规划建议权，其盈利水平不仅以土地开发总成本为基础，与土地出让收入有关。为了增加土地分成收入，公司不仅负责拆迁、补偿、土地平整等常规的土地开发事项，也会负责一些环境景观建设、公共配套设施建设等以提升土地价值。政府在让渡部分土地增值收益的同时，引入了市场化的土地开发力量，有利于深度挖掘土地的潜在价值，但政府需对开发商的土地开发投入进行兜底，有一定的财政压力。这种模式在各地土地一级开发、片区开发等项目中仍然存在，在操作上处于模糊地带。但从政策逻辑及实质上看，这种土地利润分成或增值收益分享与财政预算有抵触。投资回报不得与土地出让收入挂钩，故这类模式也是不合规的。

四、PPP 模式是否适用于城市综合开发领域——争论不一

作为土地一级开发的最终产品"规划为可出让的土地"而言，其市场和公共资源的特性决定了其支付方式与传统的常规支付方式不同。

传统操作模式是变相的"土地财政"，直接构成了政府负债。关于项目成本收益支付的约定，例如固定比例收益、土地出让净收益分成、固定收益加净收益分成、固定年化收益等模式，获得投资成本及收益。企业提供的建设资金，构成了政府负债，政府最终需通过财政资金或基础设施/公共服务设施的运营收益偿还。而土地出让收入是地方财政资金的重要来源，因此，地方政府往往在土地完成一级开发后，将该地块土地使用权出让后形成的土地出让收入作为基础设施/公共服务设施投资的重要资金来源。以往 BT 投资项目，政府方一般提供可覆盖全项目融资担保或提供回购担保。目前是严禁的，也不提倡。

企业的收益模式因其参与土地一级开发的程度不同而有所差异，若企业全面而广泛地参与综合性开发，那么该项目可采取的收益模式则较丰富。包括：该地块的土地出让金分成、产业导入以及企业产生的税收、土地二级开发以及基础设施和公共设施运营收入、配套服务等。土地综合开发 PPP 项目能实现土地整体开发、整体运营的特性，且政府在项目开发过程中大力支持，因此企业参与该类项目能带来可观收益。

但在实际操作过程中，通常会受到土地、财政及税收等法律法规限制，往往存在政府购买需求、监管有难度，项目特性差异大、运作更复杂，对于 PPP 的适用性存在争议。

第三节　城镇综合开发类项目难点、特性与 PPP 兼容问题

一、面临更多的政策、法律法规制约或监管

我国现行法律规定严格实行土地出让收支两条线的制度。根据《国务院办公厅关于规范国有土地使用权出让收支管理的通知》以及《国有土地使用权出让收支管理办法》等规定，从 2007 年 1 月 1 日起，各地建立土地出让收支预决算制度，土地出让收入要全部缴入当地国库，支出一律通过基金预算安排，未列入预算的各类项目一律不得通过土地出让收入支出。

1. 各地政策不统一：土地出让收益分成合法性、合理性

目前，中央未禁止土地收益分成，但各地方规定不一样。如海南省 2006 年

下发的《海南省人民政府关于规范企业参与土地成片开发的通知》规定，扣除成本后的土地溢价部分，企业最高可分成70%。而2011年四川省出台文件叫停企业参与土地出让收益分成。四川省政府发布的《关于规范国有土地使用权出让收支管理的通知》第二条"土地出让收入必须全额缴入国库，不得与开发企业分成。"第2款规定："土地出让收入应及时足额缴入地方国库，纳入地方基金预算管理。任何地区、部门和单位都不得以'招商引资'、'旧城改造'、'国有企业改制'等各种名义减免土地出让收入，实行'零地价'，甚至'负地价'，或者以土地换项目、先征后返、补贴等形式变相减免土地出让收入。"这一规定禁止企业从地方政府处分取土地一级开发后的出让收入。

2. 土地出让收益分成、部分支出无法兑现的风险

企业能否参与一级开发的收益分成以及分成的比例等问题受到当地政策法规的约束。另一方面，土地收益分成是否列入土地出让支出预算也是操作难点。针对"土地溢价分成"的性质认定，很多政府认为"企业参与分配土地财政收入"，不符合财政支出规定，面临与现行土地出让收支管理制度冲突的局面。

根据2006年12月31日财政部、国土资源部、中国人民银行《国有地使用权出让收支管理办法》（财综〔2006〕68号）第十三条，"土地出让收入使用范围包括征地和拆迁补偿支出、土地开发支出、支农支出、城市建设支出以及其他支出。"根据《国有土地使用权出让收支管理办法》第十六条、第十七条，"支农支出。包括用于保持被征地农民原有生活水平补贴支出、补助被征地农民社会保障支出、农业土地开发支出以及农村基础设施建设支出。……农村基础设施建设支出。从土地出让收入中安排用于农村饮水、沼气、道路、环境、卫生、教育以及文化等基础设施建设项目支出，按照各省、自治区、直辖市及计划单列市人民政府规定，以及财政部门核定的预算执行。""城市建设支出。含完善国有土地使用功能的配套设施建设以及城市基础设施建设支出。具体包括：城市道路、桥涵、公共绿地、公共厕所、消防设施等基础设施建设支出。"

通过对比前述《国有地使用权出让收支管理办法》第十六条、第十七条的规定，不难发现，可以通过土地出让收入进行支出的农村基础设施建设支出和城市建设支出的范围并不足以涵盖基础设施/公共服务设施的全部外延，诸如医疗、旅游、教育培训、健康养老、水利、资源环境和生态保护等项目就显然不能被包含在支农支出和城市建设支出的项目之列。因此，如将土地出让收入直接用于支付此类设施的投资成本及收益回报，则面临着与现行土地出让收支管理制度冲突的局面。

3. 多个子项目融合、打包及边界

具体的土地开发项目和基础设施/公共服务设施建设项目之间并没有法律上的关联。即使政府在土地开发和基础设施/公共服务设施建设过程中都可能与企

业合作、引入社会资本;且参与土地开发和基础设施/公共服务设施投资建设的社会企业可能为同一家企业,但二者并不是捆绑在一起或同时进行的。因此,土地财政实际上将土地开发与基础设施/公共服务设施建设/运营割裂开来,分成了两步。

土地与捆绑项目依然存在法律法规障碍。土地使用权与特许权捆绑是很多项目平衡资金(支出)的做法,但法律上还有障碍,只有《国务院办公厅关于支持铁路建设实施土地综合开发的意见》对铁路建设有例外规定,说新建铁路项目未确定投资主体的,可在项目招标时,将土地综合开发权一并招标。国家发改委《关于进一步鼓励和扩大社会资本投资建设铁路的实施意见》(发改基础〔2015〕1610号)规定,鼓励社会资本投资建设和运营城际铁路、市域(郊)铁路、资源开发性铁路以及支线铁路。鼓励金融机构为社会资本投资铁路项目创新担保方式,支持利用采矿权、特许经营权等进行担保贷款,积极探索利用铁路运输、土地综合开发等预期收益进行质押贷款。目前,法律、理论界对此仍有争议。

二、城镇综合开发具有高度复杂性、复合性,与PPP兼容难

土地作为一种不完全开放的产品,是特殊的公共产品,且兼具公益性和盈利性,土地的规划、收储、出让等都属于政府行政职能范畴,具有垄断性。市场与行政的职能存在交叉、边界难以明晰,难以完全按市场化主导方式操作。

与其他单一的PPP的项目不同,城镇综合开发内容更复杂、模式更多。其他如发电厂、会展中心等项目为单一项目,其运营生成的产品或服务一旦确定即不会发生太大的改变。但城镇综合开发项目的合作范围及合作范畴需要"一事一议",可以是单一地块,也可以是宽广如十余平方公里的开发。其开发内容也可由单一的经营性用地开发,也可以包含市民中心、城市广场、轨道交通、产业园区等等复合型的开发内容。

土地是区域开发的载体,区域开发或新城开发具备居住、生活、就业、休闲、娱乐等复合型内容。不同于一级土地开发,也不同于二级房地产开发,这类开发是"承政府之上、启市场之下"的"一级半"城市运营。承政府之上,即按照政府谋划的战略意图,从事城市规划、投资策划、土地整理、基础设施建设等;启市场之下,即通过市场手段,吸引房地产开发商、商业企业、科技和工业企业投资,打造城市功能区或新城。

因此,城镇综合或城镇综合开发项目政现性强、内容具有复合型,同时,其价格调整机制不灵活、市场化程度不太高等特点,导致与PPP兼容难。城镇综合开发项目如果过度依赖土地出让收入,则采取PPP模式的意义不大。政府可以通过发行土地储备专项债券或其他方式融资,采取直投、政府购买服务、采购等方

式亦可较好实现物有所值之目的。故而，在城镇综合开发、片区开发以及当前火爆的特色小镇、田园综合体等领域采取 PPP 模式，应更注重产业发展、运营服务、构建深度 PPP 合作机制。

三、城镇综合开发类项目模式创新展望

（一）深度型 PPP 模式合作内容及运作方式

社会资本参与城镇综合开发的全业务链的程度不同，其 PPP 模式也有所差异。如果是"简版"城镇综合开发项目，即简单地将园区道路等市政项目打包在一起，这一类工程导向的政府付费项目实际上操作很简单，社会资本参与非常有限，意义不大。

若企业是全面而广泛的参与整个项目各环节运作，那么 PPP 项目收益模式则较丰富，包括：土地出让金、产业导入以及企业的税收、土地二级开发以及基础设施和公共设施运营收入等，称之为深度型 PPP 模式。这种超越土地一级开发、房地产开发的深度型 PPP 模式是未来的发展方向，其不仅仅关注土地出让金，更多关注区域价值提升、财政收入增量。这种模式下，主要特征表现为：实施内容复合化、运作方式多样化、风险分配合理化、收益来源多元化、政企合作紧密化、产业链条深度化。合作内容包括：

（1）土地整理：对委托区域内进行土地整理，但不应包括土地储备的政府或储备机构的行政类、职能。

（2）基础设施建设：在委托区域进行道路、供水、供电、供暖、排水设施、公共项目等基础设施建设管理。

（3）产业发展服务：对委托区域内园区进行宣传、推广并进行招商引资。

（4）园区综合服务：对委托区域内进行物业管理、公共项目经营与维护等。

从财务可行性上讲，只要能产生稳定的可预期的现金流的基础设施项目均可以采用 PPP 模式进行建设。城镇综合开发包含大量的基础设施和公共设施建设、运营内容，通过土地出让、税收、特许经营等方式能够产生可预期的稳定的现金流，是理想的 PPP 模式运行领域。

大型城镇综合开发项目大多采取整体打包、分项实施的方式，灵活采取多种运作方式。城镇综合开发的规模之大、项目之繁且性质各异、资金需求高，决定了在某一城镇综合开发项目中不能仅仅应用一种实施模式，而是需要根据城镇综合开发项目中各子项目的特点而分别选择适用。即某个城镇综合开发 PPP 项目中可能同时包含多种实施模式，比如 BOT、TOT 和 O&M 等。

该领域对社会资本的融资、运营能力要求非常高。可以考虑采用"城市综合运营商"的理念切入，针对项目特性采用多模式并举的开发模式。项目公司为投资及开发主体，负责设计、投资、建设、运营、维护一体化市场运作，着力打造区域品牌，推动区域内生发展；政府履行政府职能，负责决策重大事项、制定规范标准、提供政策支持。城镇综合开发项目应超越土地一级开发模式，打造"多业态，多内容，多方式"多层次的立体投资的模式。在实施时序上，可以规划先行，分期分批滚动建设子项目，实现良性循环、盈利模式的闭环。

（二）城镇综合开发、特色小镇开发模式展望

特色小镇在开发模式上与城镇综合开发基本相似，可视为"微缩版"的城镇综合开发。城镇综合开发、特色小镇等项目不能做成简单的片区基础设施建设，也不能演变为大规模房地产开发。PPP模式仍是重要的投融资方式，但是，构建复合型、深度型PPP模式是未来的发展方向。社会资本应将土地开发作为一个重要的载体（如"九通一平"工作），更关注区域长远发展，着力点放在规模设计、产业发展、运营服务上，更多关注综合收益、区域整体价值提升。

项目开发要立足于服务社会、发展经济，更多关注区域价值提升、财政收入增量。在模式设计上，应注重运营职能、绩效付费等交易结构要素安排，按PPP模式程序、规范实施。在收益来源及分配上，社会资本方不直接参与土地溢价分成、不涉及增量税收分享、不适宜设立过高收益水平，注重衍生收益、后期收益、多种经营收益。同时，关注财政可承受力论证，将政府支出责任纳入中期财政规划。

PPP项目中可能同时包含多种实施模式，比如BOT、TOT和O&M等。除了基础设施外，还应进行区域深耕，二次经营，进入房地产（住、商、工）、公用事业（水、气等）、公共服务（医院、学校）等、金融投资（基金、VC、并购、资管等）等领域，延伸业务链，形成长、中、短的资产布局。

城镇综合开发应以城市功能完善、产业导入、城市建设、资产运营及管理为重点。即开展"产城融合、产融结合"的多层次合作，形成以土地开发为载体，"多内容、多方式"的"一揽子"深度投资与合作，形成多个盈利点、长中短结合的投资结构和资产布局。合理合规地进行"抽肥补瘦、以丰补歉"。

复合/复杂性（多行业、多功能类综合）项目采用PPP模式，有助于发挥社会资本的综合竞争力，有利于发挥规模效益、协同效应，提升区域价值、更好服务政府和社会公众。城镇综合开发或特色小镇等业务属于复合性、综合性业务领域，也是鼓励、推广采用PPP模式的范畴。采用PPP模式是大趋势，但需要合理合规的设计，进行合理的风险分担、激励相容。

城镇综合开发或特色小镇项目在开发上要注重规划、产业、运营，政府则应配以优惠的政策与优质的资源，聚焦在产业导入、培育上。在具体实施过程中，要构建立体化、深层次的"一揽子"合作，积极利用PPP模式，创新投融资、建设、运营及服务方式，提升产业持续发展能力，补齐经济社会发展短板。不断创新运作方式，优化、调整收益结构、风险分配、融资结构、开发方式等，整合资源、加强协作形成"产城融合、产融结合"格局，最终实现"政府、企业、社会"三方共赢。

第七章

PPP 项目商业模式初步总结与展望

第一节　PPP 项目案例初步总结

PPP 模式已经广泛应用于交通运输、水利建设、生态建设和环境保护、市政工程、城镇综合开发（片区开发）、农业、科技、保障性安居工程、医疗卫生、养老、教育、文化、体育等大多数基础设施或公共服务行业。这些领域采取 PPP 模式具有一定共性，但也存在需要改善的方面。

1. 相通之处与共性

各个行业的商业模式千差万别，无法穷尽，但排开行业特性（技术、经济等），这些案例有以下几个共同点。其一，这些项目均属于基础设施、公共服务领域，项目产出或提供的主体是相应领域的公共产品或服务；其二，各个 PPP 项目在模式设计上都注重全生命周期运营（至少 10 年或更长期限），政府付费项目则注重将维护、管养职能赋予社会资本；其三，很多项目都注重注入经营要素，发掘项目范围内可经营资源或配置相关商业设施开发权以降低财政负担；其四，项目都注重绩效相关的考核与合理的收益结构设计。总体上而言，这些案例具有相通之处，符合 PPP 的核心特征要求——全生命周期运营、风险合理分担、绩效付费、激励相容等。

2. 尚待解决或改善的地方

不可否认，很多 PPP 项目在模式和交易结构设计上还存在一些不足。其一，很多 PPP 项目还是热衷于包装、炒概念，过度依赖于政府付费，只是加入了少量的可经营性元素，进行简单"组合""打包"。很多 PPP 项目的使用者付费不确定性高，或者基本很少、甚至忽略。比如海绵城市项目需要大规模投入，但很多这类 PPP 项目只是套用这个概念，简单将水利、水务、景观、停车场等内容

"打包"在一起，虽然有一定规模效益，但实际上也只是几个简单的基础设施的组合。尽管目前在基础设施、公共服务领域鼓励推广PPP模式，各种政府政策、资金也大力倾斜，但很多热门领域PPP项目热衷于概念炒作和包装，在效率、降本上并没有特别之处，不见得比其他投资方式好。很多社会资本依然是工程施工导向、追逐工程利润，最后政府可能是"花了大钱，只解决了局部问题或小问题"。再比如，各地一窝蜂上马的综合管廊也是如此，投入规模巨大，其经济和社会效益需要非常长的时期才能体现，靠短期政策、奖励资金驱动也未必长久。大规模上马项目固然可短期内拉动投资，但可能造成效率不高、未来财政支出压力过大等问题。

其二，目前施工单位、房地产企业等这些社会资本较为积极，很多PPP项目的盈利还是过度依赖于工程利润、房地产、政府补贴，其他盈利模式还需要进一步创新。高工程利润、高财务杠杆往往是社会资本，尤其是施工企业较为青睐的，但可能导致风险过度向政府集中，且政府监管、合同约束机制难以奏效。此外，不加区别过度强调资源对价，可能造成不公、价值流失。比如地铁行业，地铁与地产捆绑在一起存在很大政策障碍，实际上捆绑在一起对政府、社会资本而言，也并不一定是最佳选择，这种"外部性"价值并不一定非要在一个项目、一个社会资本身上体现。

其三，机械地、过度强调期限、运营使得很多项目模式僵化，更关注形式而非效率。比如，地铁PPP项目，合理的网运分离方式并不见得差，关键在于权衡比较两者之间效率、设计合理的模式。此外，很多PPP项目合作期限强行设置10年以上，未考虑重置成本、行业差异、绩效付费等因素，形成低效或反向激励。PPP模式规范有必要，但更要注重实质，回归效率这一本源。

其四，很多PPP项目前期工作不扎实、论证不充分，导致后期无法实现降本增效、方案不可行。很多PPP项目前期可行性研究等基础工作走过场，项目边界、产出不清晰，导致方案设计不符合实际、不合理。在实施过程中，如社会资本缺乏运营经验，或政府无力监管，就会变形走样、争议频发。

其五，很多PPP项目，尤其是涉及政府付费或补贴的项目，绩效考核对社会资本实质约束不强，激励相容机制有待完善。很多政府付费通过"可用性付费＋运维绩效付费"组合实施，但可用性付费仅仅与工程竣工挂钩。社会资本看重的是工程利润与资本回收，即可用性付费这部分，不太关注运维。实际上会造成回报机制的割裂、分离，运维绩效考核失灵，形成"类BT""类固定回报"方式。此外，由于社会资本建设期工程利润较为丰厚，如果杠杆率高或表外运作，很容易快速收回投资、剥离风险，则PPP将由长期投资变为短期行为、变为基本无风险投资。

其六，运营仍是大多数PPP项目模式构建的难点和短板。政府注入的资产、资源的价值评估、路径存在难点，此外，社会资本运营能力直接关乎模式设计、收益实现与风险分配。区域、行业、区位、社会资本等方面差异，也导致 PPP 模式创新难、复制难。

综上，排开行业特性（技术、经济等）差别，各个 PPP 项目背后的运作逻辑基本是一致的。很多模式只能借鉴吸收、因地制宜，无法完全复制。目前，大规模、短期内推进 PPP 的确造成了泥沙俱下、参差不齐，这也是难免的。PPP 项目需要规范，但不是限于期限、运营、绩效等操作性要素的"形式上"规范，而是应从体制机制完善入手，形成可预期的长期性的、合理的回报，否则就会造成机会主义、道德风险蔓延，形成风险隐患。故应在理念上、制度上、行为上进行不断完善、提升。未来还需进一步完善 PPP 仍需项目盈利模式设计、运营管理能力的提升、激励相容机制的构建，PPP 仍需在发展中规范，在规范中创新。

第二节　PPP 项目商业模式展望

PPP 模式是公共服务供给的新机制，国家治理的新工具，具有重大的战略意义。PPP 的商业模式是政府、社会资本、社会公众等各种利益相关者之间长期伙伴关系合作的交易结构，其中，在保障公共服务质量基础上形成合规的、长期的、共赢的盈利模式是其核心。同时，当前应尤其警惕的是不公平竞争、高工程利润、高财务杠杆等运作，防范投资变投机、长期变短期、高成本低效率现象，也应防止国有资产流失、不当暴利等现象。

目前，市场需求不确定性越来越明显，很多项目越来越多依靠财政补贴，导致政府推进 PPP 压力日增。PPP 项目商业模式创新的重点及难点是在公益性、准经营性领域。PPP 商业模式需要不断升级重构，以"价值创造"导向，成为连接、均衡公众价值与企业价值的桥梁，难点是如何构建合规、清晰、激励相容的盈利模式。尤其是对非经营性项目，应尽可能创新收益来源、主动降低投资风险、增强项目吸引力，相应降低财政负担。

PPP 项目必须在保障公共服务质量基础上发挥各方积极性、寻求均衡共赢的盈利模式，这就需要各方需要统筹利用"资金、资产、资源"进行商业模式、交易结构的创新。PPP 项目创新很大程度上体现在策划、运营方面，而非工程建设方面。如将非经营性项目和经营性项目"打包"或"捆绑"，通过"肥瘦搭配、以丰补歉"方式构建复合型 PPP 模式；或者配置国有资产、公共资源开发权，形成资源补偿或对价等等。策划过程中，应充分结合政府诉求、市场需求、潜在社会资本的运营能力，梳理项目范围内的资源、资产开发权和潜在的收益，捆绑、配比、组合实施内容以求财务可行性。社会资本不应只盯着眼前的工程利润，必须立足长远创造价值，以运营、服务为核心，同时，应注重收益来源合法、清晰、充裕，落地路径不存在法律障碍和瑕疵。

值得注意的是，在盈利模式创新同时，要高度重视定价与风险分配机制设计，应充分体现激励相容，风险与收益对称。重点考虑需求不确定性、需求的价格弹性，需求量对价格变动的敏感程度，以价格、需求量等敏感性因素为基准进行合理的分段型结构化设计，形成有效风险分担、激励相容的收益结构。简言之，要注重"托底、限高"收益安排，进行结构化定价，必要时启动再谈判触发机制、利益动态调节机制，防止巨亏或暴利现象。

未来PPP的发展方向是大体量、综合性、多业态、系统化投融资及运营解决方案。以城镇综合开发、特色小镇等为例，社会资本核心竞争力的体现主要是产业发展、运营服务，也就决定了不能走拿工程或房地产开发的老路。再比如，海绵城市、综合管廊等项目意义重大，但是单纯依靠政策与资金扶持、炒作概念，忽略了扎实的规划、设计、论证，事实上造成项目低效、政府未来负担过重。总体而言，PPP模式并不必然降低成本、提高效率，需要合理的模式设计、责权利安排。社会资本不能过于急功近利地追求工程利润，而应立足专业经验与优势、承担一定社会责任，其盈利方式趋势也更加多元化，长中短盈利点相结合。其中，大力鼓励运营商参与PPP是推进PPP创新、效率提升的关键环节之一。PPP在项目内容上将更复合化、综合化，在收益上更多元化、结构化，在融资上更多渠道、杠杆化，这就需要大力培育行业运营商，走产融结合发展之路。PPP应立足长远，培育核心的运营管理能力，整合各方资源、发现和创造价值、实现多元共治共享新格局。

下篇

PPP项目"两评一案"与合同案例

目前，PPP项目落地前的几个核心文本是：项目实施方案、物有所值评价报告、财政承受能力论证报告以及PPP项目合同（合作协议、特许经营协议）。其中，项目实施方案在前期论证中非常关键，但实际上最终落脚点、最重要的仍是PPP项目合同。本篇选取了几个有代表性的PPP项目案例，主要就项目的"两评一案"及PPP项目合同进行案例分析。

第八章

公益性、准经营性 PPP 项目实施方案

第一节 H 县综合治理 PPP 项目实施方案（公益性项目）

一、项目概况

（一）基本情况

1. 项目背景实施与规划（略）

2. 项目名称及所在地（略）

3. 项目性质及所属行业

项目属于新建项目，拟建设一个面向大众的、以体现休闲型和地域性特色的滨水景观带及生态公园，属于市政工程领域的项目。

4. 项目实施机构

依据项目涉及的工作职能和行业主管分工，县人民政府授权县住建局作为项目实施机构。

5. 采用 PPP 模式的必要性

项目建设的必要性：

（1）预防洪水，保障人民生命财产安全。

（2）改善生态环境建设的需要。

（3）提高居民生活品质的需要。

（4）提升城市竞争力、打造软环境的需要。

采用PPP模式的必要性：
（1）缓解当前财政资金支出压力，平滑财政支出。
（2）降低项目建设、运营等全生命周期的成本。
（3）激励社会资本进行河道治理业务模式创新、服务创新与质量提升。
（4）有效风险分担，降低政府风险。
（5）加强公共管理、提升治理水平。

6. 采用PPP模式的可行性

第一，适用于公共服务领域，PPP模式法律政策环境已逐步完善。

第二，平滑财政支出压力，财政支出相对可承受。

第三，项目模式设计合理，社会资本参与意愿强烈。

第四，降低全生命周期的运维成本，保障公共服务的服务质量和可持续性。

7. 项目实施进度（前期工作）

目前，已完成规划、项目建议书、可行性研究报告等编制、评审工作，以及立项、项目核准等审批手续。土地、环评、初步设计、施工图等已经在有序开展过程中，近期完成。

项目拟于7月进入采购环节，9月底前签署PPP项目合同、正式开工建设。

（二）项目建设运营内容与经济技术指标

1. 项目建设运营内容

项目主要是河道治理、景观绿化、配套设施等内容，拟以PPP模式引入社会资本，由其负责项目的投融资、建设、运营维护工作。项目总占地面积约为112.38万平方米，分两期建设。投资估算为22456.21万元。

2. 项目产出说明与标准

（1）形成2.24亿元的城市休闲景观服务设施：包括河道治理、公园、景观、湿地、道路、停车场等，符合《城市绿化条例》、《公园设计规范》CJJ48-92、《城市绿地设计规范》GB50420-2007等标准和规范。

（2）服务数十万全县居民及旅游人群和企事业单位：建设一个面向大众的、以体现休闲型和地域性特色的滨水景观带及生态公园。

（3）整理形成X亩优质的商业、住宅开发用地。

3. 项目资金来源

项目总投资22456.21万元，其中政府拟将已到位9000万元的专项建设基金投入项目，缺口部分资金引入社会资本进行合作，由社会资本方负责筹集所需资金（股权投入、债务融资）。

二、风险分配

(一) 项目风险分配方案 (见表 8-1)

表 8-1　一般性风险分配基本框架

风险类别	政府	项目公司或社会资本	共同承担
设计风险		Y	
融资风险		Y	
建设风险		Y	
运维风险		Y	
本级政府可控政策、法律风险	Y		
非本级政府政策、法律风险			Y
不可抗力风险			Y

(二) 合理风险分担框架及风险防范 (见表 8-2)

表 8-2　风险分类及风险防范

风险类别		政府承担	项目公司承担	共同承担	防范/应对措施
政治、政策、法律风险	本级政府可控的政策、法规变更	√			(1) 在合同约定发生公共政策及法律变化风险时引起的损失的合理分担制度 (2) 实施机构积极协调规划、国土、环保、建设等部门,及时提供相应的前期批复和配套责任 (3) 在合同设置争议解决条款,同时,明晰救济机制、途径和方式
	本级政府不可控的政策、法规变更			√	
	审批和许可获得延迟(政府可控)	√			
	审批和许可获得延迟(社会资本因素)		√		
	政府信誉(支付)	√			
	土地使用权获取	√			
政治、政策、法律风险	重大税收政策变更(增值税)			√	政府付费的增值税暂不计,如发生,则由双方按5:5共担,非流转税(所得税等)由项目公司据实承担
	合同文件冲突			√	(1) 合同双方加强守法意识,切实履行合同责任 (2) 建立畅通的沟通、协调机制

续表

风险类别		政府承担	项目公司承担	共同承担	防范/应对措施
建设风险	获得融资		√		（1）采购有较强融资能力的社会资本 （2）如项目公司无法完成无追索融资，则由中选项目公司股东提供必要的担保或增信支持（包括但不限于信用担保、资产抵押等） （3）五年期及以上央行贷款基准利率在一定范围（20%）内变化，由项目公司承担，超出则由相对方承担（超出范围外由政府承担，下降到20%以外，则扣减政府付费）
	融资成本过高（超过一定范围）			√	
	拆迁、安置与补偿			√	政府主导拆迁安置，项目公司予以配合，确保资金及时、足额到位。各方各自承担因其引起的土地拆迁与补偿风险
	设计不当、变更引起的成本上升或工期延长	设计、变更方承担			（1）委托有设计资质的单位进行项目设计 （2）委托有施工资质的单位进行施工，与承包商签订一个固定价格、固定工期的"交钥匙"合同，将工程费用超支、工期延误、工程质量不合格等风险全部转移给承包商 （3）聘请有资质的监理机构对项目建设进行监督 （4）科学制定施工方案、招投标方案 （5）合理选择施工时间，文明施工，安全施工 （6）对不可控风险，可通过购买保险转移项目风险
	考古和历史文物保护引起的成本上升或工期延长	√			
	地质条件发生重大变化	视情形，政府承担或共担			
	施工技术不当		√		
	分包方违约		√		
	劳动争端、罢工等		√		
	安全、环境、健康		√		
	工期延误	各方各自承担			
运营维护风险	管理不善		√		（1）加强项目管理、明确服务质量标准 （2）量化绩效考核管理办法，强化运营安全风险意识 （3）对不可控风险，可通过购买保险转移项目风险 （4）建立合理的违约条款
	服务质量不好		√		
	维护不到位		√		
	运营成本超支		√		
	政府付费	√			
	劳动争端、罢工等		√		
	安全、环境、健康		√		
	移交时资产存在缺陷		√		
	意外责任风险		√		
其他风险	不可抗力			√	（1）制定应急措施，减小损失 （2）通过保险等方式转移风险
	剩余风险			√	

三、运作方式

(一) 项目运作方式比选

根据财政部《政府和社会资本合作模式操作指南(试行)》(财金〔2014〕113号)文件,项目运作方式主要包括委托运营、管理合同、建设-运营-移交、建设-拥有-运营、转让-运营-移交和改建-运营-移交等六种方式。

综合考虑项目性质、风险分配基本框架、融资需求和期满处置等各项因素,本项目总体上拟采用"DBFOT(设计-建设-融资-运营维护-移交)"或BOT(建设-运营-移交)的运作方式。相关项目结构见图8-1:

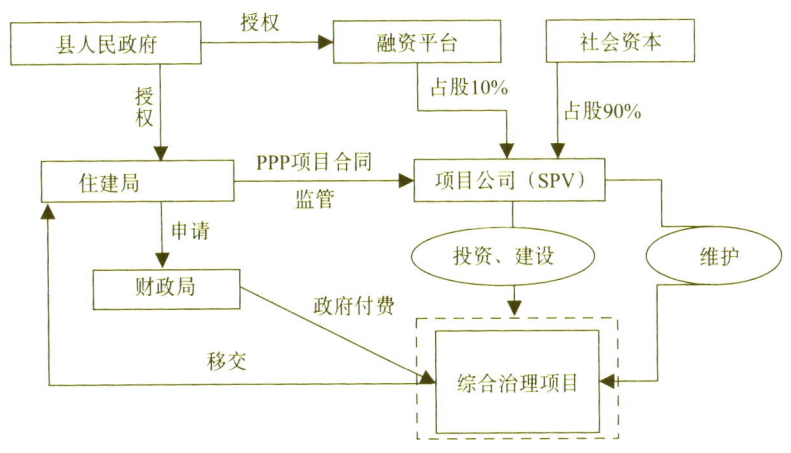

图8-1 本项目PPP运作模式

(1) 县政府授权住建局作为实施机构,拟通过公开招标方选定社会资本。

(2) 中标社会资本入股90%与政府融资平台合资成立项目公司,实施机构与项目公司签署《PPP项目合同》,授权项目公司在项目合作期间负责本项目的投融资、优化设计、建设、运营维护工作,合作期满后项目公司将资产及相关权利无偿移交给政府或指定机构。其中,形成的商、住用地经验收后移交给国土局收储,以"招拍挂"方式公开出让。如社会资本有相关工程资质,直接由其负责施工,不再二次招标。

(3) 本项目为非经营性项目,项目公司在合作期内提供符合绩效的公共资产和公共服务,并通过财政付费获得回报;为增强项目吸引力、财务可行性,政府方出资代表股东不参与项目公司分红。

项目在停车场、旅游经营方面存在收费的可能，但项目定位为民生项目，经营收费预计较少、不确定性高，暂时不估算，另行约定。

（二）运作方式其他要素

1. 项目公司设立及治理

由中选的社会资本和政府授权的融资平台合资成立项目公司，其中，政府到位的财政资金以补贴、资本金形式注入项目。

社会资本在项目公司中股权占比为90%，政府授权融资平台入股10%。政府方股东不参与项目公司分红，给项目增信、促进财务可行性同时，获得知情权、必要的监管权。股权结构与出资见表8-3：

表8-3　　　　　　　　　　自有资金出资明细

自有资金	股比	出资额
政府方授权平台入股	10.00%	274.62
社会资本持股	90.00%	2471.55
合计	100.00%	2746.17

在建设期和项目竣工验收后两年内，社会资本不得向第三方转让其持有的项目公司全部或部分股权（经项目实施机构事先书面同意，为本项目融资目的需要作出的股权变更除外）。未经政府同意，任何一方都不得擅自转让其股权。政府对影响公共利益或重大事项享有一票否决权，治理机制安排见《股东协议》。

2. 合作期限

综合考虑因素是运营设备的寿命，地方运营管理能力提升及财力、多数社会资本回报期诉求等，最终确定合作期限为12年（包含建设期2年，运维期10年）。

非正常情况导致协议提前终止的，应根据合同规定对项目资产进行补偿。

3. 土地使用权和资产权属

为降低交易成本，项目建设用地由政府采用划拨形式、无偿提供给项目公司使用，土地所有权依然归属政府。项目公司需经政府同意且仅能用于建设、维护，以及项目融资之目的，不得用于其他，更不得擅自处置。

项目公司投资形成公共设施资产的产权在经营期内由项目公司持有，以金融资产会计核算的形式归属项目公司所有。在合作期内，本项目核心资产的处置、抵押等必须事先经政府批准方可实施。

合作期满后，社会资本无偿进行移交，政府获得完整、无瑕疵的全部资产所有权。

4. 工程总包 EPC

为增强项目吸引力，社会资本有相应的工程资质，可以采取"PPP + EPC"合并招标方式，工程不再二次招标。直接由项目公司与社会资本（兼施工方）签署施工合同。相关关系见图 8-2：

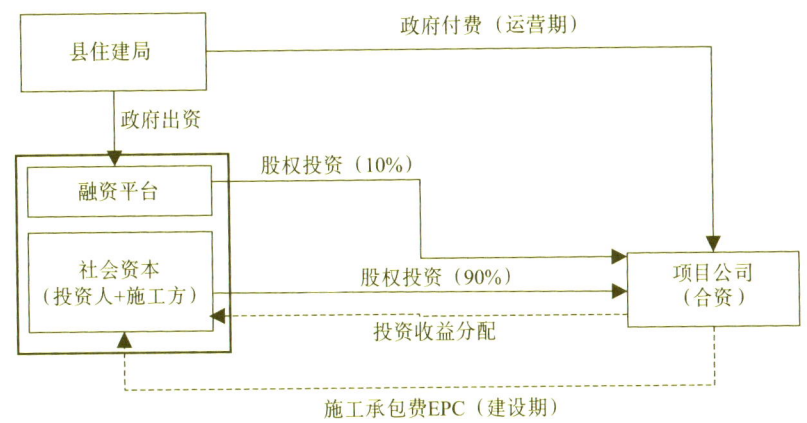

- 实线箭头表示资金流出方向
- 虚线箭头表示资金流入方向

图 8-2 "投资 + EPC"关系

5. 项目合作期满的处置

项目合作期限届满后，项目公司应向政府或其指定机构完好无偿移交本项目及其附属设施。如项目公司在项目合作期限内履约记录良好，则在同等条件下享有优先获得本项目的经营权利。

在项目合作期限届满前 12 个月，项目实施机构或市政府指定机构与项目公司应共同成立移交委员会，负责过渡期内有关项目移交的相关事宜。项目公司应保证在项目合作期满时清偿其所有债务，解除在项目相关权益上设置的任何担保；在项目合作期满后不论是否继续经营本项目，项目公司的债权债务均由其自行享有和承担，与项目实施机构无关。

四、交易结构

（一）投融资结构

项目投资为人民币 22456.21 万元，政府出资 9000 万元（申请到位的专项建设基金等政策性资金），社会资本通过自筹和债务性融资完成 13456.21 万元，其中：自有资金不低于20%（即2746.17万元），债务性融资10984.66万元。

政府出资9000万元分别以股权、补贴方式投入项目公司，其中：274.62万元作为政府入股资本金、占比10%，8725.38万元作为政府建设期补贴资金；社会资本的资本金出资为2471.55万元、占比90%，剩余10984.66万元由项目公司通过债务性融资完成。

经政府事先同意，项目公司为本项目融资之目的，可将其在PPP项目合同项下的各项权益（如政府付费形成的预期收益权、资产保险受益权等）及项目公司拥有的资产（包括动产、不动产和无形资产）之上设置抵押、质押或以其他方式。

项目公司设置该担保权益不应损害政府的权利或利益；若未来项目公司不能顺利完成项目融资的，社会资本应采取股东贷款、补充提供担保等方式以确保项目公司的融资足额到位。融资期限按10年计算，建设期只付息不还本，初步采取等额本息还款方式。

（二）项目回报机制

1. 回报机制类型及财政预算

本项目主要是河道、景观等公益性设施建设，主要是民生导向的改善居住环境、提升生活品质，在停车场、旅游、餐饮经营方面存在收费的可能，但经济性较差。项目宜采用"政府付费"的回报机制，暂时不估算经营收益，但在合同中作相关激励约束安排。项目收入分以下两部分：

（1）项目收益来源——政府付费。采取"可用性服务费+运维绩效服务费"组合的政府付费结构。

可用性服务费指项目公司为本项目建设符合适用法律及协议规定的竣工验收标准的公共资产之目的投入的资本性总支出而需要获得的服务收入，主要包括项目建设总投资（含工程建设其他费用）、融资成本、税费及必要的合理回报。运维绩效服务费指项目公司为维持本项目可用性之目的提供的符合协议规定的绩效标准的运营维护服务而需要获得的服务收入，主要包括项目红线范围内的运营维养成本、税费及必要的合理回报。

由政府向项目公司购买本项目可用性（符合验收标准的公共产品）以及为维持本项目可用性所需的运营维护服务（符合绩效要求的公共服务），根据绩效考核情况向社会资本支付政府购买服务费。

政府付费的资金来源主要从一般公共预算中支出，将本PPP项目合同项下的财政支出责任纳入相应年度财政预算和中期财政规划。此外，也可考虑将本项目范围内整理、收储的土地出让收入作为政府付费来源之一，即通过政府性基金预算支出列支，或将其调入一般公共预算列支。

（2）潜在收益——使用者付费：如停车场、景观及配套服务等，难以预测，后续采用收益分享方式。鼓励社会资本提供公共服务同时，开展停车场、旅游、广告等经营性业务。建议政府与社会资本按净收益的 7:3 比例分享，政府分红部分冲抵财政的支出责任（政府付费）。

2. 相关测算：收益率、付费额及调整

（1）财务基本假设。

运营期收入：等额支付可用性服务费，以成本加成方式支付运维绩效服务费。其中，运维绩效服务费的构成包括付现经营成本（含维修成本）以及对应的税费和一定比例的合理利润。

增值税：①暂考虑政府付费不征收增值税，项目公司的增值税及附加暂按 0 测算，如最终需缴纳增值税，则就增值税及附加部分由政府承担，调增政府付费，但项目公司有义务提前做好税收筹划，包括但不限于取得建安工程的增值税进项抵扣等；②将政府付费收入视同应税收入，SPV 项目公司产出的是符合绩效标准的公共服务而非建设或其他，将项目公司经营行为划为服务业，按 6% 税率缴税。在抵扣建安费 11% 的进项增值税及其他进项税后，税额较小，双方按 5:5 共担。若最终增值税采取高于 6% 的税率时，双方约定主要由政府承担，另行协商。

企业所得税：按 25% 税率计算，由社会资本方/项目公司自行承担，据实缴纳。

成本费用：包括经营成本、财务费用、折旧和摊销费用，经营成本主要为付现成本，包括维护管养费用。折旧和摊销暂不提残值、按运营年限等额进行摊销。

（2）收入与回报。

根据国内和本区域 PPP 项目的一般收益水平，本项目投资回报计算方式为：

①可用性服务费采取每年等额付费方式。

年可用性服务费（A）计算公式：

$$A = P \times \frac{i \times (1+i)^n}{(1+i)^n - 1}$$

$P = P1 - c1 - b1$

P 为社会资本的总投资（回报计算基数）；

$P1$ 为政府审计确定的总投资额，$P1 = $ 建筑安装工程费 + 设备、工具、器具及家具购置费 + 工程建设其他费用 + 建设期利息；

$c1$ 为政府出资人代表（融资平台）的资本金出资额；

$b1$ 为第一笔可用性服务费支付时点前的政府补助资金及总投资内政府已单独支付的部分（即不需项目公司支付部分）；

n 为运营维护年限（$n = $ 合作期限 - 建设期）；

i 为项目综合回报率，最终由中标报价确定，已考虑项目全生命周期内的资金成本、各项收益、税费等一切成本费用。

②运维服务费计算方式。

运维服务费的计算基数为运维期养护支出（付现成本，不含折旧、利息、摊销等），计算公式为：

当年运维服务费 = 当年基准运营维护成本 × (1 + 合理利润率 r)，其中：合理利润率 r 仅就维护成本的毛利而言，仍由项目公司承担相应税费等。

③项目回报与付费。

本项目暂定的收益基准如下：a. 可用性服务费的项目综合回报率 i = 6.2%；b. 运维服务费的合理利润率 r = 5.5%；将 i，r 作为项目投资回报的投标控制价，由社会资本统筹考虑税费、收益及相关风险后报价。

依据项目成本、利润、现金流等数据搭建模型，测算结果为：年均可用性服务费为 X 万元，年均运维服务费为 Y 万元。项目全部投资内部收益率（IRR）为 5.8%（税前），社会资本方资本金内部收益率为 7.5%。考虑到即便建安费下浮（不低于 5%）后，社会资本仍有一定的工程利润，综合看项目收益水平处于本区域中等偏上水平，具有一定吸引力。最终回报以公开招标竞价为准，预计会下浮。

在保障设施绩效基础上，鼓励开展经营性业务，并进行分成；但同时设定起额收益限制机制，当社会资本方 ROE（资本金利润率）超过 10% 时（如有），超额部分全部同政府所有。

（3）政府付费调整和执行。

①可用性服务费调整。项目投资额最终根据中标社会资本投报的工程费下浮率、政府审计部门的决算审计结果确定本项目投资金额。工程竣工且经审计认定后，需要重新调整政府付费，只调整可用性服务费，运维服务费不再根据投资额调整。

年均可用性服务费 = 中标报价年可用性服务费 × （经审计认定后的项目静态投资额 ÷ 采购文件中暂定的静态投资额）。

②执行过程中的运维服务费调整。项目涉及收费调价的为运维服务费。其调价原则和方法如下：

运维服务费调价公式：$R_n = K \times R_{n-3}$

其中：R_n 为第 n 年调整后的运维服务费金额；

R_{n-3} 为第 n-3 年的运维服务费金额；

K 为调价系数。

调价参数见表 8-4。

$K = CPI_{n-1} \times CPI_{n-2} \times CPI_{n-3} \times 10^{-6}$

当 K > 1.03 时进行调价，当 K ≤ 1.03 时不进行调价。（通常 3% 以内为温和通货膨胀，属正常情况。）

表 8-4　　　　　　　　　　　调价参数说明

参数	说明
n	第 n 年时调整运维服务费金额的当年（n≥3），相邻两个调价年至少相隔三年
CPI_{n-1}	县统计部门公布的项目合同期第 n-1 年居民消费价格指数
CPI_{n-2}	县统计部门公布的项目合同期第 n-2 年居民消费价格指数
CPI_{n-3}	县统计部门公布的项目合同期第 n-3 年居民消费价格指数

3. 按产出和绩效付费机制

（1）"可用性绩效+运维绩效"联动考核。运营期前5年可用性服务费的10%和全部运维服务费作为绩效考核的基数；运营期后5年可用性服务费的20%和全部运维服务费作为绩效考核的基数。

（2）可用性服务费绩效考核指标与付费。

可用性服务费绩效考核指标见表8-5：

表 8-5　　　　　　　　　可用性服务费绩效考核指标

指标类别	指标要求
质量	按相关行业、专业规范和标准设置相应的详细指标和权重
工期	
环境保护	
安全生产	

项目竣工验收后的10年内，按照可用性绩效考核指标进行付费，但竣工之时政府应根据投标文件中关于每年可用性服务费的报价、工程下浮率以及工程变动情况重新调整、确定付费的基数。

项目公司未能达到可用性绩效考核指标的，在宽限期内也没有整改使其达到约定的标准，实施机构有权对其可用性付费进行扣减或提取项目公司提交的建设期履约保函项下的相应金额。

运营期前5年的年度可用性服务费的90%、运营期后5年的年度可用性服务费的80%在当年考核后支付，每年度10%~20%的可用性服务费与同期的全部运维服务费合并联动考核。

（3）运营维护绩效考核指标与付费。

运营维护绩效考核指标见表8-6：

表 8-6　　　　　　　　　运营维护绩效考核指标

序号	项目	具体考核内容	考核权重
1	整体维修养护	按行业、专业规范和标准设置	50%
2	日常运行管理		30%
3	安全与应急管理		10%
4	满意度		10%

运营期每年度的10%～20%的可用性服务费与同期的运维服务费合并挂钩、联动考核，共同形成绩效付费。在宽限期内没有整改使其达到约定的标准，实施机构有权对进行扣减运维服务费，并扣减可用性服务费部分或提取项目公司提交的运营期履约保函项下的相应金额。

考核得分、付费与奖励如下：

①考核得分≥90分，且公众满意度需在85%以上，则获得全额的绩效付费并奖励运维服务费的10%；

②75≤考核得分＜90，且公众满意度需在80%以上，获得100%的绩效付费；

③60≤考核得分＜75，且公众满意度需在70%以上，获得90%的绩效付费；

④考核得分60以下，获取70%的绩效付费，但需要限期整改。

付费以考核分为主、参照公众满意度，如考核分、满意度与上述评价不匹配，则以考核分为主，要求限期整改、在此基础上酌情扣款。

（4）考核方式。考核以3年一次的中期评估、年度综合考核和日常分项抽样考核为考核形式，以政府、公众、专家组成的联合绩效评定小组为考核参与主体，由政府按照公开、公平、公正和成本节约原则组织绩效考核工作，也可委托第三方评价机构进行绩效考核。根据综合治理行业工作特点，按照年度不同、运营维护周期制定考评细则，主要考核项目公司是否按照规定的标准、时限和质量完成工作任务。双方在签约3个月内，制定专门的《产出说明书》《绩效标准与考核管理办法》。让利益相关充分参与，采用定期与不定期考核相结合的方式实施。若运营绩效考核结果说明运营企业在服务方面能力不足或态度消极，政府有权处罚，并要求项目运营整改符合要求，发生严重情形时，或实施项目临时接管，或终止合同。

（5）政府付费（补贴）计算与支付安排。

①每年政府付费（补贴）计算。

当年政府财政补贴＝预期的年度可用性服务费（经投资审计调整后）＋预期的年度运维服务费（依据合同调整后）－当年使用者付费收益的政府分成或超额收益部分（如有，政府分享70%收益及超额部分）＋政府依据考核结果奖励金额（主要奖励部分运维服务费）－政府依据考核结果扣减金额（依据可用性与运维联动考核、合并扣减绩效付费部分）。

如当年政府补贴为负数，表示该部分为项目公司的超额收益，应支付给政府、由政府享有（政府在本项目中当年无财政支出责任）。

②支付周期与金额调整。

政府依据必要的审计、绩效监测与考核情况，每年分两次大致均等支付给项目公司补贴额，其中：付费节点为6月20日、11月20日。

对当年市场经营收益（如有）、绩效奖励或扣减金额等不确定部分，可结合上年及当年运营情况预测,总体预估政府补贴金额;在下一年度 3 月 31 日前审核、调整上一年度财政补贴的差额部分,并在下一次向项目公司支付政府财政补贴额时,一并统筹支付或扣减给项目公司,差额部分不予考虑利息或收益。

③流程和违约责任。

项目公司在付费节点前 2 个月,向实施机构提出书面的付费申请;实施机构会同财政、审计等部门审核;如政府审核通过后,项目公司提供相应的票据和支撑文件,政府及时安排预算、进行拨付。如在支付节点前,双方对政府补贴额仍存在争议,可依据具体情形预支付部分费用(如上一年度补贴额或当年预估金额的 70%~90%),并在其后 2 个月内依据合同、第三方评估结果等协商达成一致,完成后续结算。

政府未按照合同约定向项目公司支付相应的补贴,则项目公司有权在付费节点日 5 个工作日内向政府发出催告,如在催告通知后 30 日内政府方仍未能支付的,则政府除应支付应付未付的可用性服务费或运维服务费外,还应按照同期贷款基准利率标准支付违约金。

(三) 相关配套安排

施工用水、用电可从起步区就近引入,施工条件较好。施工场地比较宽阔,地势平坦,有充足的场地进行构件预制和材料的堆放。管材、水泥、沙砾、碎石、石灰等材料可在本县采购,部分一些绿化树种需要外运,材料的数量和质量完全可以满足本工程的需要。

为确保项目的建设和运营维护,县政府或其指定机构为项目公司提供便利条件,协助项目公司办理本项目需从有关政府部门所履行的各项批准手续,费用由项目公司承担。

五、合同体系

(一) 项目合同体系

PPP 模式下的项目合同体系主要包括 PPP 项目合同、股东合同、融资合同、工程承包合同、运营服务合同、原料供应合同、产品采购合同和保险合同等,如图 8-3 所示。其中,PPP 项目合同是其中最核心的法律文件。

本项目合同体系核心是 PPP 项目合同,其次是股东协议或出资协议。其中,为加强监管,住建局牵头负责招标、管理设计、监理单位以控制成本、进度和

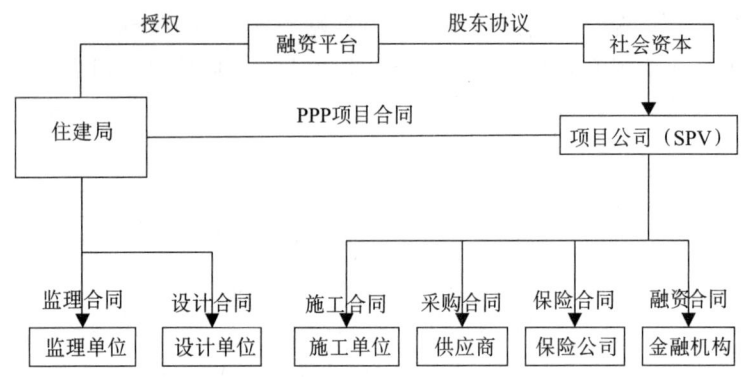

图 8-3 本项目合同体系

质量。

1. PPP 项目合同

《PPP 项目合同》是指由项目实施机构（住建局）与项目公司就本项目设计、投融资、建设、运营维护等事项签订的具有法律约束力的文件，项目公司通过签署本合同而在项目合作期间内享有运营、维护等并依法收取费用的权利。

《PPP 项目合同》主要内容包括：项目的范围和期限；前提条件；项目的融资；项目用地；项目的建设；项目的运营维护；股权变更限制；付费机制；履约担保；政府承诺；保险；守法义务及法律变更；不可抗力；政府方的监督和介入；违约、提前终止及终止后处理机制；项目的移交；适用法律及争议解决；合同附件等。

2. 股东协议（出资协议）

项目公司由各股东共同签署股东协议（《共同出资协议》），目的在于设立项目公司，约定公司治理结构。

项目由政府授权的融资平台和社会资本共同组建项目公司，社会资本占股 90%，政府占股 10%，由政府和社会资本签订出资协议、公司章程。

3. 工程承包合同

《工程承包合同》是项目公司与中标的具备施工能力的社会资本签订的合作协议，以明确双方职责，详细约定双方有关施工总承包的关键权利义务。

通常包括以下主要条款：施工安全、治安保卫和环境保护、进度计划、保函、项目开工和竣工、工程质量要求和保障、试验和检验、计量与支付、工程进度付款、工期延误、合同变更、工程竣工结算、最终清算、竣工验收、质量保证金、缺陷责任与保修责任、索赔、保险、不可抗力、违约、适用法律和争议解决等。

4. 融资合同

从广义上讲，融资合同可能包括项目公司与融资方签订的项目贷款合同、担保人就项目贷款与融资方签订的担保合同、政府与融资方和项目公司签订的直接介入协议等多个合同。其中，项目贷款合同是最主要的融资合同。

5. 保险合同

由于PPP项目通常资金规模大、生命周期长，负责项目实施的项目公司及其他相关参与方通常需要对项目融资、建设、运营等不同阶段的不同类型的风险分别进行投保。通常可能涉及的保险种类包括货物运输险、工程一切险、针对设计或其他专业服务的职业保障险、针对间接损失的保险、第三者责任险。

6. 其他合同

在PPP项目中还可能会涉及其他的合同，例如与专业中介机构签署的投资、法律、技术、财务、税务等方面的咨询服务合同。

（二）项目边界条件

项目边界条件是《PPP项目协议》的核心内容，主要包括权利义务、交易条件、履约保障和调整衔接等边界。

（1）权利义务边界主要明确项目资产权属、社会资本方及项目公司承担的公共责任、政府付费的支付方式和风险分配结果等；

（2）交易条件边界主要明确项目合同期限、项目回报机制、产出说明等；

（3）履约保障边界主要明确强制保险方案以及由投标保证金、建设期履约保函、运营期履约保函和移交维修保函组成的履约保函体系；

（4）调整衔接边界主要明确应急处置、临时接管和提前终止、合同变更、合同展期、项目新增改扩建需求等应对措施。

（三）PPP项目合同核心内容

1. 项目范围与经营权

（1）项目合作范围。在合作期内将本项目设计、投资、建设及运营维护的权利授予项目公司；按相关标准规范进行工程竣工验收，项目公司在运营期内负责项目运营维护，根据PPP项目合同的约定的绩效获得相应的政府付费；如项目公司拟利用本项目资产或项目设施开展经营性业务（包括广告经营权、停车收费等），此项收益按政府:社会资本＝70%:30%比例分享，且项目公司必须保证此等经营性业务不得影响PPP项目合同的履行，也不得有任何影响公共利益或公共安全的行为。

（2）项目合作期。合作期限为12年（包含建设期2年和运维期10年）；因合同约定的可归责于政府方的原因导致的完工延误情形出现时，双方进行协商达成一致后项目合作期可适当延长；由于法律变更或政府行为导致项目公司在项目合作期内受到影响并使项目公司遭受实质性损失的，双方进行协商达成一致后项目合作期可适当延长；延长项目合作期需经双方书面确认。

（3）经营权的担保及转让。经政府方事先书面同意，出于本项目融资的目的，可将本项目项下的预期收益等作为融资质押等担保，项目公司设置该担保权益不应损害政府方的权利或利益；除为本项目的融资外，项目公司不得为其他目的对本项目的资产、设施和设备以及收费权进行转让或设置担保权益；除合同另有规定外，未经政府方同意，项目公司在项目合作期内不得将本项目经营权出租或以任何形式转让、承包给第三方。

（4）项目合作期满后的处理。项目合作期满时，项目公司应将项目资产无偿移交给政府方或其指定机构；项目合作期限届满时，政府方有权依照届时有效的法律法规选择项目运营维护商，如项目公司在上述合作期限内履约记录良好，则在同等条件下享有优先权；项目公司应保证在合作期满时清偿其所有债务，解除在项目资产及相关权益上设置的任何担保，在合作期满后不论是否继续经营本项目，其债权债务均由项目公司享有和承担，与政府方无关。

2. 项目的建设

（1）土地使用权。本项目土地所有权由政府方拥有，政府方应协调规划、国土等相关管理部门，向项目公司以划拨形式提供项目用地并办理用地手续。未经政府方许可不得变更该土地用途，禁止将该土地使用权用于对外转让、交易和抵押。

（2）项目设计、监理等要求。建设标准要求、建设时间在合同中详细约定。本项目原则上由政府方负责委托设计，工程施工由社会资本承担，项目公司加强建设管理。设计（可研、初步设计、施工图等）、监理、造价咨询由项目实施机构依法依规选定，费用计入项目总投资，由项目公司支付。

（3）工程造价的控制与监督。政府负责对发生的工程设计变更、现场签证等进行审核认定，任何涉及工程进度、范围及标准的变更必须报监理机构和政府同意后方可实施。项目公司要求的变动（含优化设计）引起成本增加的，则由项目公司自行承担；如要求的变动使得本项目总成本降低的，则该等降低所带来的直接成本减少及对应产生的收益部分，政府和项目公司按照40%：60%的比例分享收益。

（4）项目建设责任。项目公司负责按照合同约定的要求和时间完成项目的建设并开始运营，该责任不因项目建设已部分或全部由项目公司分包给施工单位或承包商实施而豁免或解除。

（5）竣工验收与投资额认定。竣工后，政府对投资进行评审，其中项目前期费、征拆安置费，按照当地相关规定据实认定；主体工程、配套专业工程等建筑安装费，按现行计价规范、工程定额及相应的计价规定，结合施工期工程造价信息、社会资本报价下浮率等进行结算评审。最终投资额以审计结果为准,据此调整政府付费。

3. 项目的融资

(1) 项目总投资为人民币22456.21万元,其中:政府出资9000万元,合格社会资本通过自筹和债务性融资完成13456.21万元。

(2) 项目建设过程中,项目公司资金只能用于本项目,不得用于其无关的经济活动。

(3) 为项目融资的目的,项目公司可以本协议项下的经营权、运营收费权进行质押,并可以其有形资产和其他无形资产(不包括土地使用权)进行抵押,条件是不得损害实施机构的利益,并应事前征得实施机构的书面同意。

(4) 经政府事先同意,项目公司可以为本项目融资之目的,将其在PPP项目合同项下的各项权益(如政府购买服务的预期收益权、保险受益权等)及资产(包括动产、不动产和无形资产)之上设置抵押、质押或以其他方式。项目公司设置该担保权益不应损害政府的权利或利益;若未来项目公司不能顺利完成项目融资的,社会资本应采取股东贷款、补充提供担保等方式以确保项目公司的融资足额到位。

(5) 融资成本按中国人民银行五年以上基准贷款利率4.9%为基准,如利率在20%以内变化,由社会资本/项目公司自行承担;如央行基准利率上升超过20%,超过的部分由政府承担(以财政补贴的方式),如央行基准利率下行幅度超过20%,低于的部分由社会资本方承担(从应得付费中抵减)。为项目的融资之目的,引入基金、资管计划等财务投资者,需经政府同意,融资成本由社会资本与其自行约定,政府不承担额外融资成本。

(6) 除本项目的融资外,未得到政府的书面同意,项目公司不得在本项目所涉的任何资产上设立任何形式的担保,亦不得对项目所涉的任何资产进行任何形式的处置。

4. 项目的运营维护

(1) 项目维护义务和责任。

①项目维护责任。项目公司负责根据合同约定及维护方案和手册的要求对项目设施进行维护和修理,该责任不因项目公司将部分或全部维护事务分包给其他运营维护商实施而豁免或解除。

②维护方案和手册。项目公司在合同生效后、开始运营日之前编制项目维护方案并提交政府方审核,政府方有权对该方案提出意见。在双方共同确定维护方案后,项目公司作出重大变更,均须提交政府方。但维护方案的实施是否以取得政府方同意为前提,则需要视维护的技术难度要求、政府方参与维护的程度、政府方希望对维护控制的程度等具体情况而定。维护方案中通常包括项目运营期间

计划内的维护、修理和更换的时间以及费用以及上述维护、修理和更换可能对项目运营产生的影响等内容。对于本项目，因其技术难度较大的，除维护方案外，有时还需要编制详细的维护手册，进一步明确日常维护和设备检修的内容、程序及频率等。

③计划外维护。如果发生意外事故或其他紧急情况，需要进行维护方案之外的维护或修复工作，项目公司应立即通知政府方，解释其原因，并尽最大努力在最短时间内完成修复工作。

（2）政府方对项目维护的监督和介入。政府方对项目维护的监督和介入权，与对项目运营的监督和介入权类似，主要包括：在不影响项目正常运营和维护的情形下入场检查；定期获得有关项目维护情况的报告及其他相关资料；审阅项目公司拟定的维护方案并提供意见；在特定情形下，介入项目的维护工作；等等。

5. 付费机制

项目采用政府付费的付费机制。经评审，如果实际建设投资与签约时的建设投资相差在±5%以内，则按中标文件中的建设投资计算；如果实际建设投资与中标文件中的建设投资相差在±5%以上，则按实际建设投资调整计算。

收益共享、绩效付费等见上。每年分两次支付（6月20日前，11月20日前），下一年度3月31日前调整上一年度绩效付费部分。

政府未按照合同约定向项目公司支付相应的服务费，则项目公司有权向政府发出催告，如在催告通知后30日内政府方仍未能支付的，则政府除应支付应付未付的可用性服务费或运维绩效服务费外，还应按照同期贷款基准利率标准支付违约金。

6. 股权变更限制

（1）锁定期。在本合同生效之日起至运营期两年之内（含第二年），社会资本不得转让其在项目公司中的全部或部分股权；运营期二年之后，经政府事先书面同意，社会资本可以转让其在项目公司中的全部或部分股权，但受让方应满足本合同约定的技术能力、财务信用、运营维护经验等基本条件，并以书面形式明确承继社会资本在本项目项下所有的权利及义务。

（2）违反股权变更限制的后果。一旦发生违反股权变更限制的情形，将直接认定为社会资本的违约行为，社会资本应消除该违约行为的影响并恢复项目公司股权原状；情节严重的，政府将有权因该违约而提前终止项目合同。

7. 保险与保函

在整个合作期，项目公司应按本行业的惯例办理和维持合理的建设期和运维期保险。建设期保险包括：货物运输险、建筑安装工程一切险、第三者责任险及其他适用法律要求所必需的保险。运维期保险包括：财产一切险、第三者责任险及其他适用法律要求所必需的保险。各阶段保函金额见表8-7。

表 8-7　　　　　　　　　　各阶段保函金额

项目		金额要求
投标保证金		150 万元
履约保函	建设期履约保函	1200 万元
	运营期履约保函	2000 万元
移交维护保函		1500 万元

8. 终止后的补偿

若本合同提前终止，则除非本合同另有约定，政府将按照表 8-8 所列标准向项目公司支付补偿金（提前终止时，对于项目公司的补偿须以项目公司还清其届时之所有负债为前提）：

表 8-8　　　　　　　　　　终止补偿金

条款号	本合同提前终止之情形	终止补偿金
1	项目公司违约，政府发出的终止	建设期终止时，为 $A_1 - B$
		运营期终止时，为 $A_2 - B$
2	政府违约，项目公司发出的终止	建设期终止时，为 $A_1 + B$
		运营期终止时，为 $A_3 + B$
3	法律变更或政府行为	建设期终止时，为 $A_1 + 35\% B$
		运营期终止时，为 $A_3 + 35\% B$
4	不可抗力	$(A_4 - C - D)/2$

$A1$ 为项目公司尚未收回的投资（以经评审的为准）；

$A2$ 为项目全部建设成本评审价项目公司尚未收回的运营期可用性价值；

$A3$ 为项目公司尚未收回的运营期可用性价值的在运营终止年的现值；

$A4$ 为经评审的项目公司账目资产净值；

B 取值为人民币 1500 万元；如属项目公司违约，政府发出的终止情形的，则政府有权自本项目提前终止日起算三年内（如剩余合作期短于三年的，则本处指余下的合作期）分期分批次向项目公司支付补偿金，具体分批次的支付比例及时间进度安排由政府确定。

C 为发生不可抗力情形时，根据本合同及相关保险合同约定，项目公司（含贷款方）实际获得的保险赔款；

D 为发生不可抗力情形时，因项目公司投保不足，导致所获保险赔款无法使项目设施恢复到出险前的正常状态和价值的恢复性建设费用缺额部分（如有）；

若属政府发出的终止情形之一的，按照对应公式计算终止补偿金即"$A1 - B$"或者"$A2 - B$"的值为负数；或者不可抗力情形下补偿金计算为负值的，则项目公司应向政府支付本条所述负数的绝对值。

9. 项目的移交

经营期限届满后，项目公司不再享有经营权的，项目公司应将全部所有或使用的，以及正在建设的资产移交给政府；项目公司在移交时必须保证移交后一年内正常运行的资产和备件，并出具移交保函。

（四）股东协议（出资协议）核心内容

1. 投资总额与注册资本

（1）项目公司的投资总额为22456.21万元人民币。

（2）项目公司的注册资本为2746万元，以货币形式出资，股比为1∶9。投资总额和注册资本的差额由社会资本通过股东借款、银行贷款等方式解决。

2. 股权转让

双方在此承诺，在本协议生效之日起至本项目竣工验收完成后2年之内（含），不转让其持有的项目公司的全部或部分股权（当然，如属联合体中标的，则允许财务投资人向联合体牵头方转让），除非转让为适用法律所要求，由司法机关裁定和执行。

自竣工验收完成后2年之后，经政府事先书面同意，双方可以转让其在项目公司中的全部或部分股权，但受让方应满足履行本协议要求的技术能力、财务信用、运营经验等基本条件，并已经以书面形式明示，在其成为项目公司股东后，督促并确保项目公司继续承担本协议项下的义务。

尽管有上述规定，各方可以自由将其持有的项目公司的股权全部或者部分转让给其关联方，并需及时告知另一方。在此前提下，其他方特此同意对该方转让给其关联方的股权放弃行使优先购买权并同意协助办理有关股权转让所有的手续。受让方需同意受本协议和公司章程的约束。

3. 董事会

董事会由5名董事组成，设董事长1名。4名董事由社会资本提名，1名由政府或融资平台提名，董事长由政府提名，并报经董事会选举产生。

政府或融资平台委派的董事对影响公共利益或重大事项享有一票否决权。如涉及公共安全，修改公司章程，公司合并、分立、解散、清算或者变更公司形式等股东会议题，以及涉及生产安全、资产安全、对外担保抵押、突发事件、重大项目建设等董事会议题，政府方委派的董事拥有一票否决权。

4. 经营管理机构

项目公司设总经理1名，副总经理2名（双方各委派1名）。总经理由社会资本提名，董事会聘任，其他高级管理人员按照相关的权限和程序报批后，由董事会聘任或解聘。项目公司设财务经理 1 名,由社会资本提名,报经董事会通过后聘请,政府方有权提名一位财务副经理,经董事会通过后聘请。财务副经理参与对项目公司的预算、会计核算及财务管理等基本管理制度的拟定,并表达意见(根据实际情况可上报董事会审议),及享有对项目公司财务支出及会计账簿、运营相关财务数据的知晓权与查阅权。

5. 监事会

监事会应由 3 名监事组成,由双方各委派 1 名,另设 1 名职工代表监事,职工代表监事由公司职工通过职工代表大会、职工大会或者其他形式选举产生。监事任期每届 3 年。

6. 会计、审计及分红

任何一方有权依法要求查阅会计账簿,但应向公司提出书面请求,并说明目的,项目公司依法予以配合。

项目公司的年度审计由董事会委托一家在中国注册的有资质的会计师事务所对项目公司的财务账册和记录以及年度财务报告进行审计,由财务总监会同总经理将年度审计报告提交董事会。

项目公司应根据税收相关的中国法律规定进行纳税,但在履行了相关的法定手续后,可享有国家和地方税务机关向项目公司批准的减税、免税等税收优惠政策。

公司弥补亏损和提取公积金后所余税后利润,由社会资本股东分配。政府入股不分红,但当项目具有其他经营性收益时,才按约定进行利润分享。

六、监管架构

(一) 授权关系

授权关系主要是县政府对住建局作为项目实施机构的授权,以及县住建局作为项目实施机构对社会资本的授权。该项目中政府方授予项目公司经营权,并与项目公司签订 PPP 合同,政府可直接通过合同监管对 SPV 的建设运营行为进行监管,以保证项目达到设定目标。

(二) 监管方式

监管方式主要包括履约监管、行政监管、公众监管。

1. 履约监管

政府方通过直接参股 PPP 项目公司的方式成为项目公司股东,并要求在公司的董事会、管理层、监事会有人员任职要求，以便更好地实现知情权，重大事项设置"一票否决权"。此项表决权的实施范围应予以一定的限制，保障项目公司的日常经营活动。

项目原则上由政府方负责委托设计，由社会资本承担工程施工。监理单位、造价咨询单位由政府依法依规选定，费用计入项目总投资，由项目公司支付。政府方委托工程造价跟踪过程审计，完善工程管理。

按照项目的全生命周期管理阶段进行监管，并要求社会资本方提供建设期、运营期、维护期保函。

2. 行政监管

县政府作为项目监管主体，相关职能部门协助，共同作为项目合作经营过程的监督管理部门，监督管理内容包括项目运营过程的财务状况监管、安全卫生监管、质量标准监管和环境标准监管。监管部门根据协议和相关规范制定监管实施细则，并明确相应的处罚措施。

政府监管考核以结果导向，采用量化绩效指标结合激励相融的机制进行监管考核。

3. 公众监管

项目公司应建立科学的项目信息披露机制，完善公众评价参与渠道，搭建媒体沟通平台，并配合监督结果设立一定的奖惩机制，以保证项目的服务水平不断提升。公众监督的方式：

社会宣传。根据项目实施进度，组织开展形式多样的社会宣传，形成良好的社会互动氛围；

舆论监督。对诚信度高的企业，规范运作的企业通过新闻媒体、政府网站等予以表扬，对违法违规行为予以曝光；

公众参与。政府鼓励社会公众对工程建设和运营过程的违法违规行为进行举报，邀请社会公众参与环境维护绩效评估和环境服务费的定价过程。

（三）项目监管

1. 政府方的监督权

（1）建设期。

①在项目正式开工以前，项目公司有义务向政府提交项目计划书，对建设期间重要节点作出原则规定，以保障按照该工程进度在约定的时间内完成项目建设并开始运营。

②在建设期间，项目公司还有义务定期向政府提交项目进度报告，说明工程进度及项目计划的完成情况。

③项目建设过程中，政府部门可以对项目工程的初步设计进行修改，上述修改使社会资本获益，政府不承担相关费用；否则，政府应承担可能增加的费用（包括工程费用）。

④重大设计变更，必须符合批准的初步设计及施工图设计要求，不损害工程的使用功能、寿命，并应得到设计单位的同意，报政府批准后方可实施。

⑤监理单位、造价咨询单位均由项目实施机构依法依规选定，费用计入项目总投资，由项目公司支付。审计行政主管部门拥有对项目全过程的工作进行审计监督的权力。

⑥在建设期内，如项目公司未能履行PPP项目协议中规定的义务，项目实施机构有权根据PPP项目协议的规定兑取履约保函。

（2）运营维护期。

①在开始运营之前，项目公司应编制项目运维手册，载明生产运营、日常维护以及设备检修的内容、程序和频率等，并在开始运营日之前报送政府备查。

②在运营维护期间，项目公司应定期向政府报送有关运维情况的报告或其他相关资料，例如运营维护报告（说明设备和机器的现状以及日常检修、维护状况等）、严重事故报告等。

③在运营期内、移交期，如项目公司未能履行PPP项目协议中规定的义务，项目实施机构有权根据规定兑取履约保函。

④除此之外，政府方根据项目绩效考核结果对PPP项目公司的运营维护状况履行监督。

（3）介入权。

在项目实施过程中，当发生严重的问题且该问题需要被快速解决、而政府方在解决该问题上更有优势的情形下（如紧急情况发生或者项目公司违约），政府方有直接介入项目实施的权利。政府方的介入包括项目公司未违约情形下的介入和项目公司违约情形下的介入两类，具体介入情形、介入后的法律后果等事项均可在《PPP项目合同》中予以细化、明确。

2. 对承包商和分包商选择的监控

在合同中约定建设承包商或运营维护分包商的资质要求，并要求备案获得事先知情权。

七、采购选择

（一）采购依据和方式

采购方式包括公开招标、竞争性谈判、邀请招标、竞争性磋商和单一来源采

购等,见表 8-9:

表 8-9 PPP 采购方式及其适用条件

采购方式	适用条件
公开招标	公开招标主要适用于核心边界条件和经济技术参数明确、完整、符合国家法律法规和政府采购政策,且采购中不作更改的项目
邀请招标	1. 具有特殊性,只能从有限范围的供应商处采购的 2. 采用公开招标方式的费用占政府采购项目总价值的比例过大的
竞争性谈判	1. 招标后没有供应商投标或者没有合格的或者重新招标未能成立的 2. 技术复杂或者性质特殊,不能确定详细规格或者具体要求的 3. 采用招标所需的时间不能满足用户紧急需求的 4. 不能事先计算出价格总额的
竞争性磋商	1. 政府购买服务项目 2. 计数复杂或者性质特殊,不能确定详细确定规格或者具体要求的 3. 因艺术品采购、专利、专有技术或者服务的时间、数量事先不能确定等原因不能事先计算出价格总额的 4. 市场竞争不充分的科研项目,以及需要扶持的科技成果转化项目 5. 按照招标投标法及其实施条例必须进行招标的工程建设项目以外的工程建设项目
单一来源采购	1. 只能从唯一供应商处采购的 2. 发生了不可预见的紧急情况不能从其他供应商处采购的 3. 必须保证原有的采购项目一致性或者服务配套的要求,需要继续从原供应商出添购,且添购资金总金额不超过原合同采购金额百分之十的

这一类 PPP 项目多采取公开招标、竞争性磋商两种方式。根据项目采购需求特点,建议依法选择公开招标这一采购方式。

(二) 社会资本条件、评分办法

社会资本资格条件建议如下:
(1) 申请人必须是在中华人民共和国境内(不含港、澳、台企业)依法注册的企业法人,具有独立承担民事责任的能力,且具有有效的营业执照、税务登记证书、组织机构代码证。
①具有良好的商业信誉和健全的财务会计制度;
②有依法缴纳税收和社会保障资金的良好记录;
③参加政府采购活动前三年内,在经营活动中没有重大违法记录;
④法律、行政法规规定的其他条件。
(2) 申请人须无行贿犯罪记录;

(3) 申请人应有良好的银行资信、财务状况及相应的偿债能力，2015 年经第三方审计的净资产不低于 2 亿元人民币；

(4) 申请人应在国内至少具有相关 PPP 业绩，且该项目已投入稳定运营；

(5) 本项目接受联合体申请。但联合体成员单位不超过两家，联合体各方除上述第 1 条、第 2 条均需满足外，第 3 条、第 4 条需至少有联合体成员中一方满足；联合体应由具有项目运营经验的单位作为联合体牵头人且在项目公司中控股。

评分方式与办法初步建议如下：

本项目采取公开招标方式，资格审查方式采用资格预审，项目采用合格制，即满足项目资格审查标准的申请人均可参与下一阶段的投标。

项目采用综合评标办法，由投标报价、投标人综合实力、工程实施方案、运营管理方案、财务方案和法律方案 6 部分构成，择优选择中标的社会资本，其中报价分数原则上不低于 40 分。其中竞争报价标的为两部分：年度可用性服务费、年度运维服务费。工程下浮率或增造率可作为竞争报价之一；也可以不作为报价、只报价上述两项政府付费，但适当降低政府付费额。见表 8 - 10：

表 8 - 10　　　　　　　　　综合评分体系

序号	评审因素	分值
1. 企业综合实力（20 分）	净资产	5
	信用评级	3
	工程资质	5
	PPP 项目业绩	7
2. 工程实施方案（10 分）	建设进度计划	10
	施工队伍人员安排	
	设施及配套工程建设方案	
	安全管理、文明施工、环境保护方案	
	质量控制方案	
3. 运营管理方案（10 分）	项目公司组建方案	6
	运营维护方案	
	保险方案	
4. 法律方案（5 分）	合同响应	5
5. 财务方案（15 分）	投资估算	3
	财务测算	5
	融资方案	5
	其他	2

续表

序号	评审因素	分值
6. 响应报价（40 分）	年可用性服务费或预期综合回报率 i	22
	年运维服务费或预期合理利润率 r	8
	工程建安费下浮率（不低于 5%）	10

项目竣工后，经审计的项目静态投资总额与目前项目静态估算投资额存在差异的，相应增减可用性付费总额。

八、下一步工作建议

严格按照国家法律法规及财政部 PPP 相关政策要求，拟于 6 月份底前完成项目评审、相关批复、采购文件编制工作，7 月初启动公开招标方式择优选择社会资本，9 月底前正式签约、开工建设。在实施过程中，项目实施机构定期对该项目建设运营情况进行监测分析，会同有关部门进行绩效评价、中期评估，保障公共服务质量和效率。

第二节　W 市集中供热 PPP 项目实施方案要点
（准经营性项目）

一、项目概况

项目名称为 W 市城市集中供热项目（以下简称"本项目"），属于"存量 + 新建"的打包项目。该项目属于市政工程行业，市政府授权市住房和城乡建设局作为项目实施机构。

项目总投资 56572.56 万元，其静态总投资 54630 万元，其中：

1. 新建部分（合计 4.26 亿元）

新建 29 座水热力站，5×75t/h 蒸汽锅炉房，7 座汽水热力站，以及一座隔压换热站 1 座。城区新建工程建设费用 17184.75 万元，园区新建工程建设费用 16671.62 万元，其他建设费用 5615.88 万元，基本预备费 3157.78 万元。

2. 存量部分（合计 1.2 亿元）

总投资中包括城区存量供热资产，经有资质专业的评估机构审计、评估确认约为 12000 万元，政府意向让社会资本方按 X 年分期支付资产转让价款，将存量资产移交至社会资本方经营。远期建设（10 年后）是在近期的规模基础上予以扩建,其远期新增投资可达 2.1 亿元,出于一次规划、规模经济考虑,本次预留以便后期扩展,不纳入本期建设。

二、风险分配(见表 8-11)

表 8-11　　　　　　　　　　风险分类及风险防范

	风险类别	政府	社会资本	共同	防范/应对措施
政策法律风险	本级政府可控的政策、法规变更	√			(1) 在合同约定发生公共政策及法律变化风险时引起损失的合理分担制度 (2) 实施机构积极协调规划、国土、环保、建设等部门,及时提供相应的前期批复和配套责任 (3) 在合同设置争议解决条款
	本级政府不可控的政策、法规变更			√	
	审批和许可获得延迟(政府可控)	√			
	审批和许可获得延迟(社会资本因素)		√		
	土地使用权获取	√			
	重大税收政策变更		√		建议增值税、所得税等由项目公司承担
	合同文件冲突			√	(1) 合同双方加强守法意识,切实履行合同责任 (2) 建立畅通的沟通、协调机制
宏观经济风险	通货膨胀	√			约定合理的调价机制
	利率变化			√	
融资风险	融资迟缓		√		(1) 引入具有融资能力的社会资本 (2) 寻找合作意向强烈的金融机构进行融资 (3) 通过由专业的咨询机构设计合理的融资方案合同和还贷方式降低融资的成本,减小融资风险
	融资成本高		√		
建设风险	设计方案		√		(1) 委托有设计资质的单位进行项目设计 (2) 委托有施工资质的单位进行施工,与承包商签订一个固定价格、固定工期的"交钥匙"合同,将工程费用超支、工期延误、工程质量不合格等风险全部转移给承包商 (3) 聘请有资质的监理机构对项目建设进行监督 (4) 科学制定施工方案、招投标方案 (5) 合理选择施工时间,文明施工,安全施工 (6) 对不可控风险,可通过购买保险转移项目风险
	工程质量		√		
	施工技术风险		√		
	安全、环境、健康		√		
	建设成本超支		√		
	完工风险		√		

续表

风险类别		政府	社会资本	共同	防范/应对措施
运营移交风险	供热面积不足			√	(1) 政府方通过设置保障机制，适当减少社会投资方的风险 (2) 政府通过设置保障机制，适当减少项目公司特许经营收费权的坏账损失 (3) 在政府指导定价基础上，结合风险适当启动调价机制 (4) 加强项目管理、明确服务质量标准 (5) 项目公司提交履约保、移交保函 (6) 量化绩效考核管理办法，强化运营安全风险意识，按绩效付费 (7) 对不可控风险，可通过购买保险转移项目风险 (8) 建立合理的违约触发、应对条款
	采暖费收取困难	√			
	运营成本超支		√		
	维护成本高		√		
	人力资源状况				
	价格调整	√			
	服务质量不好		√		
	移交后设备情况		√		
其他风险	不可抗力			√	(1) 制定应急措施，减小损失
	剩余风险			√	(2) 通过保险等方式转移风险

三、运作方式

项目分城区和园区两个区域，城区含前期建设的存量资产和新建资产，属于"存量+增量"打包的一体化运作模式。

项目采用"TOT（转让－运营－移交）+BOT（建设－运营－移交）"运作方式，同时，政府以参股方式进入项目公司。政府授权国有融资平台与社会资本方组建项目公司，项目公司对本项目在特许经营期限内进行投融资、建设、运营、维护和管理，合同期满后项目公司将项目资产及相关权利等完整无偿移交给政府或政府指定机构。项目结构见图8-4。

其中：城区项目涉及存量资产、新建资产，其运作方式为TOT（转让－运营－移交）+BOT（建设－运营－移交）；园区建设为新建项目，采用BOT（建设－运营－移交）运作方式。由项目公司承担新供热锅炉的购买、管网的铺设、热力站的建设，以及后期的运营、维护和用户服务职责，特许经营期满后项目资产及相关权利等移交给政府。特许经营期为22年，其中建设期2年，运维期20年。

特许经营期内，项目公司依据法律、政策及与用户签署的供热协议，有权向用户收取下列费用：

（1）供热采暖费及相关服务费；

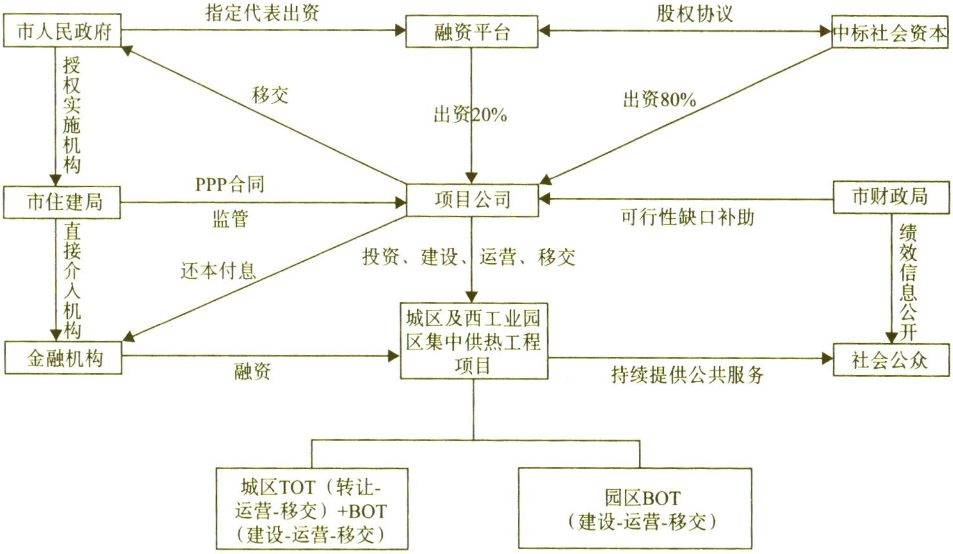

```
市人民政府 ──指定代表出资──→ 融资平台 ←──股权协议── 中标社会资本
  │  授权                          │  ↑
  │  实施   ←──移交──              出资20%  出资80%
  │  机构                          ↓
市住建局 ──PPP合同监管──→ 项目公司 ──可行性缺口补助── 市财政局
  │  直接                投资、建设、运营、移交         │
  │  介入   ←──还本付息──    ↓                    绩效信息公开
  │  机构                城区及西工业园区              ↓
金融机构 ──融资────→    集中供热工程项目 ──持续提供公共服务── 社会公众
                              ↓
              城区TOT（转让-运营-移交）+BOT     园区BOT
              （建设-运营-移交）              （建设-运营-移交）
```

图 8-4 项目结构

（2）对拒缴、欠缴费用的热用户收取滞纳金、违约金、损害赔偿金等款项；

（3）其他法律规定或约定的款项。

项目公司股权比例中，社会资本在项目公司中股权占比为80%，政府方股权中占比为20%。项目公司注册资本为7500万元，双方分别出资6000万元、1500万元。政府只是参股，不干预日常经营管理，但政府委派的董事对影响公共利益或公共安全的事项享有一票否决权。

除了政府股权出资外，项目公司在融资过程中所需的剩余的自有资金、债务性融资金额，由社会资本负责筹集，通过项目公司完成。为保障项目财务可行性和社会资本合理回报，政府出资方在基准情形下不参与分红、但分享超额收益。

四、交易结构

（一）投融资结构

项目公司成立后负责城区及园区集中供热项目的建设及运维，近期本项目总投资56572.56万元，其静态总投资54630万元，城区项目含前期存量资产，经评估后资产规模为12000万元。

项目自有资本金占静态投资额的32%，项目公司融资金额占净态投资额的68%。除了政府股权出资外，项目公司在融资过程中所需的剩余的自有资金、债务性融资金额,由社会资本负责筹集,通过项目公司完成。

自有资金为 1.75 亿元,主要出于项目投入强度大、涉及存量资产和前期运营亏损的弥补等,故该部分资金主要用于:

(1) 新建项目的债务融资所需的自有资金比例;

(2) 社会资本以 TOT 方式获得存量资产,用以转让价款部分的分期支付(暂定 X 年等额支付),剩余价款可待融资到位、产生较为充裕的经营现金流后再付;

(3) 融资到位前的资金投入、建设期及流动资金补充等。

项目实际建设过程中的剩余建设资金主要由社会资本方/项目公司负责筹集,政府部门将积极协助项目贷款事宜。政府保留对于融资利率的监管权,保障本项使用利率水平最优惠的融资贷款方式。

(二) 项目回报机制

1. 回报机制类型

园区集中供热主要是为了满足园区招商引资的需要,对园区内的企业提供工业用热,采暖费进行了很大程度的优惠,导致园区供暖费的收取无法满足其运转需求。

项目采取"可行性缺口补助"的回报机制,除了采暖费外,政府根据供热的质量和服务考核效果提供相应的补贴。

2. 相关测算与绩效考核

因城区供热具有规模效应,园区供热需求目前不足、但供热价格无法提高情况下,二个区域的收益及补贴方式不同。城区项目由项目公司负责特许经营并自负盈亏,园区项目由政府方给予相应的财政补助以保障其经济性和社会资本合理的回报,补贴额绩效考核指标见表 8-12。

基准情形下,项目全投资财务内部收益率 6%(税前),社会资本方资本金内部收益率 7.6%(税后),项目投资回收期(所得税后)10.52 年。

表 8-12 补贴额绩效考核指标

序号	项目	具体考核内容	考核权重
1	工程进度、质量	本项目的资本金认缴进度在 2 年内全部到位,项目投资在 2 年内全部完成 根据国家相关法律、法规及验收标准,项目在投入试生产前需进行消防、特种特备、环保、劳动安全与卫生等单项验收,试生产后进行项目竣工环境保护验收和工程竣工验收	15%

续表

序号	项目	具体考核内容	考核权重
2	运营服务质量	1. 建立和完善供热设施资料图档和信息化管理系统，严格遵循运行、维护、抢修安全技术规程，对供热系统的状况及性能进行定期巡视、保养、检修，按期进行大修和更新改造，定期对运行时间较长、可能存在安全隐患的供热设施进行质量安全评估 2. 根据用户实际需要设立咨询热线、业务接待、定期进行抄表、室温检测、设施安装、检修等配套综合服务 3. 建立供热质量保证体系和相应设备设施，确保供热质量符合国家、地方、行业规定标准	65%
3	满意度	考核利益相关者满意度，聘请第三方机构对使用者及周边居民、企业进行公共调查，满意度需在80%以上	20%

3. 超额收益分享机制（见表8-13）

表8-13　　　　　　　　超额收益分享机制

供热达到设计能力（3年一评估）	政府分红比例	社会资本分红比例
<40%	不分红（0）	100%
40%~60%的部分	30%	70%
60%~80%的部分	50%	50%
80%~90%的部分	80%	20%
70%~100%的部分	100%	0

（三）相关配套安排

除项目边界内的各项建设、运营、维护工作外，需同时明确如下配套安排，以利于项目稳妥推进。

土地使用权方面，土地规划和管理部门需以划拨方式向项目公司提供项目建设用地。无偿提供项目建设、运营、维护用地，向乙方交付净地，完成项目红线范围外的水、电、气、上下水、道路等配套设施和项目所需的上下游服务。

项目建设期间所需的土地使用、进场道路、水、电等基础设施，以及项目运营维护期间涉及的交通、排水、路灯、电力、园林绿化、供水、通信等相关机构或部门，均需明确各自的职责范围及分工衔接。

第九章

垃圾焚烧发电PPP项目"两评一案"

第一节 垃圾焚烧发电PPP项目实施方案

一、项目概况

(一)基本情况

1. 项目实施背景与规划(略)

2. 项目名称及所在地(略)

项目是垃圾焚烧发电项目,属于"新建"项目,属于市政工程领域鼓励发展的环保行业。

3. 实施机构

市政府授权市住房和城乡建设局(以下简称"市住建局")作为本项目实施机构,通过公开、公平、公正的竞争方式选择社会资本,并与之签署相关PPP项目合同及文件。

4. 项目建设的必要性(略)

(二)项目建设运营内容与经济技术指标

1. 项目区位(略)

2. 项目规划与选址方案对比分析(略)

3. 垃圾现状与未来产量预测、特性分析

（1）生活垃圾管理现状分析（略）。

（2）生活垃圾成分及热值预测（略）。

（3）生活垃圾收集、清运现状（略）。

（4）生活垃圾产生量及预测（略）。

综上，建议生活垃圾焚烧发电建设项目规模确定为600t/d，预留300t/d较为合理。

4. 工程技术及工艺方案优化比选（略）

5. 环保排放标准与监管（略）

6. 项目投资规模及构成

拟定规模为焚烧垃圾600t/d，余热锅炉和汽轮发电机组配置为中温中压，余热锅炉2台，单台锅炉蒸发量22t/h，汽轮发电机组为10MW凝汽式机组，设计能力为处理垃圾约600吨/日。

项目工程静态总投资35601.73万元，其中：建设工程费用4870.39万元，设备购置费21616万元，安装工程费用3762.55万元，工程建设其他费5352.79万元，其中：预备费2602.5万元。

项目投资构成见表9-1：

表9-1　　　　　　　　　　项目投资构成

序号	名称	费用（万元）	占总投资比列（%）
一	建设投资	35133.79	98.69
1	工程费用	30248.94	84.96
1.1	建筑工程费	4870.39	13.68
1.2	设备购置费	21616.00	60.72
1.3	安装工程费	3762.55	10.57
2	工程建设其他费用	5352.79	15.04
二	总投资	35601.73	100.00

7. 项目产出说明与绩效、监管标准

（1）产出说明与标准。最终形成3.5亿元的600t/d的生态、环保垃圾焚烧处理及发电的公共资产，包括2×300t/d机械炉排式焚烧炉+1×10MW汽轮发电机组、垃圾处理厂主体建筑及其他配套设施。满足三个县城片区几十万人日常垃圾的处理需求，同时，并入电网发电以综合利用资源，预计正常运行年可发电7212万kWh的清洁能源。

产出目标：详见表9-2：

表 9-2　　　　　　　　　　　　　项目产出说明

项目名称		市生活垃圾焚烧发电建设项目		
实施机构		住房和城乡建设局		
项目总投资		35601.73 万元		
建设地点		CK 县		
建设性质		新建	建设规模	日均处理生活垃圾 600t/d
计划投运时间		2018 年		
主体	项目	单机容量及台数		总容量
	垃圾焚烧炉	2×300t/d 机械炉排垃圾焚烧炉		600t/d
	汽轮机	1×10MW 凝汽式		10MW
	发电机	1×10MW		10MW
辅助工程	垃圾、燃料运输	垃圾由当地环卫部门负责收运		
	供水系统	项目最大用水量 2019.6m³/d		
	垃圾储坑	厂内设垃圾储坑 1 座，容积约 14490m³。并配套 400m³ 的渗沥液收集池		
	灰库	厂内设 1 个有效容积为 100m³ 的飞灰库，储灰量约 130t		
	渣库	厂内设 1 个渣坑，储渣量约 600t		
环保工程	烟气净化	烟气净化系统：包括半干法脱酸系统、活性炭吸附、布袋除尘器，采用 SNCR 炉内脱硝		
	污水处理	污水处理系统： 1. 垃圾渗沥液 垃圾渗沥液、卸料车和卸料区冲洗水、厂区地面冲洗水等生产废水经垃圾渗沥液收集系统收集后，通过渗沥液处理系统（采用上流式厌氧污泥床+膜生物反应器系统组合工艺）处理，其中垃圾渗沥液处理系统纳滤工序产生的浓液全部回喷焚烧炉；处理后尾水通过专用管道排入污水处理厂进一步处理，其中主要污染物需满足污水处理厂接管标准要求、第一类污染物须满足《污水综合排放标准》(GB8978-1996) 表 1 标准要求、其他污染物满足《污水综合排放标准》(GB8978-1996) 三级标准要求 2. 生活、生产废水预处理等 生活污水经处理达到《城市污水再生利用 城市杂用水水质》(GB/T18920-2002) 中"城市绿化、冲洗"水质标准用于厂区绿化；生产废水收集后用于炉渣冷却、飞灰固化等生产回用环节		
	飞灰处理	采取水泥固化稳定，然后运至项目飞灰填埋场填埋		
	炉渣处理	项目炉渣通过综合利用制成 MU15 以下的混凝土标准砖，或运往垃圾填埋场进行卫生填埋		

（2）处理标准及环保要求与监管标准。

①焚烧尾气：净化后需满足欧盟 2000 标准和《生活垃圾焚烧污染物控制标准》(GB18485-2014) 中各项指标最严标准后排放。

②焚烧飞灰：经固化后运至规划的废弃物填埋场所进行无害化填埋，以达到《危险废物鉴别标准-浸出毒性鉴别》(GB5085.3-2007) 和《生活垃圾填埋场污染控制标准》(GB16889-2008) 等标准，固化后飞灰的运输及无害化处理由社会资本或项目公司负责。

③炉渣：由进行综合利用，不可利用部分运至得规划的废弃物填埋场进行无害化填埋，不可利用炉渣的运输及无害化处理费用由社会资本或项目公司负责。

④渗滤液、生活及生产污水：需在厂区内经过无害化处理，达到回用标准，不

向水体排放，实现闭路循环，达到零排放，处理费由社会资本或项目公司承担。

⑤恶臭污染物：浓度满足《恶臭污染物排放标准》（GB14554-1993）的相关要求，相关处理费用由社会资本或项目公司负担。

8. 项目资金来源

项目总投资35601.73万元，拟采用PPP模式，引入社会资本控股成立项目公司负责筹集资，完成建设并负责项目的运营与管理。项目公司由社会资本和政府指定融资平台在C县设立，社会资本和政府方的股权比例为90%、10%。项目公司按照股权比例出资，并按照股权比例进行分红。根据项目建设进度和融资机构要求及时、足额缴纳。

项目公司自有资金占项目投资额的25%，即8900.43万元；剩余部分26701.30万元（占项目投资额的75%）为项目债务性融资，由项目公司或社会资本负责完成。

9. 项目公司股权

社会资本在SPV项目公司中股权占比为90%，政府方在整体SPV股权中占比为10%，如表9-3所示。政府方和社会资本按照股权比例进行分红（同股同权），但超额收益另行约定。

表9-3　　　　　　　　　　资本金出资比例

序号	股东	出资金额（万元）	出资比例（%）
1	社会资本	8010	90
2	融资平台（政府出资代表）	890	10
3	项目公司注册资金	8900	100

除了政府股权出资外，项目公司在融资过程中所需的自有资金、债务性融资金额，由社会资本负责筹集，通过项目公司完成。

二、风险分配

（一）风险分配基本原则

风险分配原则如下：

（1）最优风险分配原则。在受制于法律约束和公共利益考虑的前提下，风险应分配给能够以最小成本（对政府而言）、最有效管理它的一方承担，并且给予风险承担方选择如何处理和最小化该等风险的权利。

（2）风险收益对等原则。既关注社会资本对于风险管理成本和风险损失的承担，又尊重其获得与承担风险相匹配的收益水平的权利。

(3) 风险可控原则。应按项目参与方的财务实力、技术能力、管理能力等因素设定风险损失承担上限，不宜由任何一方承担超过其承受能力的风险，以保证双方合作关系的长期持续稳定。

操作过程中，承担风险的一方：

①承担风险的一方应该对该风险具有控制力；

②承担风险的一方能够将该风险合理转移；

③承担风险的一方对于控制该风险有更大的经济利益或动机；

④由该方承担风险最有效率；

⑤如果风险最终发生，承担风险的一方不应将由此产生的费用和损失转移给合同相对方。

按照风险分配优化、风险收益对等和风险可控等原则，综合考虑政府风险管理能力、项目回报机制和市场风险管理能力等要素，在政府和社会资本间合理分配项目风险。

（二）项目风险分配流程（见图9-1）

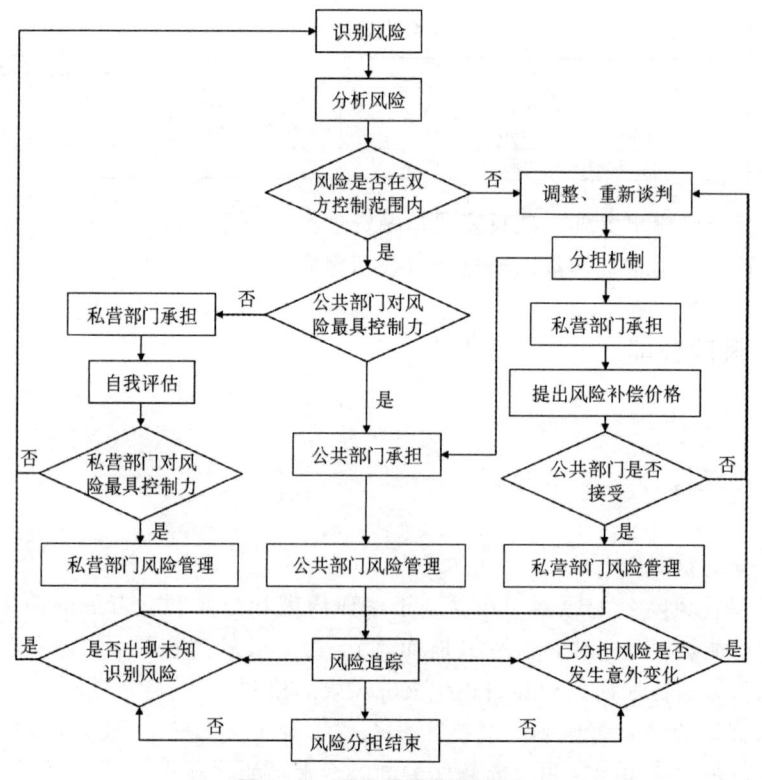

图9-1 项目风险分配流程

（三）项目风险分配方案（见表 9-4）

表 9-4　　　　　　　　　　项目风险分配与应对

风险类别		政府	社会资本	共同	防范/应对措施
政策、法律法规风险	本级政府可控的政策、法规变更	√			（1）在合同约定发生公共政策及法律变化风险时引起损失的合理分担制度 （2）实施机构积极协调规划、国土、环保、建设等部门，及时提供相应的前期批复和配套责任 （3）在合同设置争议解决条款
	本级政府不可控的政策、法规变更			√	
	审批和许可获得延迟（政府可控）	√			
	审批和许可获得延迟（社会资本因素）		√		
	土地使用权获取	√			
	重大税收政策变更			√	建议政府付费涉及的增值税/流转税由政府承担或共担，非流转税由项目公司承担
	合同文件冲突			√	（1）合同双方加强守法意识，切实履行合同责任 （2）建立畅通的沟通、协调机制
宏观经济风险	通货膨胀	√			约定合理的调价机制
	利率变化			√	
融资风险	融资迟缓		√		（1）引入具有融资能力的社会资本 （2）寻找合作意向强烈的金融机构进行融资 （3）通过由专业的咨询机构设计合理的融资方案合同和还贷方式降低融资的成本，减小融资风险
	融资成本高		√		
项目建设风险	设计方案		√		（1）委托有设计资质的单位进行项目设计 （2）委托有施工资质的单位进行施工，与承包商签订一个固定价格、固定工期的"交钥匙"合同，将工程费用超支、工期延误、工程质量不合格等风险全部转移给承包商 （3）聘请有资质的监理机构对项目建设进行监督 （4）科学制定施工方案、招投标方案 （5）合理选择施工时间，文明施工，安全施工 （6）对不可控风险，可通过购买保险转移项目风险
	工程质量		√		
	施工技术风险		√		
	安全、环境、健康		√		
	建设成本超支		√		
	完工风险		√		

续表

风险类别		政府	社会资本	共同	防范/应对措施
运营移交风险	垃圾量供给不足	√			(1) 政府方通过设置保障机制，适当减少社会投资方的风险 (2) 政府通过设置保障机制，适当减少项目公司特许经营收费权的坏账损失 (3) 在政府指导定价基础上，结合风险适当启动调价机制 (4) 加强项目管理、明确服务质量标准 (5) 项目公司提交履约保、移交保函 (6) 量化绩效考核管理办法，强化运营安全风险意识，按绩效付费 (7) 对不可控风险，可通过购买保险转移项目风险 (8) 建立合理的违约触发、应对条款
	无法并网（接入电网）		√		
	发电量无法全部接纳		√		
	电费收取困难		√		
	运营成本超支		√		
	维护成本高		√		
	人力资源状况		√		
	价格调整	√			
	服务质量不好		√		
	环境、安全问题		√		
	移交后设备情况		√		
其他风险	不可抗力			√	(1) 制定应急措施，减小损失
	剩余风险			√	(2) 通过保险等方式转移风险

三、运作方式

在项目全生命周期中，利益相关者的关系见图 9-2：

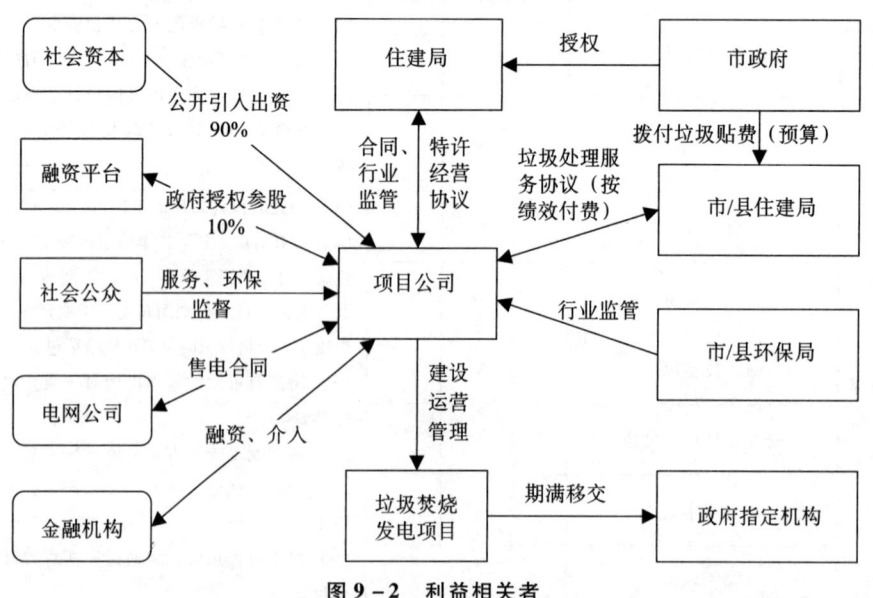

图 9-2 利益相关者

相关方包括政府、实施机构（行业主管部门）、融资平台（参股）、社会资本等，政府与社会资本形成共同合作载体——社会资本控股的项目公司。同时，与财政局、金融机构、社会公众等多个利益相关者参与其中，形成了全生命周期紧密合作、良性互动关系，形成交易的闭环运作。

结合本项目特点，本项目采取 BOT（建设-运营-移交）运作方式，项目结构见图 9-3：

（1）市政府授权住建局作为实施机构，通过公开招标的方式引入社会资本控股设立项目公司，城投公司作为政府出资人代表（参股 10%）入股项目公司，但城投公司不参与实质性管理，只对涉及重大公共利益的事项拥有一票否决权。

（2）特许经营期内，由项目公司负责整个项目全生命周期的设计、投融资、建设和运营维护。特许经营期满后，项目公司将资产及相关权利无偿移交给政府或指定机构。

（3）项目公司通过垃圾焚烧余热发电上网销售、政府支付垃圾焚烧处理补贴费等获得收入，并接受相关部门严格监管，按照绩效进行付费。

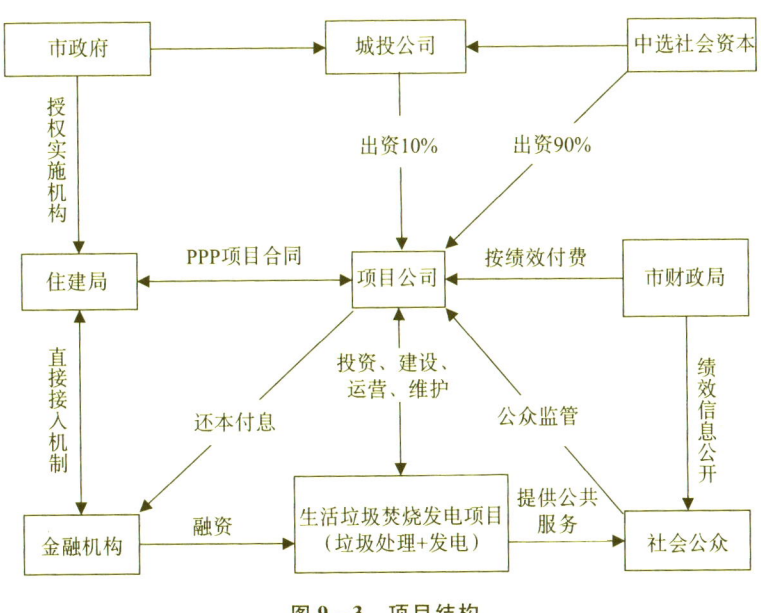

图 9-3 项目结构

四、交易结构

（一）投融资结构

1. 投资构成

项目总投资35601.73万元，包括前期费用、建筑安装费、预备费等。

项目公司由社会资本和政府指定融资平台在C县设立，社会资本和政府方的股权比例为90%、10%，按照股权比例出资、分红。

资本金占项目投资额的25%（不低于国家规定的20%），即8900.43万元；剩余部分26701.30万元（占投资额的75%）为项目债务性融资，由社会资本或项目公司负责完成。政府授权城投公司入股890万元，股比为10%。政府参股主要是获得知情权、参与权、增信，不干预社会资本日常经营管理工作，保障公共利益和服务质量。

2. 融资安排

（1）融资额度。根据《国务院关于调整固定资产投资项目资本金比例的通知》，此类项目资本金占项目总投资的最低比例为20%。项目静态总投资35601.73万元，资本金占项目投资额的25%，即8900.43万元。剩余部分26701.30万元（占项目总投资的75%）为项目债务性融资，由项目公司负责完成。

（2）融资责任和方式。出于本项目再融资的目的（不得为其他目的），在事先经政府书面批准后，项目公司可将项目的收费权、资产、设施和设备等进行质押、抵押，但该等质押、抵押不应损害政府的权益、不得影响项目的连续稳定运行，期限不应超过特许经营期。若项目公司不能顺利完成项目融资，则由社会资本方通过股东贷款、补充提供担保等方式解决，以确保项目公司的融资足额及时到位，政府部门给予必要的支持。政府保留对于融资利率的监管权，保障本项目使用利率水平最优惠的融资贷款方式。如项目成本超支，缺口资金由社会资本全部负责筹措。政府为本项目融资提供支持，包括提供合规性的保障措施及出具相关证明文件。本项目融资期限暂按15年计算，采用等额本息方式。

（二）项目回报机制

1. 回报机制类型

项目属于环保产业，但是，现有规模、商业化程度，仍需要政府支持，故项目采用可行性缺口补助付费的方式。项目投资回报主要包括三部分：垃圾焚烧余热发电上网销售、其他综合利用产品销售、政府支付垃圾焚烧处理补贴费。

（1）垃圾焚烧余热发电：发电上网执行《关于完善垃圾焚烧发电价格政策的通知》（发改价格〔2012〕801号）。项目公司负责电力接入系统的设计、投资，并向有关部门办理上网手续进行垃圾发电上网，相关发电上网风险由项目公司自行承担。由于生活垃圾焚烧发电为清洁能源，根据相关法规要求生活垃圾焚烧产生的电力应优先上网发售。

（2）其他综合利用产品销售：项目公司有权在厂区内利用炉渣生产副产品自行销售，但生产及仓贮过程不对环境造成污染，库存产品不占用厂区外附近环境。这部分收入较少。

（3）政府支付的垃圾焚烧处理补贴费：将根据投标人中标的初始单价及共同签署的《特许经营协议》内容确定。

2. 收费定价及调价机制

（1）收费定价。

①垃圾焚烧余热发电上网执行《关于完善垃圾焚烧发电价格政策的通知》（发改价格〔2012〕801号），可再生能源电价单价为0.65元。项目公司负责办理上网手续、自行承担相关风险。

②政府支付的垃圾焚烧处理补贴费将根据投标人中标的初始单价及共同签署的《特许经营协议》确定。

③其他综合利用产品销售等收入按照市场价格自行销售获得，由于本部分费用具有较大不确定性，财务测算时暂不予考虑。

根据市政公用事业的公益性，政府支付的垃圾焚烧处理补贴费单价依照微利保本原则，通过招标竞争产生，以确保服务民生并兼顾行业发展。

（2）价格调整机制。自项目进入商业运营之日起，双方可根据当地物价指数的变化以及项目运营成本和收入情况协商对垃圾处理费单价进行调整，每次调整的时间间距为2年。调价由市住房和城乡建设局牵头会同财政、发改等部门按约定的计算公式对垃圾处理补贴费调整。如垃圾处理费调整幅度累计在5%以内的，则不予调整。具体的调价公式如下：

$C_n = C_{n-3}(A \times A_{n-2} + B \times B_{n-2})$

备注：C_n：调价后的生活垃圾处理补贴费。

C_{n-2}：最近一次已调价的单位生活垃圾处理补贴费。

A：C县商品现零售价格指数与最近一次调价年度的商品价格指数的比值。

A_{n-2}：外耗原材料、燃料费等总和占总成本费用权数。

B：C县在岗职工调整后的年平均工资与最近一次调价年度的在岗职工年平均工资的比值。

B_{n-2}：人员工资及福利费占总成本费用权数。

注：$A_{n-2} = 1 - B_{n-2}$，调价公式中的数据为提出调价时的统计数据。

3. 保底与绩效付费机制

（1）保底——基本需求。一期各年垃圾保底量（吨/年）设置如下：垃圾保底量 = 可研预测的垃圾处理量 × 85%。当年垃圾供应量不足垃圾保底量时，以保底量计算垃圾补贴服务费。由于项目公司的责任，导致垃圾处理能力达不到垃圾保底量，招标方只按实际处理量付款，不承担垃圾保底量责任。

（2）绩效考核。由于项目公司自身原因，项目公司处理垃圾的质量出现以下不合格情形的，应向政府支付相应的违约金：

①炉渣热灼减率不合格的，按上月垃圾处理补贴费的 0.5% 向政府支付违约金。

②炉渣、飞灰、污水的处置有一项不合格的，每次应向政府支付违约金 1 万元。

③烟气排放指标任何一项不符合环保排放要求的，按 5 天的垃圾处理补贴费向政府支付违约金。

项目从开始商业运行之日起算，每两年进行一次中期评估，评估项目的各项指标以及项目的特许经营协议的履行效率。根据中期评估结果调整可行性缺口补助大小和对社会资本监督的方式。

4. 相关测算及回报率

基本情形下，当项目全部投资内部收益率 IRR 为 7%（税前）时，垃圾处理补贴单价为 93.9 元/吨（最终以公开招标报价为准）。

项目的财务敏感性分析，主要分析建设投资、经营成本及垃圾收费标准等单因素在 ±10%、±15% 变动时，若项目仍具有一定盈利能力，说明项目抗风险能力较强，对社会资本吸引力较大，同时，政府可设置相应的超额收益限制及分享机制。

5. 收益共享与超额收益限制机制

（1）超额收益分享触发条件：垃圾供应量超过保底量上升、电价增长变化较大导致收益率变化。

（2）收益分配方式。

①方式一：如中标价（垃圾处理价格）、电价与目前测算的价格相差不大（5% 以内），按如下原则分配收益：

其一，垃圾处理量在保底量（85%）以下，按中标价与保底量结算政府补贴（垃圾处理费），政府出资人与社会资本按股比分配利润。

其二，实际垃圾处理量超过保底量后，政府开始分享超额收益；按现有设定价格水平，预计项目资本金财务内部收益率 IRR 达到 12%，垃圾供应量稳定在设计产能 95% 左右，在此区间的收益，政府与社会资本按 30%∶70% 分享。

其三，垃圾供应量超过设计产能95%，在此区间的收益，政府与社会资本按70%：30%分享。政府获得的超额收益部分冲抵政府补贴（垃圾处理服务费），如有余额支付给政府授权的参股公司。超额收益分配见表9-5：

表9-5　　　　　　　　　　　超额收益分配

实际垃圾处理比例 （实际垃圾处理量/可研预测处理量）	政府分红	社会资本分红
实际处理比例≤85% （基本需求、保底量）的收益（无超额收益分配）	10%（政府出资人按股比）	90%
85%＜实际处理比例≤95%的部分收益	30%	70%
实际处理比例＞95%的部分收益	70%	30%

②方式二：如中标价、上网电价等敏感性因素变化幅度较大，按如下原则分配收益：

当项目进入运营期后，如果电价上涨等多种因素造成超额收益，即项目公司的资本金利润率ROE（净利润/项目公司资本金）稳定达到8%以上时，政府开始分享超额部分利润，超额利润分配见表9-6：

表9-6　　　　　　　　　　　超额利润分配

项目公司的资本金利润率ROE （净利润/项目公司资本金）	政府分红	社会资本分红
8%＜ROE≤12%的部分	30%	70%
ROE＞12%的部分	70%	30%

政府获得的超额利润部分冲抵政府补贴，如有余额支付给政府授权的参股公司。

（三）相关配套安排

作为行业主管部门，以最大限度协调三县的生活垃圾的收集和运输，并尽最大努力保证生活垃圾质量和数量。

协助项目公司社会资本或项目公司社会资本或项目公司获得运营和维护项目设施所需的所有公用设施条件的供应，包括电、水、道路和通讯等。

该项目用地在正式使用之前，负责完成项目用地红线外的"三通"（即路通、电通、水通）与用地红线内的"一平"（场地平整）工作要求。

项目的电力并网及红线内的其他配套工程由项目公司社会资本或项目公司社

会资本或项目公司建设，政府负责协调相关部门。

五、合同体系

（一）项目合同体系

PPP模式下的项目合同体系主要包括PPP项目合同、股东合同、融资合同、工程承包合同、运营服务合同、原料供应合同、产品采购合同和保险合同等。

项目边界条件是项目合同的核心内容，主要包括权利义务、交易条件、履约保障和调整衔接等边界。其中，PPP项目合同（特许经营协议）是其中最核心的法律文件。

1. PPP项目合同（特许经营协议）

见本书附件一：《某市生活垃圾焚烧发电PPP项目特许经营协议》。

2. 股东协议（合资协议）

《股东协议》通常包括以下主要条款：前提条件、项目公司的设立和融资、项目公司的经营范围、股东权利、履行《PPP项目合同》的股东承诺、股权转让、股东会、董事会、监事会组成及其职权范围、股息分配、违约、终止及终止后处理机制、不可抗力、适用法律和争议解决等。

（二）特许经营协议关键条款

见本书附件一：《某市生活垃圾焚烧发电PPP项目特许经营协议》

（三）股东协议（出资协议）部分关键条款

1. 投资总额与注册资本

（1）项目公司的建设投资为35601.73万元人民币。

（2）项目公司的注册资本为8900万元。投资额和注册资本的差额由社会资本或项目公司通过股东借款、银行贷款等方式解决。

（3）政府和项目公司社会资本或项目公司认缴的项目公司的注册资本分别如下：

①政府认缴的注册资本为890万元，占项目公司注册资本总额的10%；

②项目公司社会资本或项目公司认缴的注册资本为8010万元整，占项目公司注册资本总额的90%（如属联合体中标的，则联合体应按照联合体协议的约

定分别缴纳出资,联合体之间合计持股比例为90%)。

2. 股权转让

双方在此承诺,从本协议生效之日起至本项目竣工验收完成后 2 年之内(含),不转让其持有的项目公司的全部或部分股权(当然,如属联合体中标的,则允许财务投资人向联合体牵头方转让),除非转让为适用法律所要求,由司法机关裁定和执行。

自竣工验收完成后 2 年之后,经市政府事先书面同意,甲乙双方可以转让其在项目公司中的全部或部分股权,但受让方应满足履行本协议要求的技术能力、财务信用、运营经验等基本条件,并已经以书面形式明示,在其成为项目公司股东后,督促并确保项目公司继续承担本协议项下的义务。

尽管有上述规定,各方可以自由将其持有的项目公司的股权全部或者部分转让给其关联方,并需及时告知另一方。在此前提下,其他方特此同意对该方转让给其关联方的股权放弃行使优先购买权并同意协助办理有关股权转让所有的手续。受让方需同意受本协议和公司章程的约束。

3. 股东会

(1)股东会的组成。项目公司设股东会,股东会由全体股东组成,股东会是公司的最高权力机构。

(2)股东会的职权。股东会行使下列职权:

①决定公司的经营方针和投资计划;

②选举和更换董事,决定有关董事的报酬事项;

③选举和更换由股东代表出任的监事,决定有关监事的报酬事项;

④审议批准公司的年度财务预算方案、决算方案;

⑤审议批准公司的利润分配方案和弥补亏损方案;

⑥对公司增加或者减少注册资本作出决议;

⑦对公司拥有的土地使用权或土地使用的权利进行任何形式的处置行为;

⑧对发行公司债券作出决议;

⑨对股东转让股权作出决议;

⑩对公司合并、分立、变更公司组织形式、解散和清算等事项作出决议;

⑪经营期限的延长;

⑫制定和修改公司章程;

⑬决定公司的融资限额及负债规模、对外重大担保事宜;

⑭其他各股东一致同意应由股东会表决的事项。

股东会会议由股东按实缴出资比例行使表决权。

上述第(2)~(3)至(6)~(11)项,需经过代表100%表决权的股东同意方生效;其他事项,需经过代表五分之四以上表决权的股东同意即生效。

4. 董事会的组成

（1）董事会构成。董事会由 5 名董事组成，设董事长 1 名。4 名董事由项目公司社会资本或项目公司提名，1 名由政府提名，董事长由项目公司社会资本或项目公司提名，并报经董事会选举产生。

（2）董事会的职权：董事会对股东会负责，依法行使下列职权：

①负责召集股东会，并向股东会报告工作；

②执行股东会的决议；

③决定公司的董事长；

④拟定公司的经营方针和投资计划；

⑤制定公司年度财务预算方案、决算方案；

⑥制定利润分配方案和弥补亏损方案；

⑦制定增加或者减少注册资本方案；

⑧拟定公司合并、分立、变更公司组织形式、解散方案；

⑨聘任或解聘公司总经理、根据总经理提名，聘任或者解聘公司副总经理、财务总监等高级管理人员，决定其报酬；

⑩决定公司内部管理机构的设置；

⑪决定公司的基本管理制度；

⑫决定公司的员工薪酬、福利及奖励制度；

⑬审议批准与公司股东发生的关联交易；

⑭对公司聘用、解聘会计师事务所作出决议；

⑮决定公司除应由股东会作出决议之外的其他一般担保事项；

⑯决定项目公司的具体组织机构及对应人员职责、管理模式；

⑰项目公司的资金的使用、管理规则；

⑱其他股东会授予的职责或者委托管理协议约定应由董事会决定的事项。

董事会会议实行一人一票的表决制度。董事会行使职权时需要董事会表决的，第（7）~（8）项决议事项需经全体董事表决同意通过后生效。其他由董事会拟定或决定的事项经过全体董事五分之四（包括本数）以上董事同意通过即生效。

但是，政府委派的董事对影响公共利益或公共安全的事项享有一票否决权。

5. 经营管理机构

（1）管理机构。项目公司实行董事会领导下的总经理负责制，由总经理负责项目公司的日常经营管理。

（2）高级管理人员。项目公司设总经理 1 名，副总经理 2 名（双方各委派 1 名）。总经理由社会资本提名，董事会聘任，其他高级管理人员按照相关的权限和程序报批后，由董事会聘任或解聘。项目公司设财务总监 1 名，由社会资本提名，报经董事会通过后聘请。政府有权提名一位财务副经理，经董事会通过后聘请。

6. 监事会

（1）监事会的宗旨。监事会是项目公司的监督机构，依法行使监督权，确保项目公司依法经营，维护股东利益。

（2）监事会的组成。监事会应由3名监事组成，由双方各委派1名，另设1名职工代表监事，职工代表监事由公司职工通过职工代表大会、职工大会或者其他形式选举产生。监事任期每届3年。监事会主席应由监事会全体监事的过半数选举产生。监事会主席召集和主持监事会会议。监事会每年度至少召开一次会议，2名监事可以联名提议召开临时监事会会议。监事会会议有效召开的人数为2名监事。监事会的所有决议应当经全体监事的半数以上通过方为有效，并应以书面形式作出，任何出席会议的监事或代表应当在决议上签名。

7. 财务、会计、审计及税务

（1）在至少提前2个工作日给予书面通知项目公司的前提下，本协议任何一方均有权要求检查和复印项目公司的会计记录及作账凭证。本协议的任何一方有权依法要求查阅会计账簿，但应向公司提出书面请求，并说明目的，项目公司依法予以配合。

（2）审计。项目公司的年度审计由董事会委托一家在中国注册的有资质的会计师事务所对项目公司的财务账册和记录以及年度财务报告进行审计，由财务总监会同总经理将年度审计报告提交董事会。项目公司应建立内部审计制度，对专项事务进行审计。

（3）税务。项目公司应根据税收相关的中国法律规定进行纳税，但在履行了相关的法定手续后，可享有国家和地方税务机关向项目公司批准的减税、免税等税收优惠政策。

（4）利润分配。项目公司分配当年税后利润时，应当提取利润的百分之十作为公司法定公积金。公司法定公积金累计额达到公司注册资本百分之五十以上的，可以不再提取。公司弥补亏损和提取公积金后所余税后利润，由同股同权分配，出现超额收益分配按约定执行。

六、监管架构

略。

七、采购选择

采取公开招标方式，其他略。

第二节　垃圾焚烧发电 PPP 项目物有所值评价报告

一、项目基本情况

（一）项目概况（略）
（二）项目产出说明及绩效、监管标准（略）
（三）项目运作方式与交易结构（略）
（四）风险分配框架（略）
（五）付费机制（略）

二、物有所值评价方法与定性、定量分析

（一）物有所值评价介绍及工作流程

1. 物有所值定义与评价的政策依据

物有所值（Value for Money，VfM）评价是判断是否采用 PPP 模式代替政府传统投资运营方式提供公共服务项目的一种评价方法。相关政策依据：

（1）《财政部关于推广运用政府和社会资本作模式有关问题的通知》（财金〔2014〕76 号）；

（2）《财政部关于印发〈政府和社会资本合作模式操作指南（试行）〉的通知》（财金〔2014〕113 号）；

（3）《财政部关于印发〈PPP 物有所值评价指引（试行）〉的通知》（财金〔2015〕167 号）；

（4）其他法律、法规、规章和规范性文件。

2. 物有所值评价体系及工作流程

物有所值评价包括定性评价和定量评价两部分。现阶段以定性评价为主，鼓励开展定量评价。本项目同时采用两种评价方法。

物有所值评价的工作流程见图 9-4：

项目本级财政部门（或 PPP 中心）应会同行业主管部门（住建局），明确定性、定量评价内容、指标和评分方法等。

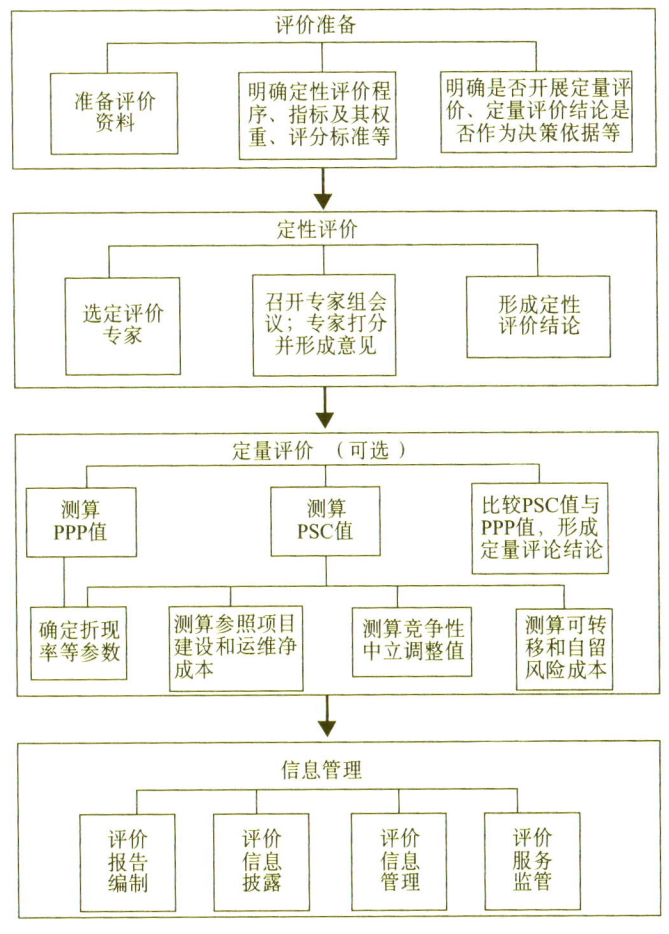

图 9-4 物有所值评价的工作流程

(二) 本项目物有所值定性分析

1. 定性评价程序

物有所值定性分析重点关注项目采用合作建设模式与采用政府传统模式相比能否降低或减少政府性债务的强度和额度,增加供给,优化风险分配、提高建设和运营的效率、促进创新和公平竞争等。

项目本级财政部门(或 PPP 中心)会同行业主管部门(住建局)组织召开专家组会议。物有所值定性分析采用专家评分法,主要包括确定定性分析指标,组成专家组、召开专家组会议和做出定性分析结论等。

(1) 确定定性分析指标:在已给定的六项基本指标及其权重的基础上,组织补充指标及其权重。基本指标分别是全生命周期整合程度、风险识别与分配、绩效导向与鼓励创新、潜在竞争程度、政府机构能力、可融资性，六个基本指标的合计权重为80%。补充评价指标主要是六项基本评价指标未涵盖的其他影响因素，包括预期使用寿命长短、全生命周期成本测算准确性、运营收入增长潜力、行业示范性等。补充评价指标权重为20%。

（2）组成专家组：结合项目特点，专家组有7名专家组成，包括财政、资产评估、会计、金融、工程技术、项目管理、法律方面专家等专家各一名。

（3）召开专家会议：专家在充分讨论后按照评价指标逐项打分；按照指标权重计算加权平均分，得到评分结果，形成专家组意见。

（4）做定性分析结论：根据评分结果和专家组意见，做出定性分析结论。原则上，评分结果在60分以上的，项目通过物有所值定性分析；否则，项目不适宜采用合作建设模式。

2. 评价指标、权重与初步分析

项目本级财政部门（或PPP中心）会同行业主管部门（住建局），按照评分等级对每项指标制定清晰准确的评分标准。基本评价指标总权重为80%，单项指标权重不应超过20%；补充评价指标总权重为20%，单项指标权重不应超过10%。每项目指标评分分为五个等级，即：有利、较有利、一般、较不利、不利，对应分值分别为：100～81、80～61、60～41、40～21、20～0分。

首先是基本指标：全生命周期整合程度、风险识别与分配、绩效导向与鼓励创新、潜在竞争程度、政府机构能力、可融资性六个基本指标，对应权重分别为15%、15%、15%、10%、10%、15%，合计权重为80%。

各指标说明及本项目指标初步分析：

（1）全生命周期整合程度。主要考核在项目全生命周期内，项目设计、投融资、建造、运营和维护等环节能否实现长期、充分整合。采用引入社会资本的合作模式，将项目的设计、建造、融资、运营和维护等全生命周期环节整合起来，通过一个长期合同全部交由社会资本合作方实施，是实现物有所值的重要机理。在生活垃圾焚烧发电项目全生命周期内，垃圾焚烧发电设计、建造，项目公司投融资、运营和维护等环节已实现长期、充分整合，全部交由社会资本合作方实施。

（2）风险识别与分配。主要考核在项目全生命周期内，各风险因素是否得到充分识别并在政府和社会资本之间进行合理分配。清晰识别和优化分配风险，是物有所值的一个主要驱动因素。在项目识别阶段的物有所值评价工作开始前，着手风险识别工作，有利于在后续工作实现风险分配优化。在生活垃圾焚烧发电项目全生命周期内，各风险因素是基本得到充分识别并在市政府方和社会资本方之间进行合理分配。在垃圾焚烧发电项目识别阶段的物有所值评价工作开始前，着手风险识别工作,有利于在后续工作实现风险分配优化。

(3)绩效导向与鼓励创新。本指标主要考核是否建立以基础设施及公共服务供给数量、质量和效率为导向的绩效标准和监管机制,是否落实节能环保、支持本国产业等政府采购政策,能否鼓励社会资本创新。垃圾焚烧发电项目的工艺技术、质量、安全都有创新,在绩效和监管上鼓励、引导。

(4)潜在竞争程度。主要考核项目内容对社会资本参与竞争的吸引力。目前,意向投资方众多,前来考察咨询的企业超过10家。

(5)政府机构能力。主要考核政府转变职能、优化服务、依法履约、行政监管和项目执行管理等能力。政府与社会资本方合作理念主要包括依法依合同平等合作、风险分担、全生命周期绩效管理等,以及合作不仅是公共服务融资手段,更是转变政府职能、建立现代财政制度等的重要手段。垃圾焚烧发电项目执行过程中,政府方的实施机构是否保证了相关配套设施,已有相关公用事业BOT实施和监管经验,具备较高实施能力。

(6)可融资性。主要考核项目的市场融资能力。项目对金融机构(贷款和债券市场)的吸引力越大,项目越具有融资可行性,越能够顺利完成融资交割和较快进入建设、运营阶段,实现较快增加基础设施及公共服务供给的可能性就越大。项目领域政策支持、国家倡导,项目现金流较为稳定、抗风险能力较强,对金融机构的吸引力大。

其次是补充评价指标:根据项目情况,本次选择项目资产寿命、全生命周期成本估计准确性、项目运营收入增长潜力、行业示范性四个指标作为补充指标,每个指标权重均为5%,合计权重为20%。

各指标说明如下:

(1)项目资产寿命。主要考核项目的资产预期使用寿命,项目的资产使用寿命长,将为利用合作模式提高效率和降低全生命周期成本提供基础条件。垃圾焚烧发电项目中设备的使用寿命(折旧、损耗)与运营期匹配。

(2)全生命周期成本估计准确性。主要考核项目对采用合作模式的全生命周期成本的理解和认识程度、以及全生命周期成本将被准确预估的可能性。全生命周期成本是确定合作期长短、付费多少、政府补贴等的重要依据。垃圾焚烧发电项目执行过程中由于涉及成本种类过多,前期聘请设计院、专家做了多轮的评审、论证。

(3)项目运营收入增长潜力。主要考核预计社会资本合作方增加额外收入的可能程度。社会资本合作方通过实施项目,在满足公共需求的前提下,增加额外收入,可以降低政府的成本和公众的支出。垃圾焚烧发电项目会随着区域发展而扩大其营业收入。

(4)行业示范性。垃圾焚烧发电项目作为用电市场需求旺盛,亟需加大投资力度。该项目采用 PPP 模式，可以提质增效，树立区域典范。示范效应非常强。

本项目专家评分表如表 9-7 所示：

表 9-7　　生活垃圾焚烧发电 PPP 项目物有所值定性分析专家评分表

指标		权重	评分
基本指标	①全生命周期整合程度	15%	
	②风险识别与分配	15%	
	③绩效导向与鼓励创新	15%	
	④潜在竞争程度	10%	
	⑤政府机构能力	10%	
	⑥融资可行性	15%	
	基本指标小计	80%	
附加指标（不少于三项）	项目资产寿命	5%	
	全生命周期成本估计准确性	5%	
	运营收入增长潜力	5%	
	行业示范性	5%	
	附加指标小计	20%	
合计		100%	
专家签字：			

3. 评分标准

参照《PPP 物有所值评价指引（试行）》设定的 10 项指标，采用百分制评分法，各评价指标评分参考标准如表 9-8 所示：

表 9-8　　项目定性分析参考标准

基本指标		
编号	指标	评分参考标准
1	全生命周期整合程度	• 81~100 = 项目资料表明采用合作建设模式，至少有融资和全部运营、维护整合到一个合同中 • 61~80 = 项目资料表明采用合作建设模式，至少有融资和核心服务到大部分非核心服务的运营、维护将整合到一个合同中 • 41~60 = 项目资料表明采用合作建设模式，仅运营和维护将整合到一个合同中 • 21~40 = 项目资料表明采用合作建设模式，仅将部分运营和维护整合到一个合同中 • 0~20 = 项目资料表明采用合作建设模式，仅将融资、建造、运营、维护中的一个或者更少环节将整合到一个合同中

续表

2	风险识别与分配	• 81~100＝项目资料表明，已进行较为深入的风险识别工作，预计其中的绝大部分风险或全部主要风险将在政府与社会资本合作方之间明确和合理分配 • 61~80＝项目资料表明，已进行较为深入的风险识别工作，预计其中的大部分主要风险可以在政府与社会资本合作方之间明确和合理分配 • 41~60＝项目资料表明，已进行初步的风险识别工作，预计这些风险可以在政府与社会资本合作方之间明确和合理分配 • 21~40＝项目资料表明，已进行初步的风险识别工作，预计这些风险难以在政府与社会资本合作方之间明确和合理分配 • 0~20＝项目资料表明，尚未开展风险识别工作，或没有清晰识别风险
3	绩效导向与鼓励创新	• 81~100＝绝大部分绩效指标符合项目具体情况、全面合理、清晰明确 • 61~80＝大部分绩效指标符合项目具体情况，全面合理，清晰明确 • 41~60＝绩效指标比较符合项目具体情况，但不够全面和清晰明确，缺乏部分关键绩效指标 • 21~40＝已设置的绩效指标比较符合项目具体情况和明确，但主要关键绩效指标为设置 • 0~20＝未设置绩效指标或绩效指标不符合项目具体情况，不合理、不明确
4	潜在竞争程度	• 81~100＝项目将引起社会资本（或其联合体）之间竞争的潜力大且已存在明显的证据或迹象 • 61~80＝项目将引起社会资本（或其联合体）之间竞争的潜力较大，预期后续通过采取措施可进一步提高竞争程度 • 41~60＝项目将引起社会资本（或其联合体）之间竞争的潜力一般，预期后续通过采取措施可提高竞争程度 • 21~40＝项目将引起社会资本（或其联合体）之间竞争的潜力较小，预期后续通过采取措施有可能提高竞争程度 • 0~20＝项目将引起社会资本（或其联合体）之间竞争的潜力小，预期后续不大可能提高竞争程度
5	政府机构能力	• 81~100＝政府具备较为全面、清晰的合作建设理念，且本项目相关政府部门及机构具有较强的合作建设能力 • 61~80＝政府的合作建设理念一般，但本项目相关政府部门及机构具有较强的合作建设能力 • 41~60＝政府的合作建设理念一般，且本项目相关政府部门及机构的合作建设能力一般 • 21~40＝政府的合作建设理念较欠缺，本项目相关政府部门及机构的合作建设能力较欠缺且不易较快获得 • 0~20＝政府的合作建设理念欠缺，且本项目相关政府部门及机构的合作建设能力欠缺且难以获得

续表

\multicolumn{3}{c}{基本指标}
编号	指标	评分参考标准
6	可融资性	• 81~100＝预计项目对金融机构的吸引力很高，或已有具备强劲实力的金融机构明确表达了对项目的兴趣 • 61~80＝预计项目对金融机构的吸引力较高 • 41~60＝预计项目对金融机构的吸引力一般，通过后续进一步准备，可提高吸引力 • 21~40＝预计项目对金融机构的吸引力较差，通过后续进一步准备，可提高吸引力 • 0~20＝预计项目对金融机构的吸引力很差

\multicolumn{3}{c}{补充指标}
编号	指标	评分参考标准
1	项目资产寿命	• 81~100＝主要运营资产的预期使用寿命大于30年（不包括30年） • 61~80＝主要运营资产的预期使用寿命为20到30年（不包括20年） • 41~60＝主要运营资产的预期使用寿命为15到20年（不包括15年） • 21~40＝主要运营资产的预期使用寿命为10到15年（不包括10年） • 0~20＝主要运营资产的预期使用寿命小于10年
2	全生命周期成本估计准确性	• 81~100＝项目相关信息表明，项目的全生命周期成本已被很好的理解和认识，并且被准确预估的可能性很大 • 61~80＝项目相关信息表明，项目的全生命周期成本已被较好的理解和认识，并且被准确预估的可能性较大 • 41~60＝项目相关信息表明，项目的全生命周期成本已被较好的理解和认识，但尚无法确定能否被准确预估 • 21~40＝项目相关信息表明，项目的全生命周期成本理解和认识还不够全面清晰 • 0~20＝项目相关信息表明，项目的全生命周期成本基本上没有得到理解和认识
3	运营收入增长潜力	• 81~100＝预计社会资本在满足公共需求的前提下，非常有可能充分利用资产增加额外收入 • 61~80＝预计社会资本在满足公共需求的前提下，较有可能充分利用资产增加额外收入 • 41~60＝预计社会资本在满足公共需求的前提下，利用项目资产增加额外收入的可能性一般 • 21~40＝预计社会资本利用项目资产获得额外收入的可能性较小 • 0~20＝预计社会资本利用项目资产获得额外收入的可能性非常小
4	行业示范性	• 81~100＝项目在行业内有显著的示范效应 • 61~80＝项目在行业内有较强的示范效应 • 41~60＝项目在行业内有一定的示范效应 • 21~40＝项目的行业示范效应一般 • 0~20＝项目的行业示范效应较小

4. 专家组构成

根据项目特点，本项目选取财政、行业、资产评估、会计、金融、法律、项目管理及工程技术组成 7 人专家组，针对项目提出建设性意见和建议，并对物有所值定性指标进行综合打分，形成了物有所值定性分析专家意见。

5. 综合评分结果分析

本项目采用专家权重打分法，依次经过个人打分、集体商议、给出结果和建议三个环节（第三个环节见下），各环节阐述如下。

（1）个人打分。推荐 7 人评审小组，就本项目的实施方案和项目前景进行了物有所值定性评价，分别得出以下分数评价：76.5 分、82.05 分、83 分、81.3 分、79.45 分、81.3 分、84.25 分，最终得出的算术平均分为 81.12 分。

（2）集体商议。根据七位专家的打分结果进行数据整理和分析，得出以下整理数据：根据以上专家打分情况汇总，按满分 100 分衡量，本项目的平均分为 81.42 分（同个人打分的平均分有一点差异，原因在于个人打分是取 7 个分数的平均值；集体商议的 PPP 项目物有所值定性分析评分结果计算表是从总分里去掉一个最高分和一个最低分，再计算平均分），总体而言项目采用 PPP 模式获得了较高的认可度。"融资可行性""风险识别与分配"以及"全生命周期整合潜力"等指标获得的均分较高，说明与政府传统采购模式相比，本项目采用 PPP 模式，政府具备较为全面、清晰的 PPP 理念，风险边界划分清晰，有效避免后期争端；且项目对金融机构的吸引力也很高；能够充分调动社会资本的积极参与程度，项目市场前景广阔，存在的价值极高。同时，应注意，专家在"政府机构能力""全生命周期成本测算准确性"等项分数偏低，应在这些方面予以进一步考量和调整。

6. 专家组意见和定性评价结果

通过物有所值专家论证会议，本项目物有所值定性分析最终评分结果为 81.42 分，评分结果在 60 分以上，专家小组一致同意项目通过物有所值定性分析。

经过集体讨论，专家组给出如下建议：

（1）在部门权责划分上应进一步细化，明确合同边界，尽量减少权责"缺位"现象，保证项目各参与主体合作顺畅，提高整体运作效率。

（2）进一步深入分析垃圾供应量、成本投入。

（三）物有所值定量分析

1. 定量分析步骤

物有所值定量分析是在假定采用 PPP 模式与政府传统投资和采购模式的产出

绩效相同的前期下，通过对 PPP 项目全生命周期内政府支出成本的净现值（PPP 值）与公共部门比较值（PSC 值）进行比较，判断 PPP 模式能否降低项目全生命周期成本。物有所值定量分析流程如图 9-5 所示。

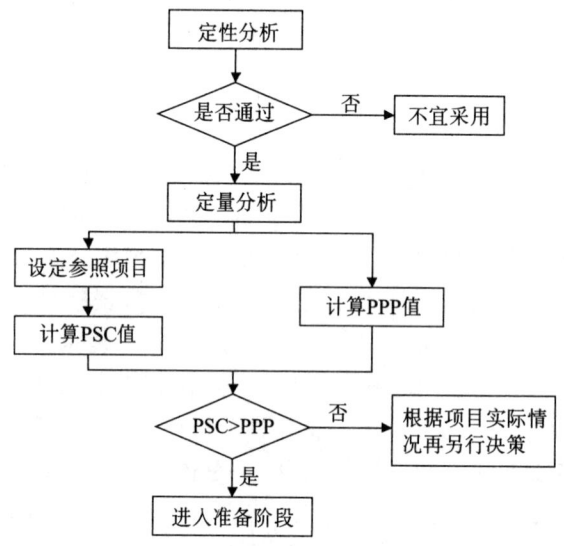

图 9-5　物有所值定量分析流程

物有所值定量分析的主要步骤包括：
（1）根据参照项目计算 PSC 值；
（2）根据影子报价和实际报价计算 PPP 值；
（3）比较 PSC 值和 PPP 值，计算物有所值量值和指数，得出定量分析结论。

PPP 值小于 PSC 值的，项目转入准备阶段，否则不宜采用 PPP 模式，应从当地 PPP 项目目录中剔除。

2. PSC 值计算

（1）折现率选取。依据财政部《政府和社会资本合作项目财政承受能力论证指引》："年度折现率应考虑财政补贴支出发生年份，并参照同期地方政府债券收益率合理确定"。本省 2016 年 3 月，发行了总额 X 亿元人民币地方政府债，包括 5、7、10 年三期，三期债对应利率分别为 2.98%、3.27% 和 3.30%。故年度折现率采用 3.3%。

（2）PSC 测算过程。PSC 值 = 初始 PSC 值 + 竞争性中立调整值 + 项目全部风险成本（可转移风险承担成本 + 自留风险承担成本）。

项目参照项目选取同类垃圾处理性质项目，运营成本参考于 2010~2015 年度的企业基本情况表以及经审计的财务报告，并分析对材料费、动力费、修理费、职工薪酬、制造费用、管理费用等各项单位成本在变化趋势基础上，预测项目商业运营期内假设由其运营本项目的单位运营成本，作为初始 PSC 值的计算依据。

竞争性中立调整值是为了消除政府传统采购模式下公共部门相对社会资本所具有的竞争优势，主要包括政府比社会资本少支出的土地费用、行政审批费用、所得税等有关税费。

由于拟建项目的风险概率和风险后果值难以预测，因此风险承担成本采用比例法计算。风险承担成本为项目建设运营成本的 5%，其中，自留风险承担成本占项目全部风险承担成本的 20%，可转移风险承担成本占 80%。

PSC 测算表见表 9-9。

表 9-9　　　　　　　　PSC 测算表

序号	项目	静态累计	现值（本区域地方债利率，折现率 3.3%）
一	初始 PSC 值		
1	建设成本		
2	资本性收益		
3	运营维护成本		
4	第三方收入		
5	其他成本		
二	竞争性中立调整值		
1	土地费用		
2	行政审批费用		
3	有关税费		
三	全部风险成本		
1	可转移风险承担成本		
2	自留风险承担成本		
合计	PSC 值		

经测算，项目的 PSC 现值为 X 万元。

3. PPP 值计算

PPP 值是指政府实施 PPP 项目全生命周期内股权投资、运营补贴、风险承担和配套投入等各项财政支出责任的现值。根据《政府和社会资本合作项目财政承受能力论证指引》，本项目的财政支出责任包括股权投资支出、运营补贴支出、风险承担支出和配套投入支出。

（1）股权投资支出。项目公司资本金 8900.43 万元，占投资额的 25%，政府股权投资占比为 10%。债务性融资 26701.30 万元，由项目公司负责，社会资本承担整体融资责任。

（2）运营补贴支出。项目回报机制为可行性缺口补助，政府每年直接付费数额为协议供电服务费与使用者付费数额之差。经测算政府运营补贴支出共计 C 万元，平均每年支出运营补贴 c 万元。

（3）风险承担支出。由于项目风险支出数额和概率难以准确测算，因此，风险承担成本采用比例法计算。项目的投资控制、融资、建设、运营维护等商业风险由项目公司承担，政府仅承担部分法律和政策风险，不可抗力风险由双方共担。PPP 模式下政府风险承担支出共计 5144 万元，其中，可转移风险政府自留部分为 4116 万元，可分担风险政府分担部分为 1028 万元。

（4）配套投入支出。项目由于市政配套工作已基本完成，配套投入支出为 0。

（5）PPP 值计算结果。本项目 PPP 值计算结果如表 9-10 所示。

表 9-10　　　　　　　　　PPP 值计算

指标	单位	现值
股权投资支出	万元	890.04
运营补贴	万元	59612.21
风险承担	万元	1028
配套投入	万元	0
PPP 值	万元	61785.28

经计算 PPP 值为 61785.28 万元。

4. 计算结果

综合上述 PSC 值和 PPP 值的分析，计算得到项目全生命周期 PSC 值和 PPP 值，具体计算结果见表 9-11。

表 9-11　　　　　　　　　物有所值指标

指标	单位	数值
PSC	万元	X
PPP	万元	61785.28
物有所值量值	万元	—
物有所值指数	%	13%

5. 物有所值定量评价结论

物有所值量值和指数越大，说明 PPP 模式替代传统采购模式实现的价值越大。本项目物有所值量值和指数均为正，说明项目适宜采用 PPP 模式。

三、评价结论

经过物有所值定性、定量评价，本项目通过定性评价、定量评价，认为本项目通过物有所值评价，建议进入 PPP 下一准备工作。

第三节 垃圾焚烧发电 PPP 项目财政承受能力论证报告

一、财政承受能力论证编制的目的、依据及概述

（一）目的和依据

本报告通过对垃圾焚烧发电厂 PPP 项目中政府方的责任识别以及政府财政支出能力分析，识别、测算政府和社会资本合作项目的各项财政支出责任，科学评估本项目实施对本市当前及今后年度财政支出的影响，防范和控制财政风险，为 PPP 项目财政管理提供依据，为政府相关领导就本项目的实施决策提供参考。

开展 PPP 项目财政承受能力论证，是政府履行合同义务的重要保障，有利于规范 PPP 项目财政支出管理，有序推进项目实施，有效防范和控制财政风险，实现 PPP 可持续发展。

对"通过论证"的项目，将财政支出责任纳入预算统筹安排，对"未通过论证"的项目，不采用 PPP 模式。

（二）构成要素

1. 全面、准确识别、预测、分析支出责任

因政府对 PPP 的支持形式不同，会形成不同类型的财政支出责任，主要分为直接支出责任和或有支出责任。直接支出责任的要求明确，只是支付的具体额度有时并不确定。直接财政责任包括：可行性缺口补助，指政府出资支持具有经济可行性但不具有商业可行性的项目；政府付费，指政府依据项目所提供服务和资产定期支付费用；配政府套投入。或有支出责任取决于不受政府控制的未来不确定事件，所以支付的发生、额度以及时间都难以预知。或有负债主要来自政府对一些风险因素的担保，比如：汇率、通货膨胀、价格、流量方面的风险、不可抗

力、因终止而需要政府支付的补偿款以及信用担保等。

上述财政支出责任涵盖四个部分：股权投资支出、运营补贴支出、风险承担支出、配套投入支出。

2. 财政承受能力论证的主要构成要素

（1）明确垃圾焚烧发电项目财政承受能力论证流程，并将其纳入PPP项目准备与审批程序中（PPP项目准备、开发阶段）。财政承受能力论证主要包括责任识别、支出测算、能力评估和论证结论等，其中责任识别又分为股权投资支出、运营补贴支出、风险承担支出、配套投入支出。

（2）确保垃圾焚烧发电项目财政承受能力在PPP项目实施阶段得到充分监督管理（PPP项目实施阶段）。从单个项目和全部项目等不同层面进行监管，在编制政府中长期预算时安排PPP项目支出责任，并根据需要将其作为政府常规财政报告的内容进行披露。

二、责任识别

在PPP项目全生命周期的不同阶段，对应政府承担不同的义务，财政支出责任主要包括股权投资支出、运营补贴支出、风险承担支出、配套投入支出。

（一）股权投资支出

股权投资支出责任是指在政府与社会资本共同组建项目公司的情况下，政府承担的股权投资支出责任。如果社会资本单独组建项目公司，政府不承担股权投资支出责任。

本PPP项目由政府方参股，股权投资支出责任为890.04万元。

（二）运营补贴支出

运营补贴支出责任是指在项目运营期间，政府承担的直接付费责任。垃圾焚烧厂由于基础设施建设投资量大，而项目的初期运营收益，难以覆盖投资本息，需要财政补贴的支持。本项目采取可行性缺口补助方式，政府承担部分运营补贴支出责任。

（三）风险承担支出

风险承担支出责任是指项目实施方案中政府承担风险带来的财政或有支出

责任。

考虑 PPP 项目的政府和社会资本的权利义务界定,以及本项目实际情况和调整条款设置,因此设计由政府主要承担法律风险、政策风险、最低需求风险和因政府方原因导致项目合同条款变更、终止等突发情况,由此产生财政或有支出责任;社会资本主要承担项目的投资风险、融资风险、建设风险、运营维护风险以及由此产生的建设运营成本上升。根据风险承担主体的不同,项目风险分为转移风险和政府自留风险。

(四)配套投入支出

配套投入支出责任是指政府承诺将提供的配套工程等其他投入责任,包括土地征收和整理、建设部分项目配套设施、完成项目与现有相关基础设施和公用事业的对接、投资补助、贷款贴息。

三、支出测算

(一)财政支出责任测算

1. 股权投资支出

股权投资支出 = 项目公司注册资本金 × 政府占项目公司股权比例

项目公司资本金 8900.43 万元,占总投资规模的 25%。政府入股 10%,股权投资支出是 890.04 万元。

2. 运营补贴支出

运营补贴支出根据项目建设成本、运营成本、合理收益水平和第三方收入确定。经初步测算,项目政府每年平均运营补贴支出如下(略)。

3. 风险承担支出

由于项目风险支出数额和概率难以准确测算,因此风险承担成本采用比例法计算。本项目较为适宜采用比例法计算风险承担支出,通过风险识别、分析及专家评估,参数设定及计算如下:

(1)项目风险成本。

①通常整个项目的风险比率为 5%。

②项目风险成本计算:

项目风险成本 = 项目建设运营成本 × 风险承担成本比例
= (项目投资额 + 运营成本累计数) × 5%

$= (67296.41 + 35601.73) \times 5\% = 5144$（万元）。

（2）可转移风险承担成本。

①指在风险分配框架下政府方为向社会资本方转移风险所付出的成本。可转移风险包括拟由社会资本单方承担的风险以及双方共担风险中拟由社会资本方承担的部分。

②项目及运营期间可能发生的组织管理、设计施工、投资估算、金融、市场、财务等风险，项目公司通过参加商业保险后，可有效转移部分风险。

③可转移风险承担成本占项目全部风险承担成本的比例一般为 70% ~ 85%，结合上述分析，本项目设定为 80%。

④可转移风险承担成本计算：

可转移风险承担成本 = 项目风险成本 × 可转移风险比例 = $5144 \times 80\% = 4116$（万元）。

（3）自留风险承担成本。自留风险包括拟由政府单方承担的风险以及双方共担风险中政府方承担的部分，政府自留风险比例为占 20%。

自留风险承担成本 = 项目风险成本 × 自留风险比例 = $5144 \times 20\% = 1028$（万元）。

PPP 模式下政府支出责任为自留风险，即风险承担支出共计 1028（万元）。

4. 配套投入支出

相关配套投入支出为 0。

（二）支出责任测算结果

经测算，在项目全生命周期内，政府共需支出 61785.28 万元，其中，股权投资支出为 890.04 万元，运营补贴支出为 59867.24 万元，风险承担支出为 1028 万元，配套投入 0 万元。本项目财政支出责任如表 9 – 12 所示。

表 9 – 12　　　　　　垃圾焚烧发电项目财政支出责任

年份	(1)股权投资	(2)运营补贴支出	(3)风险承担支出	(4)配套投入支出	财政支出责任(5) = (1) + (2) + (3) + (4)
2016	445.02		13		458.02
2017	445.02		13		458.02
2018		1747.95	31		1778.95
2019		1747.95	35		1782.95
2020		1747.95	36		1783.95
2021		2184.94	36		2220.94
2022		2184.94	36		2220.94

续表

年份	(1)股权投资	(2)运营补贴支出	(3)风险承担支出	(4)配套投入支出	财政支出责任(5)=(1)+(2)+(3)+(4)
2023		2184.94	36		2220.94
2024		2184.94	36		2220.94
2025		2184.94	36		2220.94
2026		2184.94	36		2220.94
2027		2184.94	36		2220.94
2028		2184.94	36		2220.94
2029		2184.94	36		2220.94
2030		2184.94	36		2220.94
2031		2184.94	36		2220.94
2032		2184.94	36		2220.94
2033		2184.94	36		2220.94
2034		2184.94	36		2220.94
2035		2184.94	36		2220.94
2036		2184.94	36		2220.94
2037		2184.94	36		2220.94
2038		2184.94	36		2220.94
2039		2184.94	36		2220.94
2040		2184.94	36		2220.94
2041		2184.94	36		2220.94
2042		2184.94	36		2220.94
2043		2184.94	36		2220.94
2044		2184.94	36		2220.94
2045		2184.94	36		2220.94

四、能力评估

(一) 财政支出能力评估

1. 财政运行分析

过去五年间，财政收入金额的变动，较大影响政府一般公共预算支出的增长。如表 9 - 13 所示，过去五年一般公共预算支出增长率平均为 10.46%，虽然面临经济下行压力，但是，项目所在市经济增速、财政增长趋势相对比较乐观。从经济增长、一般公共预算收入增长及"十三五"国民经济规划，预计未来一般公共预算支出增速约为 10%。

表 9 - 13　　　　　过去五年市一般公共预算支出情况

年度	一般公共预算支出（万元）	增长率
2011	—	19%
2012	—	18.56%
2013	—	6.74%
2014	—	5.79%
2015	—	19.77%

考虑未来经济增长趋于放缓，保守估计按 7% 的增长率对未来年度一般公共预算支出进行预测。

2. 财政支出责任占一般公共预算支出比例

本项目财政支出责任占一般公共预算支出比例如表 9 - 14 所示。

表 9 - 14　　垃圾焚烧发电项目财政支出责任占一般公共预算支出比例

年份	(1)股权投资	(2)运营补贴	(3)风险承担	(4)配套投入	本项目财政支出责任(5) = (1)+(2)+(3)+(4)	已开展PPP项目的累计财政支出(6)	一般公共财政支出(7)	财政承受能力比例(8) = [(5)+(6)]/(7)
2016	445.02		13		458.02			
2017	445.02		13		458.02			
2018		1747.95	31		1778.95			
2019		1747.95	35		1782.95			
2020		1747.95	36		1783.95			
2021		2184.94	36		2220.94			
2022		2184.94	36		2220.94			
2023		2184.94	36		2220.94			
2024		2184.94	36		2220.94			
2025		2184.94	36		2220.94			
2026		2184.94	36		2220.94			
2027		2184.94	36		2220.94			

续表

年份	(1)股权投资	(2)运营补贴	(3)风险承担	(4)配套投入	本项目财政支出责任(5)=(1)+(2)+(3)+(4)	已开展PPP项目的累计财政支出(6)	一般公共财政支出(7)	财政承受能力比例(8)=[(5)+(6)]/(7)
2028		2184.94	36		2220.94			
2029		2184.94	36		2220.94			
2030		2184.94	36		2220.94			
2031		2184.94	36		2220.94			
2032		2184.94	36		2220.94			
2033		2184.94	36		2220.94			
2034		2184.94	36		2220.94			
2035		2184.94	36		2220.94			
2036		2184.94	36		2220.94			
2037		2184.94	36		2220.94			
2038		2184.94	36		2220.94			
2039		2184.94	36		2220.94			
2040		2184.94	36		2220.94			
2041		2184.94	36		2220.94			
2042		2184.94	36		2220.94			
2043		2184.94	36		2220.94			
2044		2184.94	36		2220.94			
2045		2184.94	36		2220.94			

项目为政府第 X 个 PPP 项目，所有 PPP 项目合作期内财政承担的累计 PPP 项目支出责任及占一般公共预算支出的比例很小，基本在 3% 以内，低于 10%。

（二）行业和领域平衡性评估

市 2016~2020 年预估 PPP 项目总数为五十个，项目行业领域涵盖教育、交通、市政、养老及医疗等。PPP 项目满足了经济社会发展需求和公众对公共服务的需求，平衡了不同行业和领域的 PPP 项目，不存在某一行业和领域 PPP 项目过于集中的情况。

五、结论

根据以上分析与测算结果,得出市本级财政每年政府付费和政府补贴等财政支出占一般公共预算支出比例低于 10%,确保了财政中长期可持续性,且符合行业和领域平衡性,故本项目通过财政支出能力评估和行业领域均衡性评估。因此,本项目财政承受能力"通过论证",项目适宜采用 PPP 模式。

附件

PPP项目特许经营协议与合同

附件一

《某市生活垃圾焚烧发电PPP项目特许经营协议》

目 录

第 1 条	总则	207
第 2 条	定义与解释	208
第 3 条	声明和保证	211
第 4 条	特许经营权	212
第 5 条	前期工作与项目建设	213
第 6 条	项目试运营与验收	219
第 7 条	项目的运营与维护	221
第 8 条	项目的移交	230
第 9 条	双方的一般义务	233
第 10 条	双方的共同义务	235
第 11 条	监管	237
第 12 条	协议的终止	241
第 13 条	履约担保	245
第 14 条	违约责任	246
第 15 条	协议的转让	248
第 16 条	解释与争议的解决	249
第 17 条	其他	250

第1条 总则

1.1 为做好国家生活垃圾资源化利用和无害化处理试点工作，贯彻可持续发展的战略方针，加快实现生活垃圾处理的"无害化、减量化、资源化"，为市人民创建良好的生活环境，根据《基础设施和公用事业特许经营管理办法》（国家发展改革委、财政部、住房城乡建设部、交通运输部、水利部、人民银行第25号令）和市政府授权，由第1.2条所述双方于＿＿年＿＿月在＿＿市签署本协议。

1.2 协议一方：<u>市住房和城乡建设局</u>（下称"甲方"），地址：＿＿＿＿＿＿，法定代表人：＿＿＿，职务：＿＿＿；

协议另一方：<u>（正式签署协议时填写）</u>公司（下称"乙方"），注册地点：<u>（正式签署协议时填写）</u>，注册号：<u>（正式签署协议时填写）</u>，法定代表人：<u>（正式签署协议时填写）</u>，职务：<u>（正式签署协议时填写）</u>，国籍：<u>（正式签署协议时填写）</u>。

1.3 本项目是市生活垃圾焚烧发电PPP项目，项目的设计处理总规模为900吨/日，其中，一期600吨/日，二期300吨/日，二期建设的时间以政府的相关通知为准。本项目初步拟定在＿＿＿县10公里处的规划红线范围内建设，本项目废弃物填埋场拟规划建设在生活垃圾焚烧发电厂西南约4公里处的项目规划红线内建设。

1.4 经市政府授权与批准，由乙方按照本协议的条款和条件实施项目，并授权甲方与乙方签署《特许经营协议》。

第2条 定义与解释

2.1 术语定义

在本协议中，下述术语具有下列含义：

"项目"	指市生活垃圾焚烧发电PPP项目，建设规模为＿＿＿建设地点为＿＿＿县
"本协议"	指甲方与乙方之间签订的本特许经营协议，包括附件__至附件__，以及日后可能签订的任何本特许经营协议之补充修改协议和附件，上述每一文件均被视为并入本协议
"项目公司"	指以实施本协议为目的，由甲方根据公开程序采购社会资本，根据中华人民共和国有关法律和法规在中国成立和登记注册的项目公司，由社会资本控股与政府授权的融资平台合资设立，是本协议的乙方
"生效日期"	约定的协议生效日期
"法律适用"	指适用所有的中国法律、法规、规章和政府部门颁布的所有技术标准、技术规范以及其他所有的强制性要求
"法律变更"	指：a. 在本协议签署之后，本协议适用的法律被修改、废除或重新解释以及新颁布的任何法律；或者b. 甲方的任何上级政府部门在本协议签署日之后修改、批准的重要条件或增加的任何重要的额外条件。并且，上述任何一种情况导致：(i) 适用于乙方或由乙方承担的税收、税收优惠或关税发生任何变化；或 (ii) 对项目的融资、建设、运营维护和移交的要求发生的任何变化

续表

"工作日"	指法定的工作日
"投标保函"	指投标人按照投标人须知与投标书同时提交的保函
"土地使用权"	由C县土地管理部门划拨给项目的土地使用权或通过招牌挂方式取得的土地使用权
"土地使用权证明"	指由C县土地管理部门核发的土地使用权证
"批准"	指根据本协议的规定，乙方为项目进行融资、建设、拥有、运营、维护和/或移交而需从政府部门获得的审批、审查、许可、登记、核准、核备、备案等
"融资完成"	指乙方与贷款人签署并递交所需的有效融资文件（包括满足或放弃该融资文件要求的获得首笔资金的每一前提条件），用以证明乙方为本项目获得举债融资所需的全部交易办理完毕，同时乙方应一并收到本协议和融资文件可能要求的股权投资人的认股书（或股权出资）
"融资文件"	指与项目的融资或再融资相关的贷款协议、保函、外汇套期保值协议和其他文件，但不包括：（1）与股权投资人的认购书或股权出资相关的任何文件，或（2）与提供履约保函和维护保函相关的文件
"开工日期"	指颁布项目施工许可证之日，或按约定方式确定的日期：（a）本协议生效后____天，或_____（b）____年__月__日，或_____（c）其他条件
"最终竣工日"	指实质上完成项目施工并合格地通过交工验收后，在交工证书中标明的日期
"开始商业运营日"	指满足第6.6条的规定，项目视为开始商业运营之日
"特许经营期"	具有第4.3条规定的含义
"履约保函"	指乙方按照本协议第13.3条规定向甲方提供的保函
"商业运营期"或"运营期"	指自开始商业运营日起至特许经营期最后一日止的期间
"经营收费"	指甲方根据本协议就垃圾焚烧发电项目应向乙方承担支付的上网电量电价费用
"收费单价"	指垃圾焚烧发电上网电价、国家统一电价
"运营年"	指运营期内任一公历年度期间，但第一个运营年的开始应自开始商业运营日开始，最后一个运营年的结束应在特许经营期的最后一日结束
"运营月"	指运营期内任一个公历月期间，但第一个运营月的开始应在开始商业运营日开始，最后一个运营月的结束应在特许经营期的最后一日结束
"运营日"	指运营期内每日从00：00时开始至同日24：00时结束的二十四小时期间

续表

"可接受垃圾"	第7.3条规定的生活垃圾及其他可焚烧垃圾,由甲方正常收集及运送的一般固体之废弃物
"地磅站"	指按照《特许经营协议》的有关规定,用于计量垃圾数量的设施
"移交日"	指特许经营期结束后的第一个工作日,或经双方书面同意的移交项目设施的其他日期
"违约"	指本协议签约任何一方未能履行其在本协议项下的任何义务,而且这种违约不能归咎于另一方违反本协议的作为或不作为或不可抗力等
"违约利率"	指违约当时适用的中国人民银行规定的一年期贷款利率加__%
"不可抗力"	指不能预见、不能避免并不能克服的客观情况。以满足上述条件为前提,不可抗力包括但不限于: (1)雷电、地震、火山爆发、滑坡、水灾、暴雨、海啸、台风、龙卷风或旱灾 (2)流行病、瘟疫 (3)战争行为、入侵、武装冲突或外敌行为、封锁或军事力量的使用,暴乱或恐怖行为 (4)全国性、地区性、城市性或行业性罢工 (5)国家政策的变更,如对生活垃圾处理设施的国有化等 (6)国家政府部门实行的任何进口限制或配额限制 (7)由于非甲方或其指定或委托的机构造成的运输中断

2.2 协议的解释

2.2.1 解释规则

(1)协议文件。本协议包括附件,应视为本协议的一部分。

(2)完整的协议。本协议构成双方对本项目的完全的理解,代替双方以前所有的有关本项目的书面和口头陈述或安排。

(3)修改。本协议任何修改、补充或变更只有以书面形式,并由双方授权代表签字方生效。

(4)可分割性。如果本协议任何部分,被任何法院或仲裁机构宣布为无效,本协议其他部分仍有效和可执行。

(5)本协议与附件的一致性。在整个特许期内,本协议附件的解释应与本协议保持一致。如果项目文件之间出现矛盾或不一致的地方,则以本协议为准。

2.2.2 解释

在本协议中:

(1)"元"指"人民币元",为中华人民共和国法定货币;

(2)除本协议上下文另有规定外,"一方"或"各方"应为本协议的一方或各方；本协议、或融资文件的各方均包括其他各自的继任者和获准的受让人；

（3）所指的合同是指与该项目有关的所有合同和合同附件，并且在任何情况下均包括对该合同所作的补充或修改；

（4）所指的日、星期、月份和年，均指公历日、星期、月份和年；

（5）建设包括场地勘察和调查、设计、采购、交付、安装、完成、调试以及与建设过程有关的其他活动，除非上下文另有规定。

第 3 条　声明和保证

3.1　甲方的声明和保证

甲方在此声明，在生效日：

（1）甲方已经获得市政府的授权管理本项目，作为本 PPP 项目的实施机构，有权签署本协议，并有能力履行本协议项下的义务。

（2）本合同一经签订，即对甲方具有完全的法律约束力，签订和履行本合同不会导致甲方违反对其具有约束力的任何法律、法规和合同性文件的规定，或者与之有利益冲突。

（3）不存在任何与本项目有关的由甲方作为一方签署、并可能对本项目或乙方产生重大不利影响的合同、协议和任何未决或即将进行的诉讼。

（4）甲方将在其权限内，最大限度地向市政府和其他相关职能的部门争取各种优惠待遇，并将其授予乙方，并尽其努力协助乙方获得上级政府有关生活垃圾处理的优惠待遇。

（5）为确保本协议、服务协议和其他协议的实施，而应由甲方取得的审批文件和授权，甲方应积极申请取得。乙方为本协议、服务协议和其他协议实施之目的所签署的、需其批准的其他协议、合同等，甲方应该给予及时批准。

（6）本协议不限制甲方的法定权力，甲方有权根据法律、法规和本协议的约定，对本协议项下的特许经营活动进行监管。

（7）如果甲方在此所作的声明被证实在作出时存在实质方面的不属实，并且该等不属实声明严重影响本协议项下项目的顺利进行，乙方有权终止本协议。

3.2　乙方的声明和保证

乙方在此声明：

（1）乙方为一家由_____为本协议实施之目的，依照中华人民共和国法律在 C 县设立的有限责任公司。乙方将有权根据其批准文件、工商登记文件、章程性文件从事生活垃圾处理投融资、建设和运营业务，并履行其作为本协议一方的每一项承诺下的所有义务。

（2）乙方已取得了与签署和履行本合同有关的一切内部、外部的授权和许可，并有能力履行本协议项下的义务。

（3）本合同一经签订，即对乙方具有完全的法律约束力，签订和履行本合同不会导致乙方违反对其具有约束力的任何法律、法规和合同性文件的规定，或者与之有利益冲突。

（4）乙方在其成立后至签署本协议前，不存在任何与本项目有关的由乙方作为一方签署、并可能对本项目或甲方产生重大不利影响的合同、协议和/或任何未决或即将进行的诉讼。

（5）乙方具有足够的资金支持本项目或已满足本协议、融资文件项下融资交割的所有先决条件（只能在本协议生效日或之后方能满足的条件除外）；而每一项尚未满足的条件，能够在本协议生效后或项目工程建设开工日前得到满足。

（6）乙方具备相应的财务能力、营运能力、人力资源、技术支持和经验，实施本项目并履行其在本协议下的每一项义务。

（7）本协议不限制甲方的法定权力，甲方有权根据法律、法规和本协议的约定对本协议项下的特许经营进行监督。

（8）如果乙方在此所作的声明被证实在作出时存在实质方面的不属实，并且该等不属实声明严重影响本协议项下项目的顺利进行，甲方有权终止本协议。

3.3 对虚假声明和保证的赔偿责任

在不影响本协议其他条款规定的情况下，如果任一方在本章所作的声明和保证被证明在作出之时在实质方面不正确，另一方有权就其因此所受的任何损害获得赔偿。

该等损害指任何一方在谈判、准备和终止本协议时产生的所有费用及开支，但赔偿数额不应与第 12 条规定的提前终止补偿金额重复计算。

第 4 条 特许经营权

4.1 特许经营权的授予

按照本协议的规定，经市政府批准、授权甲方授予乙方在特许期内对本项目进行投资、融资、建设、运营、维护、移交，并取得经营收费的独家权利，同时，向乙方颁发本项目的特许经营权证书。

乙方的特许经营权在整个特许经营期内始终持续有效。在特许经营期内，非经甲方同意，并仅限于本项目的融资担保所需，乙方不得擅自就本特许经营权及相关权益向任何第三方进行转让、出租、质押或其他任何处置。

确因公共利益需要，甲方可以收回特许经营权、终止协议履行、征用实施特许经营的城市公用事业项目、指令项目公司提供公共产品或者服务，但应当按照约定给予相应补偿。

4.2 特许经营权的内容

特许经营权的内容包括：

（1）投资、建设、运营、维护和特许经营期届满后无偿移交市生活垃圾焚烧发电 PPP 项目（含垃圾焚烧发电厂和废弃物填埋场）。

（2）处理本协议中约定的特许经营范围内产生的生活垃圾，一期主要处理 C 县、Y 县、H 县县城产生的生活垃圾，以进厂垃圾量超出设计规模 20% 的量为限；当上述特许经营范围内的生活垃圾超过设计规模的 20% 时，经政府批准后由项目公司启动项目的二期建设工作；当项目启动二期后，由双方另行签署补充协议明确项目的二期投资、建设及运营工作，并在保证项目一期同等经济地位情况下，重新测算项目的生活垃圾补贴费。

（3）根据本协议获得运营的收益权，包括向甲方或其他方收取相应的收入：为甲方提供有效区域内的垃圾无害化焚烧处理服务并获取本协议约定的垃圾处理政府补贴费；向电力公司上网销售利用垃圾焚烧产生的余热所发的电力；利用生活垃圾处理后产品获取销售收入。

4.3 特许经营期

项目的特许经营期限为 30 年（含建设期 2 年），期限自本协议正式签署生效日起至移交日止。

4.4 本项目的资产权益

在特许经营期内，乙方拥有本项目的土地使用权、所有在乙方名下的财产、设备和设施的所有权及项目运营权和收益权。

4.5 抵押与转让

出于为本项目再融资的目的（不得为其他目的），在事先经甲方书面批准后，乙方可以根据本协议的相关规定质押、抵押本项目的收费权、资产、设施和设备，但不应损害甲方的权益、不得影响项目的连续稳定运行，期限不应超过本协议规定的特许经营期。

根据本协议授予乙方的特许经营权是独占性的。乙方不得将本协议项下的特许经营权或其任何部分授予其他任何第三方。

第 5 条 前期工作与项目建设

5.1 土地使用权利

5.1.1 土地使用权利的获取

发电厂初步拟定在 C 县西南 10 公里处，占地不超过 90 亩（不含废弃物填埋场土地，具体用地面积以土地审批部门的审批面积为准）。此外，本项目的废弃物填埋场拟规划建设在生活垃圾焚烧发电厂西南约 4 公里处，占地不超过 200 亩（具体用地面积以土地审批部门的审批面积为准）。

项目涉及土地性质为公共设施用地，甲方以划拨方式供地。甲方应协调好有关部门和单位，协助乙方进行本项目工程建设用地征地拆迁工作。红线范围内征地拆迁的有关费由乙方承担，所涉及的税法及相关法律法规需缴纳的税费由乙方自行缴纳。

甲方应在本协议签订后30日内将项目用地交付乙方，以使乙方可以按照约定进度计划开工建设。

甲方为项目无偿提供项目用地，且不在其上设置任何留置权和债务担保。乙方在项目特许经营期内有权根据本协议依法独占性地使用项目土地，但乙方不得改变土地的使用用途。

土地使用期限与本协议规定的特许经营期一致，至特许经营期期满为止。如果根据本协议规定延长特许经营期，甲方应自动延长乙方对该土地的使用期。

5.1.2 场地使用限制

项目用地为本项目专用，未事先得到甲方的批准同意，乙方不得将场地另作他用。乙方根据项目建设的需要对本项目建设用地进行规划，不得改变该建设用地的用途。

5.1.3 土地使用权利的担保

在特许经营期内，未事先得到甲方的批准同意，乙方不得对项目范围内的土地使用权利进行任何形式的转让或出租，且不得在其上设置任何抵押和其他任何形式的担保。

5.2 项目前期工作

乙方负责完成项目的环境影响评价、节能评估审查、社会风险评价、项目核准、电力接入系统方案设计及项目发电上网手续办理等《特许经营协议》签订后的前期工作并承担相关费用。

甲方应对前期工作给予协助并及时审批（根据权限需要）。

5.3 勘察与设计

5.3.1 设计要求

乙方应按照国家现行有关法律、法规、相关规范和标准的要求，以本项目通过审批的环境影响报告书、可行性研究报告规定的建设标准为依据，按照规定的技术规范和要求以及适用法律法规及审批程序，自行承担或依法选择确定有相应资质的设计单位进行本项目初步设计和施工图设计，并承担相应费用。

乙方应对自身原因造成的本项目设计中的任何缺陷负责，甲方未对设计文件提出异议不应被视为对本协议项下其权利的放弃，或以任何方式解除乙方在本协议项下的义务，唯有甲方特殊要求情况除外。政府有关部门的批准不解除乙方对本项目设计承担的责任。

5.3.2 设计标准、技术规范与审批

（1）乙方应依据技术规范按照审批程序开展初步设计，并根据批准的初步设计进行施工图设计，在设计完成后十个工作日内，将设计文件提交甲方及具有审查资质的专门机构进行审查。

乙方不得擅自修改设计标准和工程规模，有内容变更的初步设计、施工图设计，必须经甲方批准。未经甲方同意，乙方不得对本项目的设计做任何原则性改动。

（2）乙方应将甲方同意的初步设计、施工图设计文件的原件及对设计文件的相关批文送交甲方备案。该等备案应当在设计文件批复之日起十日内完成。

5.3.3 设计优化、变更

乙方可根据项目建设需要，进行项目设计优化、合理化变更，但该变更不得降低项目的设计标准。乙方应在项目设计变更确认后30天内报甲方备案。

项目的设计和施工应按照国家及地方正式颁布的现行有效的相关技术标准和规范执行。如果乙方出于加快工程进度、提高工程质量、降低投资成本的原因而提出采用其他的技术标准或设计规范，必须得到甲方书面认可方可实施，且由此造成的额外支出由乙方承担。

5.3.4 其他保证

乙方应保证甲方免于因乙方侵害第三方知识产权等因素而导致的索赔、补偿和费用支出。

5.4 建设

5.4.1 乙方的主要责任

乙方应按照本协议规定负责本项目（主要含垃圾焚烧发电厂和废弃物填埋场）的建设，并承担工程的所有费用和风险。在上述原则的前提下，乙方应：

（1）按照下述文件的规定和要求进行工程建设：

A. 所有适用的中国法律、法规、标准和批准文件；

B. 经甲方组织审查批复的设计文件；

C. 本协议的所有其他要求。

（2）在本协议规定的开工日期或之前，开始工程建设，在本协议规定的竣工日期或之前竣工。

（3）在其施工方法和过程中注重安全以保护生命、健康、财产和环境。

（4）在施工期间采取一切合理措施减少对公众、工业和商业的干扰和不便，并需达到市的有关标准。

（5）负责按适用法律的要求及时申请并获得项目工程所需要的批准，并使其保持有效，同时支付所有获得上述批准所需的费用和支出。

（6）确保项目工程的设计和施工方案符合国家及地方要求，并取得审批机关的批准。

（7）乙方应负责完成本项目（含垃圾焚烧发电厂和废弃物填埋场）的建设，承担与建设相关的全部费用。

(8) 项目工程建设过程中发生的,若因项目施工和建设所导致的任何依据适用法律应由建设单位和施工单位承担的违约责任,均应由乙方承担。

(9) 在项目建设过程中,乙方在签署、取得或完成各种合同、审批等文件后,应于10个工作日内将相应的有关项目建设的文件之复印件报甲方备案。

(10) 在工程建设完成后,按照本协议规定交付有关竣工图纸和技术资料。

5.4.2 甲方的主要责任

(1) 确保项目用地供应到位;

(2) 在建设期内协助乙方办理有关政府部门所要求的批准和保持批准有效;

(3) 在建设期间协调和推进与项目相关的、需与有关政府部门沟通的事宜;

(4) 尽其所有合理的努力协助乙方获得相关批准。

5.4.3 施工注意事项

(1) 乙方应保证建设工程的施工符合批准的设计规定的技术规范、要求和技术方案(包括但不限于谨慎施工和运营惯例),或者如没有上述规定,应运用适当的工艺方式,使用新型的且保证质量的材料和设备。

(2) 乙方应制定符合本协议规定的并由乙方、建设承包商、主要设备供应商执行的质量保证和质量控制计划。乙方应向甲方提供完整的、有关已完成或正在进行的建设工程质量控制结果的文件。

在不影响乙方本协议项下义务的情况下,甲方有权参加或检查乙方及任何建设承包商、主要设备供应商的质量控制过程及方法,以确保建设工程符合质量要求。乙方应协助进行这类定期检查。

(3) 乙方应向甲方提供建设承包商的资格情况。

(4) 在完工日后30天内,乙方应向甲方提供10份项目工程的完工图纸及设计,以及甲方要求的10份有关项目技术文件或资料,包括但不限于以下内容:

A. 如建设承包商和设备供应商经招标程序选定,须提交招标文件、中标人的投标文件及中标人的澄清等文件;

B. 项目工程的施工文件和完工文件,包括作为该等文件一部分或该等文件附件的所有图纸、表格、计算式、技能参数、规程和程序,并应同时提交书面文本和电子文件;

C. 所有项目工程技术资料和图纸,包括设备平面、说明书、质量保证书、安装记录、测试记录、质量监督和验收记录;

D. 甲方合理要求的与项目有关的其他技术文件或资料,包括书面文本和电子文件。

(5) 在工程建设过程中,乙方应严格按照本可行性研究报告的批复控制工程造价并接受甲方的监督。

5.4.4 建设承包商和设备材料供应商的选择

项目的工程施工和设备采购应按照国家有关规定，除乙方自身能提供的之外，应通过招标程序选择。除非事先得到甲方的批准，所选择的工程施工单位和设备供应商不得将其承包或供应合同进行分包或转包。项目施工合同和供货合同应报甲方备案。项目全部或部分工程或设备材料的承包不能减轻乙方对本项目建设质量和进度的责任，因此乙方应督促工程施工单位和供应商按照本合同的相关规定履行义务。

5.4.5 施工监理的选择

甲方按照中国法律选择有相应资质的监理公司进行项目建设施工的全过程监理，计入项目公司成本。

5.4.6 建设进度计划和保证措施

（1）建设进度。项目工程建设工期为24个月（从项目《特许经营协议》批准生效之日起至项目初步完工日止）。本项目最迟应在_____前完成项目最终验收。乙方应根据本项目需要，按照最终确定的工程建设计划的进度并履行本协议的义务。

（2）进度报告。乙方应向甲方提交建设工程进度报告，该报告应详细、合理地说明已完成和进行中的建设工程情况，以及甲方合理要求的其他相关事项。

（3）建设中的预计延误。

A. 不能在第5.4.6款所规定的进度日期之前完成，该方应及时通知另一方并合理地详细描述以下情况：明确何种事项的进度预期无法达到；延误或预计延误的原因，包括对任何申明为不可抗力的情况的描述；所预计的对进度的延误（以天数计算），和其他合理的可预见的对建设工程进度不利的影响；一方已经采取或将要采取的，或减少迟延及其影响的措施。

B. 一方发出上述通知，并不能免除其在本协议中的任何义务。

如果一方未向另一方发出上述通知，该方应承担另一方因其未发生此通知而可能遭致的任何直接损失和费用；如果一方提出或实施的措施不能解决预期的延误，另一方可要求该方采取其认为必要的另外措施以达到项目计划的要求。

（4）如果出现下述情况，有关进度日期的最后期限将延长：

A. 不可抗力事件；

B. 项目建设过程中，在生活垃圾焚烧发电厂场地内建设用地范围内发现有古墓、古建筑或化石等具有考古、地质研究价值的物品；

C. 由于市政府有关职能部门，在正式受理乙方或甲方报批申请后违反适用法律规定的审批迟延而造成延误；

D. 甲方书面通知要求变更已经事先批准的项目设计；

E. 非因乙方原因变更项目选址；

F. 甲方迟延交付项目用地给乙方；

G. 非因乙方原因，项目周边群众阻挠、抗拒导致项目不能按计划开工、建设或运营。

（5）在同时满足了以下前提下，一方可以在上述第（4）项事件发生时，要求延长进度日期：

A. 该方在实际发生延误的 5 个工作日内，向另一方提出书面的延期要求，说明对相应的进度日期可能造成的影响；

B. 进度日期实际已经被延误；

C. 该方已采取所有合理的措施减少延误；

D. 如果另一方在收到书面要求后 10 个工作日之内，对要求的延期未书面表示异议，则另一方将被视为对要求的延期已表示同意。

因不可抗力或其他非乙方原因导致建设工期延期，特许经营期相应顺延。

5.4.7 甲方的监督和检查

（1）对建设工程的检查。甲方有权在不影响工程施工的前提下，检查乙方进度和项目的质量控制检验方法及结果，以确认工程建设符合本协议规定的进度和质量要求。乙方应派代表陪同检查，提供检查工作的必要条件，若检查工作中涉及专有资料的保密问题，应按保密条款执行。

（2）不符合质量和安全要求。如果工程建设不符合本协议的质量或安全要求，甲方可以就此向乙方提出警告。如果乙方在甲方通知后的合理时间内不能或拒绝修正缺陷，甲方有权责令停止施工，责成乙方进行整改，直到安全得到保证、缺陷得到修补、质量得到控制方可恢复施工，停工造成的损失由乙方承担。

5.4.8 建设期履约保函

乙方与甲方正式签署《特许经营协议》前，须向甲方提交银行保函作为乙方建设期的履约担保，履约保函数额为人民币____万元。项目最终验收合格后，依本协议应退还的履约保函退还乙方。

如果发生本协议乙方未全部或部分履行其在本协议项下的义务，且在甲方要求的期限内未予补正，或未按本协议的约定承担违约责任，甲方有权要求乙方在建设期履约保函的范围内承担违约责任或赔偿责任。

5.4.9 建设权放弃

（1）如果由于除甲方违约或不可抗力以外的任何原因，乙方放弃项目的建设，甲方有权终止本协议。

（2）如果由于除甲方违约或不可抗力以外的任何原因，乙方出现下列情况，则项目的建设应视为已被放弃：

①书面通知甲方已终止建设工程，且不打算重新开始施工；

②未能在任何不可抗力事件结束后 3 个月内恢复建设工程施工；

③项目建设期间，连续 3 个月内没有进行工程施工；

④ 与甲方签订特许经营协议后 8 个月内没有开工建设。

5.4.10　项目建设失败

乙方如果出现以下情况之一，视为项目建设失败：

（1）在双方约定的项目建设期内，环评审查未通过；

（2）在双方约定的项目建设期满后 6 个月内，未能完成项目的建设；

（3）试运营期满后 6 个月内，乙方不能通过最终验收。

5.4.11　无自动弃权

甲方验收建设工程及发放完工证书并不解除乙方承担任何项目设计或建设缺陷或延误导致的责任。

5.4.12　竣工

（1）项目竣工验收。项目完工后一个月内，乙方应按有关规定向政府有关部门申请进行项目的竣工验收。乙方应至少提前 10 个工作日向甲方发出竣工验收的书面通知。

甲方在接到通知后的 7 日内派代表参加由乙方组织有关方面联合进行的竣工验收。如果甲方在收到通知后未参加竣工验收，则竣工验收可在甲方缺席的情况下按预定的时间进行，并将验收结果及时通报甲方。

如果竣工验收部分或全部不合格，乙方应采取所有必要的改正措施补救不合格情况，并再次组织一次竣工验收，但应至少提前 5 个工作日向甲方发出书面通知。乙方应对因不合格而导致的费用增加和工期延误承担全部责任。再次竣工验收不合格或部分不合格，乙方承担项目建设不合格的责任。

如果在再次竣工验收结束后 10 个工作日内验收结果已得到有关部门的认可，未发出有关不合格的书面通知，则视为项目设施竣工。

（2）环保验收。乙方应在开始商业运营日之前，在合理日期内上报环保部门进行环保验收，同时报甲方。

（3）申请运营。乙方达到运营条件后，应立即书面通知甲方，申请正式开始运营，见第 6.3 条约定。

第 6 条　项目试运营与验收

6.1　项目的调试

项目相关设施的土建工程和设备安装工程完工后，乙方应按有关规范的规定进行单项工程验收、设备单机调试、联动试车及设备性能测试，并向甲方及有关管理部门提交相关报告。

设备单机调试后，乙方应向甲方发出进入带垃圾调试阶段的通知，甲方应在 7 日内予以确认，如 7 日内甲方未进行批准确认，则视为甲方批准进行带垃圾调试。甲方确认之日为带垃圾调试期间的开始之日。

在带垃圾调试期间，生活垃圾处理补贴总额按实际处理量乘以生活垃圾处理补贴费单价的80%计取。

6.2　项目的初步验收

项目应按国家相应建设工程验收程序的要求分阶段进行初步验收。经调试后，由乙方向甲方提交初步验收申请，甲方和乙方协商后按协商一致的日期派相关人员参加，通过日期以主体工程和配套工程全部验收合格为准。

6.3　项目的试运营

在初步验收通过后，乙方向甲方提出项目试运营的书面申请，甲方应在收到乙方书面申请后7日内进行试运营批准认定，试运营应在乙方收到甲方批准书面通知14日内进行。如7日内甲方未进行批准认定，则视为甲方批准试运行，乙方自书面申请满14日内进行试运营。

试运行起算日为甲方下达试运行书面批准通知之日，项目试运行期按国家相关规定执行，乙方应按有关规范的规定进行项目的试运行并承担相关费用。

项目试运行期间，生活垃圾处理补贴总额按实际处理量乘以生活垃圾处理补贴费单价的80%计取。

6.4　项目的最终验收

项目应按国家相应建设工程验收程序的要求分阶段进行最终验收。

垃圾焚烧发电厂试运行期满，工程质量、安全、卫生、污染物排放等指标最终检测达到市相关部门批复的标准，则视为最终验收通过。通过日期以乙方向甲方提交的市级或市级以上环保机构的检测合格的报告所述日期为准。

6.5　参加验收的权利放弃

甲方有权责成其代表和专家在现场参加验收。如果甲方在验收当日未派其代表和专家参加验收，则视为其已放弃参加验收的权利，乙方可继续开展验收工作。验收过程和结果应视为合理有效的。

项目试运行期满并通过项目的最终验收为项目最终完工日。

6.6　开始商业运营

通过最终验收后5个工作日内，甲方向乙方发出商业运行通知书，乙方收到商业运行通知书之日为商业运行日；如果甲方最终验收合格后5个工作日，甲方未签发通知书也未提出异议的，视为已签发商业运行通知书，通过最终验收后第5个工作日为商业运行日。

6.7　不免责

甲方检查和接收项目工程的全部或任何部分行为，均不解除乙方就项目工程的缺陷或项目工程预定进度的延误应承担的任何义务或责任，也不影响其他政府部门依适用法律检查、管理建设工程的权力。

第 7 条 项目的运营与维护

7.1 运营与维护

7.1.1 整个特许期内运营维护期间乙方的义务

在整个特许经营期内，乙方应根据本协议的规定，自行承担建设运营费用和商业运营风险，负责生活垃圾焚烧发电厂的管理、运营和维护。在不损害上述一般原则的前提下，乙方应保证在整个特许经营期内：

（1）始终按谨慎施工和运营惯例以及国家规定的质量保证和质量控制要求运营生活垃圾焚烧发电厂，使生活垃圾焚烧发电厂处于良好的运营状态。

（2）从商业运营日起，除垃圾处理服务协议规定的计划停运情形外，乙方应每日 24 小时，每年 365 日（闰年 366 日）连续接收并处理生活垃圾。

（3）在运营期间建立运营日记，记录每一设施的运行情况、处理效果、事故、设备的检修等事项。为保证生活垃圾处理的运营安全，乙方应遵循有关管理规定，接受技术监督部门的技术监督。

（4）乙方不应因项目设施的建设、运营和维护而造成项目场地和周围环境的污染。

7.1.2 整个特许期内运营维护期间甲方的义务

（1）在整个特许经营期内，甲方应确保不将本协议规定之特许经营权及其任何相关权益以直接或间接的方式授予任何第三方。但本协议另有规定的除外。

（2）甲方或相关方应遵循谨慎施工和运营惯例，运营和维护与生活垃圾焚烧发电厂相关的、应由甲方或相关方负责的厂界外配套公用设施。

（3）甲方或相关行业管理部门，有权派出检查人员在任何时候进入项目设施，以检查项目设施的运营和维护。条件是该等检查员或代表的进入不得干涉、延误或干扰乙方履行其在本协议项下的权利和义务。在检查过程中，乙方应提供所有可能的协助。

7.1.3 项目运营协调委员会

（1）协调委员会的组成。在开始商业运营日前，双方应成立一个由甲乙双方代表组成的项目运营协调委员会，委员会由 5 人组成，其中主任 1 名，委员 4 名（双方各派 2 名）。如一方推荐代表担任主任，则另一方在三名代表中推荐一人任副主任，第一年由甲方代表担任主任，乙方代表担任副主任。

任何一方均可在任何时间通知另一方后，更换其项目运营协调委员会成员。该委员会应制订会议制度、保存会议纪要。项目运营协调委员会的正副主任，分别由甲乙双方代表每年轮换担任。该委员会的任何决定应得到委员会多数成员的通过。

（2）协调委员会的职责。项目运营协调委员会将对本项目的运营及维护中所涉及双方的事项提出建议,并对争议进行调解。

7.1.4 检验与维护手册

在商业运营开始日之前,乙方应根据适用法律和谨慎运营惯例编制生活垃圾焚烧发电厂运营维护手册。

手册应包括进行定期和年度检查、日常运行、维护检修、大修和年修的程序和计划,以及调整和改进检验及维护安排的程序和计划。同时,应列明生活垃圾焚烧发电厂正常运营所需的消耗性备品备件和事故抢修的备品备件,以及对项目设施的更新改造计划。

乙方应及时将手册和对手册所做的任何修改,报送甲方备案。

7.1.5 监督管理手册

甲方应编制监督管理手册,包括对于乙方运营和维护工作的监督管理权限、程序、措施和惩处手段等内容。

7.1.6 运营标准

乙方运营生活垃圾处理设施应达到国家规定的处置标准、产品标准、环境标准。

7.1.7 报告要求

乙方应向甲方提供定期报告:包括每季度的运营报告、每半年的财务报告以及环境监测报告等。

7.1.8 中期评估

中期评估为每2年一次,从开始商业运行之日起算。中期评估由项目运营协调委员会发起,组织甲方及其他政府相关部门及有关专家组成评估小组,对乙方的运营维护进行评估。评估内容包括:确认本特许协议是否实现了其目标;评估乙方在特许经营期内的运营维护状况;与特许权有关的其他需评估事项。

评估小组在评估结束后15日内,向甲方提交评估报告。评估报告内容包括:评估结果、修改特许经营协议和服务协议的建议。甲方有权决定是否采纳评估小组所提出的建议。如评估小组提出的项目协议修改建议被采纳,协议双方应在甲方的主导下对特许协议进行修改,修改的协议条款在随后的特许期内对双方都具有约束力。如评估小组所提出的建议未被采纳,则该建议无法律效力。

7.1.9 项目的改、扩建和更新

(1)在项目运营期间,如需要采用更先进的处理工艺或新增设备,以降低成本、减少污染排放,乙方可向甲方提出书面申请,说明拟在本协议规定的范围内进行涉及本项目主体工艺的必要的改、扩建和更新设备等建设项目,并应同时提供详细的技术方案。

(2)甲方在接到乙方书面申请后的10个工作日(或双方同意的更长时间)内,与乙方协商相关事宜,并对乙方的申请给予同意或拒绝。如同意,甲方应协助乙方获得有关政府部门的许可和批准;如拒绝,甲方应给予乙方充足的理由。甲方未在 20 个工作日内做出书面答复的,视为同意。

(3) 未经甲方批准,乙方不得在生活垃圾焚烧发电厂范围内擅自进行任何涉及本项目生活垃圾处理主体工艺的改建或扩建工程。

(4) 为保障本项目设备与设施的安全运行及采用更先进的处理工艺或新增设备,以降低成本、减少污染排放,应定期或不定期地对设备进行更新和技术改造或扩建。

7.2 垃圾数量及计量

7.2.1 年交付吨数

自项目开始运营之日开始,在本协议有效期内,甲方应依如下规定,自行运送或委托运送垃圾至本项目所规定的垃圾交付点:

建设总规模 900 吨/日,其中一期工程为 600 吨/日,二期工程为 300 吨/日。

年度垃圾保底量比例为____%。当年垃圾供应量不足保底量时,以保底量计算垃圾补贴服务费;当年垃圾供应量超过保底量时,其与保底量的差额部分,按垃圾处理补贴单价予以补贴。

当运营年度不足一个自然年时,上述年交付吨数按比例减少。

当项目的二期建成后,各年垃圾保底量设置按照设计规模同比例增加。

7.2.2 不竞争权

当日处理规模不超出项目设计规模 20% 时,甲方应保证乙方为特许经营范围内首选的可接受垃圾处理者;同时,当年供应数量超出设计规模后,市政府考虑本项目的二期建设,投资人须无条件实施。

7.2.3 日均交付吨数

甲方应按照年交付吨数计算平均每日应交付垃圾的数量,以达到《特许经营协议》要求的年交付吨数,年度垃圾量按照 365 天计算。

乙方应每天通过电子邮件或其他书面方式将上一天的垃圾供应量的统计数据送达甲方或其指定机构。

7.2.4 垃圾计量

(1) 双方同意在地磅站进行垃圾的计量;

(2) 双方同意通过地磅站的地磅及相关的计算机设备与计量设备,共同计量运至本项目的垃圾吨数,以及运至废弃物填埋场的炉渣、飞灰中间处理产物与不可处理的垃圾的吨数。

7.3 垃圾质量及检测

7.3.1 可接受垃圾

甲方提供的可以为乙方接受的垃圾是指甲方正常收集及运送的一般固体之废弃物。包括但不限于:废纸、废塑料、废木器、草叶、树干以及可处理的商业废弃物与一般企事业废弃物。

7.3.2 不可接受垃圾

下列废弃物为不可接受垃圾，包括但不限于：

（1）医疗废弃物；

（2）有害废弃物；

（3）不可处理废弃物。

7.3.3 垃圾的抽样与检测

在正常运营期间，甲乙双方可委托有资质的环境检验测定机构，按照《生活垃圾采样和物理分析方法》，每年在甲方指定的垃圾转运站进行垃圾的抽样，并对入炉垃圾的低位热值（LHV 值）、灰份比率和入厂垃圾的含水率进行分析检测。若甲方委托，检测费用由甲方承担；若乙方委托，检测费由乙方承担。乙方正常的常规检测每年不少于 1 次。

7.4 垃圾供应的管理

7.4.1 垃圾交付点

垃圾交付点位于本项目垃圾接受大厅的垃圾坑。甲方运输工具在地磅站计量后，将垃圾倾倒于此。

7.4.2 对运输车辆的调度

乙方应通过设置在地磅站和卸料大厅的红、绿灯交通控制系统，对进出的车流量以及卸料次序进行调度。

7.4.3 垃圾需求计划及调整

双方应定期协商，以进行本项目未来垃圾需求量的估算，以使甲方能够尽早制定并执行垃圾供应计划。

（1）年度垃圾需求计划。乙方应在每一运营年度结束日的 60 天前，根据年垃圾处理总量不低于垃圾保底量的原则，向甲方提供乙方在下一个运营年度相应月份所需垃圾预计数量的年度垃圾需求计划，在获得甲方的批准后该计划生效。

（2）计划停运。项目可在计划的年度维修期内有计划地对焚烧线停止运营（以下简称"计划停运"）。乙方应在向甲方提供年度垃圾需求计划的同时，将每个运营年度的计划停运的开始日期、持续时间及其垃圾需求计划书面提交甲方审核。若甲方对该计划停运有异议，则双方应协商确定最终的停运计划。

（3）计划外停运。如果发生《特许经营协议》约定的提前终止后移交的情形，甲方有权按照《特许经营协议》的约定立即接管全部项目设施同时终止本协议。

7.4.4 垃圾的拒收

出现下列情形之一时，乙方可以拒绝甲方运送的垃圾：

（1）以 7 天为统计周期，甲方运送垃圾的累计吨数超出垃圾需求计划 20%

以上；

（2）非乙方过失，垃圾贮存坑已堆满；

（3）当日送达的垃圾中不可接受垃圾的比例超过10%；

（4）因甲方过失或不可抗力，乙方无法接收；

（5）非垃圾运输许可车辆装载垃圾进入厂区。

乙方因上述项因素而拒收垃圾的，应及时通知甲方。

7.4.5 不可接受垃圾的处理

（1）甲方应做合理努力，只运送可接受垃圾，并将其中夹杂的不可接收垃圾数量减至最少。乙方也应做合理努力，检验垃圾运送车辆，只接受可接受垃圾，并应努力筛除不可处理的废弃物。但甲、乙双方同意，不可接受垃圾的偶然运送并不造成甲方违约。

（2）若不可接受垃圾在可接受垃圾中仅占极少量（低于10%），则该不可处理废弃物应视为可接受垃圾。若不可接受垃圾在可接受垃圾中占10%及以上，乙方有权拒绝，该拒绝的垃圾不得计入乙方的垃圾处理量。如果甲方对乙方的判断有异议，可双方协调解决。

（3）双方均认知并同意，本项目的处理对象并不包含有害废弃物或医疗废弃物。为了双方的共同利益，双方应避免任何有害废弃物或医疗废弃物运至本项目，并适当处置运至本项目的有害废弃物或医疗废弃物。

（4）甲方应努力避免有害废弃物或医疗废弃物运至本项目，包括订立相关法规，禁止垃圾运输公司或任何人将有害废弃物或医疗废弃物运至本项目。

（5）乙方应在合理范围内努力避免接收有害废弃物或医疗废弃物至本项目的贮存坑内，并于地磅站或卸料大厅定期与随机检验运送垃圾的车辆。

（6）如果乙方发现甲方将有害废弃物或医疗废弃物运至本项目，则乙方应立即命令并引导载运人将其运至的有害废弃物或医疗废弃物运离本项目，并迅速通知甲方。若该载运人未按要求将有害废弃物或医疗废弃物予以移出，且非由于乙方的过失，则乙方应以甲方代办人的身份，将该有害废弃物或医疗废弃物与本项目其他废弃物隔离并予以包装、安置、隔离及保存，且应立即将其保存地点、一般性质及数量通知甲方，甲方应迅速将该有害废弃物或医疗废弃物移出或委托他人移出本项目之外。乙方由此所发生的一切包装、移出及清除有害废弃物或医疗废弃物的全部直接费用均由甲方承担。

7.5 垃圾处理的数量

甲乙双方将按下列公式计算乙方处理垃圾的结算数量，然后据此签发相应的《垃圾处理量确认单》。

$$Q(i) = Q1(i) - Q2(i)$$

其中：

Q(i)为乙方第 i 运营月度处理垃圾的结算数量。

Q1(i)为甲方第 i 运营月度提供的并经甲乙双方共同在地磅站计量的进入本项目的垃圾数量。

Q2(i)为甲方第 i 运营月度偶然运送的不可接受垃圾的数量。

7.6 垃圾处理补贴费的计算

7.6.1 单价

垃圾焚烧余热发电上网执行国家现行相关政策。

本项目的垃圾处理补贴单价为____元/吨（该价格中应包含所有需由项目公司完成工作所需要的相关费用）。

除非出现本协议规定的情况，否则该价格不得进行任何调整。

7.6.2 月度支付金额

甲方应向乙方支付的垃圾处理补贴费每个运营月度支付一次，年终结算。支付货币为人民币。支付金额按下列公式计算：

月垃圾处理补贴费的计算公式为：$P = Q \times T$。其中，P 为月垃圾处理补贴费，Q 为月垃圾供应量，T 为垃圾处理补贴费单价。

7.7 垃圾处理补贴费的支付

7.7.1 支付时间

甲方向乙方支付的垃圾处理补贴费的时间：每个运营月度的第 15 个工作日支付上个运营月度的垃圾处理补贴费。

7.7.2 支付方式

所有此等费用均应按照乙方书面通知的银行账户，由甲方以人民币向乙方支付，银行手续费由每一方自行承担。

7.7.3 支付程序

在每个运营月度的前 5 个工作日内，乙方提出支付申请，并将下列资料提交甲方审核：A. 上个运营月度有关的质量检测报告；B. 经甲乙双方签发认可的上个运营月度的《垃圾处理量确认单》；C. 运营月度支付金额 P（i）。

（1）甲方如对乙方申请的运营月度支付金额没有异议，应在收到上述资料后 3 个工作日内通知乙方；

（2）乙方根据甲方的审核结果，在 3 个工作日内，开具相应的垃圾处理补贴费收费凭证提交给甲方；

（3）甲方在收到上述收费凭证后的 10 个工作日内进行支付。

7.7.4 支付滞期

（1）如甲方未能按上述规定付款，则自逾期之日起，甲方应向乙方支付滞纳金。逾期 5 日之内，滞纳金每日按逾期未付款金额的 0.5‰ 计算，逾期超过 15 日时，滞纳金每日按逾期未付金额的 1‰ 计算，直至付清全部欠款（含本金和滞纳金)为止。

(2) 如逾期超过 6 个月仍未能按上述规定付款,乙方有权停止垃圾焚烧发电厂的运行,由此造成的一切经济损失和法律责任由甲方负责。

7.8 非正常支付

7.8.1 有争议的金额

如果甲方对乙方申请的运营月度支付金额持有异议,甲方应在收到支付申请之日后的 10 个工作日内通知乙方,并先支付无异议的金额部分,剩余的有争议金额部分则按本协议有关争议解决的规定解决。

7.8.2 未支付的款项

如果通过争议解决程序确认未支付的款项应由甲方支付给乙方,则甲方除向乙方全额支付本金外,还应按照第 7.7.4 款的规定支付滞纳金。

7.8.3 已支付的退还

如果乙方申请支付的全部金额或部分金额已支付,但事后发生争议或异议,且后来商定或确定为属于不当支付,则乙方应退还不当支付部分。

7.9 价格调整与超额利润限制机制

7.9.1 自本项目进入商业运营之日起,甲乙双方可根据当地物价指数的变化以及项目运营成本和收入情况协商对垃圾处理费单价进行调整,每次调整的时间间距为 2 年。

调价由甲乙双方按《垃圾处理服务协议》中约定的计算公式进行。如在合同有效期内,经财政、物价等部门测算垃圾处理费调整幅度累计在 5% 以内的,则不予调整。

7.9.2 在调价周期内,由主张调价的一方书面通知另一方,并附运营成本和收入增加或减少的翔实依据。在通知发出后 30 日内,由市住建局牵头会同财政、发改等部门对垃圾处理补贴费调整进行协商。确需调整的,按照以下公式对生活垃圾处理补贴费的调整:

$C_n = C_0 (A \times A_0 + B \times B_0)$

C_n:调价后的生活垃圾处理补贴费。

C_0:最近一次已调价的单位生活垃圾处理补贴费。

A:市商品现零售价格指数与最近一次调价年度的商品价格指数的比值。

A_0:外耗原材料费等总和占总成本费用权数。

B:市在岗职工调整后的年平均工资与最近一次调价年度的在岗职工年平均工资的比值。

B_0:人员工资及福利费占总成本费用权数。

注:$A_0 = 1 - B_0$,调价公式中的数据为提出调价时的统计数据。

7.9.3 当调价条件具备约定时,乙方可按照双方确定的生活垃圾处理补贴费单价的调整公式，向甲方提交生活垃圾处理补贴费单价调整的书面申请，甲方应在收到乙方书面申请的30个工作日组织有关部门对乙方的申请报告进行审查并作出书面答复，逾期视为对乙方申请的认可。

7.9.4 如因国家相关法律法规或行业标准发生变化导致项目投资或运行成本增加，或国家政策调整上网单价导致项目运营收入增加或减少，则应根据实际情况予以调整，以使乙方基本上达到发生这些变化之前的同样的经济条件。

7.9.5 每3~5年对项目进行中期评估，重点分析项目运行状况和项目合同的合规性、适应性和合理性。

在特许经营期内，若本项目产生项目超额利润，则采用如下分享机制：

（1）触发条件：当垃圾处理量在保底量（85%）以下，按中标价与保底量结算政府补贴（垃圾处理费），政府出资人与社会资本按股比分配利润。但是，当垃圾供应量超过保底量上升、电价增长较快导致项目收益超过一定水平（8%）时，政府分享超额收益。

（2）超额收益分配：项目公司的资本金利润率 ROE（净利润/项目公司资本金）稳定达到8%以上时，政府开始分享超额部分利润；8% < ROE ≤ 12% 的部分利润，政府分享30%；ROE > 12% 以上的部分利润，政府分享70%。政府获得的超额收益部分冲抵政府补贴，如有余额支付给政府授权的参股公司。

7.10 税收问题

垃圾焚烧发电厂开始运营后，乙方应根据届时的税法规定及时申请享受税收优惠待遇，甲方应尽力协助。

在国家税收法律或政策未发生变化前，乙方依法缴纳的税收，甲方不予任何补偿。

国家税收法律或政策发生变化后的处理办法，由甲乙双方通过调整垃圾处理补贴费或届时双方商定的其他方式，以使乙方基本上达到发生这些变化之前的同样的经济条件。

7.11 处理标准及环保要求

7.11.1 项目焚烧尾气净化后需满足欧盟2000标准和《生活垃圾焚烧污染物控制标准》（GB18485-2014）中各项指标最严标准后排放。

7.11.2 本项目焚烧飞灰经固化后运至规划的废弃物填埋场所进行无害化填埋，以达到《危险废物鉴别标准——浸出毒性鉴别》（GB5085.3-2007）和《生活垃圾填埋场污染控制标准》（GB16889-2008）等标准，固化后飞灰的运输及无害化处理由乙方负责。

7.11.3 垃圾处理后产生的炉渣由乙方进行综合利用，不可利用部分运至得规划的废弃物填埋场进行无害化填埋，不可利用炉渣的运输及无害化处理费用由乙方负责。

7.11.4 项目垃圾焚烧发电厂区的渗滤液、生活及生产污水,需在厂区内经过无害化处理,达到回用标准,不向水体排放,实现闭路循环,达到零排放,处理费由乙方承担。

7.11.5 项目所散发的恶臭污染物浓度满足《恶臭污染物排放标准》(GB14554-1993)的相关要求,相关处理费用由乙方负担。

7.12 按绩效付费(垃圾处理质量不达标赔偿)

由于乙方自身原因,乙方处理垃圾的质量出现以下不合格情形的,应向甲方支付相应的违约金:

(1)炉渣热灼减率不合格的,按上月垃圾处理补贴费的0.5%向甲方支付违约金。

(2)炉渣、飞灰、污水的处置有一项不合格的,每次应向甲方支付违约金1万元。

(3)烟气排放指标任何一项不符合环保排放要求的,按5天的垃圾处理补贴费向甲方支付违约金。

7.13 其他收入

乙方负责电力接入系统的设计、投资,并向有关部门办理上网手续进行垃圾发电上网,相关发电上网风险由项目公司自行承担。垃圾焚烧余热发电上网执行《关于完善垃圾焚烧发电价格政策的通知》(发改价格〔2012〕801号)。

乙方有权在厂区内利用炉渣生产副产品自行销售,但生产及仓贮过程不对环境造成污染,库存产品不占用厂区外附近环境。

7.14 项目的财务管理

7.14.1 在特许期内,乙方负责筹集生活垃圾处理设施建设、运营和维护所需的所有资金。乙方在特许经营期内应保证按照有关规定对本项目的所有设施进行及时维修、正常养护及必要的更新,以保证在特许经营期届满后全部设施能继续保持正常运转。本项目所有设施在特许经营期内的维修、正常养护及必要的更新所需的费用由乙方承担。

7.14.2 乙方必须依照《中华人民共和国会计法》的规定办理会计事务,遵守并执行中国的《企业财务通则》、《企业会计准则》、《企业财务制度》、《企业会计制度》等会计法规。

乙方的财务审计应聘请在中国注册的中介机构,由该中介机构审核乙方的年度会计报表和全年账本,并出具审计报告。

乙方应在每年末提交下一年度收支预算报告给甲方备案;若有需要,甲方将在收到乙方书面报告后7个工作日内,按本合同规定和国家会计制度提出修改意见。

7.14.3 乙方应按照中国法律和财务管理制度,认真而有效地处理其业务与财务，在每个会计年度结束后3个月内，乙方应向甲方提交并经审计的财务报表：符合中国有关法律和财务管理制度的、经有资格且独立的会计事务所审核审计的年度财务报表，包括资产负债表、损益表和现金流量表。

甲方要求的有关乙方财务状况的其他资料，以监督乙方遵守中国法律和本协议。

第8条 项目的移交

8.1 项目的移交

8.1.1 特许经营期结束前12个月，甲方和乙方应成立"移交委员会"，负责有关移交事项的商定。移交委员会应由3名甲方代表和2名乙方代表参加。移交委员会应定期会谈，必要时经双方同意可随时会谈，以便于商定生活垃圾处理设施移交的详尽程序及如何保持本项目的所有设备、设施在本项目移交时，均处于可正常运营状态等，以及向公众公布移交的方式。

8.1.2 移交委员会应在移交之前的第6个月开会就乙方项目移交或优先（继续）经营等事宜进行交谈，确定移交或续约的实施步骤与方法。

8.1.3 特许经营期届满，乙方应承担公司在特许经营期内形成的任何债务、人员安置和股权等其他经济、法律责任。如在项目特许经营期届满时仍存在特许经营期内形成的债务等问题，乙方应负责继续清偿，并应按时无条件地将本《特许经营协议》第8.1.6款所规定的移交内容全部移交给甲方，并且不得向甲方索取任何补偿，同时项目场地在移交时应不存在任何环境问题或环境遗留问题。此项义务由乙方独家履行，且此义务是不可撤销的。

8.1.4 乙方应保证本项目所有设施、设备、工具、器材及车辆在移交时均处于可正常运行的状态。

8.1.5 项目特许经营期结束前至少6个月，乙方应免费培训甲方指定的人员，并做好本项目移交的一切准备工作，以保证本项目移交后能正常运行。

8.1.6 项目移交应包括以下内容：

（1）市生活垃圾焚烧发电PPP项目（含生活垃圾焚烧发电厂和废弃物填埋场）的土地及所有设施（包括建、构筑物、设备、工具、车辆及其他设施）的所有权和使用权；

（2）项目运营和维护有关的手册、制度、财务账目和凭证等项目文件资料；

（3）项目特许经营期内所产生的与本项目有关的知识产权、记录、档案、技术资料等。

8.1.7 项目的移交依照以下程序进行：

（1）项目的正式移交日期即项目特许经营期届满之日。乙方至少应在项目特许经营期届满前6个月提交所移交项目的移交清单；

（2）乙方至少在移交前2个月内向甲方告知乙方移交代表的姓名及其他与移交有关的事项；

（3）甲方应在收到乙方通知后3日内以书面形式确认乙方的通知，并将甲方及有关部门参加移交代表的姓名通知乙方；

（4）甲方应在正式移交日期前5日内完成有关本项目移交内容的清点和复核工作，并与乙方签署《预移交备忘录》；

（5）在移交之日，甲方和乙方应正式签署移交备忘录，同时甲方的管理人员正式接管本项目的运营和维护工作。

正式移交备忘录的签署，意味着乙方所拥有的本协议授予的项目特许权的结束和终止。

涉及本项目设施的任何移交，双方须签署移交备忘录，以示移交完毕。在正式签署移交备忘录之日起6个月内，甲方可检查本项目的设施、设备是否有任何超出移交文件所描述范围的缺陷或损坏。乙方在证实甲方提出的书面索赔要求正确无误后，应根据该要求修理或更换有缺陷或损坏的设施、设备，并根据双方的协议对甲方进行补偿；如有异议，可按本协议第14条约定通过仲裁解决。

8.2 最后恢复性大修

8.2.1 在移交日期之前不早于12个月，乙方应对生活垃圾焚烧发电厂进行一次最后恢复性大修，但此大修应不迟于移交日期6个月之前完成。大修的具体时间和内容应由移交委员会商定。

8.2.2 最后恢复性大修应包括：

（1）核查生活垃圾焚烧发电厂设备制造厂商的手册提出的标准项目；

（2）消除实际存在的缺陷；

（3）检修、探伤、检测及易损易耗件更换等；

（4）甲方合理要求的其他检修项目。

乙方有义务将甲方提出的合理检修项目列入其最后恢复性大修计划。

8.2.3 如果乙方不能根据第8.2.2款进行最后恢复性大修，甲方可以自行进行大修，其费用和风险由乙方承担。在此情况下，甲方应向乙方提供所发生的支出的详细记录。

8.3 移交验收

8.3.1 在最后恢复性大修后并在移交日期之前，甲方代表和乙方代表共同对生活垃圾焚烧发电厂进行移交验收。经验收的性能参数应符合国家及地方标准。如果参数不能达到上述要求，乙方应修正生活垃圾焚烧发电厂的任何缺陷，并重新进行验收。如果乙方不能自前次验收日起30日内修正任何上述缺陷，甲方可以自行修正，由乙方承担风险和费用。

8.3.2 项目移交后，乙方应保证不得因乙方的债务、人员安置和股权等其他经济、法律责任而使甲方遭受任何其他方的追索，甲方不承担因此而引起的任何责任。

8.4 保险的转让

在移交时，乙方应将所有承包商和供应商提供的、尚未期满的担保及保证无偿转让给甲方或其指定机构，并且将所有保险单、暂保单和保险单批单转让给甲方或其指定机构。甲方应向乙方退还上述保险单、暂保单和保险单批单在移交日期之后继续有效的保险期间所对应的保险费。

8.5 无形资产的移交

在移交日期，乙方应将甲方或其指定或委托机构届时使用的、运营和维护生活垃圾焚烧发电厂所需要的所有技术和技术诀窍，无偿移交给甲方或其指定或委托机构。除非乙方因上述权益向技术许可方支付了特许经营期外的使用费用。

8.6 有效协议的移交

乙方有义务将其签订的、在移交日期之后仍有效的运营维护协议、设备协议、供货协议和所有其他协议，转让给甲方或其指定机构，并促成供应商以不低于之前优惠的价格提供商品或服务。如果甲方要求，乙方应解除这些协议。甲方对于解除上述协议所发生的任何费用不负责任，同时乙方应保证甲方不为此受到损害。否则，乙方应对甲方因此受到的损害予以补偿。

对于向甲方移交和转让生活垃圾焚烧发电厂及有关的承包商的保证、技术和供应协议，甲方无须向乙方支付任何补偿或收购费用，协议双方另有约定的除外。

8.7 人员的续用与解聘

特许经营期结束的 6 个月之前，乙方应向甲方提交一份当时乙方的雇员名单，包括每个雇员的资格、职位和收入等细节。乙方应允许甲方在合理情况下进入生活垃圾焚烧发电厂，与这些人员进行面谈和面试。项目移交后，由甲方或接任乙方的经营者决定继续聘用或解聘。乙方应妥善地安置好公司原来的所有员工，甲方决定继续聘用部分员工，不代表乙方的责任转移。被解聘员工，甲方和接任乙方的经营者不负责安置。

8.8 无关物品的搬移

除非双方另有协议，乙方应于移交日期之后 30 天内，自费从场地移走非乙方所属的全部物品。移走的物品仅限于乙方雇员的个人用品以及与生活垃圾焚烧发电厂的运营和维护无关的物品，不包括移交清单所列的生活垃圾焚烧发电厂设备、工具、备品备件、设计图纸、技术资料和其他生活垃圾焚烧发电厂营运和维护的必需物品。如果乙方在上述时间内没有移走这些物品，甲方在通知乙方之后，可以移走并将物品转运至适当的地点以便安全保管，保管期最长为 90 日。乙方应承担搬移、运输和保管的合理费用和风险。保管期满仍未移走的，视为该物品为无用物品任凭甲方处理。

乙方应承担移交日期前生活垃圾焚烧发电厂的全部或部分损失或损坏的风险，除非损失或损坏是由甲方的违约或不可抗力所致。

8.9 移交费用和支出

乙方和甲方应负责各自的因移交和转让发生的费用和支出。甲方应自费获得所有的批准或使之生效，并采取其他可能的为移交和转让所必需的行动，并且应支付与移交和转让有关的所有印花税、税收、收费和其他类似费用。

如果乙方未按协议规定的范围和内容进行移交，致使甲方为此发生支出或造成损失，甲方有权向乙方要求补偿该项支出或损失。

自移交日期开始，乙方在本协议项下的权利和义务即应终止，本协议另有规定的除外。甲方或其指定机构应承接乙方的运营和维护，以及本协议明示或默示的、因本协议产生的、于协议终止后仍然有效的任何其他权利和义务。

8.10 再次授予特许权的优先权

如甲方计划在本协议规定的特许经营期结束后，再次将生活垃圾焚烧发电厂的特许经营权授予新的经营者，在同等条件下乙方或其任一股东有优先权。若甲方在移交日之前决定了由乙方再次获得特许经营权，经双方书面同意后，本次移交程序可提前终止，移交条款由新的特许经营协议规定。

8.11 提前移交

根据本协议第12条发生的提前移交，参照本条执行。

第9条 双方的一般义务

9.1 甲方的一般义务

9.1.1 甲方应始终遵守并促使遵守任何中华人民共和国及政府部门颁布的所有有关法律、法规和法令。

9.1.2 甲方作为市政府的授权单位，代表政府行使权力并负有配合乙方的投资、运营、建设工作的义务，如由于机构调整或甲方编制撤销，应由市政府及时指定新的授权部门；在未指定新的授权部门前，由市政府直接行使权力并承担义务。

9.1.3 甲方应协助乙方，根据相关规定及产业政策，获得适用法律和有关政府部门许可的与履行本协议相关的税收和其他优惠。

9.1.4 甲方作为行业主管部门，以最大限度地协调三个县的生活垃圾的收集和运输，并尽最大努力保证生活垃圾质量和数量。

9.1.5 应乙方的合理请求，在对本项目的投资、建设、运营及维护过程中，向乙方提供与本项目相关的协助。协助乙方及时获得所有必要的许可或批准，包括但不限于可行性研究报告和环境影响评价报告的核准和审批、建设用地证书、建设用地规划许可证、建设工程规划许可证、施工许可证的申请。

9.1.6　甲方应协助乙方获得运营和维护项目设施所需的所有公用设施条件的供应，包括电、水、道路和通讯等。

9.1.7　甲方在生活垃圾处理设施的建设、运营和维护过程中，对乙方的经营计划实施情况、产品和服务的质量以及安全生产情况进行监督，并向政府提交年度监督检查报告。监督检查工作不得妨碍乙方的正常生产经营活动。

9.1.8　在项目的建设及运营期间，根据双方商定，甲方将联系有关部门向乙方提供公共安全保障。

9.1.9　甲方不得擅自提取乙方提交的履约担保或其他方式的担保。

9.1.10　甲方是生活垃圾处理服务协议项下的首要义务人，并享有相应的所有权利和应承担其各自协议项下的所有义务。

9.1.11　乙方承担政府公益性指令任务造成经济损失的，甲方应当承担相应的补偿责任。

9.2　乙方的一般义务

9.2.1　所有权的变更及股份转让的限制

乙方应在其章程中做出适当的规定，以确保乙方的所有股份或权益证书上具有适当的文字说明，使预期的购买人了解这些股份或权益的转让是有限制的，并且对那些不符合上述限制的任何股份或权益的转让不予登记或不予生效。

未经甲方书面同意，乙方的任何股东都不得将其在乙方注册资本中拥有的股份或权益进行转让，除非出现下列情况：

（1）这种转让为中华人民共和国法律所要求，或是法院、法庭或具有适当管辖权的政府部门所强制的转让；

（2）这种转让是根据乙方与其贷款人、建设承包商或供货商之间的协议，在其任何股份或权益之上，设立或实施担保物权所导致的转让；

（3）这种转让须事先得到甲方书面批准。

9.2.2　遵守适用法律、项目协议和服从社会公共利益

乙方应始终遵守所有的适用法律及项目协议的有关规定，并接受甲方行业管理。乙方应服从社会公共利益，履行对社会公益性事业所应尽的义务。

9.2.3　接受甲方及相关机构监管

接受甲方及主管部门对产品、安全、服务、质量的监督检查，按规定的时间将乙方中长期发展规划、年度经营计划、年度报告、股东会或董事会决议等报甲方备案。

9.2.4　乙方应遵守和执行的安全、环保标准和要求

乙方在建设、运营和维护生活垃圾处理设施时对于避免或尽量减少对设施、建筑物和居民区的妨害的责任。

9.2.5 保证正常运营

乙方应保证生产设施、设备运营维护和更新改造所必需的投入，并确保设施完好。未经政府批准，乙方不得擅自停业、歇业。

9.2.6 项目文件的协调

乙方应确保使融资文件、乙方股东之间的任何协议、乙方章程、项目协议及其他相关协议项下要求的内容，以及其他由乙方签订的与本项目有关的任何协议，同本协议的规定保持一致，并包含使乙方能够履行本协议项下的义务所必需的条款和规定。

9.2.7 缴纳税费

乙方应按照中华人民共和国及其政府部门颁布的法律和法规缴纳所有税金、关税及收费。

9.2.8 购买保险

乙方应按行业惯例自费购买和保持本协议所要求的合理的建设和运营保险。乙方的保险应符合《中华人民共和国保险法》和其他适用法律的要求。如果乙方不购买或维持本项目所要求的保险，则甲方有权购买该保险，并且有权向乙方主张已支付的保险费金额及银行同期贷款利息。

第10条 双方的共同义务

10.1 不可抗力

10.1.1 不可抗力的定义

不可抗力的定义见第2.1条。

10.1.2 免于履行

任何一方，由于不可抗力事件使该方不能全部或部分履行其在本协议项下的义务时，根据不可抗力的影响，该方可全部或部分免除在本协议项下的相应义务，本协议中有相反规定的除外。

10.1.3 不可抗力的通知

声称受到不可抗力影响的一方，应在发生不可抗力或知道发生不可抗力后，及时书面通知另一方，并详细描述不可抗力的发生情况和可能导致的后果，包括该不可抗力发生的日期和预计停止的时间，以及对该方履行在本协议项下义务的影响，并在另一方合理要求时提供证明。

10.1.4 费用及进度日期的修改

（1）除本协议或双方另有约定外，发生不可抗力时，双方应各自承担由于不可抗力造成的支出。

（2）如果声称遭受不可抗力影响的一方已履行了通知程序，并且在不可抗力事件影响项目进展的情况下，已履行了请求延长进度日期的程序，则本协议中规定的履行某项义务的任何期限，经受到影响的一方请求，应根据不可抗力对履行该项义务产生影响的相同时间相应顺延。

10.1.5　不可抗力发生后的处理程序

（1）如果任何不可抗力事件，阻止一方履行其义务且经过努力仍无法克服，主张因不可抗力阻碍其全部或部分履行其在本协议项下义务的一方，应当提交由政府有关部门或公证机关机构提交的证明不可抗力发生、不可抗力的程度和不可抗力所持续时间等书面材料。同时双方应本着诚信原则，立即就此等不可抗力事件进行协商：

A. 如果双方自该不可抗力发生或者知道发生之日起90日内达成一致意见，继续履行在本协议项下的义务，则甲方应按照本协议第12条的规定向乙方进行补偿；

B. 如果双方不能够在上述90日期限内达成一致意见，则任何一方有权根据本协议第11.2条送达终止通知，立即终止本协议。

（2）因不可抗力提出终止的一方，须以书面形式详细说明不可抗力事件在何种程度上导致本协议无法继续履行。

10.1.6　减少损失的责任和协商

受到不可抗力影响的一方，应尽一切合理努力以继续履行其在本协议下的义务，尽努力减少不可抗力对其造成的影响，包括根据该等措施为可能产生的结果支付合理的金额。双方应协商制定并实施补救计划及合理的替代措施以消除不可抗力的影响，并决定为尽量减少不可抗力给每一方带来的损失应采取的合理的手段。

声称受到不可抗力影响的一方在不可抗力的影响消除之后应尽快恢复履行本协议项下的义务。

10.2　法律变更

10.2.1　对乙方有利的法律变更

如果本协议签订之后中国法律、法规和法令发生了任何变化，包括颁布任何新法规、修改或撤销法律法规的某些条款，或对任何法律法规作出不同解释或采取不同的实施方法，也包括任何与本项目的批准有关的实质性条件发生变化，如生活垃圾处理质量标准等。

这些变化使乙方在本协议项下能获得更优惠的待遇，乙方有权立即取得或立即申请取得该优惠待遇，甲方应努力协助进行申请。

10.2.2　对乙方不利的法律变更

如果本协议签订之后中国法律、法规和法令发生了任何变化，包括颁布任何新法规、修改或撤销法律法规的某些条款，或对任何法律法规作出不同解释或采取不同的实施方法，也包括任何与本项目的批准有关的实质性条件发生变化，如生活垃圾处理质量标准的变更等。

这些变化使乙方在本协议项下的经济利益产生实质性不利影响。乙方可以提出书面要求改变本协议的条款或通过协商以生活垃圾处理补贴费特别调整、甲方特别补贴及其他双方认可的方式得到相应的补偿，以使其基本上达到发生这些变化之前的同样的经济条件。

乙方在根据本协议发出书面要求中，应明确包括因这种变化造成的费用增加的合理的详细情况，以及乙方建议的对待这种变化的方式。如果本条所指的费用的增加包括资本支出，乙方应为相应事项在特许期内提供资金；如果乙方不以合理谨慎的方式经营本项目，对所发生的费用项目，不应根据本条提出获得任何补偿的要求。

10.3 保密

任何一方或其员工、承包商、顾问或代理人获得的所有有关项目及项目协议的资料、信息和文件（不论是财务、商务、技术、劳动或其他方面），如果尚未公布或尚未以其他方式公开获得即应视为保密信息。除法律要求外，未经另一方事先书面同意，一方不得向任何第三方透露或公开，且获得上述保密信息的一方之保密义务应一直持续至特许期最后一日之后的10年期间。

这一限制不应影响一方经另一方同意后，发布包括与项目进展有关的非敏感信息的新闻发布稿件。

本条款在本协议终止后仍然有效。

10.4 合作义务、预先警告通知

双方应相互合作以达到本协议的目的，并应善意地行使和履行其在本协议项下的权利和义务。在此前提下，双方同意：

（1）当一方要求取得另一方的同意或批准时，被要求方不可以无理拒绝或迟延给予该等同意或批准；且

（2）如果任何一方获悉任何以下事件或情形：

（a）合理地预计该事件或情形，将对任何一方履行其本协议项下的义务，或实施项目的能力造成重大不利影响；且

（b）合理地预计另一方不能获悉该事件或情形。

该方应合理可行地尽快将该事件或情形通知另一方。

第11条 监管

11.1 运营质量的检测

11.1.1 乙方应按照订立本协议时国家有效的法律法规等规范性文件、《特许经营协议》以及本协议的有关规定和要求，进行本项目的运行与维护，并对垃圾处理过程中可能产生的废气、生活及生产废水、废渣、噪音、恶臭等污染进行

治理。为确保本项目的运行质量，甲乙双方一致同意对乙方的运营质量进行定期检测，并对法律规定的相关环保指标实行在线监测。

11.1.2 检测内容

对运营质量进行检测的内容包括但不限于：烟尘、烟气黑度、一氧化碳、氮氧化物、二氧化硫、氯化氢、氟化物、烟气温度、停留时间、炉渣热灼减率、飞灰浸出毒性、二恶英、噪声、恶臭污染物、活性炭添加量等。

11.1.3 检测方法

（1）所有采样与分析方法、以及检测因子均应依照国家相关法规与技术标准的要求办理。

（2）在检测时，采样期间的工况应与正常运营工况相同，任何人不得随意改变运营工况。

11.1.4 乙方的自检及结果报送

（1）乙方应由具有合格检测资质的人员自行，或委托具有计量认证或国家实验室认可资格的检测机构，按照国家相关政策法规的要求，自费对本条规定的项目进行日常检测。同时应将检测结果在30日内报送甲方，如发现超标必须随时报送。

（2）该报告应包括所有有关测试结果以及就超标情况所作的其他有关调查结果的详情。通知还应包括乙方对超标情况可能持续的期限所作的预测，以及引起此等状况的原因分析，包括乙方声称的任何有关不可抗力时间和所采取补救措施的详细描述。

（3）乙方自检的报送结果中如炉渣热灼减率、烟气问题和停留时间、活性炭投放量没有达到本协议规定的标准，则根据本协议的相关规定处理。

（4）乙方自检的报送结果中如大气污染物没有达到本协议规定的标准，则甲方将通知环保部门，由环保部门按照国家相关规定处理。

（5）乙方就本条规定的进行的检测，不作为乙方对甲方的考核计费依据。

11.1.5 甲方的抽检及结果通知

（1）甲方可对炉渣热灼减率、烟气问题和停留时间、活性炭用量进行抽检，此等非定期抽检的费用由甲方承担。但如果抽检结果不合格时，则上述抽检的费用由乙方承担，且检测结果将作为判断已处理垃圾是否计费的依据。

（2）甲方可委托有资质的检测机构对噪声、废气、恶臭污染物进行不定期抽检，若抽检超标认定本次噪声、废气或恶臭污染物排放超标，则甲方可将本次抽检结果报送相关环保部门处理。

（3）甲方在现场取样前，应通知乙方陪同取样，并在采样记录单上签字。乙方签字人员（可为数人）应有书面授权，乙方应保证能随时有授权人员签字。甲方委托的检测机构将在样品的所有应测指标测试完成后及时将检测结果书面通知乙方。

（4）甲方委派的监督人员可视工艺运行状况，随时通知甲方对本条约定的污染物进行检测，其结果作为当日计费依据。甲方应在样品的所有应测指标测试完成后及时将检测结果书面通知乙方。

11.1.6 检测结果的异议处理

（1）乙方若对甲方的检测结果有异议，应在甲方通知送达后3个工作日内提出书面申诉，否则视为同意该检测结果。

（2）甲方在接到乙方书面申诉后应委托更高一级的权威检测部门对检测流程进行复核，并在复核后3个工作日内给出书面答复。该复核结果为最终的检测结果。

（3）乙方如在甲方取样时，也同时自行或委托其他检测机构取平行样进行检测，检测结果仍以甲方的结果为准。

11.2 日常监管与监督

11.2.1 日常监管

其他行政机关或其授权的机构，对乙方进行的监督、管理和检查，不受本协议条款的约束。由此引起的争议亦不受本协议诉讼条款管辖。

其他行政机关或其授权的机构对乙方监管时所形成的数据、报告和决定，可以为甲方执行本协议所用，除非本协议另有规定。

11.2.2 监督

（1）甲方依本协议规定的权利对乙方及其运营过程中应履行的义务进行监督、检验和考核，考核结果作为垃圾处理补贴费的支付依据。

监督、检查和考核包括但不限于下列内容：处理垃圾数量；烟气中大气污染物浓度；运行工况；安全生产；报告制度。

对于处理垃圾数量：

A. 乙方应定期将原始记录书面提供给甲方。所有每日计量记录应由乙方保存至少2年；

B. 商业运营开始日前，双方应在乙方牵头，甲方参加的情况下，由质量技术监督局或其委托的检测机构对地磅进行检查、检定/校准，费用由乙方承担；

C. 乙方应至少每年一次，委托市质量技术监督局或其他检测机构对地磅进行检查、检定/校准，并在检查、检定/校准后收到相关报告的三日内将该等报告的复印件提供给甲方。该等定期检查、检定/校准的相关费用由乙方承担；

D. 甲方通知乙方后，可随时要求对地磅进行检查、检定/校准。此等非定期检查、检定/校准的费用由甲方承担。但如果地磅不准确时，则上述检查、检定/校准的费用由乙方承担。

E. 若经检查、检定/校准发现地磅不准确时，乙方应尽快自费将其修理或更

换。但更换方案必须由甲方批准且更换时由双方人员现场监督、共同验收;

F. 若地磅的检验显示该仪器已不符合相关法规的准确条件,或是磅秤正在受检或检修期间中,双方同意将甲方在市容环境卫生管理局或其制定的专业机构的其他计量系统作为本项目的临时计量设施,直到本项目的地磅已检修完成。乙方有权对该临时计量设施进行检查、检定/校准。

(2) 甲方为方便监督工作的开展,将在项目设施范围内安装必要的实时监控和监督设备,届时乙方应配合监督设备的安装、正常运行和线路修理并保证这些设备及运输线路不受人为损坏。

(3) 甲方如在监督中发现乙方有违约行为,将向乙方发出书面整改通知,并负责监督验证。

11.2.3 监督人员

监督人员有权进入垃圾焚烧发电厂,并且在不妨碍乙方正常生产运营的情况下进行监督检查,乙方不得干涉阻挠。监督人员有(且不限于)下列监督检查权:

对地磅进行读数及记录;查阅各类运营资料;对工艺流程、设备及其运行状况进行检查;对乙方的取样和检测进行检查;与乙方相关人员一起,陪同甲方人员进行相关取样;向乙方人员核实检查中发现的问题;对甲方所发出的整改意见的落实情况进行监督验证。

监督人员每次进厂检查,应持有甲方出具的执行监督的证明。

11.3 临时接管

11.3.1 特许期内,如乙方出现以下违约行为,甲方有权决定实施临时接管:

(1) 擅自转让、出租特许经营权、委托经营的;
(2) 擅自将所经营的财产进行处置或抵押的;
(3) 因管理不善、发生重大质量、安全事故,及环保、卫生事件的;
(4) 擅自停业、歇业,严重影响到社会公共利益和安全的;
(5) 法律、法规禁止的其他行为。

11.3.2 甲方决定实施临时接管后,应书面通知乙方,并告知其有申请听证的权利。乙方应于接到书面通知之日起5日内申请听证,甲方应于20日内组织听证。甲方应根据听证笔录,决定是否进行临时接管。如乙方于接到书面通知后5日内,没有申请听证,则甲方可以自行决定临时接管。

11.3.3 甲方临时接管项目设施,须同时指定第三方临时提供本协议项下的生活垃圾处理服务,临时接管期间发生的生活垃圾处理成本、费用等均由乙方承担,乙方并应向甲方支付接管费用。

11.3.4 导致临时接管的违约行为后,经乙方纠正,并经乙方书面申请,甲方应当终止临时接管,恢复乙方的特许经营权。

11.3.5 如单次临时接管持续不间断超过 60 天,甲方有权提前终止本协议,收回乙方的特许经营权。

第 12 条 协议的终止

12.1 协议的终止

12.1.1 由甲方提出的终止

下述任一条款,如果不是由于不可抗力或甲方违约所致,如果有允许的期限而在该期限内未能得到纠正,即构成乙方违约事件,甲方有权根据第 12.2 条的规定立即发出终止协议的意向通知。

(1) 乙方未按照本协议的规定提交履约保函;

(2) 乙方在第 3.2 条中所作的任何声明和保证被证明在做出时实质不属实或有严重错误,使乙方履行本协议的能力受到严重的不利影响;

(3) 乙方未经甲方同意转让特许权、项目设施或本协议或其任何部分,或乙方已经事实上不能或不再运营维护项目设施;

(4) 未经甲方事先书面同意,乙方连续 72 小时或任一运营年累计 300 小时,中止运营项目设施,经甲方警告后 5 日内仍未恢复运营;

(5) 乙方不能或不愿根据规定进行移交前大修;

(6) 乙方根据适用法律不能清偿到期债务;

(7) 乙方违反适用法律而被相关部门依法吊销营业执照;

(8) 乙方因经营管理不善,发生重大质量、生产安全事故的;

(9) 乙方在任一运营年内,根据本协议和服务协议提供的报表或报告,出现超过 2 次被证明含有实质上不属实的信息;

(10) 乙方违反本协议约定,对项目设施以及在项目协议项下获得的特许权等权利设定任何抵押、质押或其他担保物权及第三方权益;

(11) 乙方未履行本协议和服务协议的义务构成实质性违约,并且在收到甲方要求说明其违约,并予以补救的书面通知后 60 日内仍未能补救该实质性违约;

(12) 根据本协议第 5.4 条的规定,乙方放弃或被视为放弃工程建设、或建设失败。

12.1.2 由乙方提出的终止

下述任一条款,如果不是由于不可抗力或乙方违约所致,如果有允许的期限而在该期限内未能得到纠正,即构成甲方违约事件,乙方有权根据第 12.2 款的规定立即发出终止意向通知:

(1) 甲方在第 3.1 条中所作出的任何声明和保证被证明在作出时即有严重错误,使甲方履行本协议的能力受到严重的不利影响;

(2) 甲方或其指定机构由于与其他部门机构调整、合并或被撤销，且无相应的部门及其指定机构能够承继本协议约定的权利和义务，从而实质上使乙方在本协议下的权利受到严重不利影响；

(3) 甲方非依本协议所约定的情况擅自撤销了本协议项下的特许权，或将特许权给乙方以外的公司或经济实体；

(4) 甲方未履行本协议和服务协议的义务构成实质性违约；并且在收到乙方要求说明其违约，并予以补救的书面通知后 60 日内仍未能补救该实质性违约。

12.1.3　因不可抗力导致的终止，任一方有权向对方发出终止通知。

12.2　终止意向通知和终止通知

12.2.1　终止意向通知

(1) 根据第 12.1.1 和 12.1.2 款发出的任何终止意向通知，应表述引起发出该通知的乙方违约事件或甲方违约事件的合理详细情况。

(2) 在终止意向通知发出之后，双方应在 20 日之内或双方同意的更长时间内（下称"协商期"）协商避免本协议终止的措施；

(3) 如果乙方和甲方就将要采取的措施达成一致意见，或者乙方或甲方（视情况而定）在协商期内纠正了乙方违约事件或甲方违约事件，终止意向通知应立即自动失效。

12.2.2　终止通知

(1) 在协商期届满之时，除非：

A. 双方另外达成一致；或

B. 导致发出终止意向通知的乙方违约事件，或甲方违约事件得到纠正。

(2) 则发出终止意向通知的一方，可以向另一方发出终止本协议的终止通知。

(3) 任一方有权根据第 12.1.3 款向对方发出终止通知。

(4) 另一方收到终止通知之日起，本协议终止（"提前终止日"）。另一方收到终止通知之日的次日即为"提前移交日"。

12.3　终止的一般后果

12.3.1　继续履行

自任何一方发出终止意向通知起至提前终止日，双方应继续履行项目协议下的权利和义务。

12.3.2　其他

(1) 本协议终止后，双方在本协议和服务协议下的权利和义务相应终止。但自提前移交日至"实际终止日"期间，乙方有义务行使看守职责，使项目设施始终保持提前移交日的状态。

(2) 本协议和服务协议的终止不影响协议中争议解决条款和任何在项目协

议终止后仍然有效的其他条款。

12.4 提前终止后的移交

12.4.1 移交范围

自提前移交日起,甲方或其指定机构应立即自行承担费用负责项目设施的运行和维护,乙方应于提前移交日向甲方或其指定机构移交按照第8.1条规定的项目设施所有权利和权益。该等权利和权益移交时应保持终止通知发出时的状态。

若发生提前终止,而乙方与融资银行之间的贷款协议仍然有效,则乙方应确保在提前移交日之后60日内,解除项目设施存在的任何其他债务、留置权、质押权、抵押权、优先权和其他担保权益及第三方权益,并向甲方提交相关的书面证明文件。

12.4.2 提前移交程序

(1) 乙方应于提前移交日后,立即向甲方或指定机构移交项目设施的占有权、控制权和运营权。

(2) 自提前移交日起,应立即按照第8.1.1款的规定组成移交委员会,移交委员会负责人由甲方或其指定的机构委派。

(3) 提前移交日后3日内,移交委员会应组织有关专家对项目设施进行移交前检测,并尽可能地完整记录项目设施在当时的运营状态及相关技术数据,并形成"提前移交报告";该报告应不迟于提前移交日后15日内完成。

(4) 乙方应确保移交委员会和专家组能够为上述检查、记录和制作提前移交报告之目的自由进入项目设施。

(5) 提前移交报告作为"实际终止日"后12个月的缺陷责任认定的依据,对双方均具有约束力。

12.4.3 补偿金的支付和移交

(1) 甲方或其指定机构和乙方应于本协议提前终止后30日内按第14.6条确定终止补偿金额。

如需甲方向乙方支付补偿金额,则甲方或其指定机构应在确定终止补偿金额后90日内支付终止补偿金额的40%。乙方对项目设施的所有权和所有权益中不需要办理过户或其他法定手续的部分,即全部转给甲方或其指定机构。乙方应与甲方或其指定机构办理为移交项目设施的所有权和所有权益的其他部分所必需的产权过户或其他法定手续,适用第八条的有关规定。

甲方或其指定机构将在完成所有的过户或其他法定手续之日起30日内一次性支付余下的60%的终止补偿金额。终止补偿金额全部支付完毕之日即为"实际终止日",移交即全部完成。

12.4.4 责任承担

本协议提前终止后,乙方负责在第12.4.1款中规定的移交前的与项目设施有关的责任和义务，但甲方明确承担的除外。

12.4.5 责任的限制

本协议依据第12.1条终止后，除向乙方支付第14.6条规定的终止补偿金额外，甲方不应就上述终止或导致上述终止的任何事件向乙方承担任何义务。

12.5 保险

由于不可抗力造成生活垃圾处理设施破坏，致使本协议终止情况下，乙方有权得到生活垃圾处理设施保险的保单项下的付款。

12.6 终止后的补偿

若本合同提前终止，则除非本合同另有约定，甲方将按照如下标准向乙方支付补偿金（提前终止时，甲方对于乙方的补偿须以乙方还清其届时之所有负债为前提）：

条款号	本合同提前终止之情形	终止补偿金
1	乙方违约，甲方发出的终止	建设期终止时，为 $A_1 - B$
		运营期终止时，为 $A_2 - B$
2	甲方违约，乙方发出的终止	建设期终止时，为 $A_1 + B$
		运营期终止时，为 $A_3 + B$
3	法律变更或政府行为	建设期终止时，为 $A_1 + 35\% B$
		运营期终止时，为 $A_3 + 35\% B$
4	不可抗力	$(A_4 - C - D)/2$

A1 为乙方尚未收回的投资（以经评审的为准）；

A2 为项目全部建设成本评审价乙方尚未收回的运营期可用性价值；

A3 为乙方尚未收回的运营期可用性价值的在运营终止年的现值；

A4 为经评审的乙方账目资产净值；

B 取值为人民币 2500 万元；如属乙方违约，甲方发出的终止情形的，则甲方有权自本项目提前终止日起算 3 年内（如剩余特许经营期短于 3 年的，则本处指余下的特许经营期）分期分批次向乙方支付补偿金，具体分批次的支付比例及时间进度安排由甲方确定。

C 为发生不可抗力情形时，根据本合同及相关保险合同约定，乙方（含贷款方）实际获得的保险赔款；

D 为发生不可抗力情形时，因乙方投保不足，导致所获保险赔款无法使项目设施恢复到出险前的正常状态和价值的恢复性建设费用缺额部分（如有）；

若属甲方发出的终止情形之一的，按照对应公式计算终止补偿金即"A1 - B"或者"A2 - B"的值为负数；或者不可抗力情形下补偿金计算为负值的，则乙方应向甲方支付本条所述负数的绝对值。

第 13 条　履约担保

13.1　履约担保的提交

作为乙方履行本协议的担保，乙方应向甲方提交履约担保。

当乙方未能完全履行本协议义务时，甲方可提取保证金，乙方应在保证金被提取后 30 日内补足。

13.2　履约担保的金额

建设期履约保函：建设期内履约保函的金额为人民币 X 万元，乙方应在注册成立后、本协议正式签署前提交。

运营期履约担保：以上一年度 1 个月的平均月生活垃圾处理补贴费作为履约保证金。

移交履约担保：移交履约担保金额为 6 个月的生活垃圾处理补贴费，自特许经营期届满前 15 个月起至前 9 个月至的补贴费作为履约担保。

13.3　建设期履约保函的提取

13.3.1　如果发生本协议乙方未全部或部分履行其在本协议项下的义务，且在甲方要求的期限内未予补正，或未按本协议的约定承担违约责任，甲方有权提取履约保函的全部金额。

13.3.2　如果乙方未按照第 13.1 条的规定按时补充履约保函的金额，甲方有权提取履约保函届时所剩余的全部金额。

13.3.3　乙方未向甲方按期支付根据本协议规定到期应付的违约赔偿和违约金，则甲方有权从履约保函中提取相应金额。

13.3.4　甲方有权按照第 8.1.4 款 "未履行维护义务" 的规定提取履约保函。

13.3.5　甲方在根据本条款提取相应的履约保函之前，应向乙方发出书面通知，并告知对方其提取的理由和拟提取的金额。

13.4　履约担保的退还

13.4.1　建设期履约保函：在项目最终验收后，甲方将建设期履约保函剩余的保证金退还给乙方。

13.4.2　运营期履约担保：甲方在每个月的第 15 个工作日支付上个月生活垃圾处理补贴费（如有违约情形，则为提取违约金后的余额）。

13.4.3　移交履约担保：甲乙双方在移交完成后，在正式签署移交备忘录前将移交履约保证金无息退还（如有违约情形，则为提取违约金后的余额）。

13.5　履约担保的形式

本协议中要求的履约保函均应当为 "见索即付" 的银行保函。

第 14 条　违约责任

14.1　违约赔偿

14.1.1　赔偿

受限于本协议的规定，每一方应有权获得因违约方违约而使该方遭受的任何损失、支出和费用的赔偿，该项赔偿由违约方支付。该项赔偿不应超过违约方在签订本协议时已经明确的因违反本协议可能造成的损失。

14.1.2　免责

如果一方证明其未履行义务是由于第 10.1 条规定的不可抗力造成的，则该方可根据相关条款免责。

14.1.3　减轻损失的措施

（1）由于另一方违约而遭受损失或可能会遭受损失的一方应采取合理行动减轻或最大程度地减少另一方违约引起的损失。

（2）如果一方未能采取此类措施，违约方可以请求从赔偿金额中扣除应能够减轻或减少的损失金额。

（3）受损害的一方应有权从另一方获得因试图减轻和减少损失而合理发生的任何费用。

14.1.4　部分由于受损害方造成的损失

如果损失部分是由于受损害方的作为或不作为造成的，或部分产生于应由受损害方承担风险的另一事件，赔偿的数额应扣除这些因素造成的损失。

14.1.5　对间接损失不负责任

除非本合同另有规定，各方均不应对由于或根据本合同产生的或与其相关的任何索赔为对方的任何间接、特殊或附带损失或惩罚损害赔偿负责。

14.2　补救限额

本第 14.1 条的规定不得阻止任何一方行使本协议或适用法律提供的任何其他补救措施。一方因多项补救措施所获得的利益，不得高于其实际受到的损失。

14.3　乙方的违约

14.3.1　乙方延误的违约金

（1）由于乙方的原因导致商业运营开始日延误，乙方必须逐日向甲方支付按照以下标准规定的违约金：

A. 第一个延误 60 日内，每日支付 1 万元；

B. 第二个延误 60 日内，每日支付 2 万元；

C. 第三个延误 60 日内，每日支付 3 万元。

（2）乙方若对违约金的数额和支付方式没有异议的，应在通知中明确的期间内向甲方指定账户支付上述违约金，若乙方未按时支付，甲方可以从建设期履约保函中提取该等违约金及按违约利率计算的延误期间利息，直至建设期履约保函已全部提取完。如延误时间超过 6 个月，则甲方有权提前终止本合同。若乙方对违约金的数额及支付方式有异议的，双方应按照本合同第 16 条的规定解决争议。

（3）甲方获得本协议第 14.1 条规定的违约金的权利不应影响其在第 11 条下终止本协议的权利。

14.3.2　乙方放弃项目或建设失败的违约金

（1）乙方按本协议规定放弃或被视为放弃项目的建设，甲方有权提取乙方提交的建设期履约保函的全部金额。

（2）甲方获得本协议规定的违约金的权利不影响其在规定情形下终止本协议的权利。

14.3.3　违反生活垃圾处理质量标准的违约金

在运营期内的任一运营月内，如果某一运营日，乙方的生活垃圾处理质量不符合生活垃圾处理质量标准，则乙方应向甲方支付生活垃圾处理不合格违约金，生活垃圾处理不合格违约金根据第 7.12 条的规定计算。

14.4　甲方的违约

14.4.1　甲方违约导致商业运营开始日延误的违约金

如果由于甲方的原因导致商业运营开始日发生延误，甲方必须逐日向乙方支付以下标准的违约金。

A. 第一个延误 60 日内，每日支付 1 万元；

B. 第二个延误 60 日内，每日支付 2 万元；

C. 第三个延误 60 日内，每日支付 3 万元。

如延误时间超过 6 个月，则乙方可选择中止协议或双方协商解决。

14.4.2　甲方若对违约金的数额和支付方式没有异议的，应在通知中明确的期间内向乙方的指定账户支付上述违约金，若甲方对违约金的数额及支付方式有异议的，双方应按照本合同第 16 条的规定解决争议。

14.5　乙方运营期间违约金

乙方应根据第 14.3 条计算应向甲方支付的违约金金额，并在向甲方开具账单时将该金额从生活垃圾处理补贴费总额中扣减。

14.6　提前终止补偿金额的计算

提前终止的补偿金额，以补足双方的利益损失为原则，由双方按如下原则确定：

14.6.1　因乙方责任导致提前终止

如因乙方违约，导致本协议提前终止并按本协议第 12.4 条提前移交，则补偿金额应为乙方已经建成的项目的资产价值，如任何一方对于该资产价值有异议，则由双方共同确定的审计、评估机构对项目资产进行审计、评估，以确定资产价值。

14.6.2 因甲方责任导致提前终止

如因甲方违约，导致本协议提前终止并按本协议第 12.4 条提前移交，则补偿金额应按如下方式确定：

（1）如在项目建设期提前终止，甲方或其指定的执行机构应按照项目公司建设成本的 120% 收购垃圾处理厂；

（2）如在项目运营期提前终止，甲方或其指定的执行机构应按照项目公司评估价值收购垃圾处理厂。

14.6.3 因不可抗力导致提前终止

因不可抗力原因导致本协议提前终止，由双方按照补足双方的利益损失为原则协商确定补偿金额。

14.7 违约金争议

如对违约金金额有争议，应根据第 16 条解决。

第 15 条 协议的转让

15.1 甲方的转让

15.1.1 转让的同意

甲方不得出让或转让其在本协议项下的全部或部分的权利或义务，但本协议另有约定的除外。

15.1.2 除外条件

上述第 15.1.1 款的规定并不妨碍甲方与其他的政府部门进行机构调整或合并，条件是该继承实体：

（1）具有承担甲方在本合同项下所承担的所有权利、义务和责任的能力和授权；以及

（2）接受并完全承担甲方在本协议项下义务的履行，包括服务协议的义务。

15.2 乙方的转让

15.2.1 对协议权利义务的转让

未经甲方事先书面同意，乙方在任何情况下不得转让或以其他方式转移其在本协议下的权利和义务。

15.2.2 乙方资产转让及抵押

（1）未经甲方事先书面同意，乙方不得转让或以其他方式处置项目设施或任何其他重要资产；

（2）为项目融资的目的，乙方向甲方通报后，可以在其根据本协议获得的相关权利和权益之上为融资文件项下的贷款人的利益依法设定抵押权或质押权，

条件是不能分割抵押、质押或部分抵押、质押,并且融资文件项下的贷款人在行使该等抵押或质押权时,不能移动、拆除、关闭项目设施或其任何部分,也不能影响项目设施的正常运营。上述权利和资产是一个整体,乙方不得将该等权利或资产分别抵押或质押给不同的抵押权人或质押权人。乙方为项目融资而签署的融资文件应包括上述条件;

(3) 在特许经营期内,乙方不得对项目范围内的土地使用权进行任何形式的转让或出租,且不得在其上设置任何抵押。

15.2.3 乙方股权的转让

未经甲方事先书面同意,乙方的所有股东不得转让其股份。

第16条 解释与争议的解决

16.1 解释规则

16.1.1 修改

本协议任何修改、补充或变更只有以书面形式并由双方授权代表签字,并加盖公章方可生效并具约束力。

16.2.2 可分割性

如果本协议任何条款不合法、无效或不能执行,或者被任何有管辖权的仲裁庭或法院宣布为不合法、无效或不能执行,则:

(1) 其他条款仍然有效和可执行;

(2) 双方应对不合法、无效或不能执行的条款进行修改,使之合法、有效并可执行,并且这些修改应尽可能平衡双方之间的利益。

16.2 争议的解决

16.2.1 双方友好协商解决

若双方对本协议条款的解释或执行(包括关于其存在、有效或终止的任何问题)产生任何争议、分歧或索赔,则应尽力通过友好协商解决该争议、分歧或索赔。若在60日内该争议未能得到解决,则应适用第16.2.2条的规定。

16.2.2 诉讼

如果该项争议在一方提出友好协商之后的六十日内未能解决,则根据以下原则解决:

(1) 因履行本协议而产生的任何民事争议,任一方可提请有管辖权的人民法院裁决;

(2) 因履行本协议而涉及特许经营权的授予、取消等行政争议,乙方应通过行政复议或行政诉讼的途径解决。

16.2.3 争议解决期间的履行

在争议、分歧或索赔作出最终裁决前,各方应继续履行其在本协议项下的所有义务并继续享有其在本协议项下的所有权利,任何一方不得以发生争议为由,停止项目运营服务、停止项目运营支持服务或采取其他影响公共利益的措施,在最终裁决作出后按裁决进行最终调整。

16.2.4 继续有效

第16条规定的争议解决条款在本协议终止后继续有效。

第17条 其他

17.1 法律

本《特许经营协议》的订立、效力、解释、履行及争端解决均适用中华人民共和国法律。

17.2 通知

17.2.1 地址

本协议项下的通知、同意或其他通讯必须以中文书写,并通过专人递交、公认的国际快递、挂号或传真至对方。

17.2.2 地址改变的及时通知

如果甲方或乙方变更联系方式,更改方必须在新的内容启用前以书面形式通知其他方。

17.3 非弃权、协议文字

17.3.1 非弃权

任何一方均不被视为放弃本协议中的任何条款,除非一方以书面形式作出放弃。任何一方未书面明示放弃未其本协议中规定的任何权利,均不应被视为对任何权利的放弃或对今后行使任何上述权利的放弃。

17.3.2 协议文字和文本

本协议以中文订立,正式一式6份,双方各执3份。

17.4 生效

17.4.1 本协议已由双方法定代表人或各自正式授权的代表在本协议的文首注明的日期签署,双方愿受本协议约束。

17.4.2 甲乙双方签字盖章后本协议生效。甲方在本协议上签字盖章日期为本协议批准生效日。

17.5 协议的补充

本协议的未尽事宜,通过签约双方友好协商进行补充。

补充协议一经有关各方法定代表人或授权委托人签字并盖章生效,即与本协议具有同等效力。

附件二

《某市轨道交通 N 号线一期 PPP 项目特许经营合同》

目　录

第一章　总则 ………………………………………………… 253
　第 1 条　定义和释义 ……………………………………… 253
　第 2 条　项目名称和区域 ………………………………… 255
　第 3 条　特许权 …………………………………………… 256
　第 4 条　声明和保证 ……………………………………… 258
　第 5 条　合同构成及优先次序 …………………………… 259
　第 6 条　生效条件 ………………………………………… 259
第二章　双方的主体资格、权利及义务界定 ……………… 260
　第 7 条　甲方的主体资格、权利及义务界定 …………… 260
　第 8 条　乙方的主体资格、权利及义务界定 …………… 262
　第 9 条　双方的共同义务 ………………………………… 264
第三章　投资及融资 ………………………………………… 265
　第 10 条　项目投资 ………………………………………… 265
　第 11 条　投资和融资方案 ………………………………… 265
　第 12 条　投融资监管 ……………………………………… 266
第四章　项目建设 …………………………………………… 267
　第 13 条　建设管理总体要求 ……………………………… 267
　第 14 条　项目范围 ………………………………………… 267
　第 15 条　设计 ……………………………………………… 268
　第 16 条　工程变更和调整 ………………………………… 269
　第 17 条　工期及调整 ……………………………………… 272
　第 18 条　招标、采购 ……………………………………… 274

第 19 条　可能存在的部分土建工程先期招标 …………………… 275
第 20 条　政府提供的建设条件 …………………………………… 276
第 21 条　建设期的审查和审批事项 ……………………………… 276
第 22 条　征地拆迁和临时用地 …………………………………… 276
第 23 条　环保和安全文明施工 …………………………………… 276
第 24 条　项目验收 ………………………………………………… 277
第 25 条　竣工验收条件 …………………………………………… 278
第 26 条　竣工验收程序 …………………………………………… 278
第 27 条　工程保修 ………………………………………………… 279
第 28 条　实际投资与概算投资的差异处理 ……………………… 279
第 29 条　更新改造和追加投资时的建设管理要求 ……………… 279

第五章　项目运营和维护 …………………………………………… 279
第 30 条　客运服务 ………………………………………………… 279
第 31 条　非客运服务业务 ………………………………………… 283
第 32 条　收入和回报 ……………………………………………… 285
第 33 条　绩效考核和中期评估 …………………………………… 286

第六章　项目移交 …………………………………………………… 286
第 34 条　移交前的过渡期的安排 ………………………………… 286
第 35 条　特许期届满时的移交 …………………………………… 287
第 36 条　项目提前终止时的移交 ………………………………… 289
第 37 条　临时接管 ………………………………………………… 289

第七章　不可抗力事件 ……………………………………………… 290
第 38 条　不可抗力事件 …………………………………………… 290
第 39 条　不可抗力事件的通知 …………………………………… 290
第 40 条　不可抗力引起的费用及时间表的修改 ………………… 290
第 41 条　运营期内发生不可抗力的处理 ………………………… 291
第 42 条　减少不可抗力损失的责任和协商 ……………………… 291

第八章　合同解除和终止 …………………………………………… 291
第 43 条　合同的解除 ……………………………………………… 291
第 44 条　合同终止 ………………………………………………… 291

第九章　违约责任 …………………………………………………… 294
第 45 条　违约认定 ………………………………………………… 294
第 46 条　乙方投融资违约责任 …………………………………… 294
第 47 条　乙方在运营期的违约责任 ……………………………… 295
第 48 条　乙方在移交期的违约责任 ……………………………… 295

第 49 条　违约金 …… 295
第十章　争议解决 …… 296
　　第 50 条　争议解决 …… 296
第十一章　履约保函和保险 …… 297
　　第 51 条　履约保函 …… 297
　　第 52 条　保险 …… 298
第十二章　转让和担保 …… 298
　　第 53 条　甲方的转让 …… 298
　　第 54 条　乙方的转让 …… 298
第十三章　其他条款 …… 299
　　第 55 条　其他约定 …… 299
　　第 56 条　合同的解释规则 …… 299
　　第 57 条　通知 …… 300
　　第 58 条　合同文字和文本 …… 300
附件 1：项目产出说明（略） …… 301
附件 2：概算下浮工程量清单报价表（略） …… 301
附件 3：实际投资与概算投资的差异处理 …… 301
附件 4：特许期内利率和汇率变化调整处理方案 …… 303
附件 5：乙方收入和政府补贴计算方法及相关约定 …… 304
附件 6：车公里服务价格调整及车公里可变成本单价计算方法 …… 312
附件 7：全线试运营前提条件 …… 315
附件 8：全线试运营转入全线正式运营前提条件 …… 322
附件 9：更新改造和追加投资计划 …… 323
附件 10：银行履约保函 …… 323
附件 11：建设期、运营期投保要求 …… 324
附件 12：乙方应向甲方报送事项汇总清单 …… 326
附件 13：确认谈判备忘录（略） …… 327

第一章　总则

第 1 条　定义和释义

1.1　定义

为避免歧义，本合同项下，下文定义的措辞和用语应具有本条赋予的含义：

"本合同"或"特许经营合同"	系指《某市轨道交通 N 号线一期 PPP 项目特许经营合同》，包含项目特许经营合同所附的附件以及日后可能签订的任何本合同之补充修改合同和附件，上述每一文件均被视为本合同的一部分。本合同必须报请本级人民政府审核同意，在获得同意前合同不得生效

续表

"本项目"	系指某市轨道交通 N 号线的一期政府与社会资本合作（PPP）项目
"项目设施"	系指本项目的土建、轨道、机电系统设备、常规设备、车辆及工艺设备等设施
"市政府指定的出资人"或"城轨集团"	系指市城市轨道集团有限公司，作为市政府在项目中的出资人，与中标社会投资人共同组建项目公司，参与项目投资、建设和运营
"甲方"	系指某市建设委员会，是市政府授权的本项目实施机构
"乙方"或"项目公司"	系指由中标社会投资人与城轨集团为实施本项目共同出资设立的项目法人
"双方"	系指甲方和乙方的统称
"一方"	系指甲方或乙方任何一方
"中标社会投资人"	系指其投标已被某市人民政府所接受，作为本项目社会资本投资主体的单位或联合体
"政府部门"	系指国务院及其各部委、项目所在地省、市、区级人民政府及其各工作部门
"政府方"	系指与本合同履约有关的市政府或其下属有关部门、机构及市政府授权单位等
"特许经营权"	系指甲方授予乙方在特许期内按本合同约定的对本项目进行投资、融资、建设、运营、维护和获得本项目约定的客运收入、非客运业务收益和政府补贴等合理收益的权利
"特许期"	系指本合同第 3 条规定的特许期期间，包括建设期和特许经营期
"经批准的初步设计"	系指省发展和改革委员会所批准的本项目初步设计文件全称
"初步设计概算"	系指省发展和改革委员会所批准的本项目初步设计文件中的《初步设计概算》
"运营"	系指乙方在甲方授予的特许经营权范围内从事本项目管理、运营、服务及相关业务活动
"维护维修"	系指为使本项目保持正常运营所需的各项条件和技术要求而进行的保养、修护及维修等工作
"客运收入"	系指按某市路网结算规则分配到本项目的客运票款收入
"非客运服务业务收益"	系指按本合同约定，由乙方经营特许经营权范围内的非客运服务业务所获得的税前利润
"政府补贴"	系指在符合本合同约定的条件下，甲方向乙方支付的可行性缺口补助及其他补贴，政府补贴由市政府纳入市政府财政预算
"竣工决算审计"	系指市政府相关职能部门，依照国家和地方审计规定，以实现本项目相关监管需要为目的，直接或委托中介机构对本项目竣工决算进行的审计。

续表

"竣工验收"	系指本项目工程验收合格后、试运营之前，结合试运行效果，确认建设项目是否达到本合同约定标准要求的验收
"生效日"	系指第 6.3 条规定的本合同生效日
"移交日"	系指乙方根据本合同约定应当将项目设施移交给市政府指定机构管理、支配之日。特许经营期届满移交的，移交日是指特许经营期届满之次日；在特许期内合同解除或提前终止的，移交日为双方协商确定的乙方向市政府指定机构进行移交之日
"日"	除特别指明外、系指日历日。本合同中按日计算期间的，开始当日不计入，从次日开始计算。期间最后一日的截止时间为当天 24:00（北京时间）
"工作日"	系指除法定节假日外的每个周一到周五的工作时间或因法定假日调休而安排正常工作的周六、周日的工作时间
"批准"	系指包括审批、审查、许可、登记、核准、核备、备案等，其具体含义由政府根据法律及法规的规定予以解释和应用
"适用法律"	系指所有适用的中华人民共和国法律、行政法规、地方性法规、规章、规范性文件、法律解释和政府部门颁布的所有适用的技术标准、技术规范及其他适用的强制性要求
"法律变更"	系指生效日期之后，任何政府部门颁布、实施新的法律、法规或对在生效日期之前的法律、法规进行任何修改、废除或重新解释

1.2 释义

在本合同中，除非另有明确规定，下述词语的释义如下：

1）"日"、"月"、"年"均指公历的日、月、年；

2）"元"指中华人民共和国法定货币人民币元；

3）"一方"按适用情况指甲方或乙方；包括其承继人和允许的受让人；

4）"包括"指包括但不限于；

5）任何条款、段、附表或附件指本合同的条款、段、附表或附件；

6）标题仅为阅读方便之用，不影响正文文义。

第 2 条 项目名称和区域

2.1 本项目

1）本项目名称是某市轨道交通 N 号线一期 PPP 项目，项目区域限于经批复的初步设计报告项目范围。

2）本项目经批复的初步设计报告概算总投资约_____亿元。

2.2　本项目区域外的同步实施工程

本项目区域外的同步实施工程可能包括换乘站工程以及物业预留空间工程等工程内容。区域外的同步实施工程项目的范围和概况见附件1：项目产出说明。

第3条　特许权

3.1　授予程序及遵守

1）甲方依照市政府的授权，依法签署本合同，本合同生效之日，即表明乙方获得了特许权。甲方、乙方均应接受特许权和本合同的约束，承担相应的权利和义务。

2）市政府，或甲方依照市政府的授权，有权依照法定的程序和途径调整、变更或终止已经向乙方发出的特许经营权。前述行为如无法定或合同约定依据而对乙方造成损失的，政府方应依照法定或约定的条件和程序给予乙方相应的补偿。

3.2　特许权的授予

在特许期内甲方授予乙方以下特许权：

1）本项目范围内全部资产的投资、融资、建设、运营和维护维修的权利。

2）提供本项目资产范围内的地铁客运服务、从事非客运业务，获得客运收入、非客运服务业务收益以及根据本合同约定的条件和方式获取政府补贴等合法收益的权利。甲方有权按照本合同约定的条件和程序，参与项目收益分配或调整补贴。

3）乙方拥有项目运营的权利并承担运营主体责任。乙方可将特许经营期部分工作委托甲方认可的第三方机构实施，但不免除乙方应承担的运营主体责任。

4）乙方应按照本合同约定的标准提供轨道交通公共产品及服务，并应依法建立、健全项目资料、财务资料归档、公示制度，以满足项目透明化运行的要求，保护社会公众利益。甲方有权依照法定或本合同约定的程序对本项目特许经营实施情况进行绩效考核和中期评估。

5）凡是本合同未明确的权利，乙方必须经过甲方或市政府的书面许可方可实施，不得擅自扩大特许经营权范围、项目和经营种类。

6）除本合同另有约定外，乙方无需为取得特许经营权向市政府或甲方或任何其他方支付任何费用。

7）社会公众有权依据法定的程序对乙方履行项目投资、建设、运营、移交全过程的具体行为进行监督，提出意见和建议，乙方应依法主动接受社会公众的监督。

8）乙方应在特许经营期届满时向甲方完好、无偿移交项目设施，自行承担项目债务，乙方及其中标社会投资人股东均不得再以乙方的名义开展活动。

3.3 特许期

3.3.1 特许期的基本约定

1）本项目特许期为35年，包含建设期和特许经营期（即运营期）其中建设期为5年、特许经营期为30年。

2）建设期为自本合同生效日起至经市政府批准的本项目全线开始试运营日的前一日的期间。

3）特许经营期指自市政府批准的本项目全线开始试运营日起至运营终止时间之日为止的期间。约定的特许经营期为30年。

4）项目约定全线开始试运营日为201X年12月31日，或根据本合同确定或市政府同意的其他日期。

3.3.2 特许经营期期间的调整

1）如工程建设提前完工，则自全线开始试运营日起开始进入特许经营期，约定特许经营期终止时间相应提前，约定特许经营期30年不变。

2）如本项目实际全线开始试运营日延后，则约定特许经营期终止时间相应顺延，约定的特许经营期30年不变。

3.4 特许经营期正常终止后的续期和优先权

特许经营期期满如市政府决定仍采取特许经营方式进行本项目的运营，在同等条件下，乙方具有与市政府就特许经营权订立新的特许经营合同的优先权。

3.5 对履行特许经营权情况的书面报告制度

1）乙方应根据本合同的约定和政府监管要求，建立向甲方定期提供书面报告的制度报告内容应全面反映项目投资、建设及运营的情况。

2）有关乙方的报告事项及须经甲方审批、备案、许可的事项清单见附件；乙方应向甲方报送事项汇总清单。双方同意该清单应以本合同约定为依据，在合同履行过程中不断完善、优化、补充或调整。

3.6 特许权的取消

1）因不可抗力或公共利益的需要，甲方有权取消乙方的特许权，并给予乙方合理的补偿。

2）甲方取消乙方的特许权：在特许期内乙方有下列所列行为之一且在甲方就此发出整改通知后的30日内仍未纠正或未就解决方案与甲方达成一致，则甲方有权取消乙方的特许权：

a）乙方注册资本或实缴资本未能满足要求；

b）乙方未按照本合同约定提交履约保函；

c）未经甲方许可，乙方变更股权、减少注册资本、对外提供担保，从事与本项目无关的经营活动或对本项目以外的项目进行投资、资金借贷及借贷担保，或非因本项目建设和经营需要以本合同项下的权益设定质押；

d）乙方违反本合同约定转让、出租、质押特许经营权，或于特许经营权上设置任何债务负担或未按约定向甲方备案相关合同文件；

e）乙方或乙方股东因违反法律、行政法规被依法责令关闭解散的；

f）乙方在特许经营期内因资不抵债、不能清偿到期债务，向人民法院申请破产或被任何第三方向人民法院申请其破产的；

g）本合同其他条款规定的，因乙方其他严重违约行为导致特许经营权取消的情形。

3）乙方提出的因合同终止而导致的特许经营权取消：

在特许经营期内甲方有下列所列行为之一（下称"政府方严重违约事件"）且在乙方就此发出违约通知后的 90 日内仍未纠正或未就解决方案与乙方达成一致，则乙方有权终止本合同：

a）甲方在第 4.1 条所作的任何声明和保证被证明在作出时有实质性不实，使甲方履行本合同的能力受到严重的不利影响；

b）甲方未按本合同规定向乙方支付政府补贴或其他应付款项；

c）甲方或市政府未履行本合同项下的其他重要义务；

d）本合同其他条款规定的、乙方有权终止本合同的情形。

第 4 条　声明和保证

4.1　甲方的声明和保证甲方在此向乙方声明和保证，在本合同签署日和生效日：

1）甲方已经取得市政府的正式授权及其他必要的同意和批准，代表市政府签订本合同，具有与乙方签订、交付和履行本合同的充分的法律权利、权力和授权，本合同一经签订，即对甲方、市政府和政府方具有完全的法律约束力。

2）除非另有约定，甲方代表其自身、市政府和政府方履行本合同项下甲方、市政府和政府方的权利和义务。

4.2　乙方的声明和保证乙方在此向甲方声明和保证，在本合同签署日和生效日：

1）本合同一经签订，即对乙方具有完全的法律约束力，签订和履行本合同的义务、条款和条件不会导致乙方违反法律、法规、行政规章、行政决定、生效判决和诉讼裁决的强制性规定，也不会导致乙方违反公司章程的约定和董事会决议，违反其与第三方合同的条款、条件和承诺，也不会引致任何利益冲突。

2）乙方具有从事本项目下投资、融资、建设、运营和维护的能力，在资金实力、技术力量、人力资源、经营管理能力等方面均能够满足实施本项目的需求。

3）乙方将遵守适用法律的规定，履行本合同项下义务，接受政府方依法对本项目实施的各类监管。

第 5 条　合同构成及优先次序

5.1　合同构成

本合同包括：

1）双方于本项目建设期、运营期、移交期内以书面形式签署的补充和修正文件等书面合同或文件。

2）本合同正文、附件。

3）中标通知书。

4）投标文件（含投标人在评标期间递交和确认并经招标人同意的对有关问题的补充资料和澄清文件等，如果有）。

5）招标文件（含招标文件补充文件，如果有）。

6）双方约定的构成本合同组成部分的其他文件。

5.2　优先次序

前款所列文件形成一个整体，互相补充，若有不明确或不一致之处，以所列次序在先者为准。同一顺序中的文件有不同约定的，以日期在后的文件为准。但甲、乙双方另有约定的除外。

第 6 条　生效条件

6.1　本合同的生效条件

1）乙方已经取得以下合同或文件：a）有关乙方的《股东协议》和《公司章程》已经签署并生效；b）工商行政管理部门签发的乙方企业法人营业执照，该营业执照上所注明的各项信息与《股东协议》以及《公司章程》的约定实质上一致。

2）融资文件已经签署和交付、充分有效并且遵守本合同的要求。

3）乙方已满足或能够满足融资文件项下获得资金的所有先决条件（只能在本协议生效日期或之后可满足的条件除外）或被豁免，而每一项尚未满足的条件能够在经市政府或其授权单位批准的融资文件规定的期限内得到满足或被豁免。

4）本合同经双方授权代表签字并加盖公章。

6.2　生效条件的放弃

经一致同意，双方有权放弃任何一项生效条件，但双方对任何一项生效条件的放弃并不影响双方在本合同项下的其他权利。

6.3　本合同生效日期

本合同生效日期为：

1）在第6.1条所述之所有生效条件成就之日；或

2）在其他生效条件业已成就的情况下，全部尚未成就的生效条件已根据第6.2条的规定被放弃之日，为本合同生效日期。

第二章　双方的主体资格、权利及义务界定

第7条　甲方的主体资格、权利及义务界定

7.1　甲方的主体资格

甲方为本项目的实施机构。如因行政区划调整或机构调整，甲方被撤销或被合并的，由承继相关职能的机构或合并后的政府主体完全承继本合同，并继续履行甲方合同义务、行使甲方合同权利。本合同在前述承继完成之前的履行情况（包括所产生的甲方责任），对承继方具有约束力，并由承继方全部承担。

7.2　甲方权利义务界定

甲方依据适用法律行使政府监管的权力，根据本合同约定行使各项合同权利。甲方应依法按本合同约定提供项目配套条件、项目审批协调支持、维护公共秩序和市场秩序，履行本合同约定的其他义务。

7.3　本项目中甲方提供的条件

1）按本合同约定向乙方授予特许经营权。

2）按本合同约定为本项目建设和运营提供必要的外部配套条件。

3）在市政府权限和管辖范围内协助乙方依法获得项目审批、核准、进行项目设计、建设、运营及管理等所必需的政府批文。

4）根据乙方的请求，在市政府行政职权和适用法律范围内，依法为乙方提供必要的帮助和支持。

5）适用法律规定和本合同约定应由甲方履行的其他义务和责任。

7.4　甲方的权利

1）根据适用法律和本合同对乙方本项目投资、建设、运营、更新改造和追加投资等全过程进行监管。

2）制定本项目的建设标准（包括设计、施工和验收标准）。建设期内，根据需要或法律变更情况对已确定的建设标准进行修改或变更。

3）根据本合同规定的建设标准，对工程的建设进度、质量进行监督和检查，监督本项目的竣工验收，审批竣工验收报告。

4）根据实际需要确定本项目试运营和正式运营开通的具体方式和开通时间。

5）根据《城市轨道交通运营管理办法》（2005年建设部第140号）、《城市轨道交通运营服务管理规范》（DB11/T647-2009）等法律法规，制定试运营期和正式运营期的运营标准。运营期内，根据法律变更对运营标准进行变更。

6）根据有关价格法律法规，制定和颁布本项目的运营票价，监督乙方执行。

7）有权按照本合同约定的条件和程序，参与项目收益分配或调整补贴。

8）运营期内，有权对乙方的运营状况进行现场检查。要求乙方报告项目运营相关信息。

9）在发生本合同约定的乙方严重违约事件或发生紧急事件时，有权利（但不得被要求）实施临时接管，暂代乙方运营和维护本项目。

10）如果发生乙方违约的情况，要求乙方纠正违约、向乙方收取违约金、提前终止（收回特许经营权）或采取本合同规定的其他措施。

11）依据本合同及相关各类法律政策、行业标准，对本项目安全运营进行监督。

12）依据本合同有关规定对乙方特许经营权、股权结构、项目资产进行监管。

13）在特许期结束后，对乙方的移交过程进行监管，若发现乙方有违约行为，有权利扣取移交保函。

7.5 甲方的义务

1）根据本合同约定，为乙方投资、建设和运营本项目设施提供必要的支持条件。

2）特许期内，以符合适用法律规定的方式提供项目设施永久用地（包括车站、车辆段、停车场等）的土地使用权。

3）根据本合同约定，允许乙方利用项目设施提供客运服务并获得票务收入。

4）根据本合同约定，允许乙方利用项目设施直接或允许他人从事非客运业务，取得非客运业务收入。

5）根据本合同约定，给予乙方政府补贴。

6）如因法律变更或市政府要求损害乙方预期利益，导致乙方建设投资或运营成本增加时，按照本合同的约定给予乙方合理补偿。

7）除本合同其他条款规定的义务外，市政府、甲方、政府方在特许期内的一般义务包括：

a）遵守适用法律。甲方应始终遵守并促使其各自指定机构遵守所有适用法律及本合同规定的相关义务。

b）批准。如果乙方已经及时、正确地向甲方提交了有关项目批准的申请、要求和文件，并且符合适用法律或本合同规定的获得该等批准所要求的条件，甲方应给予、且尽力协助乙方获得所需的批准，并在适用法律允许的情况下加快批准程序。甲方应在适用法律和本合同规定的限期内完成审批事宜。

c）不干预。除非本合同另有规定，甲方不得干预项目设施的建设或项目设施的运营和维护，除非是为保护公众健康和公共安全以及履行其法定职责的需要而根据适用法律和本合同规定进行。应乙方的要求，甲方应尽最大努力防止和减少可能产生的第三方对本项目建设和运营、维护的干预、干扰、影响和破坏。

d) 税收优惠。甲方同意依法给予乙方其所能决定的税收优惠，前提是不违反适用法律。

e) 公用设施。甲方在制定与本项目相关的轨道交通公用设施的运营管理制度时应充分考虑乙方的意见；为本项目运营所必须之目的，甲方有义务保障乙方有权公平、合理地与其他轨道交通运营企业共同使用某市的轨道交通公用设施并支付合理的费用。

f) 甲方应促使相关方及时地，以公平价格且不差于与乙方提供服务大致相同的其他地铁运营企业一般可以得到的条件向乙方提供建设本项目设施以及运营和维护本项目设施所需的所有公用设施，包括电、水和通讯设施。

g) 安全保障。除乙方根据适用法律和本合同规定采取安全保障措施外，在本项目设施的建设及全线运营期间，如乙方发现任何危害本项目安全运营的任何行为，乙方应及时向甲方进行汇报，甲方应根据适用法律的规定采取有效措施，以防止该等行为危害本项目安全运营。

第8条 乙方的主体资格、权利及义务界定

8.1 乙方的主体资格

乙方为通过公开招标方式进入本项目的中标社会投资人与城轨集团所组建的项目法人。

8.2 乙方权利义务界定

乙方有权按照本合同约定获得特许经营权、甲方提供的项目配套条件，获取相应的项目支持，并有权按本合同约定实施项目、获得相应回报。乙方应按本合同约定对本项目的资金筹措、建设实施、生产经营、债务偿还等全过程事项承担负责。乙方应按本合同约定，负责项目建设，提供运营维护服务，特许经营期满向甲方移交本项目，履行相关法定义务和本合同约定的其他义务，并承担相应的社会责任。

8.3 乙方的权利

1) 乙方有权按照本合同的约定，享有在特许期内投资、建设和运营一期工程的权利。

2) 乙方有权依据本合同的约定，享有项目设施永久用地（包括车站、车辆段、停车场等）的土地使用权。

3) 乙方有权根据本合同的约定，利用项目设施提供客运服务并获得票务收入。

4) 根据适用法律和本合同规定，利用项目设施（不包括地上部分）直接或允许他人从事非客业务，包括商业零售、商铺、广告、报纸杂志、通信服务等，

取得非客运业务收入。

5）乙方有权根据本合同的约定，获得政府补贴的权利。

6）对因政府方原因导致建设投资或运营成本增加时，乙方有权依据本合同的约定要求政府方给予合理补偿。

8.4 乙方的义务

1）按本合同约定和经批准的设计文件，自行承担费用、责任和风险，负责本项目的投资、建设、运营、更新改造和追加投资，并提供项目全部的运营维护维修服务；乙方应确保按照本合同中规定的建设资金到位时间落实全部资金，否则承担违约责任。同时自行承担因自身原因造成的建设投资超过投资控制目标额带来的超额投资。

2）有义务遵守政府方制定的建设标准，根据本合同按照市政府的要求或法律变更进行变更。

3）有义务采用先进的建设管理机制和办法，根据本合同规定向市政府报告建设进度和建设质量控制情况，接受市政府的监督，按本合同规定提供要求的资料和其他协助，按照规定的工期和建设标准完成一期工程的建设任务，在达到规定的要求后，尽快组织竣工验收。

4）有义务组织和完成一期工程的试运行；及时组织竣工验收，保证一期工程按期开始试运营。在试运营期内，达到规定的运营标准。试运营期最长不超过2年。

5）在运营期（包括试运营期），保持充分的客运服务能力，保证按照本合同、市政府有关部门制定的关于统一运营管理的规定，执行因市政府要求或法律变更导致的运营标准的变更。不间断地提供优质的客运服务。

6）执行市政府颁布的票价政策，并接受政府方监督。

7）有义务配合政府方参与涉及政府方的项目收益分配或调整补贴。

8）接受政府方对运营情况的现场监督，并按要求报告项目运营相关信息。

9）根据本合同的规定，在发生紧急事件或乙方严重违约事件的情况下，乙方应接受市政府实施的临时接管，并提供协助。

10）如果违约，向市政府缴纳约定的违约金并按规定改正。

11）按照国家、省及市相关规定，通过建立安全管理系统、制定和实施安全演习计划、制定应急处理预案等措施，保证地铁的安全运营，且在项目设施内从事其他商业经营时，符合相关的安全标准。

12）在特许期内，未经政府同意，不得在特许经营权上设定任何质押或其他形式的产权负担，亦不得放弃、无偿或以不合理的低价处置项目资产。如乙方的股东转让其持有的乙方股权，应取得市政府的同意。

13）在特许期结束后，按规定将项目设施移交给市政府，按照保证设施处于良好可使用状态,且全部资产未设有任何抵押、质押等担保权益或产权约束,亦不得存在任何种类和性质的索赔权。在完成移交之后,乙方应配合政府方做好项目运营平稳过渡相关工作,并在移交后一定时间内承担质量保证责任。

14) 对考古、地址及历史物品的保护:如果在项目设施建设和水厂设施运营和维护期间,在本合同项下由乙方正在使用的任何土地上发现考古文物、化石、古墓及遗址、艺术历史遗物及具有考古学、地质学和历史意义的任何其他物品,乙方应及时通知甲方,并采取使用法律要求的措施,包括:

a) 将这一发现通知相关的政府部门。
b) 采取适当的措施保护物品所在的场地。
c) 如果上述发现导致建设工程的延误,则有关进度日期和/或特许经营期应予顺延。

15) 人员配置

a) 项目公司成立前,项目公司股东单位各方应各自承担其人员费用,项目公司成立时,项目公司股东单位各方应根据项目公司治理需要,配备足够的管理及专业人员,若因项目公司需要,仍需股东委派管理及专业人员支持,人员数量及薪酬标准需经项目公司董事会批准。

b) 市政府向项目公司的政府补贴支付计算及调整时,项目公司高管的薪酬标准不高于市国有企业高管薪酬最高标准3倍的部分纳入经营成本计算及调整。

c) 项目公司高管的薪酬标准超出上款约定部分的薪酬,则由推荐该高管的项目公司股东单位承担超出部分费用。

第9条 双方的共同义务

9.1 保密

双方应对本合同的内容和本项目的所有信息及文件保密。除按法律规定或双方另有约定外,未经对方书面同意,不得向任何人或单位披露或者泄露本合同和本项目所包含或涉及的任何内容,但以下情形除外:

1) 对一方承诺负有保密义务的职员、法律顾问的披露。
2) 对根据法律规定有权了解本合同内容的司法、行政机关的披露。
3) 为满足本合同的生效条件而向有关部门或人员所作的披露。
4) 为了本项目的融资而向有关金融机构所作的披露。

9.2 合作义务

双方应相互合作以达到本合同的目的,并应善意地行使和履行其在本合同项下的权利和义务。

9.3 知识产权

由甲方向乙方提供的资料,或主要以此为基础开发的资料,包括文件、计算机程序和其他存储在任何媒介上的资料，均视为甲方的财产。乙方应不为项目之外的事宜使用上述资料，并且应在特许经营期满后将上述资料返还给甲方。

由乙方向甲方提供的资料，或主要以此为基础开发的资料，包括文件、计算机程序和其他存储在任何媒介上的资料，均视为乙方的财产。甲方应不为项目之外的事宜使用上述资料，并且应在特许经营期满后将上述资料返还给乙方，本合同另有规定的除外。

双方应确保其接触到上述文件资料、计算机程序及其复制件的有关人员遵守第9.1条项下的保密规定。

第三章　投资及融资

第10条　项目投资

10.1　项目投资责任

1）项目涉及的全部投资由乙方负责筹措解决，包括项目建设初始总投资、更新改造投资和追加投资。

2）对于与本项目相关的同步实施工程，乙方应按本合同约定承担可能的投资或垫资义务。

10.2　项目概算投资项目概算投资为经批准的初步设计所确定工程项目范围所对应的初步设计概算总投资（下称"项目概算投资"）。项目概算投资可能与经审计确认的项目实际总投资（下称"项目实际总投资"）金额不同，可能增加或减少，但均为乙方应负的投资责任。

10.3　更新改造投资和追加投资

1）项目设施的更新改造和追加投资由乙方负责全部资金的筹措和组织实施，更新改造和追加投资计划见合同附件：更新改造和追加投资计划。

2）关于项目更新改造和投资追加事宜的具体约定另见本合同第六章内容。

第11条　投资和融资方案

11.1　项目资本金

本项目资本金比例应符合适用法律和政府批准文件的要求，乙方应按实际项目总投资金额以及经甲方同意的资本金比例确定最终实际的项目资本金金额，并按建设进度足额到位。

11.2　项目融资

1）项目资本金之外的其他建设资金需求，由乙方负责通过债务融资等方式解决。

2）由乙方负责项目债务资金偿还。

3）如项目贷款机构要求乙方的股东提供担保保证的，乙方各股东应按股权比例承担相应的担保责任。

4）允许乙方使用特许经营权质押、项目资产抵押等方式从事项目融资活动。甲方同意以本项目在建工程、设备及建成后所形成的资产为本项目贷款提供抵押担保，同意以乙方享有的本项目票款收费权益以及商业、广告等权益形成的应收账款为本项目提供质押担保。本条约定事项，乙方须经甲方书面批准后方可实施。符合本条约定的担保，甲方应予批准。

5）乙方与贷款人的融资合同须在正式签约前提交甲方在7个工作日内做出审查决定，以确保融资合同不损害公共利益及政府方利益。

11.3 投资资金计划

乙方需按照本项目投资、建设、运营的需要，编制资金筹措和使用年度滚动计划，按年度向甲方提交备案。

11.4 项目投融资结构调整

在符合适用法律和政府批准文件的要求的前提下，甲方要求降低项目资本金比例时，乙方应无条件同意。在特许期内实施机构有权依据财政资金到位情况选择处理的方式，可采用方式包括但不限于：

1）调整初始约定车公里服务费价格：项目资本金和贷款金额调整时，甲方有权启动调价流程，调整初始约定车公里服务费价格（根据中标社会投资人投标时递交的财务模型，保持中标社会投资人投报的资本金收益率不变，调整初始约定车公里服务费价格）；

2）采取专项补贴机制：纳入政府补贴补充调整机制范围。详见附件5：《乙方收入和政府补贴计算方法及相关约定》。

第12条　投融资监管

12.1 在本合同签订后90日内，乙方应根据本合同约定的建设期和施工计划制定、落实资金的计划，并报甲方备案。

12.2 乙方资本金出资采用货币出资方式，按工程建设进度逐年到位。甲方对资本金到位情况实施监管。

12.3 甲方有权根据乙方的融资方案，通过过程审计以及其他适当方式加强监管，保证资金用于本项目。

12.4 乙方因项目融资、再融资目的签订借款、融资、资产抵押、权益质押等合同前，应向甲方书面申请并得到书面批准，并在签订合同后10日内将相关主合同和担保合同的副本报甲方备案。

12.5 在运营期，乙方应根据项目实际需要制定更新改造等所需融资计划，报甲方备案。

第四章　项目建设

第 13 条　建设管理总体要求

13.1　本项目在建设期及运营期更新改造等建设环节，乙方应遵守国家建设管理相关法律、法规、规章的规定，同时还应遵守自治区及某市关于工程建设管理的最新规定。甲方对项目的监督和管理不免除乙方应承担的建设和管理责任。

13.2　乙方对本项目的建设管理标准及要求，不应低于轨道对交通_____号线及的建设管理标准及要求，并应符合该标准或要求的最新更新。

13.3　乙方应确保工程质量符合本合同的约定及国家和地方工程施工技术规范和技术标准，满足运营功能的实现。

13.4　乙方应规范项目管理流程，防范项目建设风险，做好整体管理、范围管理、时间管理、成本管理、质量管理、人力资源管理、沟通管理、干系人管理、风险管理、采购管理等工作。

13.5　乙方应在签署下游合同时，要求乙方下游承包商、分包商、供应商也遵守适用法律及本合同规定的义务。乙方就下游承包商、分包商、供应商的违约，向甲方承担连带责任。

13.6　乙方应按照经批复的初步设计进行项目建设，按批准的建设规模、设计标准完成施工，并承担费用和风险。

13.7　除本合同另有约定外，工程建设相关的一切手续和责任由乙方承担。甲方将依法向乙方提供相关协助和配合。

13.8　乙方应依法为本项目建设建立健全质量保证体系、安全保证体系，并应建立规范的档案管理制度；乙方应要求下游的总承包、供应商等同样建立健全相关的管理体系；甲方或相关政府部门，有权对项目管理体系进行检查和履约考核。

13.9　乙方应定期（按月，每月十日报告上月情况）向甲方或甲方指定的政府监管机构报送项目建设情况工作报告，接受政府相关部门的监督管理。

第 14 条　项目范围

14.1　项目范围

本项目建设范围详见附件1：《项目产出说明》。

14.2　项目建设分工

本项目建设范围的内容划分为 A 和 B 两部分：属于 A 部分的内容由市政府指定机构负责组织实施，非 A 部分的内容全部属于 B 部分，由乙方负责组织实施。A 部分主要包括以下内容：

1）由市政府指定机构负责实施的建设用地费项目中的永久用地的土地征用

和建（构）筑物迁建，但其中涉及临时用地、树木伐移、管线迁移、交通导改等工程（工作）由项目公司负责实施；

2）本项目与社会资本签约之前已由市政府指定机构实施完成或正在实施的前期工作；

3）其他已由及拟由市政府指定机构先期组织实施的工程项目。

A 部分详细内容见附件：项目产出说明。

14.3　A 部分内容的移交

A 部分产生的费用，在乙方成立之前可由政府方垫付，乙方成立后由乙方承担，据实计入项目概算投资。乙方同意和认可市政府指定机构为了本项目的需要而已实施的 A 部分内容，并认可已取得的成果和已支付的费用。甲方负责协调政府指定机构向项目公司移交 A 部分内容对应的合同和成果。乙方负责承担相应的合同权利及合同义务，并承担所发生的费用。因合同转移支付产生的税费由各自承担。

14.3.1　双方对已由政府方实施的前期工作合同进行梳理和确认，此类全部前期工作合同中委托方的权利义务全部转让给乙方。甲方负责取得前期工作合同对方当事人转让合同权利义务的同意和配合。

14.3.2　甲方或委托方已支付的前期工作合同项下的费用，以及根据此类合同项目依据本项目初步设计概算编制办法所对应的建设管理费等其他合理的费用项目，由乙方在前期工作合同转让合同和付款合同签署后向甲方或委托方支付。甲方或委托方未支付的费用，乙方应继续执行前期工作合同，并按前期工作合同约定按时向合同相对方支付相关费用。乙方向甲方或委托方的具体支付时间、支付方式双方另行商议。

14.3.3　由政府方已实施的前期工作的具体内容和费用，本合同生效日后由乙方与甲方据实确定。

14.3.4　已有及拟由政府方先期组织实施的工程的具体内容和费用，本合同生效日后由乙方与甲方据实确定。

1）对于已达到竣工验收条件的相应工程，乙方须在生效日后 90 日内向政府方支付相关费用；

2）对于正在实施以及拟实施的相应工程，本合同生效日后 180 日内乙方须与甲方完成确认，并按工程进度支付相关费用。

第 15 条　设计

15.1　设计工作

本项目的初步设计及施工图设计文件的编制工作由具有相应资质的单位承担。乙方有权根据本合同的规定对本项目的初步设计文件进行优化，并据此完成施工图设计文件。编制完成的初步设计、施工图设计等文件经市政府指定机构审核同意后，乙方负责完成有关文件的报批，并承担全部责任与费用。

15.2 初步设计文件的变更

在符合本合同的有关规定的前提下，乙方有权根据本合同的约定对初步设计文件提出优化方案。

15.3 初步设计变更文件的审核和批准

乙方有权按照合同的约定对初步设计文件提出变更申请，提交的初步设计文件的变更文件应足够充分，从而使甲方能够合理地出具书面意见。在未得到本合同规定的市政府同意及适用法律要求的对初步设计文件的变更文件的批准前，乙方不得将此变更用于施工建设。

15.4 施工图设计

乙方应在符合本合同规定的关键工期和进度计划的条件下，完成本项目的施工图设计，包括对施工图设计文件的任何变更。

15.5 设计的审查和批准

甲方有权对乙方提交的设计文件提出修改意见。如果设计文件中存在任何不符合本合同约定的内容，甲方有权要求乙方对不符合本合同的部分进行修正，有关修正的风险、费用由乙方承担。

除本合同规定外，乙方应根据适用法律的规定将设计文件提交市政府主管部门审核、审批和备案。

15.6 乙方的责任

1）承认甲方对设计文件（包括对设计文件的变更的书面同意）所做的任何审核或审查不得解除乙方在本合同项下的任何义务，且市政府和/或市政府主管部门对本项目建设工程或其中任何部分的工程或建设质量不承担任何责任；

2）应对本项目及其各部分的技术可行性、运行能力和可靠性负全部责任。

第 16 条　工程变更和调整

16.1 变更

本合同所称工程变更指项目施工图设计及工程实际采用的工程技术方案（包括工程设计方案、主要工法工艺、关键设备和车辆选型等）相对于经批复的初步设计文件所发生的变更。本合同签订后 90 日内，乙方应当编制本项目工程变更管理办法，报甲方审核、备案。本项目工程变更分为两种：重大变更和一般变更。

16.1.1 重大变更

本合同约定凡符合下列条件之一者属重大变更：

1）特、一级风险工程施工图设计防护原则、工法等方面的较大调整。

2）涉及土建工程设计规模、功能、标准与技术原则或方案有重大变化的变更。主要包括以下几方面：

　　a）原初步设计批准的运营功能标准的更改（如配线、出入段线等）；

　　b）线路平、纵断面的较大调整并影响线路技术标准或能力的变更；

　　c）站位发生调整，如由路口一侧调整为跨路口、站位发生移动或加站、减站等；

　　d）车站建筑规模或服务标准发生变化，包括车站层数增减、出入口数量增减或实施预留、风亭数量增减、车站长度或宽度发生大的增减、附属结构服务标准发生变化（如取消或增加扶梯、取消或增加无障碍直升梯等）；

　　e）车站及区间主体结构工法发生变化，如明挖改暗挖、盾构改暗挖等；

　　f）装饰风格及装修标准有较大的更改；

　　g）城市规划、交通、建设等相关主管部门要求的建设规模、标准的变更；

　　h）其他涉及全线技术标准或功能变化者，如增加减震设施、声屏障设施、人防等级调整等。

3）其他双方认可的属于重大变更的项目。

16.1.2　一般变更

除重大变更以外的其他任何变更均为一般变更。

16.2　甲方提出的工程变更

16.2.1　甲方提出工程变更的，应将工程变更要求和变更理由以书面形式通知乙方。乙方对甲方的变更要求或提议无正当理由不得拒绝。甲方指定机构对A部分建设工程提出变更，并因此引起B部分变更的，视为甲方根据本条规定提出变更，应按本条规定执行。如果根据适用法律的规定，前述变更需要获得有关政府方的批准或备案，则在实施该变更之前，乙方应获得批准或备案，甲方予以协助。

16.2.2　乙方应在收到变更通知后30日内向甲方提出变更实施报告。变更实施报告的内容应包括：

　　1）变更的可行性；

　　2）变更实施计划表；

　　3）变更对阶段性控制点的影响以及调整要求；

　　4）变更对投资的影响等。

16.2.3　如因变更事项复杂，乙方预计无法在规定时间内完成变更实施报告的，应在收到变更通知10日内书面陈述理由告知甲方，甲方可根据情况确定宽限期。

　　1）乙方应及时对甲方针对变更实施报告提出的疑问进行合理的澄清和解释。

　　2）甲方应在收到乙方的变更实施报告后20个工作日内向乙方发出书面意见

确认同意或放弃此变更。

3）在乙方收到甲方确认同意变更实施报告后，应按变更实施报告规定时限完成变更设计及概算编制等相关工作，并提交甲方。

4）甲方应在 15 个工作日内对变更设计及概算提出审核意见，乙方在变更设计及概算获得甲方书面同意后再组织实施。双方对变更概算存在异议时，可由双方共同委托第三方专业机构进行咨询评估，以评估成果作为变更投资依据，评估费计入变更投资。

5）经一方提议可召开专家会议，听取专家对工程变更的意见。

6）乙方为评估甲方提出的变更和等待甲方确认变更实施报告需要停止施工的期间和因变更导致工期延长的合理期间，如果导致项目关键线路节点延期，甲方应同意顺延建设期。

16.3 乙方提出的工程变更

16.3.1 乙方不得擅自修改批复的初步设计确定的工程方案、路线走向、设计标准（包含临时用地的设计）和工程规模等设计，也不能通过降低结构安全系数或其他不利于工程质量和进度的途径缩减投资规模；乙方也不得因乙方或乙方的承包人自身原因（如技术力量或设备能力限制、错误施工导致场地条件变化、追求施工经济效益等）而提出工程变更。

16.3.2 在工程施工前或施工期间，为优化完善设计、提高工程质量、加快工程进度、符合法律变更之后的要求等目的，乙方可根据实际情况对已经批准的初步设计方案进行合理的修改。乙方提出的变更应符合相关技术标准和设计规范要求，并应履行相应的变更审批手续。对于重大变更，修改后的设计文件必须提交给甲方审查同意；对于除重大变更外的一般变更，由乙方自行论证和审查，并向甲方备案；对于涉及需原审批部门批准的变更，由乙方按规定程序上报原审批部门审批后方可组织实施。

16.3.3 乙方应就重大变更向甲方提交变更申请文件，变更申请文件的内容应包括：

1）变更的理由；

2）变更的内容；

3）变更与原初步设计文件的差异（包含对质量、费用、工期等的影响）；

4）变更对关键工期的影响以及调整要求；

5）变更对建设成本和资本性支出以及运营和维护成本的影响；

6）变更设计及概算相关文件、图纸等。

16.3.4 乙方应对甲方针对变更申请文件提出的疑问进行合理的澄清和解释。甲方应在收到乙方的变更申请文件后 20 个工作日内向乙方发出书面意见确认同意或拒绝此变更文件（包括对其中关键工期的调整要求）。

16.3.5 如果根据适用法律的规定,乙方提出的重大变更需要获得有关政府主管部门的批准或备案,则在实施该变更之前,乙方须取得相应的批准或备案。

16.3.6 在变更文件按前款规定得到甲方同意后,乙方应自行完成该变更并承担由此产生的风险。

16.4 工程变更的投资补偿

1) 对于经市政府批准的重大变更,具体包括建设规模变化、站位线位调整和重大主体及附属工程变化,此类变更如导致项目投资增加,则市政府向乙方予以补偿;如实现投资节约,则相关效益由市政府享有。

2) 对于由乙方负责实施项目范围内其他类型的工程变更所导致的投资增加或节约,全部由乙方承担或享有;如相关变更经确认为属由政府方提出建议而实现投资节约,则投资节约效益由市政府享有。

3) 关于变更在内的投资处理方法具体见本合同附件 3:《实际投资与概算投资的差异处理》。

第 17 条 工期及调整

17.1 工期

乙方应保证本项目于＿＿＿＿＿年＿月＿日或之前开始全线通车试运营。如有本合同允许延期的情形,则前述工期要求相应顺延。

17.2 开始施工

乙方应在满足相关法律、法规和地方行政管理规定并办理相关手续的前提下方可开始施工。

17.3 进度计划

1) 在本合同签订后 90 日内,乙方应向甲方报送《项目建设施工进度安排方案》、《项目建设年度进度计划》。《项目建设施工进度安排方案》、《项目建设年度进度计划》应包括详细的实施方案与计划,如:工程施工组织管理计划安排、安全生产管理安排、环保计划、成本控制计划、各项应急措施以及预计的工期,要有明确的阶段性目标控制点和关键线路节点及相应的保证措施。甲方可在乙方报送《项目施工建设进度安排方案》后 60 个工作日内提出修改建议,乙方应根据甲方的建议进行修改调整。如甲方未在上述时间内提出修改意见,视为同意。但无论甲方同意与否并不免除乙方应承担的建设及管理责任。

2) 乙方应按所提交《项目建设施工进度安排方案》、《项目建设年度进度计划》组织施工,并积极采取相关措施确保实现工期目标。

3) 因不可抗力或不可归责于乙方的原因导致工期延误,需修订或更改本项目施工计划时,乙方应向甲方提出书面申请,并阐明原因;对确因不可抗力事件或有其他正当理由的,甲方应当准予修订或更改《项目建设施工进度安排方案》、《项目建设年度进度计划》。未经甲方的事先书面同意,乙方不得修改已报送的施工计划。

17.4 预期的施工延误

1）如果乙方认为施工将不能按照《项目建设施工进度安排方案》、《项目建设年度进度计划》确定的阶段性目标控制点完成,或者工程没有达到预期进度,乙方应立即书面通知甲方。该通知应包括以下详细内容：

a）不能或预计不能达到的阶段性目标控制点；

b）延误或预期延误的原因；

c）达到预期目标控制点的预计天数,以及对本项目产生的任何其他能合理预见的影响；

d）乙方采取的或将采取的补救措施。

2）上述通知的送达并不能解除乙方本合同项下的任何义务。甲方有权要求乙方采取合理的、进一步的措施来减轻延误造成的影响。

3）乙方应根据市政府同意的延误请求,及时修订《项目建设施工进度安排方案》、《项目建设年度进度计划》,并报甲方审核,经双方确认后作为项目后续进度控制的依据。

17.5 延期事由与获准

1）若由于下列任何一个事件导致项目进度计划关键线路节点延误,乙方有权要求延长建设期：

a）因甲方原因未能及时完成征地拆迁工作或其他甲方、市政府、政府方原因（包括但不限于 A 部分建设工程发生延误,或甲方、市政府、政府方未按本合同规定的期限作出批准,或政府方的征收、征用,或甲方、市政府、政府方违反本合同的其他情形）而导致的延误；

b）甲方提出的变更引起的延误；

c）乙方提出经甲方批准的变更；

d）政府要求暂停施工（因乙方违法、违约被叫停的除外）；

e）为保护在建设用地范围内发现的文物或其他有保护价值的埋藏物；

f）因不可预见地质问题导致重大变更；

g）发生不可抗力；

h）因法律变更引起的延误。

2）上述延期只有在下列情况下才可以获得批准：

a）乙方在延误事件发生后 30 日内向甲方提供一份书面通知,声明要求延期,而且这份通知应说明造成预计的项目关键线路节点日期延误的原因及延期时间；

b）乙方应向甲方合理证明预计的关键节点日期已被或将被延误；并且乙方

已经采取合理的措施将延期减少至最低。

3）在任何情况下，乙方都不得因自身违反本合同项下的义务而要求延期。

17.6　延期审批

1）甲方应在接到乙方按本合同规定所发出通知 30 个工作日内，根据情况，决定对预计的项目节点日期进行延期，并通知乙方。该通知应包括被授予的延长期限。如果甲方不允许延期，应说明理由。

2）甲方在做出延期的决定时应公平合理并符合本合同第 19.5 条的规定。

17.7　市政府介入完成建设

1）项目公司出现放弃项目建设情形的，则市政府有权自行或委托其他第三方取代项目公司承担项目的任何必要的建设，以便实现完工。

2）市政府介入建设后，项目公司应与市政府或其指定的第三方合作，向其提供所有合理的协助，并让融资方在其融资文件中作出具有相同效果的承诺，以确保本项目的建设和完工。

3）市政府介入本项目的建设，不应被视为根据本合同受让了项目资产或承担了项目公司的义务。

4）除本合同另有规定外，市政府及其指定第三方介入建设所产生的一切费用由项目公司承担。

5）如果项目公司已采取了切实可行的措施或提供了有效担保，市政府应撤出项目的建设。项目公司应在此时恢复承担全部责任，直至任何一方发出终止通知为止。

第 18 条　招标、采购

18.1　乙方应当依法开展建设期、运营期相关的工程、货物和服务的招标/采购工作。在乙方成立后 90 日，乙方应编制相应的《项目工程、货物和服务招标/采购管理办法》报甲方审核。

18.2　本项目工程监理单位应具备相应资质并有类似项目监理经验，监理单位应通过公开招标方式选定。

18.3　本项目建设工程总承包、工程分包、原材料采购应当按照法律、法规规定的程序进行。乙方应将总承包和工程分包方案报送甲方备案，并将总包、分包签约及履行情况在定期报告中向甲方报知。总承包方案应包括：总承包人简要介绍（名称、资质等级等）、项目负责人姓名和职称、职务以及其他相关信息。工程分包方案应包括指定分包情况、专业分包情况等。乙方使用分包应符合相关法律法规的要求。

18.4　项目全部土建工程总量中约三分之一的工程，乙方须以公开招标方式组织实施。纳入招标的土建工程范围及配套、监理、测量等具体方案由双方另行协商。如出于项目推进需要，也可由甲方对此部分工程组织公开招标，参照本合同第 17 条执行。

18.5 如乙方股东单位（通过本合同招标确定的中标社会投资人，或联合体成员之一）具备相关工程施工、安装资质，则乙方可以直接发包方式与该有资质的股东单位签订相关工程的施工、安装合同。除此之外，项目其他全部的工程、设备、货物或服务的采购皆按乙方制定的采购管理办法执行，达到限额标准的应当采用招标方式采购。

18.6 对于直接发包由乙方股东单位承担施工或供货的项目，其程序应遵守国家现行法规的要求，同时相关施工或供货合同应体现（不低于）中标社会投资人在本项目投标文件中的相关承诺和所提供的优惠条件，在相关合同价格确定、计量和结算方法、投资控制要求等方面应与招标项目具有相应的一致性或可比性。此类直接发包合同（不再二次招标）在正式签订前需报甲方进行审核，取得同意后方可签署；甲方应在六周内完成审核工作。

18.7 对于重要的建设材料、物资、机电设备，包括但不限于钢材、水泥、混凝土、防水材料、车站装修材料等，乙方应满足甲方对合格供应商名录管理的要求。

18.8 对包括但不限于以下项目的采购，乙方应在实施之前向甲方报送项目采购方案（资格审查标准、招标控制价、主要合同条款等），甲方予以监督、备案：

1) 对工程勘察、设计、第三方监测和检测单位的采购；
2) 对监理单位的采购；
3) 对承担竣工决算编制任务的咨询机构的采购；
4) 对需要招标的重大或关键技术装备项目的采购，包括车辆、信号、AFC、综合监控、通信系统等专业设备以及钢材、水泥、混凝土、防水材料、车站装修材料等；
5) 对单项概算超过控制限额的采购项目。

第 19 条 可能存在的部分土建工程先期招标

19.1 为实现和满足本项目工期目标要求，先期招标工程及相关配套工作招标项目如果发生，待本合同签署后全部移交乙方，纳入由乙方负责组织实施和承担投资控制责任的项目范围（A 部分除外）。

19.2 乙方须接受政府方的上述工作安排，包括但不限于先期招标工程实施相配套的工程监理、第三方测量（全线）、第三方监测、空洞普查、第三方检测、工程保险、水土保持监测、造价咨询、施工图审查等相关服务类工作的招标结果。如上述工作安排涉及合同转移等工作，则应参照第 14 条的规定执行。

第 20 条　政府提供的建设条件

甲方应为乙方获得必要建设条件提供协助或协调。包括以下工作：

1) 甲方应提供项目永久建设用地，并协助乙方办理用地相关手续；

2) 甲方应促使并确保其指定机构按约定进度和标准完成 A 部分建设，并承担相关的质量责任；

3) 甲方应及时向乙方提供与项目建设相关的各项工作的信息、资料和文件（包括招标文件等），以及相关信息、资料和文件的电子版（如有）。

第 21 条　建设期的审查和审批事项

本项目涉及的工程建设相关行政许可事项，由乙方负责向有关政府方办理。甲方应协助乙方取得所需的施工许可或其他行政许可，依法向乙方提供必要的帮助和协助。

第 22 条　征地拆迁和临时用地

22.1　永久用地征地拆迁工作由甲方或甲方指定的机构负责组织实施，乙方与甲方及甲方指定的征地拆迁机构签订三方合同，由乙方按合同支付征地拆迁费用。

22.2　永久用地征地拆迁工作实际费用发生额应据实计入项目总投资成本，甲方予以认可。

22.3　前述征地拆迁工作的具体项目、范围、工作进度、交付标准等在征地拆迁合同中约定，并应满足本合同项下的项目建设在各方面的要求。

22.4　甲方、乙方共同制定合理的分期用地需求及征地拆迁计划。因被拆迁主体阻碍致使征地拆迁计划拖延，但未对乙方建设组织产生实质性阻碍的，将不构成工期顺延理由。

22.5　乙方应按项目批复所确定的临时用地规模。合理统筹安排临时用地，甲方配合乙方取得临时用地。由于突破项目批复临时用地规模以外的新增临时用地，甲方可协助乙方取得临时用地。临时用地费用及突破临时用地规模增加的费用，全部由乙方负责，甲方不予补偿。

第 23 条　环保和安全文明施工

乙方应根据国家和地方相关规定并按投标文件的承诺落实安全环保目标，实现安全文明施工。在本项目施工期间，乙方应依法履行以下义务：

1) 防止因施工产生的环境破坏和污染。对于在本合同生效日期或之前存在的，或者由于甲方、市政府、政府方或其各自指定机构或第三方所引起的环境破坏和污染，乙方不承担责任，但有提供必要协助以解决的义务。

2）落实施工区域内的安全措施。

3）按规定处置建筑垃圾和工程渣土。

4）保护施工区域内的各种管线。

5）处理因本项目工程施工引起的其他安全环保和生态问题。

6）严格按照相关规定和要求加强工程现场安全文明施工管理，采取措施消除或减少工程施工对公众居民、公共交通等的干扰，消除施工安全隐患，树立安全文明施工形象。

第 24 条 项目验收

24.1 验收标准

1）本项目验收应按照适用法律以及本合同的规定进行。

2）本项目验收应适用某市建设委员会发布的《某市轨道交通轨道交通工程施工质量验收系列技术导则》以及后续版本。

3）在不低于前述国家和地方标准、规定的前提下，乙方可以编制《验收标准文件》，报送甲方审核后，在验收阶段参照适用。

24.2 验收阶段

1）按照住房和城乡建设部《城市轨道交通建设工程验收管理暂行办法》（建质〔2014〕42号）的规定轨道交通项目应分为单位工程验收、项目工程验收、竣工验收三个阶段。

2）本项目轨道交通建设工程所包含的单位工程验收合格且通过相关专项验收后，方可组织项目工程验收；项目工程验收合格后，乙方应组织不载客试运行，试运行三个月、并通过全部专项验收后，方可组织竣工验收；竣工验收合格后，本项目可办理相关试运营手续。

3）验收工作开始前，乙方应当依法及按本合同约定的验收标准和验收程序编制《验收工作方案》。

24.3 验收质量目标

1）竣工验收的工程质量目标：工程质量评定为合格。

2）工程获得国家级奖项的，市政府将给予表彰，并给予乙方适当奖励。

24.4 验收程序

1）各个阶段的验收的内容和程序应按国家、省、某市有关规定及《城市轨道交通工程质量验收标准》等行业标准执行。必要时，甲方可委托第三方机构参与验收，费用由乙方承担。

2）各阶段验收合格后，乙方按政府有关部门规定的要求及时完成项目验收报告，并向政府有关部门备案。

24.5 提前验收

如果本项目建设工期提前完工，甲方允许本项目提前进入验收程序。

24.6 文件材料的归档

乙方负责组织本项目建设、设计、施工、监理单位将本项目竣工文件材料立卷归档。应遵守《城市轨道交通工程档案整理标准》（CJJ/T180－2012）等国家、行业和地方相关档案管理规定、要求。

乙方应妥善完整地保存与本项目经营和维护有关的文件材料，以上文件材料应在本项目移交时一并移交。

第25条 竣工验收条件

乙方按有关规定向政府相关部门申请进行项目的竣工验收，应满足以下条件：

1）项目工程验收的遗留问题全部整改完毕；

2）有完整的技术档案和施工管理资料；

3）试运行过程中发现的问题已整改完毕，有试运行总结报告；

4）已通过规划部门对建设工程是否符合规划条件的核实和全部专项验收，并取得相关验收或认可文件；暂时甩项的，应经相关政府部门同意。

第26条 竣工验收程序

26.1 组织管理

竣工验收在甲方的监督下由乙方（即建设单位）组织，各参建单位项目负责人以及运营单位、负责规划条件核实和专项验收的城市政府有关部门代表参加，组成验收委员会。

1）建设单位应对验收组主要成员资格进行核查；

2）建设单位应制定验收方案，验收方案的内容应包括验收委员会人员组成、验收内容及方法等；

3）验收委员会可按专业分为若干专业验收组；

4）建设单位应当在竣工验收7个工作日前，将验收的时间、地点及验收方案书面报送工程质量监督机构。

26.2 竣工验收的内容和程序

1）建设、勘察、设计、监理、施工等单位代表简要汇报工程概况、合同履约情况和在工程建设各个环节执行法律、法规和工程建设强制性标准的情况；

2）乙方汇报试运行情况；

3）相关政府部门代表进行专项验收工作总结；

4）验收委员会审阅工程档案资料、运行总结报告及检查项目工程验收遗留问题和试运行中发现问题的整改情况；

5）验收委员会质询相关单位，讨论并形成验收意见；

6）验收委员会签署工程竣工验收报告，并对遗留问题做出处理决定；

7）工程质量监督机构出具验收监督意见；

8）甲方应促使相关政府方和其指定机构，根据乙方提议的竣工验收程序和时间表，及时参与各项验收、并签发相关竣工验收文件。

第 27 条　工程保修

27.1　乙方应严格按照《建设工程质量管理条例》（国务院 279 号令）及地方有关规定和其他相关规定、规范与施工方落实本项目的质量保修责任。

27.2　工程竣工后乙方编制工程竣工财务决算报告，由市政府相关部门组织对竣工决算报告的审计，确认项目最终实际投资。

27.3　工程实际投资的审计按照国家、地方审计管理相关规定、以及本合同规定，在开展审查审计之前由政府方、审计机构和乙方共同约定项目投资审计原则和方法。

第 28 条　实际投资与概算投资的差异处理

对于实际投资与项目概算投资的差异处理，详见附件 3：实际投资与概算投资的差异处理。

第 29 条　更新改造和追加投资时的建设管理要求

运营期乙方实施更新改造和追加投资项目建设，应遵守届时适用法律及本合同的约定。

第五章　项目运营和维护

第 30 条　客运服务

30.1　管理要求

1）乙方项目运营应遵守适用法律的规定，同时还应遵守省、市关于轨道交通运营管理的最新规定。

2）乙方作为运营主体，对本项目运营相关事宜承担责任。乙方应要求乙方下游承包商、分包商、供应商也遵守适用法律及本合同规定的义务。乙方就下游承包商、分包商、供应商的违约，向甲方承担连带责任。

3）若乙方委托的运营实体发生变化，则该运营实体或运营实体人员必须具有一条以上城市轨道交通（地铁、轻轨）运营筹备及管理经验。

4）除本合同另有约定外，轨道交通运营相关的一切手续和责任由乙方依法承担。甲方依法向乙方提供协助和配合。

5）乙方应定期（按季度）向甲方或甲方指定的政府监管机构报送项目运营情况工作报告。

6）在试运营前，乙方应依据有关法律、法规及本合同约定编制运营管理制度（应包含但不限于运营、维护维修、应急处置及安全管理等内容），并提交甲方备案。

7）乙方在项目运营中不得出现服务歧视的规定和行为，不得限制特定类别或特定乘客使用本项目服务。乙方须严格遵守执行市政府关于特殊乘客特别服务及减免票款、优惠票款的相关规定。

30.2 客运服务标准及产出要求

本条约定详见附件1：《项目产出说明》。

30.3 试运营和正式运营

1）本项目通过工程竣工验收，且满足试运营前提条件后，经市政府批准开始试运营。

2）试运营转入正式运营，应按国家、地方规定及本合同约定的前提条件及程序执行。

3）乙方怠于工作，试运营期满无正当理由不办理正式运营手续的，应承担违约责任。

30.4 项目停运及恢复

1）乙方应保持和维护本项目正常运行。除适用法律或本合同另有规定外，未经甲方同意，乙方不得关闭本项目。

2）本项目因特殊原因需要采取临时性、局部的关闭措施的，乙方应提前15日报请有关政府部门批准。未经有关政府部门批准乙方不得自行关闭本项目。

3）如遇发生火灾、隧道涌水、重大交通事故等影响运行安全的紧急状况，乙方应根据应急预案临时关闭本项目，并及时通知甲方及有关政府部门。乙方应及时采取相应措施恢复运行。对该等紧急状况的处置情况乙方应及时提出书面说明报告甲方。

4）甲方出于公共安全等原因，在非正常状态或紧急状态下，可以在任何时候要求乙方临时关闭本项目，乙方应无条件执行。

30.5 维护与维修

在整个运营期内，乙方应根据下述规定采取有效的维护、维修措施，始终保持项目处于良好运行状态：

1）适用法律，以及本项目有关的批准文件；

2）乙方编制的维护、维修及更新制度（该制度由乙方不时进行修改）；

3）行业谨慎运营惯例。

30.6 运营服务标准变更

1）因法律变更或本项目运营和服务适用的技术标准做出修订或根据本合同签订后颁布的法律、法规，需要对本项目运营和服务进行调整的，乙方应根据适用法律和相关技术标准做出相应变更。

2）甲方因城市管理或为公共利益需要对本项目运营管理提出变更要求的，乙方应做相应调整以满足该等要求。

3）乙方要求变更运营服务标准的，应事先向甲方提供书面变更申请，经甲方批准后方可实施。

30.7 政府介入

1）政府介入事由

在特许经营期，在发生下述情况时，政府方有权利（但不得被要求）介入，或政府方有权指定机构进入本项目设施暂代乙方运营和维护。政府方根据本条进行介入无须获得乙方的同意。

a）乙方严重违反本合同，且在本合同规定的期限内，或在本合同未明确规定期限的情况下，在政府方书面要求的合理期限内，未能或无法纠正，导致或可能导致如果政府方不采取介入的方式将危及公共利益、公共安全或地铁安全运营；

b）发生紧急事件包括火灾、洪水、爆炸、暴乱、战争等，或合理预期可能出现紧急事件，导致或可能导致如果政府方不采取介入的方式，将危及公共利益、公共安全或地铁安全运行。

2）政府介入程序政府方在介入前，应就介入的原因、介入的范围和程度、介入派遣代表、介入时间事先书面通知乙方，并在当时情况下属切实可行的范围内，就此咨询乙方，并充分考虑乙方在咨询过程中所作出的申述，乙方应充分配合。

3）政府介入的持续时间和范围

a）政府方的介入并不直接导致本合同或特许经营权的终止；

b）市政府所进行的介入，应持续到乙方改正完成，或可以合理地被期望有能力改正违约事件（以较早发生者为准）；或应持续到紧急事件解除，或乙方被认为已具备应对能力解除紧急事件为止（以较早发生者为准）；

c）市政府的介入范围不应影响乙方对相关违约事件的改正，或影响乙方处理紧急事件，不应超过足以使乙方改正或有能力改正导致介入的违约事件或解除紧急事件或使乙方具备应对能力解除紧急事件所必需的范围和程度。

4）政府介入的费用和收入

a）如因乙方违约导致政府介入，则介入期间的收入首先用于弥补政府方或指定机构为此而发生的费用（需提供可供审计要求的凭证），如果收入不足以弥补，则超出部分由乙方负担；如有剩余，首先用于支付乙方就导致介入的违约而应支付给政府方的赔偿；如有剩余，归乙方所有；

b) 如因紧急事件导致政府介入致使乙方收入受到影响或乙方发生损失、支出和费用的则经甲方确认的该等损失、支出和费用应全额纳入附件5：《乙方收入和政府补贴计算方法及相关约定》规定的额外补偿；在此情形下，介入期间的项目收入（如有）应归乙方所有。

5) 乙方在政府介入期间的义务

a) 政府介入期间，乙方有义务为政府提供资料和合作、执行其在市政府授权范围内做出的决定（市政府指定机构或介入代表在其授权范围内所作出的决定和行为视为市政府的决定和行为），以使其能够在最大程度上消除导致政府介入的事件对本项目的建设和运营可能带来的影响或损失；

b) 任何情况下，政府选择介入不应被视为本项目设施的移交；

c) 除政府介入范围内的特许权和本项目设施的相关部分外，乙方仍应履行本合同项下的其他义务。

30.8　运营期政府监管和公共监督

1) 乙方必须接受政府方相关部门依据适用法律进行的监管，以及接受甲方依据本合同约定的监管；

2) 甲方有权委托第三方专业机构协助甲方对本项目进行监管；

3) 甲方有权委派工作人员进入本项目，行使监管职责，但不应影响项目的正常运营；

4) 甲方或政府方有权定期或不定期对乙方履行特许经营权的行为进行检查、调查并给出评价和建议；

5) 第三方公众也可以依照法定的权利和程序对乙方的履约情况给予监督。乙方应根据国家法规的要求，有义务向社会公众公开相关的经营数据，保持项目透明化，维护社会公众知情权及合法利益。

30.9　更新改造和追加投资

1) 乙方在运营期间，应对项目运营情况进行评估，及时安排和实施资产更新和追加投资，保证项目达到本合同约定的服务要求和标准，提供持续、稳定、安全和优质的服务；

2) 项目全部资产更新改造和追加投资由乙方负责全部资金的筹措和组织实施；

3) 运营期间，对于甲方要求并经双方确认确需实施的资产更新和追加投资项目，乙方应负责及时投资和实施，而无论此类项目是否符合或突破本合同所约定的更新改造和追加投资计划；

4) 运营期间，甲方对更新改造和追加投资工作情况予以定期抽查和监督；

5）甲方自项目运营开始每6年对资产更新改造和追加投资情况进行评估，市政府相关部门对资产更新改造和追加投资完成情况进行审计，确认各期间完成的实际投资；

6）特许经营期结束，如乙方实际投入的更新改造和追加投资总额较经物价调整后的计划投资额相比，有结余则结余额度随项目一并移交市政府指定机构；如有超支，则由乙方自行承担，政府方不再补偿；

7）经物价调整后的计划投资额按本合同约定的各年度固定资产投资价格指数进行测算，所采用价格指数与车公里服务价格调价时采用的指数计算口径保持一致。

30.10　提前开通与分段开通

提前开通期不计入运营期，乙方按运营技术要求承担运营任务，乙方承担提前开通段的运营成本，获取运营收入和非客运收入，收入不足以覆盖运营成本的，经市政府主管部门审核确定后，由市政府予以补偿。乙方所承担的资金成本由双方协商确定，市政府予以补偿。

如市政府要求本项目分段开通，乙方按运营技术要求承担运营任务。如分段开通造成车辆、设备过度使用造成额外的更新改造影响，政府方不予考虑，相关风险由乙方承担。

30.11　安保和安检

乙方应按照市政府关于地铁安保安检工作机制的部署和要求，承担项目相应的安保安检工作职责；相关费用由市政府据实列支。除初步设计中列示的安检安保相关建设投资及相对应的更新改造投资以及相应的运营工作外，安检安保对应的其他费用不纳入车公里服务价格报价计算。

30.12　乙方乘客守则的制定

乙方有权根据中国法律制定乘客守则及相关规章制度，并依适用法律报政府方审核或备案。乙方在运营期内有权在项目范围内独立执行该等乘客守则及相关规章制度。

30.13　关于换乘与其他运输方式的协调

甲方须在积极考虑乙方意见的基础上，对项目与其他运输方式（包括轨道交通）的连接和换乘进行必要的协调工作。

第31条　非客运服务业务

31.1　总体要求

1）乙方应在授权范围内或运营期间经市政府批准的业务范围内开展项目相关非客运服务业务。乙方从事非客运业务活动应符合国家相关法律法规，符合省政府和市政府的相关规定和要求。非客运业务同时应符合相关技术规范规程的要求。

2）乙方的非客运服务及经营活动应当以确保客运服务质量、安全为前提，乙方不能因非客运业务活动造成项目客运服务质量下降或形成潜在安全隐患。

3）乙方应在不影响客运服务质量、安全的前提下，积极发掘项目非客运业务资源，提高项目效益；甲方鼓励和支持乙方的非客运业务开发，依法为乙方提供相关协助。

31.2　非客运服务业务范围

1）在批复的本项目范围内在遵守相关适用法律，特别是运营安全规定的前提下，乙方可直接或委托他人（通过提供、出租、允许转租全部或部分该等空间及/或相关设施或其他方式）从事非客运服务业务，并获得相应的非客运服务收益。

2）由乙方负责经营的非客运服务业务包括但不限于本项目资产范围内的以下业务：

a）广告业务开发：包括站台、站厅、通道、出入口、轨行区，以及各类轨道交通载客车辆内及车身空间等，或直接针对轨道交通乘客进行传播或服务的各类媒体资源的经营（包括但不限于广告设计、制作、发布、代理业务）；

b）通信业务开发：包括移动通信资源开发、有线通信接入等；

c）商业零售开发：包括报纸杂志、提款机服务、其他商业零售点等；

d）与项目相连接的各类通道经营（包括但不限于出租空间和设施）；

e）其他适用法律允许利用本项目资产内的空间所从事的任何其他非客运服务业务。

3）乙方开展上述非客运服务业务，或新增非客运服务业务，如需取得政府相关行政许可批准的，乙方应负责办理取得相关的许可批准，经批准后方可实施。

4）乙方应当承担相应社会责任，根据市政府及甲方的指示，在项目空间内按要求发布涉及公共安全、公共利益等内容的公益性广告、告示、提示等公益信息，实施社会保障服务等措施。乙方不得以影响非客运业务开发为由，拒绝发布政府方所要求的公益广告或信息。

31.3　非客运服务业务管理

1）本项目非客运服务业务相关的全部设施应由乙方负责组织投资、建设、经营、招商和管理；

2）每年度市财政对乙方非客运服务业务收益情况进行审计，复核相应的非客运服务业务收益和分成计算，对政府分成的部分相应抵扣当年的项目补贴；

3）本项目特许经营期期满时，乙方应将其全部拥有的非客运服务业务设施及关联权益无偿向市政府指定机构移交，并确保此类非客运服务业务设施无产权纠纷，亦无在非客运服务业务设施上设置的抵押或其他权利质押；

4）对于产权不属于乙方的非客运服务业务资产，乙方应协调第三方和市政府指定的项目接收机构做好非客运服务业务的持续经营安排；

31.4　与本项目设施相连接的空间内的商业活动

在与本项目设施相连接的空间内所进行的所有商业活动应符合适用法律的规定，特别是国家及某市关于安全管理的规定，且甲方应促使该等从事商业活动者配合执行乙方根据本合同制定的关于本项目的安全运营管理规定。

31.5　与项目相关的其他非客运业务

1）甲方鼓励乙方参与与项目相关的其他非客运业务的开发经营；

2）对于接入本项目的连接通道项目，乙方须按市政府制定的轨道交通连接通道开发管理办法的要求，负责通道接入的申请受理、通道建设运营的相关监督管理等职责，并有义务和按商业原则为通道建设和通道运营提供建设场地条件、供电和供水配合等工作。

第32条　收入和回报

32.1　项目收入和补贴

1）合法性要求：

a）乙方行使特许经营权获得各项收入、收益，应遵守适用法律及其规定的程序，包括但不限于听证程序、审批程序等；

b）本项目作为公共交通项目，乙方应依据国家和地方的规定，对特殊乘客采取票价减、免措施，承担社会责任。

2）乙方的收入和市政府提供的补贴：

a）本项目中乙方的收入包括客运收入（含超额客运收入分成）、非客运业务收入（含超额非客运业务收益分成，以及连接通道相关经营收入），以及政府提供的补贴；

b）对乙方各项收入和政府补贴的具体计算方法和相关约定见本合同附件5：《乙方收入和政府补贴计算方法及相关约定》。

32.2　财务监管

甲方有权对乙方的财务进行监督，乙方应予以配合。甲方监督措施包括但不限于：

1）甲方或政府方其他机构按授权进行的成本监审；

2）要求乙方向甲方提供年度财务报告和专项报告；

3）监督检查更新改造和追加投资项目和资金使用情况；

4）对乙方运行费收取情况进行抽查；

5）政府方监管系统接入乙方的收费、运营系统。

32.3　项目收益机制调整

如本合同执行过程中受到法律变更、政策性因素等影响而导致项目实际收益情况与合同约定出现重大偏离，双方可在协商基础上调整本合同约定的收益机制，并通过补充合同具体明确。

32.4 政府保障措施

1）票价政策

本项目运营票价实行政府定价管理。市政府根据相关法律法规和社会经济发展状况、本着同网同价的原则，制定并适时调整本项目运营票价。

2）交通支持政策

市政府负责对项目沿线的公共交通进行综合管理，优化配置资源，减轻路面压力，提高轨道交通使用率，并采取制定公交政策、线路规划等措施培育客流，鼓励项目的运营。具体政策为：

a）积极落实某市城市快速轨道交通建设规划；改善地铁和其他公交工具的接驳措施；

b）市政府将根据某市公共交通规划，按照项目沿线地区客流情况，调整和优化项目沿线地区公共汽车线路和运输能力，在项目和沿线其他公共交通方式之间建立协调的运营关系。

第 33 条 绩效考核和中期评估

33.1 绩效考核

1）政府行业主管部门可制定绩效考核机制，对乙方落实特许经营权情况、项目产出结果等项目运营绩效进行考核。乙方应接受和配合甲方或政府方根据本合同约定所实施的绩效考核，包括提供相关资料，如绩效考核结果未达到本合同约定标准的，则接受绩效考核处理、按绩效考核结果进行整改等；

2）具体的绩效考核计划与方案，在本合同生效日后 180 日内，由甲方、乙方协商制定，并在整个特许期内不断改进。绩效考核计划与方案，以本合同约定的标准为基础。

33.2 中期评估

本项目开通试运营满一年时，甲方、乙方共同组织，并委托第三方中介机构参与，对项目运营第一年的各项投入、收支、安全、高效运营情况进行评估、评价。

根据国家政策、法规的规定，市政府或甲方有权每 3～5 年对本项目进行中期评估，乙方应予以配合。

第六章 项目移交

第 34 条 移交前的过渡期的安排

34.1 过渡期的含义

过渡期是指自特许期届满前三十六（36）个月前起至特许期届满之日的期

间，以解决特许期届满后项目移交的相关事宜。

34.2　移交委员会

特许期届满前三十六（36）个月，由市政府或其指定机构和乙方共同成立移交委员会负责过渡期内有关特许期届满后项目移交的相关事宜。

移交委员会应在双方同意的时间举行会谈，商定本项目设施移交的详细程序、培训计划的实施和将移交的设备、设施、物品、零配件和备件等的详细清单，以及向第三方公告移交的方式。乙方应在会谈中提交负责移交的代表名单，市政府或其指定机构应告知乙方其负责接收移交的代表名单。移交委员会应在移交前的六（6）个月内完成上述安排。

移交委员会有义务促使乙方履行本合同约定的移交义务，包括但不限于：

1）乙方按照本合同规定向市政府或其指定机构无偿移交；

2）乙方在向市政府或其指定机构移交的本项目设施未设有任何抵押、质押等担保权益或产权约束，亦不得存在任何种类和性质的索赔权；

3）乙方应负责过渡期间的运营管理工作，并给予市政府或其指定机构充分配合。

第35条　特许期届满时的移交

35.1　移交范围

在移交日，乙方应向市政府或其指定机构无偿移交本项目设施以及与非客运服务相关的所有资产。

乙方应确保这些资产和权利在向市政府或其指定机构移交时未设有任何抵押、质押等担保权益或产权约束，亦不得存在任何种类和性质的索赔权。本项目相关土地及场地在移交日应不存在因乙方建设项目设施、运营和维护本项目设施导致的或乙方另外引致的环境污染。

35.2　移交验收程序

乙方应编制移交检验报告，并提交市政府指定的专家委员会进行评审。

乙方应根据专家委员会的评审意见进行相关修改、修正及其他未完成的事项，直至市政府向乙方发出书面通知确认乙方可以进行移交。

35.3　移交日本项目设施的状况

在移交日，乙方应保证特许期届满移交资产：

1）符合本合同规定的移交技术要求；

2）符合本合同规定的安全和环境要求；

3）处于良好的运营状况（正常磨损除外）；

4）无影响移交的法律纠纷。

35.4　保险的转让和承包商的责任在移交时，乙方应将所有承包商、制造商和供应商提供的尚未期满的担保及保证,以及所有的保险单、暂保单和保险单批单等与特许期届满移交资产有关的其他担保、保证及保险凭证,全部无偿转让给市政府或其指定机构,双方另有约定的除外。

35.5 知识产权转让

乙方应在移交日前将其拥有的、与项目运营和维护相关的所有知识产权(包括但不限于技术和技术诀窍),无偿变更为与市政府或其指定机构共有,并确保市政府或其指定机构不会因使用这些知识产权而遭受侵权索赔。

对于乙方股东拥有的、与项目运营和维护相关的所有知识产权(包括但不限于技术和技术诀窍),乙方应负责取得该等知识产权的许可,在移交日后将该等知识产权许可给市政府或其指定机构使用,因此产生的使用该等知识产权的相关许可费用,由市政府或其指定机构承担。但许可费用不应超过移交日前的收费标准。

就乙方以许可或分许可方式从第三方取得的、与运营和维护相关的所有知识产权(包括但不限于技术和技术诀窍),乙方应负责取得该等知识产权的许可,在移交日后将该等知识产权继续许可给市政府或其指定机构使用,但因此产生的使用该等知识产权的相关许可费用,由市政府或其指定机构承担。

35.6 培训义务

乙方应安排对市政府或其指定机构确定的移交资产所需要管理、运营和维护人员进行适当的培训,乙方和市政府因此所发生的费用由乙方和市政府各自承担。作为移交的一部分,乙方和市政府或其指定机构应举行联合考试,以确定指定人员经过培训合格,可以接管并独立运营和维护移交资产。

35.7 合同的转让

如果市政府或其指定机构要求,乙方应转让其签订的、于移交时仍有效的运营维护合同、设备合同、供货合同和所有其他合同。市政府或其指定机构对于转让合同所发生的任何费用不负责任,同时乙方应保护市政府或其指定机构使之不会因此受到损害。

35.8 移走乙方的所有物品

除本合同另有约定外,乙方应于移交之日起六十(60)日内,自费搬移走乙方所属的所有物品。搬移走的物品仅限于附件:项目产出说明中移交清单所列的特许期届满移交资产的设备、工具、零配件和备件、设计图纸和技术资料或者其他特许期届满移交资产运营和维护的必需物品以外的物品。如果乙方在上述时间内没有移走这些物品,市政府或其指定机构在通知乙方之后,可以搬移走并将物品转运至适当的地点以便妥善保管。乙方应承担搬移、运输和保管的合理费用和风险。

35.9 风险转移

乙方应承担移交日前特许期届满移交资产的全部或部分损失或损坏的风险,

除非损失或损坏是由市政府或其指定机构的违约所致造成的。除本合同另有约定外，移交日后特许期届满移交资产的全部或部分损失或损坏的风险转由市政府或其指定机构承担。

35.10　移交费用和批准

对于依据第34条至第35条所进行的向市政府或其指定机构的移交和转让，市政府或其指定机构无须向乙方支付任何补偿、价款或对价。

乙方及市政府应负责各自的因上述移交和转让发生的成本和费用。市政府应自费获得所有的批准并使之生效，并采取其他可能为移交和转让所必需的行动，并且应支付移交和转让有关的所有税费。

35.11　移交保函

1）在特许期届满前24个月，乙方须向甲方提交一份由金融机构开具的移交保函，专门用以保障项目正常移交。该保函额度至少为考虑物价增长因素后的更新改造和追加投资计划额与乙方此前已实际投入及最后两年拟投入的更新改造和追加投资额之和的差额，并且不低于1亿元。按上述原则移交保函金额在移交期内可逐年递减，但不低于1亿元；

2）该移交保函有效期须至项目移交后1年。该保函具体要求和兑取条件等事项由移交委员会届时确定；

3）项目移交结束，除期间用于移交违约处理外，甲方有权从移交保函中直接兑取与乙方尚未足额投入的更新改造和追加投资相对应的金额。

第36条　项目提前终止时的移交

如项目出现在特许期届满前即提前终止并须向市政府移交项目的情况，甲乙双方参照特许期届满时的移交约定、并根据实际情况，另行确定项目移交方式和移交要求。

第37条　临时接管

特许期内，出现如下情况时，甲方有权对本项目及项目设施实施临时接管：

1）发生紧急事件，包括但不限于：

a）政治性紧急事件，如骚乱、动乱、叛乱、恐怖袭击等；

b）社会性紧急事件，如重大自然灾害、重大事故灾难、重大公共安全事件等。

2）项目公司出现以下严重违约事件行为，包括但不限于：

a）因管理不善，发生重大质量、生产安全事故的；

b）严重影响到社会公共利益和安全的；

c）适用法律禁止的其他行为。

第七章　不可抗力事件

第38条　不可抗力事件

38.1　不可抗力指不能预见、不能避免并无法克服的客观事件，且此行为/事件导致一方无法部分或完全地履行本合同下的义务。在符合以上全部标准的条件下，不可抗力包括但不限于：

1）地震、雷电、飓风、龙卷风、风暴、暴雨、洪水、雷击、水灾、冻灾、冰雹、地崩、山崩、雪崩、火山爆发、地面下陷下沉及火灾、爆炸、飞机坠毁；

2）流行病、瘟疫、化学或放射性污染、核辐射；

3）战争行为、入侵、武装冲突或外敌行为、封锁或军事力量的使用，暴乱行为；

4）全国性、地区性、城市性或行业性罢工；

5）在本项目正在使用的任何土地上发现考古文物、化石、古墓及遗址、历史遗物及具有考古学、地质学和历史意义的任何其他物品。

38.2　不属于不可抗力的情况乙方不应将下列情况视为不可抗力：

1）由于乙方过失而引起的对任何批复的撤销；

2）设计、施工、运营、维护单位、承包人或任何分包人的疏忽、违约或责任；

3）非因本合同所定义的不可抗力事件原因而引起的材料、设备、机械或部件的任何潜在的缺陷、故障或正常损坏，或其交付的延误；

4）乙方原因导致的罢工；

5）乙方由于履行项目业主职责不力而导致的相关事件或事项。

第39条　不可抗力事件的通知

声称受到不可抗力影响的一方应在知道不可抗力发生之后5日内书面通知另一方，并详细描述不可抗力的发生情况和可能导致的后果。包括该不可抗力发生的时间和预计停止的时间，以及对该方履行在本合同项下义务的影响估计，并根据另一方要求提供相关证明材料。

第40条　不可抗力引起的费用及时间表的修改

发生不可抗力时，双方应各自承担由于不可抗力对其造成的额外支出。

如果遭受不可抗力影响的一方已履行了本合同约定的通知义务，并且在不可抗力事件影响建设工程进展的情况下，已履行了本合同约定的请求延长进度日期的义务，则针对因遭受不可抗力影响而无法在约定期限内履行的义务，应根据不可抗力对履行该项义务产生影响的相同时间对履行期限进行顺延。

第 41 条　运营期内发生不可抗力的处理

在运营期内，如果发生不可抗力后引起本项目不能修复导致本合同必须终止时，双方解除合同。

第 42 条　减少不可抗力损失的责任和协商

受到不可抗力影响的一方应尽合理的努力减少不可抗力的影响，包括为采取该等措施支付合理费用。双方应协商制定并实施补救计划及合理的替代措施以消除不可抗力，并决定为尽量减少不可抗力给每一方带来的损失应采取的合理的手段。

声称不可抗力的一方在不可抗力消除之后应尽快恢复履行本合同项下的义务。

如果任何不可抗力事件阻止一方履行其义务的时间自该不可抗力发生日起连续超过 90 日，双方应协商决定继续履行本合同的条件或者同意终止本合同。如果自不可抗力发生后 180 日之内双方不能就继续履行的条件或终止本合同达成一致意见，任何一方有权给予另一方书面通知后立即终止本合同，本合同另有约定的除外。

第八章　合同解除和终止

第 43 条　合同的解除

43.1　不得擅自提前终止或解除除适用法律规定或本合同另有约定外，非经对方同意，任何一方不得擅自提前终止或解除本合同，本合同授予的特许经营权应在特许经营期满时结束。

43.2　单方解除合同

在特许期内，甲方、乙方根据本合同约定事项解除合同的，应书面通知对方。本合同自书面通知到达对方之日起解除。

43.3　解除合同

不影响索赔任何一方行使合同解除权并不排除该方行使适用法律及本合同赋予的任何其他补救措施，包括但不限于索赔或追究违约责任。如果补救措施具有多样性和同时性，则一方行使一种权利，不应视为放弃其他权利，除非该方明确做出放弃表示或性质上存在冲突。

第 44 条　合同终止

44.1　除本合同约定的其他终止情形以外，有下列情形之一的，本合同终止：

1）特许经营期限届满，则本合同自行终止；

2）因不可抗力或一方认为有必要时，经双方协商可以提前终止本合同，并签订提前终止合同；

3）双方协商一致解除本合同或一方行使合同解除权解除本合同；

4）甲方经乙方同意回购本项目。

44.2　发生以下情况，本合同可提前终止：

1）乙方发生严重违约事件时，甲方有权发出终止合同的意向通知；

2）发生甲方严重违约事件时，乙方有权发出终止合同的意向通知；

3）发生不可抗力时，双方无法协商一致继续履行各自义务，任何一方有权向对方发出终止合同的意向通知；

4）如市政府因公共利益的需要终止本合同，市政府将以合理价格收购项目设施，并给予乙方合理补偿；

5）市政府依据本合同的相关规定取消或收回特许经营权。

44.3　合同解除或终止后的项目移交和财务安排

1）特许经营期限届满本合同终止的，乙方应依本合同约定无偿移交项目设施；

2）因不可抗力终止合同的，乙方可按项目实际状态向甲方移交项目设施。清理资产的费用和其他移交支出由双方协商解决。一方因不可抗力遭受的损失不得要求对方承担（本合同项下关于终止补偿的安排除外）。属于保险事故的，保险赔款按双方约定分配，双方没有约定的，保险赔款属于投保人或保险合同约定的受益人；

3）一方行使合同解除权导致本合同终止的，按合同解除的相关条款处理；

4）因乙方违约，甲方行使合同解除权解除本合同的，办理移交事务需要支付的各项支出由乙方承担。

44.4　终止补偿金额

1）建设期内，因乙方严重违约事件导致终止，则乙方向市政府或其指定机构移交项目设施，市政府按向乙方支付终止补偿金额为：

终止补偿金额＝所移交资产的账面净值－建设期终止违约金。

2）建设期内，因政府方严重违约事件/政府部门征收、征用，或中止或全部或部分收回特许经营权导致的终止，则乙方向市政府或其指定机构移交项目设施，市政府向乙方支付的终止补偿金额为：

终止补偿金额＝所移交资产的账面净值＋建设期终止违约金。

3）运营期内，因乙方严重违约事件导致的终止，乙方向市政府或其指定机构移交项目设施，市政府向乙方支付的终止补偿金额为：

终止补偿金额＝所移交资产的账面净值－运营期终止违约金。

4）运营期内，因政府方严重违约事件/政府部门征收、征用或中止或全部或部分收回特许经营权导致的终止，乙方向市政府或其指定机构移交项目设施，市政府向乙方支付的终止补偿金额为：

终止补偿金额＝移交资产的账面净值＋运营期终止违约金。

5）法律变更对项目可行性产生严重不利影响导致的终止，则市政府应向乙方支付的终止补偿金额为：

终止补偿金额＝移交资产的账面净值＋合理的补偿。

合理补偿的金额由甲乙双方另行协商确定。

6）在本合同因甲乙双方同意回购而终止，则甲方应向乙方支付回购款，具体另行协商。回购应在双方就回购相关事宜达成一致后方可进行。

7）本合同提前终止后，甲、乙双方另行商议资产移交程序，以及终止补偿金额或回购款的支付进度等事项，原则上两项工作应同时完成。

44.5　不可抗力事件导致提前终止的处理方式

1）不可抗力导致终止时的处理

a）如不可抗力导致项目不可修复或失去修复价值、双方同意终止特许经营合同时，遵循风险各自承担原则，互不补偿；

b）如项目全线可修复或仍具修复价值时，但双方同意终止特许经营合同时，乙方将全部资产移交市政府或市政府指定机构（终止后政府另行安排修复），市政府按项目"约定净值"和不可抗力发生后的评估净值的最低值者向乙方支付补偿；

c）项目"约定净值"，指假定项目全部资产按直线平均摊销并使特许经营期末资产净值为0时，所计算的在不可抗力发生时点初始投资、已发生更新和追加投资的资产净值。具体为：

约定净值＝初始投资资产约定净值＋全部更新和追加投资资产约定净值；

初始投资资产约定净值＝经审计确认的项目实际投资额×不可抗力发生时至特许经营期末的剩余经营年限（年）/约定运营期（年），约定运营期为30年；

单项更新和追加投资资产约定净值＝已支出投资额×不可抗力发生时至特许经营期末的剩余年限（年）/该项投资发生时至特许经营期结束的年限（年）；

全部更新和追加投资资产约定净值＝各单项更新和追加投资资产约定净值之和。

2）配套措施

乙方应在项目相应阶段投保项目工程一切险、项目财产一切险，投保金额覆盖项目设施重置价值全额（但不少于建设合同价值）。乙方按照适用法律及本合同约定购买保险即可获得的保险理赔资金应从按照第44.5条第1）款计算的终止补偿金额中予以扣除。

44.6 补偿金额的验证

本合同所涉及计算终止补偿金额的每一要素，均必须经市政府和乙方接受的会计师事务所验证。

第九章　违约责任

第 45 条　违约认定

45.1　违约行为认定

1）除适用法律规定或本合同另有约定外，甲方及乙方中的任何一方违反本合同的约定的行为均属违约。

2）本合同对违约行为有明确约定的，按相关约定认定违约行为。对任何本条款中未约定的违约事项的认定，均按适用法律进行解释与处理。

45.2 违约责任承担方式

1）本合同违约责任及违约责任承担方式有明确约定的，按相关约定履行。

2）本合同未做出明确约定的，一方有权获得因违约方违约而使自身遭受的任何损失、支出和费用的赔偿，该等赔偿由违约方支付。

45.3 关于违约的其他约定

1）如果一方证明其未履行义务是由不可抗力造成的，则该方对其违约不承担责任，但若该方违反本合同约定，未尽合理努力减少不可抗力影响的除外。

2）按本合同约定任何一方向另一方承担违约责任，均不免除违约方对第三方的其他责任，也不免除对此有管辖权的相关部门依照国家或当地的法律、法规对违约方进行的行政处罚或依法要求其承担的其他民事、刑事、行政责任。

3）如果损失部分地是由于受损害方的作为或不作为造成的，或部分地产生于应由受损害方承担风险的另一事件，赔偿的数额应扣除这些因素造成的损失。

4）本第 45.3 条规定的一般规定，适用于本合同项下的所有违约责任条款和违约情形。

第 46 条　乙方投融资违约责任

46.1　乙方未按照国家相关法规、规范及本合同约定履行投融资责任，应当纠正并承担违约责任。

46.2　甲方有充分理由相信乙方因自身原因无法按计划完成融资工作将对本项目建设产生重大影响的，在向乙方发出纠正通知 60 日后乙方仍无法提供有效融资方案及保证的，甲方有权终止本合同。

46.3　除非甲方另行同意，在将所有可延期的时间计算在内的情况下，未能实现本合同所约定的开始试运营日工期目标，对于由乙方造成的延期，每延期 1 日，甲方有权从履约保函中按不超过 100 万元/日提取相应金额作为乙方违约金。

46.4 除非甲方另行同意,在将所有可延期的时间计算在内的情况下,由于乙方原因本项目建设进度未实现《项目建设施工进度安排方案》、《项目建设年度进度计划》确定的关键线路控制节点进度目标的,甲方可要求乙方采取合理补救措施进行整改。无正当理由,任何一个关键线路控制节点进度目标被延误180日以上,甲方有权解除本合同,同时追究乙方的违约责任。

46.5 除甲方同意的情况外,乙方未按本合同规定进行阶段验收、阶段验收不合格或未经批准开始试运营的,甲方有权责令其停止运营,进行整改直至验收合格。乙方未在合理的期限内整改完毕的,甲方有权从乙方的履约保函中提取最高不超过1000万元的违约金。

46.7 乙方违反本合同相关约定,甲方有权向乙方发出书面通知,要求乙方自收到该书面通知之日30日内予以改正,乙方仍未改正的,甲方有权从履约保函中提取最高不超过300万元的违约金。乙方自收到该书面通知之日超过90日仍未改正并导致本合同目的无法实现的,甲方有权解除本合同、终止合作,同时没收乙方的履约保函。

第47条 乙方在运营期的违约责任

47.1 违约责任及处理

运营期间,乙方须按本合同的相关约定承担相应的违约责任。

47.2 接受绩效考核处理

乙方未按照国家轨道交通相关法规、规范及本合同约定的建设标准、运营标准及绩效考核要求提供公共服务,应当纠正,并按由甲乙双方协商制定的绩效考核计划与方案的相关约定接受绩效考核处理。

47.3 更新改造和追加投资违约

乙方未按照国家轨道交通相关法规、规范及本合同约定履行更新改造和追加投资责任,应当纠正并根据本合同规定承担违约责任。

第48条 乙方在移交期的违约责任

乙方未按照国家轨道交通相关法规、规范及本合同约定履行移交责任,应当纠正并根据本合同规定承担违约责任。

第49条 违约金

49.1 一般违约事项违约金金额约定

1)一般违约事项为不导致合同提前终止或解除的违约事项。

2)除非本合同另有明确约定,甲方因其一般违约事项应向乙方承担的违约责任为:

a）涉及工程建设进度管理关键线路，对项目时间、期限产生实质性影响的，甲方应顺延乙方的时间、期限；

b）涉及金额、款项逾期支付的，甲方应按1年期同期银行贷款基准利率的1.5倍向乙方承担逾期违约金，本合同或甲乙双方另有约定的除外。

3）除非本合同另有明确约定，乙方因其一般违约事项应向甲方承担的违约责任为：1万~10万元/次。

49.2　建设期终止违约金

根据乙方项目资本金实际到位时间、到位金额和约定利率按复利方式计算的至项目终止时项目资本金的利息成本额作为建设期终止违约金。约定利率为中国人民银行公布的5年期贷款基准利率的2倍。当前述计算的违约金少于十亿元时，按人民币十亿元计算。

49.3　运营期终止违约金

1）因政府方严重违约事件/政府部门征收、征用或中止或全部或部分收回特许经营权导致终止时的特许经营期终止违约金：

运营期终止违约金 =【20亿元】×（终止时点至约定运营期终止时点之间的年数/约定运营期），约定运营期为30年。

2）因乙方严重违约事件导致终止时的特许经营期终止违约金：

运营期终止违约金 =【20亿元】×（终止时点至约定运营期终止时点之间的年数/约定运营期）+3×终止时点至约定运营期终止时点之间更新改造和追加投资计划总额/运营终止时点至约定运营期终止时点之间的年数。约定运营期为30年。

49.4　违约金的调整

违约方按本合同约定的标准和金额向守约方支付的违约金不足以弥补给守约方造成实际损失的，应当增加补足。

第十章　争议解决

第50条　争议解决

50.1　争议期间的合同履行争议期间双方对本合同无争议的部分应继续履行。除法律规定或本合同另有约定外，任何一方不得以发生争议为由，停止本项目建设实施、运营维护服务或采取其他影响公共利益的措施。

50.2　第三方专业机构选聘争议

1）双方同意优先采用协商及共同聘请第三方专业机构提供专业意见的方式，妥善处理合同履行中的争议和问题；

2）双方应共同委托第三方专业机构，如不能就机构的选聘达成一致意见的，可由每一方分别提出三个备选机构，由协调委员会做出决定或以抽签方式确定；

3）第三方专业机构的专业意见，应作为双方解决争议的参考，但并不成为最终的司法裁决结论。

50.3 特许期内的协调机制

1）协调机制的建立

a）为保证本项目的顺利实施，甲方、乙方应按本第50.3条第2）款的规定成立协调委员会，协商解决本项目在实施过程中出现的争议；

b）除非本合同另有约定，对在特许期内出现的争议，应首先由甲、乙双方进行协商解决；如果双方无法就争议项协商达成一致意见，任一方有权将该争议事项书面上报协调委员会，协调委员会应对该争议事项予以解决。

2）协调委员会

a）协调委员会的组成。本合同生效日后九十（90）天内，甲方、乙方应共同成立协调委员会，并依据本合同拟定议事规程，经双方确认后执行。甲方和乙方分别提名2名代表担任协调委员会的委员，且均可在任何时间经书面通知其他方后更换其委派的代表。各方应要求其提名的代表以诚信、公平公正的态度处理该委员会涉及的事务。协调委员会设主席1名，协调委员会主席由甲方和乙方共同推举来自第三方机构的合格人员担任。协调委员会因本合同协调事宜所发生费用由甲方和乙方共担。

b）协调委员会的决定和执行。协调委员会应尽最大努力解决甲方和乙方提交的所有争议事项。协调委员会的任何决定经全体委员的一致同意后方可通过。协调委员会做出的决定应符合本合同的规定，同时不得免除任何一方在本合同项下的任何义务，亦不应损害任何一方在本合同项下的权利。协调委员会的决定应以书面通知的形式做出，并由协调委员会全体委员签字。

3）协调委员会决定的效力

双方应尊重和执行协调委员会的决定，但仍有通过司法程序最终解决上述争议的权利。

50.4 通过司法程序解决争议的方式

因履行本合同引起的任何争议，双方之间应当协商解决。协商不成的，任一方可向上海仲裁委员会提起仲裁，根据该委员会届时有效的仲裁裁决进行仲裁。仲裁裁决是终局的，对各方均有约束力。

第十一章 履约保函和保险

第51条 履约保函

51.1 本项目履约保函金额为1亿元人民币。乙方应在本合同签订前5天内按约定格式向甲方提交，此保函有效期为本合同正式生效之日起至本项目特许期满。

51.2 项目特许期限内，乙方有义务保证该保函项下的金额一直保持不少于壹亿元人民币，履约保函被提取任意金额后，乙方应在 30 天内将保函担保金额恢复至原始金额。

51.3　对于特许期届满时的项目移交，乙方须按本合同约定另行向甲方提交移交保函。

第 52 条　保险

52.1　建设期保险

建设期内乙方应安排为本项目足额投保建筑工程一切险、安装工程一切险，以及其他通常的、合理的或者适用法律要求所必需的保险（如第三者责任保险）。具体投保内容参见本合同附件：建设期、运营期投保要求。

52.2　运营期保险

乙方在运营期内应对本项目进行投保，包括但不限于财产一切险（投保金额应能覆盖项目设施重置费用）、公众责任险等。具体投保内容参见本合同附件：建设期、运营期投保要求。

第十二章　转让和担保

第 53 条　甲方的转让

甲方可授权相关政府部门或其他机构行使本合同权利或指定相关政府部门或机构履行本合同义务，但不影响甲方根据本合同承担义务和责任。

第 54 条　乙方的转让

54.1　对合同权利义务的转让

除本合同另有约定外，未经甲方事先书面同意，乙方不得将其于本合同项下之任何权利和义务转让予第三方。

54.2　乙方资产的转让和担保

1）特许期内，除项目建设自身融资需要或本合同有明确约定外，乙方未经甲方或市政府同意，不得出让、转让、抵押、质押项目的土地使用权、特许经营权、项目设施或任何其他重要资产；

2）建设期内，乙方的股权结构不得变更；在任何情况下，乙方变更股权结构，须经甲方书面同意，除非该股权结构变更是适用法律所要求，或具有管辖权的法院、仲裁机构或政府部门所命令的变更；对于有利于特许经营、造福公众且满足项目绩效考核要求的股权结构调整，甲方予以支持；

3）未经甲方事先书面同意，乙方不得减少注册资本或变更经营范围；

4）未经甲方事先书面同意，乙方不得从事任何与本项目无关的经营活动或对本项目以外的项目进行投资、资金借贷及借贷担保等行为；

5）乙方不得对外提供担保（包括为其股东债务提供任何形式的担保），不承担其股东的债务；

6）未经甲方事先书面同意，乙方在特许经营期间内不得自行处分项目资产及其配套设施，也不得设定任何担保。除本合同另有明确约定外，非因本项目建设和经营需要并经甲方事先书面同意，乙方不得以本合同项下的权益设定质押；

7）乙方的机构设置和技术、管理、财务、经营人员配置，应满足整个特许期内项目建设管理、运营管理的需要；

8）乙方应将本合同中的相关约定，传递至乙方下游的承包商、分包商、供应商遵守，下游的承包商、分包商、供应商违反的，由乙方向甲方承担相应连带责任。

第十三章　其他条款

第55条　其他约定

55.1　委培人员优先录用

市政府为做好轨道交通人才准备工作，已委托国内大中专院校定向培养轨道交通专业人才，与学生签订了委托培养合同，待委培学生毕业经考试合格后录用，乙方同意优先录用前述委培人员。

55.2　信息披露

为维护公共利益、促进依法行政、提高项目透明度，双方有义务按照适用法律和本合同约定，向对方或社会披露相关信息。

55.3　廉政和反腐

双方一致反对行贿、受贿等不合法的行为，并承诺不会因为本项目提供或接受任何不合法的利益或报酬。

55.4　不弃权

任何一方均不被视为放弃本合同中的任何条款，除非该方以书面形式作出放弃。任何一方未坚持要求对方严格履行本合同中的任何条款，或未行使其在本合同中规定的任何权利，均不应被视为对任何上述条款的放弃或对今后行使任何上述权利的放弃。

第56条　合同的解释规则

56.1　合同文件

本合同包括附件1至附件11，每一份附件都应被视作本合同的一部分。

56.2　修改

本合同任何修改、补充或变更只有以书面形式并由双方授权代表签字方可生效并具约束力。

56.3 可分割性

如果本合同中任何条款不合法、无效或不能执行,或者被任何有管辖权的仲裁机构或法院宣布为不合法、无效或不能执行,则:

1)其他条款仍然有效和可执行;

2)双方应商定对不合法、无效或不能执行的条款进行修改或变更,使之合法、有效并可执行,并且这些修改或变更应尽可能恰如其分地平衡双方之间的利益、权利和义务。

56.4 合同的优先性

在本合同之前就相关事项达成的会议纪要、备忘录、协议书、合同等口头或书面协议,如与本合同冲突或不一致的以本合同的约定为准。对本合同附件的解释如与本合同正文的解释出现矛盾或不一致,应以本合同正文的解释为准。

第57条 通知

本合同所述的一方给另一方书面通知,包括但不限于所有在此提及的文本、通知,均应加盖发出一方公章方为有效,除当面交接外可通过传真或快递邮件迅速传送给另一方,并以传真发出之日的次日或快递送达之日为收悉之日。除非一方收到另一方更改下述地址的书面通知。非当面交接发送的所有书面通知应送至下述双方的地址:

57.1 地址

本合同项下的通知、同意或其他通讯联系必须以中文书写,并通过专人递交、公认的国际快递、挂号或传真按下述地址,或各方通知的其他地址或传真号码:

(甲方)地址:

收件人:

电话:

传真:

(乙方)地址:

收件人:

电话:

传真:

57.2 地址变更的及时通知

如果甲方或乙方更改第57.1条所述的任何具体内容,更改方必须在新的内容启用前以书面形式通知对方。

第58条 合同文字和文本

本合同以中文订立,正本一式捌(8)份,一方各执肆(4)份。

附件1：项目产出说明（略）

附件2：概算下浮工程量清单报价表（略）

（注：需根据中标社会投资人投标文件中概算下浮表、概算下浮工程量清单报价表及批复后的初步设计概算进行调整，经谈判后补充概算下浮工程量清单报价表）

附件3：实际投资与概算投资的差异处理

（1）乙方同意在合同执行阶段按批准的初步设计概算并下浮一定比例为依据进行投资控制，努力在概算内完成工程建设。

（2）按初设概算以建设总投资作为项目具体实施投资控制的基础。双方约定，本附件所称"建设投资"是指初设概算扣除基本预备费、建设期利息和铺底流动资金后的投资余额。

（3）项目建设总投资划分为由政府方负责实施的建设投资（A）和由乙方负责组织实施的建设投资（B）两个部分。A部分工程具体范围参见本合同附件《项目产出说明》；除A部分以外的工程属于B部分。

（4）工程竣工后，经审计程序确认项目实际建设投资，并划分为由政府方直接实施部分的实际建设投资（计为A实际）和由乙方负责实施工程的实际建设投资（计为B实际）。

（5）对于政府方负责实施的A部分工程，实际投资A实际以乙方为A部分工程的实际支付为依据审计确认；A实际与控制目标A之间的差异由市政府全额补偿（超支）或扣回（节约）。

（6）对于由乙方负责实施的B部分工程，根据相关工程部分是否发生经市政府审批同意的重大变更划分为B1（发生引起投资差额调整的重大变更）和B2（未发生引起投资差额调整的重大变更）两个部分，此两部分的实际投资分别计为B1实际和B2实际。双方约定，本附件所称"引起投资差额调整的重大变更"具体指经市政府批准同意的项目建设规模变化、站位线位调整，以及重大主体及附属工程变化。

（7）实际投资审计时，相关工程项目单价按投标时社会资本提供的"概算下浮工程量清单报价表"相应的项目单价为依据，如项目无适用的单价则双方另行商议处理方法。

（8）对于B1实际和B1之间的投资差异，由市政府提供补偿（如超支）或予以扣回（如投资节约）。

（9）对于B2部分出现的投资变化，由乙方自行承担超支责任或享有投资节约效益。如经双方认定，是由于政府方在施工图审查等监管环节对于B2部分提出工程优化建议而在相应项目上有投资节约，则政府方可享有一定的投资节约效益。

（10）设计概算计列的基本预备费（纳入乙方的车公里服务报价）专项用于A部分的投资超支补偿，以及B部分中因市政府批准同意设计变更而导致的投资超支补偿（B1部分的超支）；用于上述项目补偿后如基本预备费尚有余额，则由市政府回收用于冲减运营期项目补贴。项目建设期间，如乙方使用基本预备费需征得甲方批准和同意。

（11）根据投资审计结果和投资控制目标，双方同意按以下公式计算项目的"投资补偿额"；当投资补偿额大于零（超支）时，由市政府向乙方补偿；当投资补偿额小于零（节约）时，由市政府相应扣减运营期补贴额予以处理：

投资补偿额 =（A实际 – A）×（1 + K_1）+（B1实际 – B1）×（1.0 + K_2）+ 双方认可的其他差异调整总额 ×（1.0 + K_3）– 考虑概算下浮的基本预备费总额【　　万元】；

价差调整系数，取值遵循以下原则：采用模型测试，以开通试运营日为投资补偿兑现的基准；

K_1、K_2、K_3：时点，分别计算当相应部分的投资差额为正值时或为负值时，K_1、K_2、K_3的取值，以使投资补偿处理后项目收益率水平仍保持原水平。

（12）经双方确认的"投资补偿额"纳入运营期专项补贴调整范围。市政府根据"投资补偿额"的大小在运营期开始后的5年内以专项年度补贴调整额的形式向乙方进行予以补偿或扣回；如"投资补偿额"为正值，则按"投资补偿额"向乙方增加政府补贴，如为负值，按"投资补偿额"减少政府补贴支付。对于"投资补偿额"具体兑现计划安排由甲乙双方在工程竣工决算审计后另行协商。

（13）如市政府需向乙方支付"投资补偿额"，兑付基准时点应为项目实际开通试运营日；根据实际兑付"投资补偿额"额度和日期，按当期中国人民银行3~5年期贷款基准利率计算"投资补偿额"未按时兑现部分的资金时间成本，并纳入专项补贴调整范围。

（14）对于建设期间因利率变化而导致建设期利息的变动，纳入"投资补偿额"计算公式中的"双方认可的其他差异调整总额予以处理,利率变化处理方法具体见本合同附件:特许期内利率和汇率变化调整处理方案。因其他原因产生的建设期利息变化由乙方自行负责承担。

(15)项目铺底流动资金投资变化由乙方自行承担,不纳入"投资补偿额"调整范围。

附件4:特许期内利率和汇率变化调整处理方案

1. 利率变化处理约定

(1)在特许期内(包括项目建设期和运营期),如中国人民银行公布的五年以上贷款基准利率发生变化,则双方按本附件约定进行利息补偿调整计算。中国人民银行公布的其他贷款种类利率变化对本项目所产生风险或效益全部由乙方承担或享有。

(2)如特许期间中国人民银行取消发布五年以上贷款基准利率,则自取消之日起不再按本附件约定进行利率变化处理,其后的利率变化所产生风险或效益处理由双方另行协商。

(3)无论乙方与贷款方所签署融资合同属固定利率合同或浮动利率合同,皆不影响本附件所约定的处理方案。

(4)特许期间项目车公里服务价格不因贷款基准利率发生变化而进行调整。

(5)经双方复核确认,本项目投标时人民银行公布的五年以上贷款基准利率(LPR)为4.90%,中标人在投标文件中用于投标报价测算的贷款利率(LPR2,以下简称"投标利率")为_____%。

(6)对于每个年度,年度利率变化调整额按以下公式计算:年度利率变化调整额 = (上年贷款余额 + 建设期当年新增贷款额/2) × (当年计算利率 - 投标利率)

计算说明:

上年贷款余额	按各年度上一年年末实际贷款余额确定,如经审计的上年实际贷款余额小于约定的上年长期贷款余额计划值,则上年贷款余额按实际余额取值,否则按长期贷款余额计划值取值
当年新增贷款额	指在项目建设期为工程建设当年所增加的贷款额,按经审计的当年实际新增贷款额计算

续表

当年计算利率	主要根据央行所发布五年以上贷款基准利率在当年中的执行周期（按天数计）按以下公式计算： 当年计算利率 = 投标人利率/投标时五年以上贷款基准利率 × 当年加权贷款基准利率 当年加权贷款基准利率 = ∑（适用于当年特定周期的五年以上贷款基准利率 × 该档基准利率执行周期）/365

（7）对于建设期各年度的利息补偿额在竣工决算审计时最终核定，按各年度利息补偿额的算术合计总额纳入运营期市政府向乙方支付的专项补贴调整额范围，该项补偿的约定兑现时间基准点为项目开始全线试运营日。如建设期利息补偿总额为正值则甲方向乙方补偿，反之则甲方用于在运营初期冲抵向乙方支付的当年项目补贴额。

（8）对于运营期各年度的利息补偿额随当年项目补贴额计算核定，纳入专项补贴调整额范围，随当年项目补贴一并兑现。计算的运营期年度利息补偿额如为正值，则甲方向乙方补偿，反之则甲方用于冲抵向乙方支付的当年项目补贴额。

2. 汇率变化处理约定

特许期内（包括项目建设期和运营期），如人民币汇率发生变化，全部和相关风险皆由乙方承担，市政府无义务就汇率变化向乙方支付补偿，也不享有因汇率变化而可能产生的项目效益。

附件5：乙方收入和政府补贴计算方法及相关约定

一、乙方的收入和政府补贴

（一）收入的构成

本项目中乙方的收入包括客运收入（含超额客运收入分成）、非客运业务收入（含超额非客运业务收益分成），以及政府提供的补贴。

（二）客运收入及分成

1. 项目客运收入

项目客运收入指路网清算至本项目的全部客运收入。项目实际客运收入不足基准收入水平时，乙方按实际清算获得客运收入（实际客运收入不足的风险由乙方承担）；当项目实际客运收入超过约定的基准客运收入水平时，乙方和政府就超额部分享有分成权益。

2. 基准客运收入

基准客运收入＝预测客流量×实际人均票价水平＝预测客流×平均运距×平均运价率。其中平均运价率____元/人公里、平均运距____公里，预测客流参见本合同附件1：《项目产出说明》。

3. 超额客运收入和分成

超额客运收入＝项目客运收入－基准客运收入；

如项目客运收入小于基准客运收入，项目客运收入未达到基准客运收入的差额风险由乙方承担。

如项目客运收入大于基准客运收入，市政府和乙方按照下表约定的超额累进方式就超额客运收入进行分成：

任一运营年超额客运收入中的相应金额	市政府分成比例	乙方分成比例
对于不超过该年度基准客运收入15%（含）的金额	50%	50%
对于超过该年度基准客运收入15%（不含）以上的金额	80%	20%

市政府承诺其分成部分优先用于抵减市政府当年需为乙方提供的补贴。

（三）非客运业务收益

1. 非客运业务收入和非客运业务收益

就某一运营年而言，非客运业务收入是指乙方根据本协议的规定，在允许的本项目设施范围内、在取得许可的业务范围内从事本项目非客运服务所获得的全部收入。

非客运业务收益指乙方从事非客运业务经营所实现的全部税前经营利润。

2. 基准非客运业务收益

双方约定的基准非客运业务收益按基准客运收入一定比例设置，其中前四年的基准非票收益为基准客运收入的4%、4.40%、4.80%、5.20%，运营期第五年起的每运营年基准非票收益＝上一年的基准非票收益×（本年度基准客运收入增长率＋3%）。

3. 超额非客运业务收益分成

如运营年度全部非客运业务收益小于基准非客运业务收益，其差额风险由乙方承担，市政府无义务就此差额部分向乙方提供补贴。

如运营年度全部非客运业务收益大于基准非客运业务收益，对于每个实现超额收益的运营年，市政府和乙方应按照下表约定的超额累进分成比例进行分成。超额非客运业务收益具体按下式计算：

超额非客运业务收益＝全部非客运业务收益－基准非客运业务收益

任一运营年度超额收益中的相应金额	市政府分成比例	乙方分成比例
对于不超过该年度基准非客运业务收益值10%（含）的金额	80%	20%
对于超过该年度基准收益值10%（不含）至不超过20%（含）的金额	70%	30%
对于超过该年度基准收益值20%（不含）至不超过30%（含）的金额	60%	40%
对于超过该年度基准收益值30%（不含）以上的金额	50%	50%

4. 非客运业务项目的投资和支出

乙方为获取非客运业务收益而发生的投资和运营成本等支出由乙方自行负责，市政府无义务向乙方就该等支出提供补偿或补贴。

5. 非客运业务收益的财务审计和支付

（1）乙方应对本项目非客运业务项目的相关资产和运营收支单独核算和报告。乙方不应将为非客运业务经营而发生的投资和成本等支出纳入到本项目的投资和成本支出范围。

（2）乙方应依法聘请具有相关资质的会计师事务所，对非客运业务项目的相关财务材料进行年度专项审计并且编制专项审计报告。乙方应当在每个会计年度结束后向市政府提供以下资料，市政府有权对乙方提交的文件进行复核：

A. 该专项审计报告的复印件；B. 该运营年非客运服务收益；C. 市政府应获得的分成数额。

（3）在各运营年度结束后2个月内，乙方应将该运营年度的非客运业务相关数据，以及分成计算说明书面报告市政府。市政府对应获得的分成数额进行复核。乙方应在出具专项审计报告之后的15个工作日内将经复核的市政府应获得的分成数额向市政府支付，但若市政府决定将市政府应获得的分成数额抵扣市政府按照本合同约定应支付乙方的补贴，则市政府有权在向乙方支付补贴时直接抵扣市政府应获得的分成数额。

（4）双方同意如双方对非客运业务分成数额发生争议，则无争议部分应先予执行，相关争议按照本合同的争议解决程序处理。

（5）双方同意，在任何情况下，市政府有权自行聘请审计师对乙方的非客运业务项目有关账目进行独立审计。市政府进行独立审计应自担费用，并应提前10个工作日向乙方发出通知，乙方应配合该等审计。

（四）政府补贴

1. 政府补贴计算公式

对于每个运营年度，市政府按以下公式核算为乙方提供的政府补贴额：

政府补贴额＝约定车公里×约定车公里服务价格－当年基准客运收入－当年基准非客运务业务收益＋车公里变化调整额＋基准利率变化调整额

计算说明：

约定车公里	指项目采购阶段按行车组织计划确定的车公里数，约定车公里年度运营里程＝年度载客里程＋年度空驶里程
约定车公里服务价格	指以"元/车公里"为计价基数计算的政府购买服务价格，初始单价将按中标人投报的价格执行，在运营阶段通过价格调整公式予以调整
车公里变化调整额及基准利率变化调整额	车公里变化调整额、基准利率变化调整额大于零时，由市政府向乙方补贴；小于零时，由市政府相应扣减补贴额予以处理

（1）约定车公里数

年度约定车公里数是计算市政府向乙方支付年度政府补贴的基础依据。在本合同中，年度车公里数按下式定义：

年度车公里数＝年度运营里程＝年度载客里程＋年度空驶里程

其中：

A."载客里程"为载客列车始发站至终到站之间的行驶里程。

B."空驶公里"包括两端折返线间的里程、车辆段（场）联络线的里程和正线空驶里程。轧道车空驶里程、为运营业务放空到某站（段）的预备车里程、轧道兼通勤车里程均计入运营公里。

双方约定的运营期各年度约定车公里数在特许经营期间不再变动；如项目提前开通或延期开通，对个别年份约定车公里数进行调整。各年度约定车公里数参见本合同附件1：《项目产出说明》。

（2）约定车公里服务价格

约定车公里服务价格是指在本合同中约定的以运营里程（约定车公里）为计价基础的乙方提供轨道交通客运服务的价格，按元/车公里计量。

初始约定车公里服务费价格为【_____元/车公里，大写：每车公里】，该初始价格以2015年底物价水平为基准。

初始约定车公里服务费价格自项目实际开始试运营日起执行，无论项目提前或延期开始试运营，约定车公里服务费价格的首次调整皆自约定开始试运营日后满3年按本合同约定进行调价，形成新一轮价格周期的约定车公里服务费。具体调价方法见附件6：《车公里服务价格调整及车公里可变成本单价计算方法》。

（3）车公里变化调整额

项目运营期间，乙方应按本合同约定的服务标准（如车行走公里数、发车间隔、可靠度等）和市政府要求制定行车组织计划并组织运营。市政府有权根据实际情况要求乙方调整行车组织计划，乙方也有权利和有义务根据实际情况提出调整行车组织计划，但需经市政府批准后实施。

对于年度实际车公里数与约定车公里数出现的差异，对差异部分计算可变成本的增减额，作为实际车公里变化补贴调整额：

车公里变化调整额＝车公里可变成本单价×（当年有效车公里数－当年约定车公里数）

当年有效车公里数以统计的实际车公里数为依据，并按以下方法进行调整确定：

A. 如当年实际统计车公里数少于约定车公里数，则当年有效车公里数按实际统计计算；

B. 如实际统计车公里数与按运营期间政府要求或批准同意的行车组织计划所确定的计划车公里数相比，不超过计划车公里数，则有效车公里数按实际统计车公里数确定；

C. 如实际统计车公里数与按运营期间政府要求或批准同意的行车组织计划所确定的计划车公里数相比，超过计划车公里数，则有效车公里数按年度计划车公里数计取。

甲乙双方约定，根据运营期间政府要求调整或批准同意的行车组织计划计算相应的年度计划车公里数：

年度计划车公里数＝年度计划载客里程＋年度计划空驶里程；

年度计划载客里程（车公里）＝2×全年计划发车总对数×列车车辆编组数×运行交路长度；

年度计划空驶里程＝年度计划载客里程×5.0%；

本项目列车车辆编组数为6辆/列。

项目全程运行交路长度按_____公里（注：项目产出说明中正线公里数）计算。如项目安排大小交路运行方式，则分别确定大小交路上的计划发车对数和相应的运行交路长度，计算年度计划车公里数。

（4）基准利率变化调整额按本合同附件4：《特许期内利率和汇率变化调整处理方案》的约定执行。

（5）补充调整机制

建设投资与投资控制额的差额调整

在招标阶段，投标人以招标文件给定的项目建设投资，作为其车公里服务费报价的依据。同时，投资人需给出其意愿的概算下浮比例。项目建设期利息由投标人根据项目融资方案自行测算。

本项目初步设计及投资概算获批后，按照中标社会投资人投标文件承诺的针对静态投资部分的下浮比例调整概算静态投资部分。计算下浮后的概算静态投资部分与给定的项目建设投资的变化额，如"变化额"为正值，则按"变化额"向乙方增加政府补贴，如为负值，按"变化额"减少政府补贴支付。以开通试运营日为"变化额"兑现的基准时点，根据实际兑付"变化额"的额度和日期，按当期银行 3~5 年期贷款基准利率计算"变化额"未按时兑现部分的资金时间成本，一并纳入补贴调整范围。因除利率之外的原因导致的建设期利息变化以及项目铺底流动资金投资变化由乙方自行负责承担。同时，乙方与政府方在合同执行阶段将按下浮后的初步设计批复概算作为双方进行项目投资控制的依据，即约定的投资控制目标额。

项目投资差额调整额——按本合同附件 3：《实际投资与概算投资的差异处理》的约定执行。

项目资本金比例下调调整额——项目资本金比例下调时，计算资本金出资金额的"变化额"，按"变化额"的一定比例减少政府补贴支付。以开通试运营日为该减少政府补贴支付的"调整额"发生日，根据实际兑付"调整额"的额度和日期，按当期银行 3~5 年期贷款基准利率计算"调整额"未按时兑现部分的资金时间成本。

项目资本金比例下调调整额 =（资本金比例为 40% 时的项目资本金金额 - 下调资本金比例后的项目资本金金额）× Y。

计算说明：

调整系数，取值遵循以下原则：采用模型测试，以开通试运营日为调整额兑现的基准时点，分别计算当下调至相应资本金比例时的 Y 的取值，以使该调整额处理后项目资本金收益率水平仍保持原水平。

（6）额外补偿调整额

额外补偿调整额按全年中乙方承担的额外补偿项目进行累计计算。当年度内额外补偿调整额累计超过 300 万元时（含），由乙方提出申请、经市政府审核同意后纳入额外补偿调整额，如经审核和双方确认的额外补偿调整额累计不足 300 万元，则由乙方自行承担，不纳入额外补偿调整范围。

运营期间，如果由于以下事件导致增加乙方的资本性投入或运营成本，或造成乙方的合法利益受损，则计算额外补偿：

A. 市政府向乙方提出超出本合同约定的工作要求；

B. 因法律、行政法规、规章修订废止，或者政策调整损害乙方预期利益；

C. 为了维护公共利益和安全，市政府根据本合同约定而实施的临时接管；

D. 因发生不可抗力对乙方造成损失，并取得市政府认可同意提供补偿的项目；

E. 因紧急情况而由乙方先行实施，并在事后报告市政府并取得市政府认可同意提供补偿的项目。

F. 其他双方一致认可的额外项目。

额外补偿的金额计算应当与乙方因上述事件所遭受的直接损失相匹配，同时因乙方没有采取适当措施致使损失扩大的，不得就扩大的损失要求补偿。

对于额外补偿的支付，由乙方在每年提交上一年度补贴支付结算申请时一并提出，待额外补偿金额获批后，随下一年度政府补贴一并支付。

2. 运营期更新改造和追加投资的控制及处理

投标阶段，投标人按招标文件要求提交更新改造和追加投资计划，并以此作为运营期更新改造和追加投资的控制的依据。运营期间，由乙方负责全部更新改造和追加投资资金的筹措和组织实施。乙方应对项目运营情况进行评估，及时安排和实施更新改造和追加投资，保证项目达到约定的服务要求和标准。同时，乙方实施更新改造和追加投资的项目建设应遵守本合同的约定。对于市政府要求并经甲方与乙方双方确认确需实施的更新改造和追加投资项目，乙方也应负责及时投资和实施，无论此类项目是否符合或突破本合同所约定的更新改造和追加投资计划。如导致乙方的资本性投入或增加乙方的运营成本，政府依据额外补偿的补偿原则给予乙方相应补偿。

自项目运营开始每六年由市政府相关部门对更新改造和追加投资完成情况进行评估和审计，确认各期间完成的实际投资。特许期结束，与经物价调整后的计划投资额相比，尚未足额投入的更新改造和追加投资相对应的金额移交甲方或其指定机构；如有超支，则由乙方自行承担，政府方不再补偿。

3. 本级政府税收优惠政策

中标社会投资人投标报价中应按国家最新税收政策进行测算，若甲方最终争取到本级政府免税、减税政策，则按乙方减免的税款相应减少政府补贴。

二、开始试运营日提前的处理

（一）如项目较本合同约定的开始试运营日提前开始试运营，则按以下方式计算市政府为乙方提供的政府补贴：

（1）对于项目开始试运营日的当年（实际开始试运营日至当年底），纳入补贴计算的当年约定车公里数、预测客流、基准非客运业务收益按当年实际运营天数占全年天数的比例以本合同所约定第1年的相关数据为基数按比例折减，并按本合同约定的补贴计算公司当年度项目补贴额。

（2）从次年开始至约定运营期终止日所在年度的前一年度止，期间各年约定车公里数、预测客流、基准非客运业务收益分别按本合同所约定第1年~第29年相关数据取值，并按本合同约定的补贴计算公司当年度项目补贴额。

（3）对于项目最后运营年度，按提前运营时间相应减少乙方在本年度的运营天数，即约定运营期终止日相应提前。纳入补贴计算的该年约定车公里数、预测客流、基准非客运业务收益按当年实际运营天数占全年天数的比例以本合同所约定第30年的相关数据为基数按比例折减,并按本合同约定的补贴计算公司计算当年度项目补贴额。

(二)对于开始试运营的当年,约定车公里服务价格按初始约定车公里服务价格计算;从下一年度起,运营满3年后按本合同约定进行首次调价。

(三)如项目开始全线试运营提前的天数较少,则纳入第1个运营年处理,其余各运营年补贴计算方法不变。

三、开始试运营日延误的处理

(一)如项目较本合同约定的开始试运营日延期开始试运营,则按以下方式计算市政府为乙方提供的项目补贴:

(1)对于项目开始试运营日的当年(实际开始试运营日至当年底),纳入补贴计算的当年约定车公里数、预测客流、基准非客运业务收益按当年实际运营天数占全年运营天数的比例以本合同所约定第1年的相关数据为基数按比例折减,并按本合同约定的补贴计算公司当年度项目补贴额。

(2)从次年开始至约定运营期终止日所在年度,期间各年约定车公里数、预测客流、基准非客运业务收益按本合同所约定第2年~第30年相关数据取值,并按本合同约定的补贴计算公司当年度项目补贴额。

(3)在第31年,按约定开始试运营日延期的天数相应增加乙方的运营天数,即约定运营期终止日相应延后。纳入补贴计算的该年约定车公里数、预测客流、基准非客运业务收益按当年新增的实际运营天数占全年天数的比例以本合同所约定第30年的相关数据为基数按比例折减,并按本合同约定的补贴计算公司当年度项目补贴额。

(二)对于开始试运营的当年,约定车公里服务价格按初始约定车公里服务价格计算;从当年起作为第1年,运营满3年后开始按本合同约定进行首次调价。对于最后一个运营年(第31年),计算政府补贴时的约定车公里服务价格按第30年的约定车公里服务价格执行,不再进行物价调整。

(三)在延长的运营期间,乙方继续负责项目运营和履行乙方全部权利和义务,包括实施必要的资产更新和改造。

(四)如项目实际开始试运营较约定开始试运营日延期超过年或以上而并未导致本合同解除,则双方另行协商处理方法。

(五)如项目开始全线试运营延后的天数较少,则在第1个运营年专门处理,其余各运营年补贴计算方法不变。

四、补贴支付方法

(一)对于开始运营后的每一年度,甲方按季度向乙方支付当年补贴预付款,至当年8月31日前向乙方所支付当年度补贴预付款累计达到上年度政府补贴额的约80%(计算时扣除上年度的专项补贴调整额)。对于运营期首年,暂按

_____亿元计算补贴预付款，如项目工期提前或延误，按首年实际运营天数占全年天数的比例计算首年补贴预付款。

（二）每个年度结束后的次年 3 月底之前，乙方应向甲方提出上一年度的补贴支付结算申请，支付结算申请应按本合同相关约定提供详细的补贴计算过程、计算依据和相关证明文件等支持性文件。

（三）甲方在次年 5 月底之前完成对乙方补贴支付结算申请的初审，并提交市政府（市财政）复审；市政府在 8 月 31 日之前完成复审并完成向乙方进行的上年度的补贴结算支付（扣减已支付的上年度补贴预付款后）；同时市政府将对乙方的当年补贴预付款累计支付至上年度政府补贴核定额的 80%（计算时扣除上年度的专项补贴调整额）。

（四）对于市政府向乙方的补贴支付，包括年度的预付款支付和结算支付，以当年 8 月 31 日为支付基准日，如超过期准日延期支付，则按当期银行 1 年期贷款基准利率的 1.5 倍和较基准日的延误天数计算市政府应向乙方支付的违约金。

附件 6：车公里服务价格调整及车公里可变成本单价计算方法

一、车公里服务价格初始定价

根据本合同的约定确定，该初始价格计为 P1。

二、车公里服务费调整

（一）项目全线开始试运营后的前 3 个日历年为第 1 个价格周期（含开始试运营的当年）；如项目实际开始试运日较约定开始试运营日提前并进入上一个年度，则第 1 个价格周期为项目开始全线试运营后的前 4 个日历年。在第 1 个价格周期中，车公里服务费价格按 P1 执行，之后每隔 3 年作为一个价格周期，对车公里服务费价格进行一次调整，即每个调整后的价格执行周期为 3 年，以此类推，直至特许经营期结束。如项目实际开始试运营日较约定开始试运营日延后，则乙方项目运营终止日相应延后，在延后的期间，车公里服务费价格按上一年度的价格执行，不再调整。

（二）第 i 个价格周期的价格 Pi 按下式计算：

上式中，i 为价格执行周期。第一个价格周期执行 P1，从第二个价格周期开始（i≥2）各周期价格调整系数计算公式为：

$$K_i = (A_1 \times B_1 + A_2 \times B_2 + A_3 \times B_3 + A_4 \times B_4)C + 1.0$$

（1）调价公式中，A1~A4 为自价格基准年时点（2015 年底）开始，至第 i（i>1）个调价周期开始之前的全部年度分类价格参数（指数）的环比累计增长幅度。

A_1 = 乙方电费成本增长率环比累计值 – 1.0　　　　　　　　（公式 1）

A_2 = 乙方人工成本增长率环比累计值 – 1.0　　　　　　　　（公式 2）

A_3 = 乙方其他成本增长率环比累计值 – 1.0　　　　　　　　（公式 3）

A_4 = 维持运营投资价格增长率环比累计值 – 1.0　　　　　　（公式 4）

上述各种价格因素参数（指数）增长率的"环比累计值"按以下方式计算：

增长率环比累计值 = （1 + 价格基准时点之后第 1 年因素增长率）×（1 + 第 2 年因素增长率）× …… ×（1 + 第 i 个票价执行周期起始年前一年度的因素增长率）

（2）调价公式中各参数如下：

B_1 = 经营期电费成本总额/经营期相关支出总额 = 　　　%；

B_2 = 经营期人工成本总额/经营期相关支出总额 = 　　　%；

B_3 = 经营期其他经营成本总额/经营期相关支出总额 = 　　　%；

B_4 = 经营期维持运营投资总额/经营期相关支出总额 = 　　　%；

C = 项目收益率调整系数 = 　　　%。

B_1、B_2、B_3、B_4 和 C 值在特许经营期间不再调整。

三、调价公式中物价变化因素取值方法

（一）乙方电费成本增长率

乙方电费成本增长率 =（乙方当年实际交付电价/乙方上年度实际交付电价）– 1.0

"项目公司实际交付电价"指政府价格主管部门或电力销售部门发布的适用于本项目地铁运营的电价。

如果电价调整时间发生在年中，则当年交付电价根据不同电价水平的执行时间按天加权平均计算。

在计算第 1 年（正常情况下为 2016 年）电费成本增长率时，"乙方上年度实际交付电价"按【　　　元/kWh】计算。

（二）乙方人工成本增长率

调价公式中的"乙方人工成本增长率"按以下公式计算：

乙方人工成本增长率 = 当年某市 CPI 增长率 +（当年市在岗职工平均工资指数增长率 – 当年某市 CPI 增长率）×50%

【公式解释：政府方按 CPI 承担物价引起的人工成本上涨，其余人工成本上涨部分由政府方和乙方各承担 50%；如"当年某市在岗职工平均工资指数增长率 – 当年某市 CPI 增长率"为负值，则项目公司人工成本增长率 = 当年某市 CPI 增长率】

对于第 1 年（正常情况下为 2016 年）人工成本增长率按下式确定：

第 1 年人工成本增长率 = 某市 CPI 指数增长率 +（市当年在岗职工平均工资 × 1.43/投标文件初始报价人工成本单价 – 当年市 CPI 指数增长率）×50%

如第 1 年人工成本增长率计算值为负值，则按 0% 计入调价公式。投标文件初始报价人工成本单价为 9.975 元/人年。

如出现特殊情况，市政府和乙方也可根据项目具体情况并参考全路网轨道交通项目人工成本实际情况，协商确定双方认可的"乙方人工成本增长率"，但不得高于通过上述公式所计算的增长率。

（三）乙方其他运营成本增长率

乙方其他运营成本（电费和人工成本之外）主要由修理费、运营费和管理费等项目构成。

乙方其他成本增长率 =（当年 PPI 指数 - 100）/100 × 100%

上述 PPI 指数为国家统计局发布的全国口径的工业品出厂价格指数。

（四）维持运营投资价格增长率

以国家统计局发布的当年全国口径的固定资产投资价格分类指数进行计算。具体为：

维持运营投资价格指数增长率 = 当年"建筑安装工程"固定资产投资价格指数增长率 × 20% + 当年"设备、工器具"固定资产投资价格指数增长率 × 70% + 当年"其他费用"固定资产投资价格指数增长率 × 10%。

四、车公里服务费价格调整程序

（一）乙方在每个价格周期（除第一个价格周期外）开始当年的 4 月底之前向甲方提出车公里服务费调价申请。调价申请应按约定的调价方法提供详细的调价计算过程、计算依据和相关证明文件。

（二）甲方在当年 6 月底之前完成调价申请初审，并报市财政局复核和审批，市财政局在 8 月底之前完成调价的批准；本轮价格周期（调价当年及其后的 2 年）各年即按批准后的价格执行。

（三）如运营期间项目运作模式、政策环境等出现重大调整变化，则双方重新商议相关调价方法或其他处理方法。

五、车公里可变成本单价计算方法

（一）对于实际运营中各年度实际车公里数（运营里程）较约定车公里数出现的差异，对差异部分根据车公里可变成本单价相应计算项目可变成本调整额，纳入对乙方的专项补贴调整范围。

（二）各年度车公里可变成本单价按下式计算：

车公里可变成本单价 = 初始车公里可变成本 × 可变成本物价调整系数 W

可变成本物价调整系数 $W = 35\% \times A1 + 65\% \times A2 + 1.0$

上式中：

（1）初始车公里可变成本单价为【××】元/车公里，该值在特许经营期间不再调整。

（2）A1 和 A3 即本合同附件 6：《车公里服务价格调整及车公里可变成本价计算方法》章节中由"公式 1"和"公式 3"所明确的 A1 和 A3。即：

A1 = 乙方电费成本增长率环比累计值 – 1.0

A3 = 乙方其他成本增长率环比累计值 – 1.0

附件 7：全线试运营前提条件

全线试运营应满足《城市轨道交通试运营基本条件》（GB/T 30013 – 2013）及其他适用法律中规定的全线试运营相关条件和要求，包括但不限于以下规定：

第一章　基本规定（含第一条）

第一条　全线试运营前应完成以下工作

（一）调试及全线试运行

特许经营公司完成对全线设备、设施的分项调试、安全测试和联合调试，在运营设备和设施预验收完成后组织全线试运行。全线试运行期不得少于 3 个月，并不得载客。列车全线试运行原则上应分阶段进行，其中按本线设计运营初期发车间隔运行时间不得少于 30 天。全线试运行评估合格的，经市政府主管部门（实施机构）书面批准，方可投入全线试运营。

（二）工程验收

项目取得市政府主管部门出具的如下文件：

（1）规划建设批复文件。有关主管部门对城市轨道交通工程出具的规划、立项和工程可行性研究及工程设计、工程建设的批复文件。

（2）工程用地和建设许可文件。有关主管部门对城市轨道交通工程出具的用地许可文件、建设用地规划许可证、建设工程规划许可证和施工许可证等。

（3）工程质量验收文件。建设工程质量监督部门对土建工程、机电系统安装出具的质量验收文件。

（4）行车及服务设备设施质量验收文件。有关主管部门对行车及服务设备设施出具的质量验收文件。

（5）特种设备质量验收文件。质量技术监督主管部门对投入运营的特种设备出具的验收合格文件。

（6）安全检查文件。安全生产监督主管部门对城市轨道工程安全设施设备出具的检查、备案文件。

（7）消防验收文件。消防主管部门对城市轨道交通工程出具的消防验收文件。

（8）人防工程验收文件。人民防空主管部门对城市轨道交通工程出具的人防验收文件。

（9）卫生评价文件。卫生主管部门对城市轨道交通工程出具的卫生评价文件。

（10）环保验收文件。环境保护主管部门对城市轨道交通工程出具的环保验收文件。

（11）防雷接地验收文件。气象主管部门对城市轨道交通工程防雷装置等设施出具的验收文件。

（12）供电验收文件。供电主管单位对城市轨道交通供电设备出具验收文件。

（13）票价批复文件。价格主管部门对城市轨道交通票价方案的批复文件。

（14）档案批复文件。档案主管部门对城市轨道交通工程档案验收出具的批复文件。

（15）其他批复文件。有关主管部门依据有关法规，对城市轨道交通工程出具的其他批复文件。

（三）安全授权

信号系统获得全线试运营安全授权书。

（四）各系统设备设施安装应具备操作、测量和维修空间。

（五）运营交接

由相关单位承建的项目各专业系统设施及所有技术档案和相关资料（包括工程实体、设备、随机配件、竣工档案等）已经移交特许经营公司，并经特许经营公司签字确认，并同时进行指挥权、管理权、使用权的移交，特许经营公司方可投入全线试运营。

（六）运营准备

特许经营公司应按有关规定取得相应的经营许可，并应按有关规定取得市政府主管部门关于开通全线试运营的批复，根据运营安全和管理需求完成各项运营筹备工作。

（七）问题整改

投入全线试运营前，项目建设工程完成后，工程初步验收合格，全线试运行及各专业验收中发现存在影响运营安全的问题应整改完毕，复验合格。

第二章　工程建设要求（含第二条）

第二条　满足特许经营合同（及其附件）所约定工程建设相关技术要求。

第三章　指标要求（含第三至第十二条）

第三条　全线试运行时间不得少于三个月，全线试运行最后30日应按照全线试运营开通时列车运行图行车。试运行综合测试指标必须满足：

（一）列车运行图兑现率：在全线试运行的最后30天不应低于98.5%；

（二）列车正点率：在全线试运行的最后30天不应低于98%；

（三）列车退出正线运营故障率：在全线试运行的最后30天，不应高于0.5次/万列公里；

（四）设备故障率：随着系统调试的进行，与行车直接相关的各系统设备的故障率应随行车时间或行车里程的增加而逐渐减少。全线试运行最后30天，与行车直接相关的设备故障率平均值应低于30次/万组公里；

（五）列车服务可靠度：在全线试运行的最后30天，全部列车总行车里程与发生5分钟以上延误次数之比不应低于2.5万列公里/次；

（六）车辆系统故障率：因车辆故障造成2分钟以上晚点事件次数应低于5次/万列公里；

（七）信号系统故障率：不应高于1次/万列公里；

（八）供电系统故障率：不应高于0.2次/万列公里；

（九）屏蔽门故障率：不应高于1次/万次。

第四条　车辆指标必须满足：

（一）首列车按规定完成空载稳定性运行后的型式试验，参加全线试运行的车辆完成例行试验，提供型式试验、例行试验报告，确认车辆技术性能符合合同要求及试验标准后，进入全线试运行考核期，进一步检验车辆、设备的安全性、可靠性。

（二）参加全线试运行的列车通过不低于2000公里空载试运行指标考核；按图运行期间，影响列车运行的故障率小于0.44次/万组公里。

（三）正常运行工况运行噪声检测达标率宜达到100%。

（四）按图运行期间，因车辆故障，2分钟晚点小于5次/万列公里。

（五）按图运行期间，车辆故障不大于101次/百万车公里。

第五条　信号指标必须满足：

（一）在联锁、ATP安全功能正常的基础上，信号系统必须提供100%的安全运行，系统运行不应出现危及行车安全的设备故障；

（二）联锁系统在各种运营状态下，实现功能正确率应为100%；

（三）列车停准率：在全线试运行的最后30天列车停车精度在±0.5米范围内时，正确率为99.99%；

（四）按图全线试运行最后30天，系统因故中断造成列车晚点累计不应超过60分钟；

（五）在全线试运行的最后30天内，因信号设备原因，列车产生非期望的紧急制动的事件累计不应超过10件；

（六）全线试运行的最后30天内，ATP/ATO故障累计不应超过50件；

（七）信号系统故障率不应高于1次/万列公里。

第六条　全线试运行的最后30天内，屏蔽门指标必须满足：

（一）屏蔽门单门可靠度大于99%；

（二）屏蔽门整列门故障不大于4次；

第七条　全线试运行的最后30天内，供电指标必须满足：

（一）各类供电设备完好率不低于98%，供电系统故障率不应高于0.2次/万列公里；

（二）应急电源放电时间符合设计要求，车站站厅、站台应急照明切换时间符合设计要求。

第八条　全线试运行的最后30天内，通信指标必须满足：

（一）传输系统不出现系统瘫痪。系统所有板卡不出现影响系统运行的故障；

（二）专用电话子系统、公务电话子系统不出现全网、车站瘫痪，车站单机故障不超过4次；专用电话子系统冗余热备板卡中主板卡故障不超过4次；

（三）广播系统不出现系统瘫痪；

（四）无线通信系统可靠度达到98%，不出现系统本身而引起的信号中断现象；除越区切换时，呼叫过程中不出现断话、掉话现象；二次开发设备运行正常，软、硬件故障不超过4次；

（五）闭路电视监视系统不出现系统瘫痪。单个车站子系统瘫痪故障告警不超过4次。录像信息完整，与其他视频系统（如综合监控等）的接口互通功能，各种互通信息接收发送的连续及准确性大于96%；

（六）时钟系统可靠度达到98%，一级母钟无标准时钟信号输出的故障报警不超过2次；二级母钟无标准时钟信号输出的故障报警不超过4次；

（七）直流电源系统不发生输出端断电现象；非系统设备原因，两路交流电源同时断电时，后备电源满足设计要求。

第九条　自动售检票系统指标必须满足：

（一）自动售检票系统及其设备的数据准确率达到99%，在规定时间内的数据传输完整性、一致性达到99%，自动售检票终端设备全线测试交易数据故障率在开通前低于0.01%；

（二）不出现中心、车站系统及网络瘫痪；

（三）自动售检票终端设备全线测试设备完好率开通前达到97%以上；

（四）AFC系统接收到紧急放行信号后，必须准确、及时打开检票机并正确反馈信息。

第十条　自动扶梯和电梯指标必须满足：

（一）不发生溜梯、倒转、坠梯等危及人身安全的故障；

（二）统计期内，自动扶梯设备运行可靠度不低于98%；

（三）统计期内，电梯设备运行可靠度不低于98%。

第十一条　乘客信息系统（PIS）指标必须满足：

（一）各子系统正常运行，不出现软硬件故障造成系统、网络及单站的瘫痪；

（二）统计期内，车站 PIS 系统的可靠度不低于 98%。

第十二条　车辆段大型工艺设备必须满足：

轨道车自开始使用之日起累计行驶 1000 公里，无重大故障。

第四章　运营筹备要求（含第十三条至第二十三条）

第十三条　组织机构和人员要求

（一）特许经营公司应设调度、客运、设备设施维护等部门，设备设施维护应包含土建、线路、车辆、通信、信号、供电、机电等专业，合理设置岗位，人员到位，满足运营要求。

（二）特许经营公司运营从业人员应符合以下要求：

1. 列车驾驶员、调度员、行车值班员和其他人员应具备相关知识、技能以及高度的岗位责任心，并通过身体健康检查。

2. 应按规定着装，正确佩戴服务标志。

（三）特许经营公司运营从业人员应符合以下岗位要求：

1. 列车驾驶员

a. 列车驾驶员应经过系统岗位培训。在培训期间，应进行车辆故障、火灾、停电和脱轨等险情的模拟操作；并在经验丰富的驾驶员的指导和监督下驾驶，驾驶里程不少于 5000 公里。

b. 列车驾驶员经培训考核合格后，持证上岗。

c. 列车驾驶员应熟悉全线试运营线路。

2. 调度员

a. 调度员应经过系统岗位培训，并持证上岗。

b. 应由经验丰富的调度员担任值班主任；值班主任应经过系统岗位培训，具有行车调度岗位工作经验，熟悉电力调度、环控调度等工作内容和流程，并持证上岗。

3. 综控值班员

行车值班员应经过系统岗位培训，并持证上岗。

4. 车站客运服务人员

车站客运服务人员应经过系统培训教育，掌握岗位技能。

5. 其他人员

a. 设备维修人员应经过系统岗位培训，具备设备维修技能，并持证上岗。

b. 特种设备作业人员应取得相关部门颁发的特种设备作业人员证，并持证上岗。

第十四条　行车组织、客运组织与票务组织

（一）市轨道交通指挥中心应会同特许经营公司进行全线试运营开通客流预

测,制定新线运力配置计划。

(二)特许经营公司应按运力配置计划、车辆配属情况、列车运行与折返时间等参数确定列车运行交路、编制线路列车运行计划。

(三)延伸段或支线开通时应编制不降低既有线服务水平的运行计划。

(四)特许经营公司应根据列车运行计划、全线试运营开通预测客流量、设施设备能力,编制客运组织方案(包括组织机构、岗位设置、上岗人员、客流疏散方案、乘客换乘安全保障方案、导向导乘系统管理方案等);对于涉及不同运营企业的共管换乘站,市轨道交通指挥中心应组织完成共管换乘站客运组织协同处置预案的制定。

(五)应完成本线及路网跨线联合走票测试,并提供测试报告,测试结果满足开通需要。

(六)开通前各车站完成一票通等票务用品准备。

第十五条 地面交通衔接

(一)应编制完成城市公交衔接方案;

(二)在各车站出入口附近,宜配套设置停车场、出租汽车停靠站和自行车存放点等;

(三)宜在各车站出入口 500 米范围内的公交车站和主要路段等位置,设立清晰、醒目的城市轨道交通车站指示标志。

第十六条 规章制度全线试运营前应建立下列规章制度:

(一)安全管理类。应建立以安全生产责任制为核心的安全管理制度。

(二)行车制度类。应制定行车管理办法、车辆段及车站行车工作细则、调度工作规程和检修施工管理办法等。

(三)客运服务类。应制定客运服务质量标准、客运服务工作规范和票务管理办法等。

(四)设备维护类。应制定各专业系统设备的运行规程、检修规程和检修管理制度等。

(五)操作办法类。应制定各专业系统设备的操作手册、列车驾驶员操作手册和故障处理指南等。

(六)应急处置类。应制定火灾、爆炸和列车脱轨等突发事件的应急预案;应制定事故处理流程、乘客服务信息应急发布、乘客伤亡事故处置和运营事故调查处理等制度。

第十七条 应急预案及演练

(一)应急预案

1. 特许经营公司编制的应急预案应满足各级政府应急预案的协同要求。

2. 运营突发事件应急预案。包括应对设施设备故障(包括调度系统、车辆、供电系统、信号系统、通信系统、工务系统、机电设备等各类设备故障应急处置预案等)、列车故障(包括列车故障、列车救援)、行车事故(列车脱轨、列车相撞)、突发事件(突发停电、火灾和大客流爆满的名号)、客运服务(乘客滞留、乘客意外伤害事件)的应急处置预案。

3. 自然灾害应急预案。应对地震、台风、雨涝、冰雪灾害和地质灾害等的应急预案。

4. 公共卫生事件应急预案。应对突发公共卫生事件的应急预案。

5. 社会安全事件应急预案。应对人为纵火、爆炸、投毒和核生化袭击等恐怖袭击事件的应急预案。

6. 应急预案编制应科学合理,内容完备,针对性和操作性强。

(二) 应急演练

1. 特许经营公司在全线试运营前应进行以下应急演练:

a. 道岔故障处理、手动操作道岔办理进路、屏蔽门故障、列车故障救援、电话闭塞和大小交路列车折返、突发停电事故等故障应急预案演练。

b. 火灾、爆炸、大客流等突发事件应急预案演练。

c. 列车冲突、掉道应急预案演练。

d. 防汛、应对雨雪天等恶劣天气应急处置演练。

2. 应开展相关应急处置部门和相关单位参加的综合性应急演练。

3. 特许经营公司应根据演练中发现的问题进行相关预案的修改完善。

(三) 应急组织与装备。

1. 特许经营公司应建立专、兼职应急抢险队伍。

2. 特许经营公司应配备应急所需要的专业器材和设备。

(四) 系统测试检验。

全线试运营前,全线试运营基本条件评估单位宜对车辆、供电、通信、信号、火灾自动报警和环境与设备监控等系统进行抽查测试检验。

第十八条 备品备件

(一) 应按设计文件要求配备各专业必备的备品备件、专用工器具、仪器、仪表,满足全线试运营阶段运营和设备维修的需要。

(二) 既有线延伸段要结合既有备品备件统一考虑。

第十九条 技术资料移交

在全线试运营前,特许经营公司应已获得所需的土建工程竣工资料、设备系统的技术规格说明书、操作手册、维修手册、各类软件和调试报告、轨道平纵断面图、轨道无缝线路技术资料和钢轨探伤报告等技术图纸资料以及特种设备政府部门检测报告原件。

第二十条 全线试运营保障体系

全线试运营前，特许经营公司应制定全线试运营保障方案，并与厂家、承包商共同签订全线试运营保障三方协议。

第二十一条　安检设备

安检设备全部到位，具备使用条件。

第二十二条　按照建设标准和运营需求，各专业所需备品备件应全部到位，并配备充足的抢险救援工器具、应急物资等。

第二十三条　规范性引用文件

下列文件对于本文件的应用是必不可少的。凡是注日期的引用文件，仅注日期的版本适用于本文件。凡是不注日期的引用文件，其最新版本（包括所有的修改单）适用于本文件。

GB 7588　　电梯制造与安装安全规范

GB/T 7928　　地铁车辆通用技术条件

GB/T 12758　　城市轨道交通信号系统通用技术条件

GB/T 16275　　城市轨道交通照明

GB 16899　　自动扶梯和自动人行道的制造与安装安全规范

GB/T 20907　　城市轨道交通自动售检票系统技术条件

GB 50157　　地铁设计规范

GB 50382　　城市轨道交通通信工程质量验收规范

GB 50490　　城市轨道交通技术规范

GB 50578　　城市轨道交通信号工程施工质量验收规范

GB/T 30012　　城市轨道交通运营管理规范

附件8：全线试运营转入全线正式运营前提条件

全线正式运营应满足《城市轨道交通运营管理规范》（GB/T30012-2013）及其他适用法律中规定的相关条件，包括但不限于：

第一条　全线试运营期不少于一年。项目工程全线建成贯通后开始确定试运营期。

第二条　全线正式运营前，项目应符合以下要求：

（一）批准的设计和合同文件规定的项目已按照适用法律、特许协议的各项要求全部建成，所有功能全部实现，尾工和缺陷整改全部完成；

（二）项目红线内的设施以及轨道交通接驳附属设施应当通过质量验收，并有具体管理、养护单位；地下空间等结构设施，应明确产权性质并签订长期使用协议；

（三）完成车辆、设备和设施、备品备件等实物清点、资产清单以及相应管理权的交接；完成各类资料和工程手续的移交；

（四）申请全线正式运营前一年内的运营安全和服务主要控制指标应达到以下要求：

1. 运营安全控制指标

（1）不得发生因运营企业原因导致的乘客死亡和重伤事故；

（2）不得发生中断运营 1 小时及以上事故；

（3）不得发生运营线路上列车冲突、脱轨、分离，线路大面积停电和拥挤踩踏事故。

2. 运营服务控制指标应达到约定的客运服务要求。

附件 9：更新改造和追加投资计划

（注：需根据中标人投标文件方案计划，经谈判后补充项目更新改造和追加投资计划）

附件 10：银行履约保函

银行履约保函（样本）

保函编号：
开立日期：

致：

鉴于＿＿＿＿与＿＿＿＿（以下简称项目公司）于__年__月签订的《××项目特许经营合同》（以下简称项目合同），根据项目合同约定，又鉴于我行接受项目公司的委托，同意出具保函为项目公司担保，对项目公司根据项目合同应履行全部义务及责任，以总金额人民币壹亿元向你方承担连续的、不可撤销的、无条件的担保。

本保函的义务是：我行在接到你方提出的因项目公司在履行项目合同过程中未能履约或违背项目合同规定的责任和义务而要求索赔的书面通知和付款凭证后的 14 日内，在上述担保金额的限额内向你方支付任何数额的款项，无须你方出具证明或陈述理由。

在向我行提出要求前，我行将不坚持要求你方应首先向项目公司索要上述款项。我们还同意，任何对合同条款所作的修改或补充都不能免除我行按本保函所应承担的义务。

本保函的保证期限自开立之日起生效。本保函至项目合同约定的特许经营期届满并且移交完成之日自动失效。

本保函到期后，请将正本保函退回我行注销，但无论正本是否退回，本保函均告失效。

任何索赔务必于本保函到期日之前送达我行。

银行名称：（盖章）

法定代表人：（签字或盖章）
银行地址：
邮政编码：
电话：
日期：

附件 11：建设期、运营期投保要求

一、建设期间的保险
（一）建设/安装工程一切险

责任范围	本项目的建设、安装、调试、试运行、竣工验收期间，就本项目工程、临时工程、材料及其他将包括在本项目建设工程内的物品的灭失或损坏的所有一般及惯常的可保风险（包括但不限于火灾、雷电、爆炸、暴雨、风暴、水害、水灾、倒塌、滑坡、地震和其他事故损失）
投保金额	工程重置价全额（但不少于建设合同价值）
单次赔偿限额	如本项目单独出险，每次事故赔偿限额不低于人民币壹千万
保险期间	从本项目建设工程开始之日至开始全线试运营日，附加十二（12）个月的保证期保险
被保险人	政府方、乙方、建设承包商、分包商、供应商、贷款银行、政府方或乙方选定的其他方（条件是该其他方拥有或可获得此保险项下的可保险权益）

（二）其他险种
其他通常的、合理的或者中国法律、法规要求所必需的保险。

二、运营期的保险
（一）财产一切险

责任范围	对构成项目设施组成部分的、用于并位于项目设施范围之内的所有财产的所有灭失或损坏的所有一般及惯常的可保风险，（包括但不限于火灾、雷电、爆炸、自燃、风暴、暴雨、洪水、水害、撞击、地震、沉降和倒塌等）
投保金额	项目设施重置价值全额（但不少于建设合同价值）
单次赔偿限额	由乙方聘请在中华人民共和国境内拥有合法经营资格并在国际上信誉良好的保险经纪公司或保险顾问公司对全部资产在运营期的风险进行评估后，政府方与乙方根据风险评估报告结果协商确定，但不得低于人民币壹千万
保险期间	以年为单位，每年续延
被保险人	政府方、乙方、贷款银行、政府方或乙方选定的其他方（条件是该其他方拥有或可获得此保险项下的可保险权益）

（二）公众责任险

责任范围	因运营和维护项目设施造成的对第三者的人身伤害或财产损失或损坏所应承担的法律责任
保险金额	每例事故保险限额不低于五十万元，保险事故例数不限
保险期间	以年为单位，每年续延
被保险人	政府方、乙方、政府方或乙方选择的其他方

（三）其他险种
其他通常的、合理的或者中国法律、法规要求所必需的保险。

三、关于保险的其他规定
（一）联名保险及赔偿
甲方应为本附件中所有注明的保险项下的受益人。在取得保险商同意的前提，乙方在合理的商业条件下应促使保险商放弃在本附件中规定的全部保险项下其可能拥有或获得的对政府方的任何及全部代位追偿权，无论政府方是否为该等保险项下的被保险人。

（二）保险商及保险单据
乙方应在获准在中华人民共和国经营保险业务的、具有良好信誉的保险商处保持完全有效的保险，并向甲方提供所有的保险证书，证明乙方已按照政府方要求获得了保险单，同时向甲方提供这种保险单及保险费已付凭据的复印件。乙方一旦收到续保证书和保险批单凭据应及时提交给甲方。

（三）索赔及协助通知
乙方和甲方应遵守对其适用的保险单的条款及条件，并应遵循与保险商订立的索赔管理程序。该索赔管理程序应符合同类项目的合理的和惯常使用的条款。在准备文件及就索赔进行谈判方面,双方均有义务向对方提供合理的协助。当本附件中任何保险单项下的任何索赔可能超过伍千万元(RMB￥50000000)时,乙方应立即通知甲方并不时向甲方提供其合理要求的有关保险单项下索赔的任何信息。

(四)通知甲方

就根据本附件投保的所有保险,对于任何责任范围的取消、终止、期满或中止和/或保险的任何重大改变或保险额的任何减少,或责任限制的任何减少,乙方应促使保险商在此类取消、终止、期满、中止、改变或减少生效之前至少三十(30)天通知甲方。

附件12:乙方应向甲方报送事项汇总清单

乙方需报甲方审批、备案、许可事项汇总

编号	审核事项	甲方审核方式	对应条款
1	乙方变更股权、减少注册资本、对外提供担保,从事与本项目无关的经营活动或对本项目以外的项目进行投资、资金借贷及借贷担保,或非因本项目建设和经营需要以本合同项下的权益设定质押	许可	
2	乙方使用经营权质押、项目资产抵押等方式从事项目融资活动	审批	
3	乙方以本项目在建工程、设备及建成后所形成的资产为本项目贷款提供抵押担保	审批	
4	乙方以其享有的本项目票款收费权益以及商业、广告等权益形成的应收账款为本项目提供质押担保	审批	
5	乙方需按照本项目投资、建设、运营的需要,编制资金筹措和使用年度滚动计划	备案	
6	在本合同签订后90日内,乙方应根据本合同约定的建设期和施工计划制定、落实资金的计划	备案	
7	乙方因项目融资、再融资目的签订借款、融资、资产抵押、权益质押等合同	审批、备案	
8	在运营期,乙方应根据项目实际需要制定更新改造等所需融资计划	备案	
9	乙方申请工程延期	审批	

续表

编号	审核事项	甲方审核方式	对应条款
10	乙方编制总承包和工程分包方案	备案	
11	乙方编制项目采购方案	监督、备案	
12	本合同签订后90日内，乙方编制本项目工程变更管理办法	审批、备案	
13	在工程施工前或施工期间，为优化完善设计、提高工程质量、加快工程进度等目的，乙方对已经批准的初步设计方案进行适当、重大的修改	审批、备案	
14	在试运营前，乙方编制运营管理制度	备案	
15	乙方要求变更运营服务标准	审批	
16	在特许经营期结束前至少12个月，乙方就本项目的运营、修护和维修等内容需对甲方人员开展的详细培训计划	审批	

附件13：确认谈判备忘录（略）